CRUZADA EDUCATIVA CUBANA

DIA DE LA CULTURA CUBANA

Premio «Juan J. Remos»

Mini-Biografías de los que recibieron
el preciado galardón de 1971 a 1983.
En el Destierro, a 25 de Noviembre de 1984.

A LA UNIDAD POR LA CULTURA

(Senda de estudios y ensayos)

SENDA NUEVA DE EDICIONES
NEW YORK
1984

Copyright © 1984 By Cruzada Educativa Cubana, Inc.
Senda Nueva de Ediciones Inc.
P.O. Box 488
Montclair, N.J. 07042

ISBN: 0-918454-42-5
Library of Congress Number: 84-51473

All rights reserved. No part of this publication covered by the copyright hereone may be reproduced or used in any form or by any means —graphic, electronic or mechanical, including photocopying, recording, taping or information and retrieval systems— without written permission.

Printed in the United States of America
Impreso en los Estados Unidos de América

CRUZADA EDUCATIVA CUBANA

DIA DE LA CULTURA CUBANA

Premio «Juan J. Remos»

Mini-Biografías de los que recibieron el preciado galardón de 1971 a 1983.
En el Destierro, a 25 de Noviembre de 1984.

A LA UNIDAD POR LA CULTURA

En virtud de la benemérita labor patriótica y educacional del alma creadora e incansablemente propulsora de todos los ingentes y muy fructíferos empeños de «Cruzada Educativa Cubana», la Dra. María Gómez Carbonell, y del también insuperable Presidente de la organización, el Dr. Vicente Cauce, he juzgado imprescindible comenzar este libro con la síntesis biográfica de ellos. No hubiese sido justo que ellos, que han otorgado el preciado galardón denominado «Juan J. Remos» a las personas e instituciones en este libro mencionadas (y que, por tanto, no podían concedérselos a ellos mismos, que muy bien se lo merecen), no aparecieran también aquí, pues ambos son pilares fundamentales de «Cruzada Educativa Cubana» e ilustres y patrióticos ciudadanos. «Honrar, honra», afirmó José Martí. Los recipientes del «Premio Juan J. Remos» se sentirán honrados con tan valioso pórtico.

En general, las presentaciones de los premiados que aquí aparecen están transcriptas como las preparó —rápidamente, para leerlas en cada memorable noche anual de premios— la Dra. María Gómez Carbonell. Ella no las ha retocado ni modificado, aunque en algunos casos ha agregado nueva información para actualizarlas, cuando el recipiente le facilitó los datos. Por tanto, estas breves biografías no son, ni pretenden ser, exhaustivas. Además, conservan el énfasis patriótico, emocional y caligráfico (tipos de letras, mayúsculas, puntuación, comillas, etc.) que la Dra. Gómez Carbonell les impartió originalmente, en ya lejanas fechas, para leerlas.

Este libro es un pedazo de la historia de Cuba, pasada y presente, con la amenidad de cada solemne acto anual, más la gravedad de la insólita situación de los cientos de miles de exiliados cubanos. También será documento de gran valor en el futuro, cuando se estudie y se escriba, con la perspectiva y la serenidad que confiere el tiempo, la intensa labor cultural y patriótica de los cubanos en este dilatado destierro de un cuarto de siglo —que aún continúa. Es fuente permanente y pródiga de información.

En la segunda parte del libro, se han compilado, por su valor intrínseco e histórico, el discurso pronunciado por el Dr. Juan J. Remos (maestro de muchas generaciones de cubanos durante medio siglo) el 25 de noviembre de 1967, cuando se le rindió homenaje a la cultura cubana en su persona, y ocho artículos de él publicados en la expatriación en periódicos de Miami, Nueva York y Caracas (Venezuela).

New York, noviembre de 1984.

Alberto Gutiérrez de la Solana
Editor

Este libro se publica bajo la rectoría del Presidente de «Cruzada Educativa Cubana», Dr. **VICENTE CAUCE**.

Su Exordio, las Presentaciones de los Premiados, los pronunciamientos relacionados con el «Día de la Cultura Cubana» y la creación del «Premio Juan J. Remos» y las notas y datos complementarios de la obra, se deben a la Dra. **MARÍA GÓMEZ CARBONELL**, fundadora de la Institución y su Secretaria de Organización.

Sus índices, Onomástico y de Organizaciones, a la Dra. **ANA ROSA NÚÑEZ**, Miembro del Organismo Técnico de «Cruzada» y «Premio Juan J. Remos,» y a la Dra. **DOLORES ROVIROSA**, «Premio Juan J. Remos».

Su portada a **JORGE VALLINA**, «Premio Juvenil Juan J. Remos».

Auxiliares generosos que han hecho posible la obra. **Dra. FLORINDA ÁLZAGA LORET DE MOLA**, Miembro del Organismo Técnico de «Cruzada» y «Premio Juan J. Remos»; Sra. **DELIA REYES DE DÍAZ**, «Premio Juan J. Remos»; Sr. **MARIO DÍAZ MENÉNDEZ**, Contador Público, y el periodista y publicitario Sr. **OSCAR GRAU ESTEBAN**.

Editor y coordinador de la obra: Dr. **ALBERTO GUTIÉRREZ DE LA SOLANA**, «Premio Juan J. Remos».

Foto del Dr. Rafael Guas Inclán develando el busto del Dr. Remos.

DR. VICENTE CAUCE

Cursó la Enseñanza Primaria en la Escuela Pública No. 7, de la que fue Director el eminente Maestro Dr. Carlos Valdés Miranda. — La Secundaria, en la «Escuela Normal para Maestros de La Habana, donde se graduó y fue declarado ALUMNO Eminente— Recibió el título de Doctor en Pedagogía en la Universidad de La Habana, Facultad de Educación.

Se inició en el Magisterio en el Centro Escolar «Luz y Caballero» de La Habana y ejerció en las Escuelas Públicas Números 95, 37 y 85, Distrito Escolar de La Habana.— En 1924 pasó a prestar servicios en la Secretaría de Instrucción Pública y Bellas Artes, a las órdenes del Secretario Dr. Eduardo Gonzalez Manet. Continuó esos constantes servicios en la mencionada Secretaría que, conforme a la Constitución de 1940 cambió su denominación por Ministerio de Educación y allí rindió guardia a los destinos de la Escuela Cubana hasta 1959 en que cayera la República y se trasladara al exilio en Estados Unidos de América.

En Cuba, durante treinta y ocho años prestó servicios, con capacidad, lealtad y perfecta honestidad, en todos los cargos claves del Ministerio y a las ordenes de todos los Gobiernos Democráticos de Cuba. Durante esos años, ocupó, entre otros, los cargos de Jefe de Despacho del Ministerio, Director de Enseñanza Primaria, Director General de la Enseñanza, Asesor Técnico del Ministro, Sub-Secretario Técnico del Ministerio y Ministro de Educación.

En el Exilio, luego de realizar diversos trabajos como obrero en una Factoría y modestos empleos en varios establecimientos, ingresó como Profesor en la «Academia Militar, («Aerospace Academy»), en la cual, no obstante su avanzada edad, continúa, diariamente, sus funciones docentes.

La página más bella de su vida, pese a tantos dolores y desdichas, ha sido la de ayudar a fundar en Estados Unidos y presidir por muchos años, la «CRUZADA EDUCATIVA CUBANA», fuente de trabajo intelectual y moral, que es como un faro inapagable entre las brumas del destierro. Ha laborado, también, en «Municipios de Cuba en el Exilio», como Ejecutivo de la Ciudad-Municipio de La Habana, donde vio la luz primera. Ha figurado en grupos patrióticos luchando sin descanso por la Libertad de Cuba. La obra de «Cruzada», especialmente ha alimentado sus grandes tristezas, permitiéndole coadyuvar en una tarea de dimensiones insospechables y recta cubanía, siempre al lado de María Gómez Carbonell, amiga y hermana.

DRA. MARÍA GÓMEZ CARBONELL

Nació en la Ciudad de La Habana, República de Cuba. Cursó la Enseñanza Primaria en los Colegios «María Luisa Sandoval» y «María Teresa Comellas». Bachiller en Ciencias y Letras del Instituto de La Habana — Dra. en Filosofía y Letras de la Bicentenaria Universidad. Premio «Juan Clemente Zenea», instituido por la hija del Poeta — Co-Directora del Colegio de Primera y Segunda Enseñanza «Nestor Leonelo Carbonell». Del Grupo Fundador de la «Alianza Nacional Feminista», Institución que presidiera en varios períodos donde trabajara, hasta lograrlos, por la obtención de Derechos Civiles y Políticos de la mujer cubana. Consejero de Estado, en 1934 — Representante a la Cámara, 1936-1940. Senador de la República 1940-1944 y 1955-1959 — Miembro de Gabinetes de Gobierno: 1941-1952-1957 — Jefe y Organizadora «Servicio Femenino para la Defense Civil», Segunda Guerra Mundial — Presidenta de la «Corporación Nacional de Asistencia Pública», y Fundadora, en ella, del «Hogar de Perfeccionamiento María Luisa Dolz», para Menores con Retraso Mental; del Hogar de Tránsito; del Primer Centro de Servicio Social para orientación, investigación y diagnóstico de los grupos desposeídos en la República y de los «Comedores Populares y Escolares», (ONCEP). — Miembro de la Comisión Redactora del Código de Defensa Social, que presidiera el Dr. Diego Vicente Tejera —, Miembro de las Comisiones Especiales organizadoras de los actos conmemorativos del Cincuentenario de la República y el Centenario de José Martí — Delegada de la República en el Acto efectuado en Tampa con motivo del Centenario del Apóstol; Delegada de la República a la Décima Conferencia Pan-Americana que tuvo por sede la Ciudad de Caracas, en 1954 y Presidenta de la Comisión de Asistencia Social en ese Evento; Delegada de Cuba al «Congreso del Niño», Washington, 1952 y Delegada de Cuba al Congreso de «Trabajo Social», Munich, 1956 — Delegada de la «Cámara de Representantes», 10 de Abril de 1937, para rendir tributo a los Convencionales de Guáimaro y colocar en la histórica casona el cuadro de Ana Betancourt de Mora — Gran Curz de «Carlos Manuel de Céspedes»; Medalla de Honor de la «Cruz Roja Nacional» — Medalla de la «Corporación Nacional de Asistencia Pública».

Cultivadora de la Oratoria Política y Acadêmica, el Ensayo y la Poesíɛ Entre sus discursos son de citar: «La Lírica de Martí», en la Academia Nac. de Artes y Letras — «El Mio Cid», «William Shakespeare» y «Simón Bolívar», en la Universidad de La Habana; «Antonio Maceo», en la tribuna, Cámara de Representantes, 7 Dic. 1936; «José Martí», en la del Senado de la República; 28 de Enero, 1941; discurso «Alexander Hamilton», en la conmemoración de su bicentenario, Senado de la República; «Mariana Grajales», develación de su monumento, Parque Medina, La Habana; «La Asistencia Social en Cuba», en la «Corporación Nacional Asistencia Pública»; «Ana Betancourt de Mora», «Bernarda Toro de Gómez», «Emilia Casanova»; «Emilia Teurbe Tolón» e «Isabel Rubio», en la Alianza Nac. Feminista.

En el destierro ha dedicado todo su esfuerzo a Cuba y a su Cultura, como Fundadora de «Cruzada Educativa Cubana», constante luchadora en «Municipios de Cuba en el Exilio» y Directora de la Revista «El Habanero». Entre sus discursos figuran: «La Escuela Privada en Cuba Democrática»; «El 10 de Octubre de 1868 y su Trascendencia Universal»; «Su Majestad Augusta Tula Avellaneda», tribuna de la Provincia de Camagüey, «20 de Mayo», en la Universidad de Miami; «Jorge Washington: el Primero»; «Mario García Menocal, en su Centenario»; «La Mujer Cubana en las luchas por la Independencia», en la Sección Femenina de los Municipios. Propulsora en el seno de «Cruzada» de las obras «La Escuelita Cubana», Lecciones de Historia y Moral, para los niños del destierro; la «Historia de Cruzada haste 1974» y ésta en que hoy se empeña, sirviendo a Cuba.

FIELES AL LEGADO...

En éste el tercer libro que echa a la luz «CRUZADA EDUCATIVA CUBANA», fiel siempre al MENSAJE que dirigiera al Pueblo de Cuba en el instante de su Fundación: 2 de agosto de 1962. «Entregados, continuadamente, a la tarea de las Aulas, — dijimos entonces—, hemos constituido, asumiendo la responsabilidad que el destino nos señala, una Organización en todo ajena a intereses y a aspiraciones, sólo preocupada en responder con entereza al llamado de la Patria en desgracia, salvando para el futuro sus Instituciones Docentes y Culturales, el prestigio de la Escuela Democrática y la Rehabilitación Histórica de la Madre de Familia. Trabajará «Cruzada Educativa», — agregamos—, con desinterés y coraje, preparando la hora del regreso a la tierra esclavizada, porque en ella afrontaremos las excesivas dificultades que supone un estado de Emergencia Nacional. Y, a cumplimentar esos fines, procurando la reconstrucción moral de un Pueblo, cuidaremos, tanto de la exaltación de aquellas magníficas figuras que a través de un Siglo de sacrificio y demandas irreductibles de libertades y derechos, hicieron posible la Independencia de Cuba, como, también, y con los mismos bríos, del conocimiento y divulgación de los Valores Culturales de Cuba, fundamento que fueron de la ascensión continuada del País y del logro de una República que fue ejemplo a imitar, en sólo cincuenta y siete años de gobierno propio, para el Hemisferio y para el Mundo.»

A esos compromisos establecidos en el Mensaje de 1962, seguimos obligados. Por ello, instituimos en 1967 y con motivo de las Bodas de Oro con la Enseñanza del Mentor de las Juventudes del destierro, JUAN J. REMOS, el «DIA DE LA CULTURA CUBANA», que continuamos conmemorando cado año, y creamos el PREMIO que lleva su nombre insigne, como estímulo a la obra de eminentes cubanos, en muy diversas ramas del saber. Este Libro recoge, correspondiendo a esos insoslayables deberes, nombres y datos, muy precisos, de la obra de brillantes compatriotas; de la realizada por algunos extranjeros amantes de la recuperación histórica de Cuba y de las Organizaciones más prestigiosas del Exilio.

Señalen otros a la República, —exigentes o injustos—, fallos que son consustanciales a la especie humana. Nosotros venimos a proclamar, en cambio, orgullosos de su Escuela Nacional, Cristiana y Democrática, la que invocaba a la Providencia y fraguaba hombres, — y «serlo, dijo Martí, es carrera difícil»—, que de ella surgió una gloriosa pléyade que dio, que da y que seguirá dando lustre, a esa República. Los Exiliados han levantado en suelo ajeno, heridos día a día por tantas formas de adversidad, ciudades y economías. La Florida, donde tiene «Cruzada» su sede de trabajo, fue favorecida por Siglos con el envió desde La Habana, del primer religioso, del mejor barco de sus astilleros, del hombre de la Conquista y del más fino instrumento de Cultura. Y, aun ahora, achicados los cubanos por el destino, errantes, desposeídos, llegamos a sus tierras para engrandecer sus áreas, embellecer sus calles y su plazas y, sobre todo, para concederle un nivel cultural de que carecía y que le regaló Cuba infortunada y proscrita. ¡Cuba no es la miserable madriguera de un tirano sin émulo, de un déspota sin parecido siquiera! 'CUBA, SOMOS NOSOTROS'. Por todo eso, hemos abierto, para todos los desterrados con decoro y los extranjeros dignos de la justicia, este Libro. Leerlo, consultarlo, será una dulce forma de supervivir para la Historia, que empezará de nuevo. ¡Poetas, Pensadores, Escritores, Filósofos, Periodistas, Historiadores, Maestros, Científicos, Activistas del Civismo y del Amor acendrado a la Patria, hablarán para todos, en sus páginas, no el lenguaje de una época despiadada y mendaz, sino el maravilloso idioma de un Siglo que fue crisol de libertades y que, si vio morir en profundo dolor a Félix Varela, en 1853, contempló de inmediato, como una compensación del cielo, una cuna florida, en la misma fecha y en la misma prodigiosa Ciudad de La Habana, donde ya sonreía para la Patria José Martí...

La confianza en «Volver a ser», deberá alimentarnos... Es cierto que nos está atomizando un maligno individualismo, absolutista y disgregador.

Muchos que aseguran amar a la Patria, conspiran abiertamente contra la Nación, que es su pedestal. Hablamos objetivamente de su Libertad, como si a otros tocara reconquistarla. Evocamos el encanto indecible de nuestro paisaje a la manera lírica de un artista que rumia sus cuitas en el rincón oscuro, cuando lo que precisa es cruzar a paso de carga sus cuencas y campiñas, aunque ceibas y palmares tuvieren que prestar sus troncos, para que rompiera en hervores, en la pira de la nueva Independencia, la grande y ya inaplazable pelea del Siglo.

Los Valores que estamos presentando a la consideración general, son legítimos, inocultables e intransferibles. ¡Son de Cuba! Cuba, que sigue procreando en tierra prestada como en la Centuria en que habilitó a Varela, inyectó a Don Pepe, soltó por el mundo a Saco y colocó en la tribuna evangélica y en el campo de la muerte, al Apóstol...

En la devota ofrenda al Maestro Juan J. Remos, hay mucho de gloria pasada y mucho, también, de gloria que fluye, cada día, como el agua de un manantial que se descubre. El Libro cuenta con sangre de adolescentes y de jóvenes y con fibra de patricios. La «Federación de Estudiantes del Barry College», por una parte, y los viejos troncos y las frondas nuevas de «Cruzada Educativa Cubana», vaciaron en sus páginas sus más nobles esfuerzos. Varias generaciones de cubanos se han acomodado en ese Libro y, algunas docenas de iluminados y grandes patriotas, prendieron un último ensueño en sus páginas y murieron sin leerlo. Nos esperan nuevos Calendarios. Las Campanas dejarán de doblar. Las Banderas flamearán sobre muros y torres, saludando al hombre redimido. La Palabra no ha de vibrar en vano, ni pasarán de moda la virtud creadora, la belleza del color y de la forma, la verdad de la Historia, la conquista de la Ciencia, ni la gesta del pupitre retando la oscuridad de la ignorancia y la farsa de un mundo sin Dios... En ese Dios confiamos, poniendo proa hacia un mañana feliz...

María Gómez Carbonell

CRUZADA EDUCATIVA CUBANA, INC.
MIAMI, FLORIDA

AL EJECUTIVO CENTRAL Y AL ORGANISMO TECNICO DE "CRUZADA EDUCATIVA CUBANA".

P O R C U A N T O: La trascendental labor realizada a traves de varias décadas por el Dr. Juan J. Remos en los vastos campos de la Educación y la Cultura, resume y califica todo un extenso periodo en el proceso de continuada y creciente superación del Pueblo de Cuba.

P O R C U A N T O: Su noble vida de forjador en las Aulas y de orientador en la Prensa, la Tribuna y el Libro, se proyectó con vigorosos perfiles en las Letras del Nuevo y del Viejo Continente donde su prédica logró surcos propicios.

P O R C U A N T O : El eximio Maestro de varias generaciones de Cubanos fue en el destierro vocero infatigable de la Dignidad Nacional y denodado Paladin del Pensamiento Libre y murió, en lucha abierta y sostenida, por la Libertad de la Patria y el Decoro del Hombre.

P O R C U A N T O: "Cruzada Educativa Cubana" contó con el Dr. Juan J. Remos como Primer Asesor en sus Organismos e inspirador de muchas de sus fecundas tareas enderezadas a mantener el Espíritu Nacional mediante el conocimiento de la gloriosa Historia de Cuba, la práctica del Idioma Nativo y el cultivo de sus Tradiciones Cristianas y Democráticas.

P O R T A N T O: Se instituye, por este medio, con el unánime respaldo de los componentes del Ejecutivo Central y el Organismo Técnico de "Cruzada Educativa Cubana" y en calidad de noble estímulo a los Cubanos y a los que, sin haber nacido en Cuba, sirvan junto a ellos la Causa de la Libertad y la Soberania y se constituyan en Custodia de su Patrimonio Espiritual, el PREMIO " J U A N J. R E M O S", haciendo bueno el sugestivo Lema del Maestro: " A L A U N I D A D, P O R L A C U L T U R A ".

El Ejecutivo Central y el Organismo Técnico de "Cruzada Educativa Cubana", tendrán a su cargo la adecuada selección, tanto de Instituciones Culturales y Educativas como de Personalidades sobresalientes en quienes concurran las condiciones anteriormente estipuladas, y se estimaren, en consecuencia, acreedoras al preciado galardón que será entregado, cada año, a los que resultaren elegidos, el 25 de Noviembre, proclamado en 1967, "DIA DE LA CULTURA CUBANA", conmemorando las "Bodas de Oro con la Enseñanza del Dr. Juan J. Remos.

Miami, Florida, 12 de octubre de 1971.

MOCION QUE DEJA CREADO EL PREMIO " JUAN J. REMOS".

Foto del busto del Dr. Juan J. Remos. Frente al busto, de izquierda a derecha, el Dr. Edgardo Buttari, el escultor del busto, Mario Santí, la Dra. María Gómez Carbonell, y el Dr. Vicente Cauce.

CONMEMORACION DEL «DIA DE LA CULTURA CUBANA» PRIMERA ENTREGA DEL DIPLOMA DE HONOR «JUAN J. REMOS». NOVIEMBRE 24 DE 1971 — 8 P.M. — SALON DE ACTOS IGLESIA «SAN JUAN BOSCO», MIAMI, FLA.

Foto de la presidencia del acto de entrega de Premio Juan J. Remos el 24 de noviembre de 1971, primer año en que Cruzada Educativa comenzó a otorgar este galardón.

CRUZADA EDUCATIVA CUBANA, INC.
MIAMI, FLORIDA

- DIA DE LA CULTURA CUBANA -

El Ejecutivo Central, el Organismo Técnico y el Cuerpo de Asesores de "Cruzada Educativa Cubana", invitan a usted y a su distinguida familia, al Acto Solemne que tendrá efecto el próximo veinte y cuatro de Noviembre, a las ocho p.m., en el Salón Social de la Iglesia "San Juan Bosco", 1301 West Flagler, Ciudad de Miami.

De usted con todo afecto y consideración.

Maria Gómez Carbonell.   Vicente Cauce.
Secret. Organizacion.   Presidente.

-PROGRAMA DEL ACTO-

I- Himnos Nacionales de Estados Unidos de América y República de Cuba.

II- Homenaje a Héroes y Mártires de la Libertad de Cuba.

III- Palabras de Apertura: Dr. Vicente Cauce, Presidente de "C.E.C."

IV- "Mi tributo a la Cultura Cubana": Discurso por el Dr. Edgardo Buttari, Asesor del "Comite de Oportunidades para Grupos de Habla Hispana".

V- Entrega de Placa Honorífica al Dr. Edgardo Buttari, en testimonio de admiración y reconocimiento.

VI- Poema alusivo a la Conmemoración: Gabriel Gravier.

VII- a) "La Guajira", de Olga de Blanck; b) "Madrigal de Primavera", del Alfredo Gabriel; c)"De Cuba, para la Habana", Clave. Autor Anónimo.
Interpretaciones por la "CORAL CUBANA", bajo la Dirección de la Sra. Carmen Riera.

VIII- Entrega del Diploma de Honor "JUAN J. REMOS", a Organizaciones Culturales y distinguidas representaciones de la Cultura Nacional de Cuba.

IX- Presentación por "PRODUCCIONES GRATELI",
a) Canto por la Diva de Cuba Marta Pérez y la Coral Varonil "GRATELI".
b) Canto por la eminente Soprano Marta Castellanos.
Acompañante, al Piano, en ambas interpretaciones: Maestro Luis Carballo.

X- "En el Centenario de la Muerte de Zenea": Srta. Lily Pons, Alumna eminente del "BARRY COLLEGE".

Estamos celebrando en acto solemne pleno de trascendencias, por cuarta vez y lejos de la Patria, el «DIA DE LA CULTURA CUBANA». Fue en 1967 cuando en carta inspirada en un brillante Artículo de Rafael Guas Inclán, publicado en «Diario Las Américas», que «Cruzada Educativa Cubana» recogiendo el unánime acuerdo de sus organismos directrices, demandó de nuestro Primer Asesor, entonces, Dr. Juan J. Remos, el honor de conmemorar sus Bodas de Oro con la Enseñanza, en un acto que fuera a un tiempo mismo tributo a la Patria y presentación de un Símbolo a nuestros compatriotas. Compartimos desde ese momento, con numerosas Organizaciones y Personalidades aquel proceso que culminara en una de las más sentidas y esplendorosas congregaciones de la época, bajo la égida de dos ilustres próceres de la Cultura que oficiaron como Presidentes de Honor del homenaje: José Manuel Carbonell, tribuno, escritor, periodista, poeta, Veterano de la Independencia y Presidente que fuera de la «Academia Nacional de Artes y Letras», y Emeterio Santovenia, historiador, biografo y Presidente de la «Academia de la Historia», en Cuba Libre. Todavía, ambos, nos acompañaban y sostenían espiritualmente en la brega erizada de dolores y miserias de este largo destierro.

Correspondió a la Secretaria de Organización de «Cruzada», nuestra ilustre compañera María Gómez Carbonell —que tanto significa para nuestra casa— conservar en Actas memorables cuyas copias pidió el Dr. Remos para sus Archivos, cuánto a aquel hermoso evento guardó referencia, y a ella tocó, asimismo, para honor de nuestra Institución redactar la PROCLAMA declarando «DIA DE LA CULTURA CUBANA el 25 de Noviembre de cada año, que más que sello de las autoridades temporales de ciudades o de país, llevó el sello de un pueblo infortunado, pero firme y en pie desafiante y asido a la memoria de un hombre que vivió para educarlo y que murió en lucha abierta por su libertad: Juan J. Remos.

El destino pareció confiar, de esta manera, a «Cruzada Educativa Cubana» en cuya tribuna y con el postrer aliento dictara él, (22 de febrero de 1969) el testamento educativo-cultural contenido en su discurso de despedida, la custodia de esos valores, que, cada año, nos confirman en una verdad que debemos proclamar, ahora más que nunca; la grandeza de la Nación Cubana, de nuestra Cultura Bicentenaria encarnada en el pensamiento de Varela, Heredia, Luz, Saco y Martí; la de aquellos gloriosos sucesores de la obra democrática, Sanguily y Varona, Montoró, Lanuza y Sánchez de Bustamante y, en promoción posterior, la tarea realizada por Chacón y Calvo, Juan J.

Remos, Emeterio Santovenia, los hermanos Carbonell, José Manuel Cortina, Alfredo Zayas, Max Henriquez Ureña, Cosme de la Torriente, Ramiro Guerra, Arturo Montori, Cesar Salaya, Jorge Mañach, Fermín Peraza y los maestros del periodismo Manuel Márquez Sterling, Gastón Mora, Justo de Lara, Wifredo Fernández, José Ignacio Rivero Alonso, Ramón Vasconcelos y Sergio Carbó. Este último, sentado en nuestra Presidencia un «Día de la Cultura Cubana» (1970), su postrer aparición en público, a quien dedicamos nuestro cálido recuerdo.

Junto a todos ellos, paladines del pensamiento, rendimos hoy, también, ennoblecido tributo a escultores, pintores, músicos y hombres de ciencias, cuyos nombres traspasaron los dinteles de la Patria, extendiéndose en el mundo.

Como un honor que alcanza a cuántos cubanos fueron y son claves de nuestra Cultura, «Cruzada Educativa Cubana» ha instituído con el nombre del último gran mentor de nuestras juventudes, el Premio que recoge el Lema con que él reuniera a sus compatriotas camino de la nueva Independencia: «A LA UNIDAD POR LA CULTURA». Hoy, «DIA DE LA CULTURA CUBANA», se lleva a efecto la primera abjudicación del DIPLOMA DE HONOR «JUAN J. REMOS».

Creemos nuestro deber en esta noche, — a setenta y dos horas escasas de cumplirse un siglo del acontecimiento más triste y bochornoso, al par, que registran la Historia de Cuba y la Historia de España, trasladar a todos los que comparten esta velada y a los que están fuera de ella, el Acuerdo adoptado por «Cruzada» de ofrecer tributo de recordación entrañable a los Mártires del 27 de Noviembre; a las Madres dolorosas de aquella tarde única; a los defensores de la dignidad de España personificados en la valerosa figura del Capitán Federico Capdevila y de la dignidad magisterial en la inolvidable del Profesor de la Facultad de Medicina Fernández Cubas; a Fermín Valdés Domínguez, celoso y valiente reinvidicador de la inocencia de los mártires; a Nicolás Estévanez el pundonoroso militar; a los Parlamentarios del Congreso Español que denunciaron la infamia y al Escultor cubano José Saavedra Villalta que, en plena dominación colonial levantara el monumento en mármol emplazado en el Cementerio de Colón, en La Habana, donde reposan, juntos, como juntos estarán en la gloria, los Mártires, Capdevila y Valdés Domínguez.

Con anterioridad a la creación de este Premio, «Cruzada Educativa Cubana» trabajó sin descanso para lograr los permisos oficiales a los fines de emplazar junto a la Biblioteca de la Ciudad de Miami, sitio adecuado a su vida y a su obra, el monumento del Maestro Remos. El 27 de mayo del presente año, se adoptó por el Hon. David T. Kennedy Alcalde de la Ciudad y los Honorables Señores Comisionados, el acuerdo en firme en relación con esa iniciativa. Y, mientras esperábamos por los trámites oficiales, dilatorios, para que culminara el empeño, el laureado escultor cubano Mario Santí, devoto amigo del Maestro y muy vinculado a «Cruzada», que desinteresadamente se brindara para cumplimentar el própósito, sorprende a todos hoy situando en esta sala el original del monumento que, una vez vaciado en bronce, se erguirá como un Símbolo de nuestra Cultura en la Ciudad Bilingüe de Miami, ante presentes y futuras generaciones. «Cruzada» da las hondas gracias al ilustre artista ejecutor de la obra y suplica al Dr. Rafael Guas Inclán, cuya jerarquía cívica y patriótica no precisa resaltar, lo devele ante ustedes como un tributo más de recordación a la gran figura a cuyo conjuro nos reunimos esta noche.

El Programa a desarrollar en esta noche, es el producto del talento, el patriotismo y la generosa cooperación de muy distinguidos compatriotas, Un poeta, gran amigo de «Cruzada», Gabriel Gravier, ha dedicado con especialidad a esta conmemoración, sus emotivos y más preciados versos; dos beneméritas instituciones, «Producciones Grateli» y la «Coral Cubana» dejarán oir sus mejores acentos y elevarán sus voces, en honor a la Cultura Cubana y a la memoria del Dr. Remos; y dos cubanos ocuparán nuestra tribuna, — modestísima, pero limpia—: Lily Pons, para ofrecer homenaje en el Centenario de su muerte ominosa al Cantor de Fidelia y A Una Golondrina, Juan Clemente Zenea; y Edgardo Buttari para estimular con su palabra, su ejecutoria y sus calidades humanas, la modesta tarea que lleva a cabo «Cruzada», por la Escuela, la Eduación en general y la Cultura de Cuba. Contrastan y se complementan los dos Oradores. «Cruzada» cifra su orgullo en contar con la juventud, y lo hizo hace pocas horas confiando a dos jóvenes su representación en el triunfal programa «Amenidades». Por ello, junto a la voz cargada de responsabilidades de un cubano ilustre, cujeado en la lucha, siempre al servicio de la Patria, hace vibrar la voz de la adolescencia, en la eminente alumna del «Barry College», Srta. Lily Pons.

Edgardo Buttari, hijo ilustre de aquel Libertador-Poeta que juntara su brazo y su prédica a la de José Martí, victorioso hombre de empresa e inspirado poeta, al par; graduado en las Universidades de La Habana y de Bélgica; político de altos niveles; Representante a la Cámara en Cuba Democrática; Ministro de Trabajo y de Comercio en diversas Administraciones de Gobierno; autor de diversas obras como «Nacionalismo Económico», «La Intervención del Estado y la Defensa del Mercado Interior»; «Teorías y Realizaciones Corporativas»; Economista y Diplomático, ocupa hoy destacada posición como Miembro Asesor del «Comité de Oportunidades para Grupos de Habla Hispana», Gabinete, a nivel presidencial, en la Administración del Hon. Richard Nixon, Presidente de los Estados Unidos. Desde ese alto sitial, Edgardo Buttari, nuestro amigo, ha sabido captar puntos de vista, criterios educativos y culturales mantenidos tesoneramente por «Cruzada Educativa» y elevarlos por la vía que corresponde, a la consideración del COMITE de que forma parte. Bueno es declarar aquí, que esos criterios y recomendaciones mantenidos por nosotros, sólo guardan relación con el reconocimiento a que tenemos derecho los profesionales cubanos, al superior respeto en el ejercicio de nuestras profesiones y a la defensa de la Cultura Cubana, su dignidad y su grandeza.

Por esos servicios a la causa de sus compatriotas; por esa comprensión con que ha correspondido a los elevados planteamientos que le hemos formulado; por su ejecutoria de cubano, de profesional y de hombre de letras, «CRUZADA EDUCATIVA CUBANA», acordó depositar en sus manos cordiales, como lo hago, orgulloso de cumplir dicho Acuerdo, una Placa Honorífica, en cuyo texto se lee:

«Cruzada Educativa Cubana»
Al meritísimo cubano Edgardo Buttari, en testimonio de admiración y reconocimiento. Miami— Florida 25 de Noviembre de 1971, «DIA DE LA CULTURA CUBANA».

Gracias a todos en esta noche que será memorable. 'Y, que viva siempre Cuba en el corazón de nosotros'.

Discurso del Dr. Vicente Cauce,
Presidente de «Cruzada Educativa Cubana».

PERSONALIDADES QUE RECIBIERON EL PREMIO

DR. HORACIO AGUIRRE

Director de «Diario Las Américas», y único, entre los premiados de esta noche, no nacido en la tierra nuestra. Nicaragua encendió la primera luz en sus ojos; pero el pueblo cubano le ha dado cita para el día de su segunda Independencia, como a un nativo más. Figura estelar del Periodismo en América; escritor, orador y crítico, denodado defensor de los Principios Cristianos y Democráticos, de Orden Social, Respeto Público y Privado, Urbanidad y acatamiento a la Ley, que resume su línea política EDITORIAL en «Diario Las Américas». Por los servicios que ha prestado y presta a la causa de la Libertad de Cuba y la ardorosa defensa que realiza de los Valores Espirituales que definen la Cultura de nuestra Nación, se otorga por «Cruzada Educativa Cubana», al Dr. Horacio Aguirre, el Diploma de Honor «Juan J. Remos».

El Dr. Aguirre es Miembro distinguido de la «Sociedad Interamericana de Prensa», (SIP), y en la actualidad, (1984), es su Presidente.

DR. RAFAEL GUAS INCLÁN

Insigne Repúblico Cubano; Ex-Vice-Presidente de Cuba Democrática; hijo de Héroe, (General Carlos Guas) y padre de Héroe (Carlos Guas, que perdiera la vida en Playa Girón). Orador de rango, Escritor y Periodista. Medularmente Político. Gobernador de la Habana — Alcalde de La Habana. Representante a la Cámara por varios períodos y Presidente de ese Cuerpo. Senador de la República. Uno de los iniciadores del Homenaje al Dr. Remos, en 1967, que da vida al «Día de la Cultura Cubana». Discípulo del Maestro en su Cátedra del Destierro; apologista de su vida y su obra sobre los mármoles de su sepulcro. A través de trece años rindió una formidable campaña periodística y tribunicia por la Libertad de su Patria, la Dignidad de la República y la vigencia de su Cultura secular. Murió en el destierro, «sin Patria, pero sin amo».

DR. CARLOS MÁRQUEZ STÉRLING

Ilustre Repúblico-Historiador-Tribuno-Escritor- Periodista y Crítico Literario. Ex-Presidente de la Cámara de Representantes de Cuba Democrática. —Presidente de la Asamblea Constituyente de 1940 que ofreciera al País, bajo sus auspicios, la más alta expresión de la voluntad soberana del pueblo y a la América, la más avanzada Carta Constitucional del Continente. Debe la Cultura Cubana a Carlos Márquez Sterling,—hijo del insigne periodista y diplomático, Manuel Márquez Sterling, defensor de la Soberanía de Cuba, que tanto laboró por la Abolición de la Enmienda Platt,— las siguientes obras: dos Textos de Historia de Cuba, el segundo en colaboración con su hijo Manuel; la edición de la famosa obra póstuma del padre, titulada «Proceso Histórico de la Enmienda Platt»; Biografías de Próceres Cubanos, entre ellas: «Antonio Maceo, el Titán de Bronce»; «Ignacio Agramonte, el Bayardo; «Martí: Maestro y Apóstol»; «Las Fuerzas Morales de la Democracia»; «Hombres» —Ministro de Educación y de Trabajo— Catedrático de «Economía Política» y «Derecho Constitucional», de la Univ. de La Habana— Miembro de la «Academia de la Historia» — Parlamentario de altos vuelos y brillantes intervenciones— Orientador del Partido Liberal y Fundador del «Partido del Pueblo Libre» — Su firme posición electoralista, (1958), le hace víctima de atentados y agresiones— En el destierro, sirvió la Cátedra y ha luchado sin tregua por la Libertad de Cuba.

DR. PASTOR DEL RÍO

Hombre público de excepcional merecimiento. Fundador y Presidente de la «Casa Continental de la Cultura» y de la «Asociación de Escritores y Artistas Americanos» — Orador y Escritor de altos quilates. Poeta de honda patriótica inspiración. Representante a la Cámara que fuera autor de la Proposición de Ley que declara Fiesta de Cuba el Natalicio de José Martí, 28 de Enero de 1853, disponiendo el Desfile Escolar, tributo al primer hombre de América. Misionero de la Libertad por tierras del Continente desde el infausto día en que se pusiera el sol en la Patria añorada.

Pastor del Río vive...; pero ausente de todo. Se apagó su voz y se guardó su pluma fascinante. La Bandera Cubana lo ampara en su largo sueño y repite sus rimas:

'Bandera de mis amores
—armiño, sangre y zafir—,
mira siempre al porvenir,
entre cantos y esplendores.
Luce tus lindos colores
excelsa, radiante y bella,
recordando la epopeya
milagrosa del mambí,
cual si el alma de Martí
se hubiera vuelto una estrella'

DRA. MERCEDES GARCÍA-TUDURÍ

Nació en La Habana, Cuba. Estudió en la Universidad de La Habana, graduándose de Dr. en Filosofía y Letras, Dr. en Pedagogía, Dr. en Derecho, Dr. en Ciencias Políticas, Sociales y Económicas, y Licenciado en Derecho Diplomático y Consular.

Fue Directora, Jefe de Cátedra y Profesora del Instituto Pre-Universitario de La Habana y Profesora y Decana de la Facultad de Educación de la Universidad Católica de Santo Tomás de Villanueva.

En Estados Unidos dirigió el colegio «Our Lady of Charity»; profesó en Marygrove College, en la Universidad de Miami y actualmente enseña en St. Thomas of Villanova University.

Es miembro, entre otras, de las Sociedades Americanas de Filosofía y de Sociología. De la Sociedad Cubana de Filosofía, de Cruzada Educativa Cubana, Círculo de Cultura Panamericano, Grupo Artístico y Literario Abril y Academia de Doctores de Madrid, España.

Ha participado en Congresos de Filosofía en Europa, Hispanoamérica y Estados Unidos, y en Conferencias Internacionales de Educación, Sociología, Derecho y Cultura.

Ha recibido premios de poesía en concursos nacionales e internacionales. El Premio «Father Sullivan», Profesora del Año, en Biscayne College y Premio Lincoln-Martí.

Obras: Ha publicado «Alas», «Arcano», «Ausencia» y «Andariega de Dios: Tiempo de Exilio», poesías, y libros de texto sobre todas las materias que ha enseñado, y ha colaborado en Enciclopedias nacionales e internacionales. Está citada en diccionarios de distintos países e historias de la literatura.

Primera Asesora de «Cruzada Educativa Cubana», en cuya tribuna abrió con brillantísimo trabajo el Ciclo de «Descomunización y Cubanización de la Escuela Cubana». Disertante a raíz de su muerte, sobre «Juan J. Remos Maestro y Pensador», Discurso-tributo a «Cruzada Educativa Cubana» en el vigésimo Aniversario de su Fundación, agosto de 1982.

Mercedes García-Tudurí, es gloria de Cuba y altísima expresión del pensamiento de las Américas.

DR. ARTURO ALFONSO ROSELLÓ

Poeta selecto. Periodista de raza; uno de los pocos «hombres enteros» de que hablara José Martí. Su próvido talento corre parejo con su integridad moral. La Prensa cubana de los tiempos grandes, lo consagró Maestro. La que ve la luz en tierra extraña, lo sabe paradigma de una clase y arquetipo de una generación. Poeta y Orador que dio brillo y prestancia al Congreso de su País. Nació en Matanzas en el año 1896. Alma lírica por excelencia, nos dejó obra poética inolvidable. Entre sus libros de versos, deben recordarse: «En nombre de la Noche»; «Alma cautiva»; «El Canto Efímero», éste último en preparación. Su labor periodística es vasta y brillantísima. Colaboró en «La Nación», «El Día» y «Heraldo de Cuba» y las Revistas «Letras» y «El Fígaro». Murió en Miami, sumiendo a sus compatriotas en honda pena.

DRA. ANA ROSA NÚÑEZ

Laureada Poetisa y noble propulsora de empeños culturales trascendentes. Ganadora en 1966 del Premio correspondiente a la Poesía, en el Sexto Certamen Literario Internacional del «Círculo de Escritores y Poetas Iberoamericanos de Nueva York»— Colaboradora en docenas de Revistas, de Cuba y del Continente. Entre ellas: «Renuevo», «Presencia», en La Habana; «Molino de Papel», en España; «Espiral en Colombia, «Caballo de Fuego», en Chile; «Exilio», en Nueva York; «Zona Franca», en Venezuela; «Cuadernos 66», «Punto Cardinal» y «El Habanero», órgano oficial del Municipio de La Habana en el Exilio, en Miami, Florida: «Revista Cubana» en Nueva York.

Sus principales *Publicaciones:* «Un Día en el Verso 59», La Habana, 1959; «Gabriela Mistral... Amor que hirió», La Habana 1960; «Las siete lunas de enero», Miami, Fla. Cuadernos del Hombre Libre», 1967; «Loores a la Palma Real», Miami Fla. Ediciones Universal, 1968; «Bando», Poemas con ilustraciones de Armando Córdova, Miami, Fla.; «Antología de la Poesía religiosa de La Avellaneda» en colaboración con Florinda Alzaga— Colección de Clásicos Cubanos, Miami, Fla. Ediciones Universal, 1975.— «Juana Borrero»: Portrait of a Poetess» — Tr. and id. by Graciella Cruz Taura»— The Carrell Journal of the Friends of the University of Miami Library, XIV, 1975— «Centenario de Juan Ramón Jiménez», Geomundo, Revista Mensual, Miami Springs, agosto 1981— «Sol de un solo día» Edición limitada, Miami,

Fla. (Premio de Poesía) 1971— «Atlas Poético de José Martí», Miami, Fla.— Conferencia: «Juana Borrerro, «Retrato de una Poetisa, pronunciada en la tribuna de la «Cruzada Educativa Cubana», «Koubek Center Univ. de Miami, 1972— Premios: «Don José de la Luz y Caballero» y «Juan J. Remos», de la «Cruzada Educ. Cubana»; Premio Lincoln-Martí, del Depart. de Salud, Educación y Asistencia, Washington, D.C.

Diploma de Reconocimiento a su labor intelectual y servicios a la Comunidad, otorgado por la Ciudad de Miami y suscrito por el Hon. Maurice Ferré, su Alcalde, y los Señores Comisionados— 1983, donde se le designa Ciudadana distinguida.

La Dra. Ana Rosa Núñez, es actualmente Profesora de la Universidad de Miami, Bibliotecaria y Referencista de la Biblioteca «Otto G. Richter» de la Universidad de Miami.

DR. RAFAEL ESTÉNGER

Nació en Santiago de Cuba, Oriente, el 15 de octubre de 1899. Periodista de fuste. Escritor medular. Conferencista. Autor de numerosas obras. La primera, entre ellas, «Biografía de Carlos Manuel de Céspedes», publicada en, obsequio a Estenger por el Sr. Guillermo Jorge, Bibliotecario de la Biblioteca de Belén; «Martí frente al Comunismo»; «Cuba en la Cruz», Versos publicados en México; «Ensayo sobre Poveda y el Modernismo»; «Los Enfasis antiguos», «Las Rosas de Afrodita», «Canciones Arbitrarias»; su bella biografía de Martí dedicada al Niño cubano. En 1974, publicó «Sincera Historia de Cuba, desde Colón hasta nuestros días», (1492-1973).

Periodista en grande, colaboró en «El Sol», de Santiago y en «Heraldo de Cuba», y La Habana y en las Revistas «Letras» de los Hnos. Carbonell y «El Fígaro», de Ramón A. Catalá.

Murió,—dolorosa sorpresa para Cuba—, en la Ciudad de Miami, en 1983.

DRA. FLORINDA ÁLZAGA LORET DE MOLA

Nació en el Central Senado, Camagüey, Cuba —26 de julio de 1930— Dra. en Filosofía y Letras Universidad de La Habana—1948-52— Seminarista en el Depart. de Historia y Filosofía de la Historia del Arte, Universidad de La Habana: 1952-53— Profesora de expresión Oral y Gramática en la Universidad Católica Santo Tomás de Villanueva, 1958-59— Profesora adscrita en la Cátedra de Historia de la Filosofía de la Univ. de La Habana —(1959) de la que renunció el 18 de Julio de 1960, por motivos políticos.— Parte para el destierro el 3 de marzo de 1960. En Miami trabaja durante siete meses para el sistema escolar como «Cuban aide», enseñando inglés a cubanos. Del 62 al 66, trabaja como Profesora de Literatura Inglesa, Americana y Española en «Norte Dame Academy», Miami— Profesora Asociada de Español y Filosofía en la Universidad de Barry, desde 1966— Profesora «part time» en el «Miami Dade Community College de Español y Filosofía. 1972-81— Publicaciones: «Ensayo de diccionario del pensamiento vivo de La Avellaneda» — con Ana Rosa Núñez, (Ed. Universal, Miami, (1975)— «Antología de la Poesía Religiosa de la Avellaneda», con Ana Rosa Núñez, Ed. Universal, Miami, 1975).— «Ensayo sobre el «Sitio de Nadie» de Hilda Perera», Ed. Universal, Miami, 1975.— «Raíces del alma Cubana», Ed. Universal, 1975— «Las ansias de infinito en la Avellaneda»— Ed. Universal, Miami, 1979— Ensayos en Revistas y Anuarios— Entre ellos, «José de la Luz y Caballero: Maestro de ayer y de hoy»; Res: primer poeta colectivo metafísico cubano; «Via-Crucis y Siete palabras por la Libertad de Cuba»; «The Three Roots of Cuban Heritage»; «Las tres raíces de la herencia cubana», (bilingüe) «La dimensión religiosa en la Avellaneda. Conjuntamente con Ana Rosa Núñez, «Dios en el Destierro y «Un ramillete cubano a la Virgen de la Caridad».— Más de 50 Artículos Periodísticos SOBRE TEMAS CUBANOS, FILOSÓFICOS Y RELIGIOSOS— Cuentos cortos— Conferencias sobre temas cubanos, literatura y filosofía.

Reconocimientos Honoríficos: Diploma de honor Junta Educacional Patriótica Cubana», 1965— «Florida Star Award, Florida Chamber of Commerce, 1966; «Diploma de Honor Lincoln-Martí, Depart. Health, Education y Welfare», Washington, 1970; Diploma de Honor Juan J. Remos, Cruzada Educativa Cubana, 1971; Primera Mención Honorífica, concurso literario Jorge Mañach, 1972; Diploma José de la Luz y Caballero, Cruzada Educativa Cubana, 1976; Primer premio, concurso literario Jorge Mañach, por el ensayo «Raíces del Alma Cubana», 1976' Certificate of Appreciation, City of Miami, 1979; Certificate of Appreciation, Metroplitan Dade County Mayor, 1979; cuatro placas de Professional Achievement Award, de Barry University, 1978-1979, 1979-1980, 1982-1983, 1983-1984.

DR. GASTÓN BAQUERO

Su labor en la Prensa lo consagra como a uno de los más ilustres Periodistas Americanos del Siglo. Los Principios que sirve, los Postulados Cristianos y Democráticos que enarbola; el Ideario que llena su apostolado, lo definen gallardo representativo del Publicista en el Hemisferio. Autor de numerosos libros, entre ellos, «El Periodismo como espejo de nuestro tiempo»; «Saúl sobre su Espada»; «Pro-defensa del derecho de Propiedad». Sus inspirados versos recogidos en «Verbo», «Espuela de plata», «Cuadernos Clavileños», «Memorial de un Testigo», constituyen una ofrenda brillante, a la Poética Universal. En Madrid, donde reside hace años, ha dado a la luz, «Darío, Cernuda y otros Temas Poéticos» y «Escritores Hispanoamericanos de hoy». Sus Ensayos y Conferencias son hitos de luz en las letrsa cubanas. Colabora, actualmente en el «A.B.C.», de Madrid y «Diario Las Américas», de Miami, Florida.

DRA. ROSA M. ABELLA

Nació en Marianao— Rep. de Cuba el 15 de Febrero 1920. Dra. en Filosofía y Letras y Diplomada Técnica de Bibliotecaria, en la Universidad de La Habana. Profesora «Latin American Bibliographer 1962, Universidad de Miami, Biblioteca «Otto G. Richter». —Jefe del Departamento de Circulación, Biblioteca Nacional «José Martí»,— Bibliotecaria Instituto Segunda Enseñanza de La Habana, Cuba— Biblioteca «Lyceum and Lawn Tennis Club», La Habana— Becada por el «Instituto Internacional de Educación, Washington D.C.— «Sigma, Delta P», Sociedad Nacional Hispánica, Miami, Florida, 1970; Diploma de Honor «Lincoln-Martí», Dep. Salud, Educación y Asistencia, Washington, D.C.— Diploma de Honor «Juan J. Remos», «Cruzada Educativa Cubana», 1971— Sus obras: «Personalidades en el Exilio»: Fermín Peraza. Miami, Fla., 1967. Sus obras: «Diccionario Internacional de Biografías»: Ed. Ernesto Kay, London, 1969— «A Biographical Directory of Librarians in E.U. de Canadá, 1968— «Personalidades of the South», Raleigh, N.C.— ¿Quien es Quien?, Ed. A. Trejo, Arizona, 1976.— Julia «Daughters»: «Women in Dade Count History», Miami, Fla., 1980.

Trabajos en Seminarios y Congresos y diversas Conferencias en Estados Unidos de América, Europa, América Latina, y Artículos en Periódicos y Revistas. Pertenece a las más selectas Organizaciones del Exilio — Autora de brillantes trabajos sobre: «Estado actual de los Estudios Martianos»; «La Novela Cubana»; «Función de la Bibliotecas en la República Liberada», (en la tribuna de «Cruzada Educ. Cubana» —La domina una generosa vocación: ayudar al que estudia e investiga. Para los estudiantes, en general, es fuente de orientación y estímulos.

DR. CARLOS RIPOLL

Graduado de las Universidades de La Habana, Nueva York y Miami. Colaborador de la «Revista Iberoamericana» y en diversas publicaciones cubanas y extranjeras. Autor de «La Revista de Avance», 1927-1930, vocero del vanguardismo y pórtico de la revolución». Figuran entre sus obras: «Juan Criollo, de Carlos Loveira»; «Conciencia Intelectual de América»; «Antología del Ensayo Hispanoamericano», (1836-1930). «Archivo José Martí:

repertorio crítico, medio siglo de estudios martianos», 1971; «La doctrina de Martí», 1976; «Escritos desconocidos de José Martí», 1976; «Cuba, Puerto Rico, Propaganda revolucionaria, Juicios Críticos, Estados Unidos», 1971; «Índice Universal de la obra de José Martí», 1971; «José Martí: Letras y huellas desconocidas», 1976; «Julián Pérez» (cuento) por Benjamín Castillo, 1970; «Naturaleza y alma de Cuba: Dos siglos de poesía cubana 1760-1960»; «Patria: el periódico de José Martí— 1892-1895», 1971; «Seis trabajos desconocidos de Martí en The Hour», 1974 «José Martí: Pensamientos sobre la Libertad, la Política, el Arte y la Moral: Antología Bilingüe», 1980. (El Presidente Reagan escogió de este libro un pensamiento martiano para uno de sus discursos); «Vigencia del 10 de Octubre», 1972. Fundador y Director de «La Revista Cubana» que vio la luz en dos tomos, dedicado el primero al Centenario de La Demajagua, y el segundo, al Natalicio de José Martí, una de las más útiles y encomiables empresas intelectuales en este período de balance y recuento.

Este brillante intelectual cubano, nacido en La Habana (1922) se graduó de Ingeniero Agrónomo y Químico Azucarero en la Universidad de La Habana, Master en Arts, en la de Miami y doctor en Filosofía, en «New York University». Ha trabajado en sus propios negocios y empresas. Profesor de «Queens College», Nueva York. Ha viajado por toda Europa y toda América. Trabaja, ardorosamente, en la vida y la benemérita tarea histórica del Apóstol.

DRA. ROSAURA GARCÍA-TUDURÍ

Nació en La Habana, Cuba. Hizo sus estudios superiores en la Universidad de La Habana y en la Escuela Nacional de Bellas Artes «San Alejandro», graduándose de Dr. en Filosofía y Letras, Dr. en Pedagogía y Profesora de Dibujo, Pintura y Escultura.

Profesó en el Instituto Pre-Universitario de la Víbora y en la Universidad Católica de Santo Tomás de Villanueva, La Habana. En Estados Unidos ha enseñado en Marygrove College y en Biscayne College.

Obras: «Introducción a la Estética», «Lógica», «Introducción a la Filosofía», «Ensayos Filosóficos». Ha Pronunciado conferencias sobre arte, filosofía y educación y ha representado a Cuba en congresos internacionales de Filosofía. Fue condecorada con la «Orden Carlos J. Finlay».

Obras de arte: En Cuba, ejecutó en bronce el busto de Máximo Gómez para familiares del Generalísimo; de Martí para la Universidad de Santo Tomás de Villanueva; de Varona para el Instituto de la Víbora; y de Maceo. Así también figuras de familiares y creaciones imaginativas. En Estados Unidos, un busto de Varela para la Ermita de la Caridad y otro para el

Cementerio de Tolomato, en San Agustín; por último, uno del Padre Galofré para la Iglesia de San Juan Bosco.

Pertenece a la Sociedad Cubana de Filosofía, a Cruzada Educativa Cubana y a la Academia de Doctores de Madrid.

DR. HERMINIO PORTELL VILÁ

Historiador y brillante Internacionalista. Autor de numerosos Libros entre los que son dignos de mención: «Historia de Cuba en sus relaciones con Estados Unidos y España»; «Céspedes, el Padre de la Patria»; «Cuba en la Conferencia de Montevideo»; «La Verdad sobre el Azúcar en Cuba»; y «La Biblioteca y el Libro Cubano, como factor social». En el destierro ha desarrollado una tarea ímproba y brillante en la prensa y en la Radio a favor de la Libertad de la Patria, ahondando con sentido real y documentada argumentación la tragedia del Pueblo Cubano. Esa recia faena en «Diario Las Américas» y otros periódicos de Estados Unidos, se ha mantenido intensa y constante. Sus enfoques y criterios han proporcionado orientación adecuada a sus compatriotas.

DRA. JOSEFINA INCLÁN

Notable Escritora, Conferencista y Educadora. Autora de enjundiosas obras, y entre ellas: «Carlos Loveira en sus Cartas»; «Bibliografía e Iconografía de Carlos Loviera»; «José de la Luz y Caballero, Forjador de Hombres», trabajo a que dio lectura en la tribuna de «Cruzada Educativa Cubana», inaugurando el Ciclo de Conferencias sobre Don Pepe; «Las Tertulias de Juan J. Remos», Conferencia ofrecida en el seno del Seminario de «Cruzada». «Cuba en el Destierro de Juan J. Remos», libro editado en Miami; «Para una Bibliografía de Ciro Alegría», (en preparación) y «Agendas de Cuba». Luis Felipe Rodriguez, dijo sobre su Disertación alrededor de la obra de Loviera: «Es trabajo de valores esenciales y estilo de muy buena crítica».

DR. JESUS PORTOCARRERO

Uno de los primeros, en tiempo y méritos, entre los discípulos del Dr. Remos. Eminente Jurista; Orador Político, Parlamentario y Académico. Escritor erudito; Historiador veraz. Labor imposible la cita de sus obras. Entre ellas, «La Acción Penal»; «Proyecciones actuales de la Ciencia Penitenciaria»; «Tierra, Técnica y Trabajo»; — En el destierro ha sido Portocarrero un ejemplo a imitar. Colaboró con generoso anhelo en la Fundación y primeros esfuerzos de «Cruzada Educativa Cubana», cuya tribuna honró repetidas veces. Es el autor de una Exposición de Motivos y Organización, que sirvió de base a la Institución. En la «Cruzada» disertó sobre «Presencia y Vigencia de José Martí en la Constitución de 1940», sobre «Fruto, amargo, simiente promisora»; «El Presidio Político de José Martí» y sobre «Cultura y Educación en la Constitución del 40». Su obra cumbre es «CUBA: PARADIGMA Y DESTINO DE AMERICA», libro de Consulta sobre Cuba y su Historia. Electo Representante a la Cámara de Cuba en 1936, su faena parlamentaria fue ejemplar. Calzó con el Dr. Marquez Sterling y otros compañeros, la Proposición trascendente de renunciar como Representantes del Pueblo a todo derecho que estorbara la soberanía de la Asamblea Constituyente.

Desempeñó el cargo de Ministro del Trabajo.

DR. HUMBERTO MEDRANO

Periodista por sobre toda otra condición.— Abogado que se graduara en la Universidad de La Habana en 1941. Ganador de Premios Nacionales e Internacionales. Entre ellos el «Justo de Lara», en tiempos de la República Libre y el «José Ignacio Rivero» en el destierro. Pluma acerada que hoy libra en el destierro su mejor batalla. Autor de obras entre las cuales merecen citarse «Sin Patria, pero sin Amo». Paladín, en esta hora sombría para Cuba y América, de la causa de los Presos Políticos que sufren y mueren en las mazmorras comunistas de la Isla esclava. «Prensa Libre», periódico fundado y dirigido por el ilustre periodista Sergio Carbó, en Cuba Democrática y «Diario Las Américas» en Miami, Florida, dirigido y fundado por el Dr. Horacio Aguirre constituyeron las mejores tribunas para el ilustre panfletario y elocuente orador político.

MARÍA ELENA SAAVEDRA

Devotísima del Maestro Juan J. Remos. Va adelante, —como ella afirmó un día—, con la antorcha del prócer de la Cultura Cubana, en las fieles manos. Periodista, en la acepción cabal de lo que esta noble investidura significa en lo ético y trascendente. Escritora de pulcra expresión y estilo fragante. Fue colaboradora en Cuba de «Diario de la Marina, Revista «Chic» y otras publicaciones importantes. Si sus bellísimas Crónicas de «Diario Las Américas», en referencia a todos los empeños relativos al Arte, la Enseñanza, la Ciencia, la Historia, la Asistencia Social, fueren llevados a un Libro, habríamos logrado un formal esquema de la Cultura Cubana y Latino-Americana de estos tiempos. María Elena Saavedra, fidelísima amiga de «Cruzada Educativa Cubana» es la Cronista de la Cultura en destierro. En el destierro publicó su Libro «SENDEROS». En esa obra se resumía la vida familiar, los deberes sociales irrenunciables, la fe como llama encendida que ilumina los caminos de la eternidad, la patria, envuelta en la túnica de la nostalgia sin remedio. Un gran libro para el Hogar y la Escuela...

DR. RAMÓN CORONA

Llevó en su nombre y en su sangre el amor inextinguible a Cuba. Magnífica heredad que honró con su heroismo y con su verbo el Primer Ayudante del General Antonio Maceo, Mariano Corona. Sobre la tribuna patriótica lo vieron crecer las multitudes republicanas. Su estilo tomó agua fresca en la historia de los Fundadores. Periodista de pura raza. Escritor e Historiador de cada día, su función fue en el tormentoso destierro la de honrar, unir, dignificar, enaltecer. No aceptó jamás ser piqueta de sus hermanos. Optó por ser pedestal y mástil altivo donde flotara siempre, y sin sombras, la Bandera.

Su muerte en el Exilio, fue duelo para Cuba y para sus hijos mejores. Cayó con él, un paladín da la Democracía.

SALVADOR DÍAZ VERSÓN

Figura señera del Anti-comunismo. Acaso la primera, en Cuba Libre y en el Destierro largo, que rompió lanzas frente al movimiento perverso de los Marxistas. Periodista de cepa; Escritor de perfiles profesorales; Conferencista de firmes convicciones democráticas. Hombre honrado abierto a las necesidades nacionales y a los reclamos de la humanidad. Autor de numerosas obras, entre ellas,: «Ya el mundo oscurece», novela anticomunista; «Cuando la razón se vuelve inútil»; «La Mentira se viste de Historia»; «El Zarismo Rojo»; «El Quinto Jinete del Apocalipsis». Sobre sus timbres de hombre de letras al servicio de ideales impostergables, fue por más de cuarenta y cinco años el líder indiscutible y más caracterizado de una fuerza previsora contra el peligro ateo ayer, en la República, y luego, perdida la Patria, denuncia infatigable y flagelo que castiga.

«Cruzada Educativa Cubana» lo tuvo entre sus Fundadores, en la junta inicial del 2 de agosto de 1962. Su despedida fue dolor de todos los que tanto necesitábamos su prédica y sus experiencias.

LYDIA DÍAZ CRUZ

Prima-Ballerina de la Patria Cubana. Una, grande en el arte, le falló a la Patria y negó los principios de la Democracia. La Providencia creó el bello repuesto. La Ballerina Lydia Díaz Cruz que hoy regala sus maravillas en el «Washington Ballet» y en «Ballet Espectacular» ha sido seleccionada para interpretar las más escogidas obras de esa rama del Arte, junto a Margot Fonteyne ilustre ciudadana panameña proclamada la «Dama del Ballet» en la Inglaterra y clasificada entre las cinco más eminentes Ballerinas del Mundo.

DR. ERNESTO MONTANER

Su vida intelectual ofrece múltiples facetas, su pluma, es ariete. Su verso es cincel. Los pueblos bautizan, movidos por intensas emociones, a los que bien interpretan sus ansias y sus penas. Así Montaner es llamado el Poeta del Exilio. En sus rimas palpita Cuba. Fundadores, Maestros, Héroes nuevos, la Virgencita del Cobre, han tomado forma en sus estancias, a veces anatema y a veces plegaria. Fue Montaner gran amigo del Dr. Juan J. Remos y a él correspondió esculpir sobre su tumba los octosílabos que lo saludan «Vencedor de la muerte.»

> Disputábanse tu vida
> vida y muerte, de tal suerte
> que en la lucha establecida
> rodó, al fin, tu cuerpo inerte,
> y la muerte fue vencida
> porque tu vida es la vida
> que comienza con la muerte...

ESCULTOR MARIO SANTÍ

Escultor, Pintor, Catedrático, Maestro, bastaría a su renombre haber levantado en el Cementerio de Santa Ifigenia, Santiago de Cuba, obteniendo Premio Nacional, el Monumento Sepulcral bajo cuyos mármoles reposa,— ahora sin reposar—, los restos del Apóstol. Artista laureado en su Patria y en el extranjero. Figuran entre sus afamadas producciones: el Monumento a Heredia, emplazado en Santiago de los Caballeros, República Dominicana, Premio Nacional; el Monumento Funerario a Rafael María Mendive; el erigido a Martí, en Hialeah; el Monumento a los Héroes de Playa Girón, en Miami, Florida; sus Martí develados en Tampa, New Orleans, Puerto Rico y México; sus grupos de Maternidad emplazados en Cárdenas, Holguín y

Guane. Es autor del busto de Juan J. Remos, develados en la Biblioteca Rafael María Mendive, del Koubek Memorial Center de la Universidad de Miami y del Monumento al Maestro exhibido por primera vez en esta noche. En sus álbumes aparecen más de cien obras, entre Monumentos y Bustos, distribuidos en Cuba, Estados Unidos, México, Rep. Dominicana y otros países.

PINTOR TEOK CARRASCO

Aclamado en el mundo como uno de los más ilustres Pintores Muralistas del Siglo. Héroe contra la conjura comunista que pintara con sangre el mejor de sus murales en la última guerra civil de España. Luce al par, y a todo honor, condecoraciones y cicatrices. Sus más conocidas obras han quedado en las Exposiciones celebradas en casi todas las capitales del mundo. En Cuba Democrática dejó entre sus murales: el del Banco Nacional de Santiago de Cuba, el del «Centro Vasco», Restaurant Floridita, «Diario de la Marina». Famosos son en Estados Unidos, el del Restaurant Columnia, con siete paneles, en Tampa; el de Pan-American Bank, con 700 pies de superficie; el de «Pan-American Hospital», sobre la Historia de la Medicina. Sus pinceles quedaron consagrados en «La Vida de Don Quijote», mural con 480 pies de superficie; — Su nombre figura en todas las Enciclopedias del mundo y, muy destacadamente, entre «Las 20,000 biografías de figuras mundiales de todos los tiempos», Real Academia de San Fernando, Madrid. Y es el autor del Mural de la Ermita de la Caridad del Cobre, resumen de la Historia de Cuba. La obra realizada por Teok Carrasco en América y en Europa en los últimos años, lo consagran eximio artista del pincel, con perfiles de universalidad. La Independencia de América, Mural realizado en honor a Bolívar, el Libertador, cobra plena actualidad con motivo del Bicentenario de su glorioso natalicio en Venezuela. La gigantesca obra hecha en cerámica, la mayor que existe en el País, —largo de 72 metros y altura de 2.80, —resume la historia de las Fuerzas Armadas Libertadoras, con Simón Bolívar en primer lugar. Visistantes de Venezuela lo han aclamado con devoción. El Bi-Centenario de Santa Teresa de Jesús, Dra. de Avila, 36 de largo y 24 de altura, en la Catedral de Avila, es resumen vigoroso y magnífico de la vida y obra de la Santa.— La Exposición «Gables Art Gallery» recogio sus mejores obras en 1983.

ARQ. JOSÉ MARÍA BENS

Arquitecto, Ingeniero Universidad de La Habana, y sobre todo, Promotor de Cultura, Historiador de las Bellas Artes, patriota y caballero a la medida de los tiempos grandes. Su poderoso cerebro y sus manos han estado, ayer y hoy, al servicio del interés y la gloria de Cuba. El Capitolio Nacional lo canta en las moles de sus maravillosos Hemiciclos del Senado y la Cámara de Representantes; en la Biblioteca del Congreso; en el Salón José Martí y en la majestuosa Cúpula que pregonara a un mundo, por sobre la mentira comunista, la grandeza de un Pueblo.

En el ambiente cargado de miserias de Cuba actual, el nombre de Bens sigue siendo remembranza y evocación, en el noble Palacio de los Capitanes Generales que él reconstruyera y en la bella estructura del Palacio de Aldama que él conservó para futuras generaciones. Fue Maestro de Artistas, Animador de Cultura y ejemplo de cubano, como ya hay pocos. Su Libro «Los Jardines de Italia», es un regalo de amor, fe y belleza que da la medida de su espíritu. Al morir, se hizo la sombra en sus predios...

DR. AGUSTÍN CASTELLANOS

Gloria de la Ciencia Médica Mundial; Galeno de América. Insigne Pediatra y eminente Cardiólogo; Representante de nuestra Patria en Congresos, Convenciones y Seminarios. Fue Presidente del Primer Congreso Mundial de Radiología Cardiaca y Presidente del Congreso Interamericano sobre Antibióticos. Medalla de Oro del Colegio Americano de Radiología que, por segunda vez en dos Siglos, se concedía a un extranjero. Medalla de Oro de la Universidad de Manila, Filipinas que, por única vez, se concedió a un extranjero.

Su ejecutoria sirve a maravilla para resumir las modestas consideraciones que «Cruzada Educativa Cubana», ha procurado hacer públicas, en honor de los premiados y en explicable justificación de las Selecciones realizadas, con tanto espíritu de justicia como amor a Cuba.

CONMEMORACION DEL «DIA DE LA CULTURA CUBANA». SEGUNDA ENTREGA DE PREMIOS «JUAN J. REMOS». 24 DE NOVIEMBRE DE 1972, 8 P.M. HOTEL «MC ALLISTER», MIAMI, FLA.

CRUZADA EDUCATIVA CUBANA, INC.
MIAMI, FLORIDA
ACTO SOLEMNE EN CELEBRACION DEL "DIA DE LA CULTURA CUBANA".

- P R O G R A M A-

- I- Himnos Nacionales de Estados Unidos y la Republica de Cuba.
- II- Invocacion Religiosa: Rev. Padre Emilio Vallina.
- III- Palabras de Apertura del Acto; Dr. Vicente Cauce, Presidente de "C.E.C.".
- IV- a)"Cuba en mi Corazon",de Rafael Oscar Fernandez; b)"Al Partir", de Gertrudis Gomez de Avellaneda;c)"Al Maestro Dr. Juan J. Remos", de Raquel Fundora de Rodriguez Aragon.
  Interpretaciones Poeticas por el Gran Actor Paul Diaz.
- V- "Ofrenda a Gertrudis Gomez de Avellaneda": Sra. Silvia Hurtado de Mendoza.
- VI- a) "Requiem", de la "Misa de Requiem", de Verdi: Inmemoriam del Dr. Juan J. Remos: Coro de "Madrigalistas" y Solista Maria Teresa Carrillo.
  b)"Coro de Pescadores":Opera "Marina", de Arrieta: Coro de Madrigalistas.
  c)"La Bayamesa": Cespedes y Fornaris:Maria Teresa Carrillo y Consuelo Lindner; d) "Clave Marti", de Villillo: Coro de"Madrigalistas".
  Director: Maestro Manuel Ochoa- Pianista acompanante: Francisco M ller.
- VII- Distribucion de los Diplomas de Honor "Juan J. Remos", 1972 y Constitucion del"Seminario de Cultura Cubana" que lleva su nombre: Dres. Vicente Cauce, Presidente de "Cruzada Educativa Cubana" y Maria Gomez Carbonell, su Secretaria de Organizacion.
- VIII- Selecciones de Canto: Soprano Blanca Varela, acompanada al piano por la Sra. Lourdes Salvador.
- IX- "Los Pueblos viven, mientras vivan sus VALORES CULTURALES": Discurso por el Dr. Eduardo Arango Cortina.
- X- Himno de la "Cruzada Educativa Cubana", Musica del Maestro Manuel Ochoa y letra de Maria Gomez Carbonell: Coro de "Madrigalistas", bajo la Direccion del Maestro Ochoa y acompanamiento de Piano por Francisco M ller.

La Coleccion de Fotografias de algunos,entre los mas notables Valores de la Cultura Cubana,expuesta en el Acto, ha sido seleccionada por el Sr. Oswaldo Aguirre. Ha prestado a este empeño valiosa colaboracion el Pintor Emilio Estevez.

Las Bases del "SEMINARIO DE CULTURA CUBANA" DR. JUAN J. REMOS", distribuidas entre los asistentes al Acto y suscritas por algunos de los poseedores del Diploma de Honor "Juan J. Remos", han sido redactadas, a manera de Ponencia, por el Dr. Jesus Portocarrero.

El Acto tuvo efecto el 24 de Noviembre de 1972 en el Ball-Room del Hotel Mc. Allister- Ciudad de Miami- Florida.E.U.A.

PALABRAS, A MANERA DE EXORDIO, PRONUNCIADAS POR LA DRA. MARÍA GÓMEZ CARBONELL, SECRETARIA DE ORGANIZACIÓN DE «CRUZADA EDUCATIVA CUBANA», ENCARGADA, CADA AÑO, DE LAS PRESENTACIONES DE LOS QUE HAN DE RECIBIR EL PREMIO «JUAN J. REMOS».

Otra vez nos reunimos esta noche, que es noche de recuento y de fe, —afinados, todos, en el recuerdo del ilustre Mentor que le dio vigencia en 1967,— para conmemorar, correspondiendo a la Convocatoria de «Cruzada Educativa», el «DIA DE LA CULTURA CUBANA». Dos Siglos de grandezas y efectivos logros parecen contemplarnos en este afán incontenido que nos mueve por revitalizar, —para seguir viviendo—, las mas sólidas conquistas éticas, sociales, políticas e intelectuales que dan fisonomía y rango propio a nuestra Cultura, medida y signo de un Pueblo, ahora lo sabemos bien, indiscutidamente superior.

Asomados a los vetustos marcos del «Seminario de San Carlos» y bajo los recios artesonados de la «Sociedad Patriotica de Amigos del Pais», docenas de Próceres del Pensamiento y de la Palabra, trocados luego en acero libertador, parece que nos prodigan el aliento de sus ilustres tutelas, trazando rutas, y señalando rumbos a sus, tantas veces, pecadores y desorientados descendientes. Ellos fundaron la «NACION». Y lo hicieron, levantando sus fustes y capiteles sobre el afirmado de una conducta impoluta, un Patriotismo sin vetas y una auténtica y sencilla sabiduría. La lucha por la Independencia desembocó, sobre lagunas de sangre, en la Soberanía. Y la herencia de Precursores y Héroes, fecundó la República Libre. La República, Señores, que si cayó en errores y cometió pecados, hijos de su adolescencia democrática, supo, por su entereza, por su Cultura, por su pasmosa asimilación de todos los Progresos y por su espíritu de empresa puesto a prueba en toda época, colocarse a la cabeza de las Américas y del Mundo Libre, regalando a la Civilización el Descubrimiento de Finlay, el Código Pan-Americano de Bustamante, el abolengo Internacional de Cosme de la Torriente y César Salaya, la Filosofía del Mentor Varona, el basamento jurídico de Lanuza, la solidez de predicamento de un Montoro, la reciedumbre de Juan Gualberto Gómez y la sapiencia, repartida en todos los Museos del Universo, por Don Carlos de la Torre. A esos inmensos Valores de la Cultura Cubana, —en parte heredada y en buena parte autóctona—, venimos a rendir tributo en esta ocasión conmovedora, extendiéndolo a las eximias figuras de la generación que les sucediera que todos los años evocamos con devoción infinita, unas muertas en el destierro y otras en Cuba esclava, las de Chacón y Calvo, Santovenia, Fermín Peraza, Juan J. Remos, Max Henriquez Ureña, los Hermanos Carbonell, Ramiro Guerra, Feliz Lizaso, José Manuel Cortina, Sergio Carbó, Jorge Manach, ahora aumentadas en la triste relación creciente, con los nombres esclarecidos de Orestes Ferrara, el Gladiador, y de Arturo Alfonso Roselló, el Arquetipo del Periodismo genuino, por honrado. A todos ellos, elevamos nuestras preces, con el devoto homenaje, reclamándoles a la hora del sacrificio y del batallar sin tregua, fortaleza para la ardua brega de rescate y reconstrucción de nuestra Patria, lucidez en las decisiones que nos esperan y rectitud para no violar, con ambiciones o con vanidades, el Patrimonio de nuestra Cultura y el precioso legado de nuestros Fundadores.

El Acto que estamos celebrando, Señores, tiene ya en su haber, el iniciar la serie de homenajes que Cuba en el Destierro rendirá, orgullosa, a la memoria de la más grande Poetisa, Dramaturga y Novelista de las Letras Castellanas: la genial Mujer que viera la luz en el legendario Puerto Príncipe, discutida por todos como cosa propia, y sólo de Cuba, de la Patria que meciera su cuna, y le ciñera sobre la augusta frente, y por las manos florecidas en glorias de Luisa Pérez de Zambrana, la áurea Corona de los Elegidos, en la Sala del Teatro Tacón, de La Habana, que luego fuera nuestro Teatro Nacional. Silvia Hurtado de Mendoza, Miembro del Ejecutivo de «Cruzada», y discípula del Dr. Remos, le ofrecerá en su bella y dulce palabra, el tributo de un Opúsculo, en nombre y representación nuestra. Pero, Señores, existe otro inmenso tributo que rendir, con la acticipación que requieren las circunstancias: el 11 de mayo de 1973, se cumplirá el Centenario de muerte gloriosa en Jimaguayú, de otra ilustre representación de la Cultura Cubana, Jurista que escribiera para la Historia de todos los tiempos una Tesis que trazó surcos de decoro y de hombría para sus compatriotas y sus colegas de profesión, —el BAYARDO—, palabra relampagueante en Guaímaro y razón vigorosa de Justicia y Libertad en el Paraninfo de la Universidad de La Habana. A esos dos Camagüeyanos, Símbolos de la grandeza y el vigor de nuestra Cultura, vaya el cálido reverente homenaje de los Educadores y Maestros que forman en las filas de «Cruzada».

Y un asunto de singular categoría, para finalizar estas palabras de Apertura de este Acto: la constitución en esta noche, del «SEMINARIO DE ESTUDIOS JUAN J. REMOS». Se han distribuido, profusamente, entre los Asistentes a esta velada, copias de las BASES que dan vida a este Organismo, sus finalidades trascendentes y las Secciones en que pudieren repartirse sus actividades. En una de ellas, la de EDUCACIÓN, será donde Delegados de nuestro Ejecutivo Central y nuestro Organismo Técnico tendrán preferente representación, a los fines precisos de mantener, inquebrantablemente, Principios y Postulados que constituyeron la razón de nuestra vida y trabajos, tomando por Basamento el IDEARIO DE CUBANIA recogido en el Articulo 51 de la Constitución de 1940, que textualmente dice: «Toda Enseñanza,

Pública o Privada, será inspirada en un espíritu de Cubanía y Solidaridad Humana, tendiendo a formar la conciencia de los Educandos, el Amor a la Patria, a sus Instituciones Democráticas y a todos los que, por una u otras lucharon». «Cruzada Educativa Cubana», Señores, al defender la gloriosa Escuela Democrática, —la nuestra de 1902 a 1958—, y este pronunciamiento lograra su más adecuado marco en el «Seminario» que hoy queda fundado, hará cuestión central de sus Postulados lo que es esencia y carácter fundamental de la Democracia: la Libertad, la Gratuidad y la Obligatoriedad de la Enseñanza Primaria; el mantenimiento de la Diversificación de Centros Docentes establecidos en nuestro Sistema Escolar, con fines propios, específicos, acceso a vocaciones de muy diversa índole, respeto a la libre determinación humana y garantías para el estudio y el ejercicio de las llamadas Profesiones Medias, formas de vida para miles de Graduados no Universitarios; tácticas y fórmulas, en suma, en todo contrarias al intento de «UNIFICACION DE LA ENSEÑANZA SECUNDARIA», Sistema utópico, centralizador de la voluntad individual, anti-económico por naturaleza, y probadamente consustancial a los Regímenes Totalitarios en el Mundo. «Cruzada Eduactiva Cubana», realiza acuciosos estudios sobre estas materias que desarrollara, en Plan Completo, en el seno del «Seminario Dr. Juan J. Remos».

Señoras y *Señores*: El instante que vive el Pueblo Cubano acaso sea, ya, crítico. Templemos las almas, de hinojos ante el ara de Cuba e impetremos la Gracia de la Providencia, para que nos permita celebrar en Noviembre de 1973, el «DIA DE LA CULTURA CUBANA», sobre el suelo que nos viera nacer, ofrendando energías y sacrificios a la reconstrucción de la Nacionalidad y al definitivo asiento de la Escuela Cristiana y Democrática, —la de Don Pepe, la de Honorato del Castillo, la de Mendive—, la que nuestros abnegados Educadores y Maestros de la República Libre, mantenían, orgullosos, ajena a sectarismos, «CON TODOS Y PARA EL BIEN DE TODOS». Y, de inmediato, a la entrega del Premio «Juan J. Remos», 1972.

Miami, Florida, 24 de Nov. 1972

PERSONALIDADES EXTRANJERAS

SU EXCELENCIA REVERENDÍSIMA, MONSEÑOR COLEMAN F. CARROLL, ARZOBISPO DE LA DIÓCESIS DE MIAMI.

Para la Iglesia inmortal que se levanta sobre la piedra del Sepulcro de Pedro, que nada removerá en sus cimientos y que nadie detendrá en su camino, un Apóstol de la Dignidad Cristiana. Para Cuba, prendida en la Cruz, un noble hermano que ha restañado sus sangrantes heridas; recogido a sus pobres Niños arrancados al tronco familiar por la tempestad que asoló su tierra; que fundara en el 59 el Centro Hispano-Católico, Agencia de Servicios Sociales que ha ayudado a 800,000 personas de habla hispana; que movilizó a la Comunidad y a la Nación para resolver la situación de un Pueblo en éxodo; que se esforzara junto al Presidente Eisenhower para crear el «Centro de Refugiados Cubanos», en el 60; que compareciora varias veces ante el Congreso de Estados Unidos para abogar por la Causa de Cuba; y, que, entre otras obras, ha hecho posible que, frente al mar, —el mismo que besa nuestras costas—, se alce como una esperanza de redención y de regreso la Ermita de la Patrona de Cuba. Ineludibles compromisos, ya concertados, lo separan físicamente de nosotros en esta noche. Monseñor Walsh, otro de nuestros Premiados de hoy, por gentil indicación que hace su Excelencia en el Mensaje con que nos enaltece, recogerá su Diploma de Honor.

MONSEÑOR BRYAN O. WALSH

Irlanda le vió nacer. Se órdeno Sacerdote en la Florida, en el 54. En el 60, como Director del «Catholic Welfare Bureau», fundó el «Programa para Niños Cubanos», a fin de dar hogar a los Menores refugiados cubanos que estaban en Estados Unidos, sin cuidado y protección de sus padres. Más de 14,000 Niños fueron ayudados, bajo los auspicios de ese Programa, a salir de Cuba, y 7,850 fueron situados en casas de crianza en este País. Desde el 69,

Monseñor Walsh, ha actuado como Director Ejecutivo del «Centro Hispano-Católico», y como Vicario Episcopal del Arzobispo Carroll, con dedicación a personas de Habla Hispana. «Cruzada Educativa», tiene a honor, y lo hace transida de noble gratitud, el premiar a este eminente Prelado con el Diploma «Juan J. Remos».

PAUL BETHEL

Oyéndolo o leyéndolo, podrían preguntarse nuestros compatriotas: ¿Nacería en la próvida tierra generosa donde vio la luz José Martí? ¿Por qué ama tan hondamente, la Causa de la Patria encadenada? ¿Por qué ha penetrado con tanta agudeza como decoro humano, el torturante proceso de la galopante destrucción de un Paraiso que, también, perdimos? PAUL BETHEL, pasará, por derecho propio, a las más escogidas paginas de la historia de estos lustros siniestros, iniciados en 1959, que son bochorno de las Américas y baldón del Mundo que se llama Libre.

La Organización que él encabeza, «Comité de CIUDADANOS AMERICANOS POR UNA CUBA LIBRE», donde con él figuran Mr. Braden, el General Marshall, el Almirante Burke, hasta 45 Americanos, constituye el más idóneo palenque de Libertad y Democracia donde podrán levantarse, en el futuro, Hombres Enteros defendiendo a un Pueblo Heroico.

SECCION «JOSÉ MARTÍ». LETRAS— EDUCACIÓN— PERIODISMO— HISTORIA. ACTIVIDADES CÍVICO-PATRIÓTICAS.

JUAN J. AZQUETA

Un Promotor de la Cultura. Un Empresario de la Belleza. Aprendió que la Patria Independiente no se levantó sólo sobre los brazos de sus Héroes, sino, también, sobre la prédica del tribuno y las beneméritas tareas de sus Pensadores, Filósofos, Artistas, Poetas y Científicos. Y, cuando un insigne Repúblico, el Dr. Rafael Guas Inclán, hace un llamado a favor de los intelectuales que, por falta material de recursos no pueden sacar a la luz sus obras, desde la tierra del Libertador, una mano se tiende sobre el mar y una voz se hace Ofertorio. Eran manos y voz de otro JUAN J., de Juan J. Azqueta, que surgió, de improviso, como un Animador de la Cultura. Así, con amplios Fondos, capaces de brindar aliento a los Cubanos que escriben y sueñan, nace el «PATRONATO PRO-CUBA», por él fundado y sostenido. «Cruzada Educativa», sintió el deber, que hoy se trueca en orgullo, de premiar este milagroso resurgir de un Mecenas en 1972. Su hermosa respuesta al conocer la justa resolución, bien define a Juan J. Azqueta: «No delegaré en nadie para recoger mi Diploma. Volaré de Caracas a Miami, a recibir dos honores juntos: Un Premio que se llama «JUAN J. REMOS», y la entrega del mismo por «Cruzada Educativa Cubana». Así es, Señores, el Cubano a que hoy dedicamos este galardón, en hora solemne.

RICARDO EGUILIOR

Santiago de Cuba, donde naciera, prendió la fragua de su Cubanía. La Universidad de la Habana lo consagró Doctor en Derecho Civil y en Derecho Público. La Patria lo utilizó en la fragorosa vida pública, y de regreso del deber irrenunciable, volvió limpio y puro. Orador de altos vuelos; escritor que amalgama concisión y belleza; Jurista de amplias capacidades; Artista del Teclado que figurara como Solista en la Orquesta Sinfónica de la Habana bajo la Dirección del Maestro Roig, e interpretando el «Concierto en Re Menor» de Mendelsohn». Actualmente, desempeña Cátedra de Música en la «División de Educación Continuada de la Universidad de Miami» y dirige, en ese Centro, la Biblioteca «Rafael María Mendive». Pero, Eguilior, sobre todo eso, es legítimo exponente de la Dignidad de un Pueblo, y expresión, la más fina, de su Cultura Democrática. Premio del Patronato Pro-Cuba a su novela «Raíces de Grandeza» con prólogo de Mª Gómez Carbonell.

ARÍSTIDES DACOSTA

Es hijo de Matánzas. Doctor en Derecho Civil de la Universidad de La Habana, donde mereciera 23 Premios, tres de ellos, Extraordinarios. Alumno Becado con derecho a cursar estudios en el extranjero, al ganar, como colofón de su Carrera, el Premio Nacional GONZALEZ LANUZA, nombrándosele Abogado de Oficio de la Audiencia de La Habana. El ilustre Jurista ingresó en la Carrera Militar, obteniendo, en rigurosas Oposiciones, el Grado de Primer Teniente Auditor. Fue Profesor de la Escuela de Cadetes; Abogado del Tribunal Superior de la Jurisdicción de Guerra; Redactor de Códigos Militares y del Código del Tránsito. Prendió un último laurel sobre su fernte, al único servicio de su Patria crucificada, aceptando, en el Circo Romano montado en la Habana en el 59, la defensa del Capitán Sosa Blanco, la del Cap. Morejón, e interviniendo en la de los Pilotos de la Fuerza Aérea para los que obtuvo Fallo Absolutorio, anulado, después, por la tiranía, en un reto al mundo civilizado. Dacosta es hecho prisionero, conducido a la capital y perseguido, hasta salir de la Isla. Residente en California, ha designado al Dr. Sandalio Pérez Betancourt, Ex-Comandante y Ex-Secretario del Tribunal Superior de Guerra, para que recoja el noble tributo que hoy rinde a su talento y a su coraje, la «Cruzada Educativa». Murió físicamente, en el destierro. No morirá jamás, para su pueblo agradecido.

VIRGILIO FERRER

Cerramos la relación de los Premiados 1972, con el nombre y la obra de un gran ausente: Virgilio Ferrer. Periodista de raza. Escritor de perfiles propios. Ganador del Diploma de Aptitud Periodística otorgado por la «Escuela Profesional Manuel Márquez Sterling»; Primer Vice-Decano del Colegio de Periodistas y Presidente de su Tribunal Disciplinario; Vice-Presidente de la «Asociación de Repórters de la Habana»; Miembro del Patronato de la «Escuela Profesional» y Representante del Colegio ante el Congreso de Periodistas de Bruselas. Colaborador en Diarios y Revistas de la Habana. Entre sus obras publicadas en Cuba, se cuentan: «Luperón: brida y espuela»; «Nicolás Gutiérrez, Ciudadano y Hombre de Ciencia»; «Caribe»; «Perú, en la Independencia de Cuba»; «Diario de Campaña de un Estudiante Mambí». En el Destierro, han visto la luz: «Cuba, País calumniado»; «Como Castro destruyó el Régimen Educativo, la Seguridad Social y la Prensa en Cuba»; «Una Guerra que no engendró odios: 1895-98»; «Los Andes dijeros 'NO'»; «La Tri-Continental: foco de Subversión Mundial» y «El Che que nunca existió». Ferrer, ha brillado como Diplomático en Misiones Culturales memorables. Residente en Madrid, recogió su Diploma el Dr. Cauce.

NESTOR CARBONELL CORTINA

La razón de la sangre no ha de restar prestancia ni regatear justicia al joven triunfador. La Habana fue su solar nativo. Cursó estudios de Derecho en la Universidad de Villanueva y de Post-Graduado en la de Harvard, donde obtuvo el «Master in Law». Sus obras más conocidas: «De la Política»; «Espiritu de la Constitución del 40 en los Derechos Individuales y Sociales»; «Perfiles del General de Gaulle»; «Su Santidad Pio XII»; «El Legado de ᴸistein»; «El Caso Boris Pasternak»; «Bajo el Yugo Comunista» y la composición de Epístolas de Cortina y Ferrara, bajo el nombre de «Diálogo para la Historia». Asumió Nestor Carbonell la representación de Grupos Cubanos en el Exilio ante la O.E.A., reunida en Punta del Este, gestionando con éxito la expulsión del Régimen Castrista del Sistema Inter-Americano. Es uno de los más brillantes Oradores del presente. Pensamiento consagrado a Cuba, le brindó, también, su sangre en la Gesta de Girón. Imposibilitado de compartir este acto, ha delegado en Eduardo Arango y Cortina, para recoger su Diploma.

DR. JULIO HERNÁNDEZ MIYARES

Intelecual cubano que honra su estirpe. Doctorado en Derecho en la Universidad de la Habana. Profesor de Español y Chairman del Departamento de Lenguas Extranjeras en el «Kingsborough Community College de la Universidad de Nueva York». Profesor de la Division General de Educación, en ese Centro. Secretario-Tesorero de «Revista Cubana». Miembro del Staff Literario del «Círculo Poético». Colaborador de la Revista «Círculo». Entre sus notables trabajos, figuran: «José Manuel Carbonell», publicado en «Revista Cubana»; «Max Henríquez Ureña», en la Ibero-Americana; «Pedro Entenza, un Creador que se nos va»; «Los Poetas de la Guerra»; «Juan Clemente Zenea», publicado en «El Habanero»; «Cuentistas Cubanos del Destierro»; «Carlos Ripoll, la Generación del 23 en Cuba y otros Asuntos sobre Vanguardismo». El Dr. Hdez. Miyares, sujeto en New York a ineludibles deberes, ha designado a la Dra. Florinda Alzaga, Escritora y Maestra, Premio «Juan J. Remos», para que reciba su Diploma en esta noche.

PURA DEL PRADO

Santiago de Cuba meció su cuna. Obtuvo el Doctorado en Pedagogía en la Universidad de La Habana. Colaboró en Revistas y Diarios de Oriente, y La Habana. Presidió el «Club Literario La Avellaneda» y el «Grupo Literario Heredia». Su fecunda y vigorosa tarea en las Letras, corresponde, fundamentalmente, a su creación Poética. Entre sus Libros publicados, figuran: «De codos en el Arcoiris», con prólogo de Miguel Angel Carbonell; «Los Sábados y Juan»; «Canto a José Martí»; «El Río con Sed»; «El Libertador, biografía poética de Bolivar»; «La Otra Orilla»; «Nuestro Gustavo Adolfo Becquer», en colaboración. Pura del Prado, gran Poetisa de la Patria, es como llama votiva ante el altar de Cuba irredenta. Recuerdos que hieren y costumbres de nuestro Pueblo que alimentan, se refugian en sus rimas como en seguro reducto. Residente en California, ha designado su representante en este acto, a la brillante escritora Dra. Josefina Inclan, Premio «Juan J. Remos».

JOSÉ M. ANGUEIRA

Aseguró Angueira, conocida que le fuera la distinción que hoy se le otorga, no tener meritoria descripción biográfica. Y, es, sin embargo, uno de los más recios exponentes de la Cultura nuestra y uno de los más firmes baluartes del Patriotismo, plasmado en obra fecunda, de que puede ufanarse la Cuba del destierro. Nadie que lo lea o escuche, puede ignorar que nació en La Habana. Lleva a su Ciudad querida, como un pregón penetrante de sus viejas calles, cuajada en el corazón. Sus Escritores de Costumbres y sus Crónicas Históricas, como su verbo vibrante, trasladan en alas de hondas Remembranzas a la tierra donde ha afirmado, —porque es cierto—, que nació la Nacionalidad Cubana. Dr. en Derecho de la Universidad de La Habana y en Ciencias Políticas, de la de Miami, Florida. Catedrático de Ciencias Políticas e

Historia, en el «Miami Dade Junior College». Afirma que sus títulos carecen de importancia, fuera del orgullo inmenso de sentirse cubano.

MARTHA PADILLA

Hija de Vueltabajo, sobre cuya naturaleza desgranada en maravillas, sencilla vida provinciana y costumbres hospitalarias, escribiera una Crónica donde vaciara toda la admiración de una Niña Pinareña por la figura prócer de José Manuel Cortina. Este hermoso trabajo mereció Premio «Carlos Manuel de Céspedes». Escritora de rasgos fuertes y fogoso poder descriptivo; Periodista de bien tallados perfiles; Poetisa de giros novedosos, a veces inexcrutables, Martha Padilla, tiene ya sitio propio en las Letras Cubanas. Entre sus Libros: «Comitiva al Crepúsculo» y «Alborada del Tigre». En colaboración, participó en el tributo rendido al Poeta de las Rimas Eternas, intitulado: «Nuestro Gustavo Adolfo Becquer». El «Círculo de Escritores y Poetas Ibero-Americanos», le otorgó Premio Periodístico a su trabajo «Los Ojos de Orestes». Aspiró al Premio «Juan Boscán», instituido por el «Instituto Catalán de Cultura Hispánica», obteniendo el Tercer Lugar. «Cruzada, rinde honor a sus tareas literarias, concediéndole el Premio «Juan J. Remos».

VICENTE PUJALS

Periodismo, a la manera de un Sacerdocio: tal el que ha servido, a través de toda una vida, Vicente Pujals. El cerco de montañas de Sgo. de Cuba, hizo guardia a su cuna. Jamás ha desmentido, con su pluma ni con su conducta cívica, su glorioso abolengo mambí. Jefe de Información del «Cubano Libre» y «Diario de Cuba»; Editor de «Libertad» y «Prensa Universal», en Oriente, y «Universal», en la Habana. Colaborador en Diarios y Revistas de la época. En el Exilio, un peleador por Cuba. Trabajó en «Avance»; confeccionó la Revista «Carteles en Sto. Domingo»; fundó, con Morton, Revista «Vida Latina». Figura hoy como Jefe de Redacción y Editorialista en «El Sol de Hialeah», Fue Secretario del «Colegio Nacional de Periodistas en el Exilio», y hoy, su Vice-Decano. Sencillo, probo, capaz, Pujals es ejemplo a imitar por colegas y conciudadanos. «Cruzada Educativa» honra en su persona al Periodista cabal que sabe su destino y su misión histórica.

MARÍA CAPDEVILA

La Habana tejió su canastilla, en 1881. Inicia sus estudios de Pintura en el

Central Valley, en la Escuela que dirigiera nuestro Don Tomas, continuándolos en la «Academia San Alejandro» y en Francia. Dra. en Pedagogía de la Universidad de La Habana. Profesor, por Oposición, en su «Escuela Normal», y en la Universidad. Autora de Libros como: «Dibujo Natural»; «Dibujo Decorativo» y «Diseño». Traductora, con adaptación a las Escuelas de Cuba, de los Cursos de Dibujo, en uso en Estados Unidos. Presidió en Cuba el «Círculo de Bellas Artes». Figuran entre sus muchas obras pictóricas: «El Último Caribe»; «Grito de Tierra»; «Puerto de la Habana»; «Primera Comunión»; «Centenario de la Bandera Cubana»; «Misa de Siete». Tomó parte en Exposiciones en diversos Países Americanos y Europeos. La Dra. Capdevila, en pie de lucha por su Patria y su Arte, da la justa medida de una gran mujer y una ejemplar servidora de la Belleza. Falleció en Miami, para honda pena de Discípulos y Amigos.

LUIS FERNÁNDEZ CAUBÍ

La Universidad de La Habana puso sobre sus hombros la Toga de Abogado. La de Miami, lo habilitó para la Enseñanza del Español y las Matemáticas. Profesor de la Universidad de Villanueva; Maestro de Inglés y de Aritmética en Centros Docentes de Miami. Coordinador de tres Cursos de «Historia del Movimiento Obrero», en el Koubek Center; Entre sus mejores trabajos, figuran: «Justicia y Terror»; «Accidentes del Trabajo Indemnizable»; «Cuba, sociedad cerrada»; «Los Mitos de Enero», analisis de los 10 Mitos Castristas, entre ellos el Heroico y el de la Invencibilidad; «Neo-Colonialismo en el Caribe»; «Liberalización en Checoeslovaquia»; «La Vida admirable de Robert Owen». El último triunfo alcanzado, en buena lid, por Fernandez Caubí, fue el Premio «Sergio Carbó», concedido a su trabajo «El Replanteo», en Concurso convocado por Rotarios Cubanos Exiliados».

OSVALDO AGUIRRE

Como su ilustre padre y su insigne abuelo, Gral. José María Aguirre, nació en La Habana. Sus mejores esfuerzos han sido ofrecidos a la investigación histórica y colección de Documentos y Fotografías originales de Próceres y Patriotas, y a la Ciencia Espeleológica. Fundador de la «Sociedad Espeleológica de Cuba». Miembro de la «Sociedad Geográfica». Explorador infatigable que conoce en sus asientos, cumbres y cuevas de la Isla. Autor de un Mapa completo, de esas cavidades, en colaboración con Orlando Penichet, que brindó al Gobierno de Estados Unidos. Entre sus obras publicadas figuran: «Galerías Subterráneas rehabilitadas, para nuevo uso, en Cuba»; «Bases Subterráneas en Cuba Roja»; «El Mundo de la Espeleología»;

«Temas sobre Historia de Cuba». Publicó, también: «Plan para la impartición de la Enseñanza de la Educación Física». Hoy, «Dia de la Cultura Cubana», nos ha regalado con una hermosa Exposición de fotografías de Próceres del Pensamiento Cubano, secundado, generosamente, por el Pintor Emilio Estévez, Premio «Juan J. Remos». Son muchas sus Conferencias y proligos sus trabajos especializados.

REV. MAX SALVADOR

Para la cubanía errante, un Padre de Pueblo. Director del «Centro Episcopal Latino» creado por su Diócesis para ofrecer mano y cariños a los Cubanos Refugiados, ayudó a la Relocalización de más de cinco mil compatriotas que recibieron colaboración espiritual y económica bajo los techos de su Iglesia. En esa Iglesia, los Patriotas Cubanos celebraron sus primeras reuniones en el inicio del tormentoso exilio. Diácono de la Iglesia Episcopal de Matánzas y Presbítero de la de Morón; Rector de la de «Jesús Nazareno»; Autor del Libro Educativo «Juegos Folklóricos para la Juventud»; Fundador de la «Iglesia de Todos los Santos», en Miami, que se erigiera, después, como grandioso Templo en la Avenida 27, construyendo, anexo al mismo, una Escuela de Ballet y la Tropa Scout 337. Secretario, por seis años consecutivos, del «Club de Rotarios Exiliados». Le ayuda en su trascendente labor social, su distinguida esposa, la eminente Pianista Lourdes Salvador fallecida lejos de la Patria en reciente año.

MARGARITA MACHADO

Junto a nosotros la situó el Maestro la noche evocable de su Despedida, en la que vibrara, por vez última, en la lobreguez del destierro y en la tribuna de «Cruzada», el cordaje de su elocuencia: 22 de febrero de 1969. Cree, con suma modestia, no merecer este Premio. Y acaso pocos como ella tienen amplio derecho a este estímulo que se brinda a los que defienden, como ella lo ama y cuida, el Patrimonio Nacional. Casi niña comenzó a escribir. El Damují supo de sus citas y el Hanabanilla arrulló sus ansias. Fue el Periódico «La Correspondencia» de Cienfuegos, quien abrió sus páginas a sus primeros Artículos, estrenando en ese Diario la Sección «Calidoscopios». Colaboró en Revistas y Diario de su País. Ya en el Exilio, «Diario las Américas» recoge sus frecuentes trabajos. Uno de ellos, hirió la cuerda sensible de sus lectores: «Las Guitarras también van a la Guerra». Colabora en «El Habanero». Pertenece a nuestro Ejecutivo Central. Las «Dominicas Americanas», de su Ciudad natal, la prepararon para el batallar constante. Se graduó de Secretario Comercial. Está presente en todas partes donde llama la Cultura, ¡Es Patriota y es

Humana! ¡Lucha y Sueña! ¿Qué más podría exigirse para ganar, con la sonrisa del Maestro, el Premio que lleva su nombre?

SECCION «GONZALO ROIG»: MUSICA CANTO, BAILE Y TEATRO.

MAESTRO MANUEL OCHOA

La fecunda tierra de los 14 Generales Mambises, lo vió nacer un día. Caridad Ochoa, la ilustre progenitora, graduada en el Conservatorio de Madrid, emienente Cantante que supo de la majestuosa escena de la Scala de Milán, fue su primer Maestra. Extraordinaria la trayectoria artística de Ochoa. Fundador, a los 17 años, de la «Sociedad Coral de Holguín»; Director de la Cantoría del «Instituto Cívico-Militar Gral. Calixto García»; Fundador y Director de «Los Niños Cantores de la Habana», reclamado por el Cardenal Arteaga; Fundador del «Coro de los Madrigalistas»; Propagador de Cultura Musical en la Universidad de la Habana y otros Centros Docentes; Ganador de la Beca del «Instituto de Cultura Hispánica», para perfeccionar estudios en Madrid; Perfeccionador, en Viena, de su Técnica Vocal y Musical; Profesor Titular del Conservatorio Nacional en La Habana; donde organiza Coro y Orquesta; Participante en los Conciertos de la Filarmónica y la Sinfónica de la Habana. Cristiano y Demócrata entrega su Batuta cuando el Régimen Castrista le confía el ensayo de la Internacional. Perseguido, después de cuatro años, sale al Destierro. En Miami, presenta en el 68, en muchas de sus Iglesias el «ORATORIO PATRIOTICO-RELIGIOSO DE BELEN A BAYAMO». El Dr. Remos, dijo de él: «Escuchando el Oratorio un hálito de profundo amor a Cuba domina todo el ambiente y las Ideas de Dios y Patria vibran en un mismo tono». Remos, días antes de morir, comparte con Ochoa grandes proyectos a favor de la Cultura Nacional. Ochoa acaba de fundar en Miami la «Compañía Hispano-Americana de Arte», estrenando la Opera «Marina» con clamoroso éxito. Entre sus glorias, figura haber sacado a la luz en estrenos de Obras Corales de la Literatura Musical Universal, la obra del Maestro Esteban Salas, el primero y más notable Compositor Clásico nacido en Cuba en 1725, cuya inspiración, a juicio de grandes Maestros Europeos, podía confundirse, por lo grandiosa, con la de Mozart o la de Pergolesi.

BLANCA VARELA

Soprano Lírica Ligera, su voz es privilegio que pertenece a su País. Camagüey le concedió un pedazo de tierra abonada por la abnegación de sus Héroes, para que en él abriera los ojos a la luz. Sus primeros estudios de Canto los realizó en la «Colonia Española» de su Ciudad natal. En Cuba, la recordamos a través de las ondas cordiales de C.M.Q.; los canales de Televisión y los entablados, realzados por la belleza, de «Tropicana», el más bello Night Club de las Américas. En el Exilio, primero en «Producciones Grateli» y luego en la «Sociedad Pro-Arte Grateli», ha ofrecido a compatriotas y extranjeros, su Arte exquisito. Entre sus más brillantes interpretaciones escénicas figuran: «Luisa Fernanda»; «La Viuda Alegre»; «Las Leandras»; «Los Gavilanes» y «Marina», el último de sus triunfos. Venezuela, Puerto Rico y Centro América, le han premiado con trofeos y diplomas. Imposibilitada, por motivos de salud, de tomar parte en el Programa de esta noche y recoger, personalmente, su Diploma de Honor, ha encomendado a la Sra. Lourdes Salvador, lo reciba en su nombre.

MAESTRO ALBERTO FAJARDO

Es un producto del Pueblo Cubano. Estudió en la Escuela Pública. Se graduó en la Escuela Normal para Maestros de La Habana. La Facultad de Educación de la Universidad de La Habana, le otorgó el Doctorado en Pedagogía. Sus Estudios Musicales se realizan en el Conservatorio privado «La Milagrosa» y en el «Conservatorio Municipal de La Habana». Fundó, en Cuba, el «Cuarteto de Cuerdas José White». Organizó la «Agrupación de Música Instrumental». Creó y dirigió la «Orquesta Sinfónica de la Habana». Como Estudiante de Viola, obtiene Beca del «Patronato Pro Música Sinfónica Habana», y viaja a Boston. Asistió a Cursos de Dirección de Orquestas en México, que dirigía Igor Markevitch. Fue 20 años Miembro de la Orquesta Filarmónica de la Habana. Dirigió por seis veces la Orquesta de Cámara Nacional de Cuba. En el Exilio: fundó el «Instituto Musical Fajardo», y es Director Artístico y Coral de «Pro Arte Grateli». Ha sido Miembro de cinco Orquestas Sinfónicas en Estados Unidos, como Violista.

SECCION «LEOPOLDO ROMAÑACH»: ARTES PLASTICAS.

JUAN JOSÉ SICRE

Uno de los más ilustres Escultores de Cuba Republicana. Sin detenernos en la interminable relación de sus obras, bastaría decir que es el Autor del Monumento al Apóstol, erigido en la Plaza Cívica de la República, profanada por las turbas; el tallador insigne del Monumento al «Soldado Invasor», enclavado en Mantua; del Proyecto de Monumento a Mariana Grajales, joya de la Estatuaria Cubana, y de la famosa Cabeza de Martí, una de las más felices concepciones sobre el hermoso tema. Fue Sicre Autor de tres de las Metopas del Capitolio Nacional, en la Habana; del Busto de Bolívar emplazado en la Plaza de la Franternidad, cuyo original fue enviado a Venezuela; del Busto de Antonio Sánchez de Bustamante y del Monumento a Martí levantado en el Bay Front Park, de Miami. Hoy Sicre trabaja en la República Dominicana donde habrá de erigirse el Monumento al Generalísimo. Recogerá su Diploma en esta noche, su entrañable amigo y compañero en muchos de sus empeños artísticos, Ing. José María Bens, Premio «Juan J. Remos».

Sicre fue citado junto a Dios. Sus piedras y sus mármoles, siguen cantando sus glorias.

FÉLIX RAMOS

Su inspiración y primer Maestro: el padre, insigne gran Señor de los Pinceles que aprisionara en sus lienzos el Valle de Viñales: Domingo Ramos. Alumno de la «Escuela de Bellas Artes, General José B. Alemán»; Profesor de Dibujó y Pintura, graduado en el 42, y de Dibujó y Escultura, en el 44. En la «Academia de San Fernando», Madrid, se especializó en Restauración de

Obras de Arte. Recibió lecciones del Profesor Rugerman, en «La Galería Nacional de Arte», de Londres. Miembro de la «Sociedad de Pintores de La Habana». Autor de los Murales del «Centro Tecnológico de Matanzas», donde se recogió su magistral panorámica del Valle del Yumurí. Restaurador de obras notables en el Museo de Bellas Artes de La Habana. Profesor en la «Escuela de Bellas Artes de Oriente»; en el Instituto Tecnológico de Matanzas»; en el «Centro Superior Tecnológico de Ceiba del Agua» y en la «Academia de San Alejandro». En Miami, ha figurado como Profesor en el «Ada Merrit Elementary School». Ha organizado numerosas Exposiciones de sus obras en Cuba y en Miami. Félix Ramos es, en suma, uno de los más afamados Pintores de Cuba Democrática.

RAFAEL DE ARAZOZA

Alumno, en la Habana, de los Hnos. Maristas. Cursó estudios en la Escula de Artes y Oficios de la Habana, fundada por su abuelo Don Fernando Aguado. Los continuó, graduándose, en la «Escuela Nacional de Bellas Artes de San Alejandro», en la que fue, después, Profesor de Dibujo y Pintura. Fundó, con otros colegas, la «Escuela de Artes Plásticas de Las Villas, Leopoldo Romañach», donde obtuvo, por Oposición, la Cátedra de Colorido. Prestó servicios como Profesor de Dibujó en la «Escuela Normal para Maestros de la Habana». En el Exilio, ha continuado devotamente su excelente labor pictórica, participando en Exposiciones como las efectuadas en la «Cámara de Comercio Latina» y la «Asoc. Fraternal Latino-Americana». Algunos Comercios y casas particulares, lucen Murales del cubanísimo artista. Es Autor de la Portada del Libro «La Escuelita Cubana», editado por «Cruzada», bajo el nombre de «El Maestro de San Lorenzo».

EMILIO ESTÉVEZ

Graduado en la «Academia Nacional de Bellas Artes de San Alejandro», donde obtuvo por la excelencia de su expediente, los Premios «Iturrio» y «Bolsa de Viaje». Posee Certificado de la «Academia de San Fernando», Madrid, donde estudiara «Procedimientos Pictóricos», «Mural», «Paisaje», «Composición», «Colorido» y «Restauración». Estudió en el Museo del Prado, la técnica de Restauración y Conservación de Cuadros. Completó estudios en Francia e Italia. Ganó por Oposición la Plaza de Profesor de Dibujo, Pintura y Caligrafía, en La Habana y la de Maestro de Arte, en Santiago de las Vegas, Desempeñó Cátedra de Pintura en la «Escuela de Artes Plásticas de Puerto Rico». Ganó Beca, por Concurso, del «Instituto de Cultura Hispánica», de Madrid; mereció Premio como Pintor más destacado del año, en New York y el Primer Premio en la Exposición del Club Cubano-Interamericano. Ha tomado parte en más de 35 Exposiciones en Museos y Colecciones Privadas, en Estados Unidos, Venezuela, Puerto Rico, Cuba, España, Francia e Italia. Entre sus Murales merecen citarse los que prestigian los paneles del Hotel Waldorf Astoria y del Hilton, en New York. Ha cultivado, con éxito, la Escenografía. Y con alma de Maestro ha dedicado al Niño Cubano un bello Cuaderno para colorear, que titula «La Historia de Cuba». Su obra no es solo del Estudio y el Gabinete, sino labor que ha penetrado el medio social y educativo, en Cuba y en el Destierro. Su sorpresiva desaparición fue un rudo golpe a las Artes Plásticas Cubanas.

DRA. MARTHA DE CASTRO

Toda una Institución en la Enseñanza del Arte en Cuba. Dra. en Filosofía y Letras y Pedagogía de la Universidad de la Habana. Autora de la valiosa Tesis Doctral que intitulara «Contribución al Estudio de la Arquitectura Cubana y algunas Ideas sobre nuestro Barroco Colonial». Ex-Profesora de Arte de nuestro Primer Centro Docente. Miembro de la Academia Nacional de Artes y Letras, de Cuba. Su Curso sobre «Arte Cubano Colonial y Moderno» dejó hondas huellas entre los devotos de estas disciplinas. Es Autora del Libro «El Arte en Cuba», con sesenta ilustraciones. Ha ejercido como Profesora en Kansas, Wisconsin, Nuevo México y Nebraska. Son notables entre sus numerosos trabajos: «Estudio Crítico de las Ideas Pedagógicas de John Dewey» y «La Revalorización del Concepto del Renacimiento». Fallecida en el destierro, su obra es inolvidable.

SECCION DE CIENCIAS: «DR. CARLOS J. FINLAY»

DR. ANTONIO R. GASSET

Nació en La Habana. Cursó la Carrera de Medicina en su Universidad y luego en la de Boston, donde se graduó en 1966. Ha realizado, con extraordinario éxito, su Entrenamiento en la Especialidad, donde ya ocupa sitio prominente. Ha desempeñado Cargos de Profesor en el Colegio de Medicina de la Universidad de la Florida, como Instructor del Departamento de Oftalmología; de Profesor Asistente de Oftalmología, en el propio Centro y en el «Rudolf Éllender Medical Foundation». Ha cosechado honores en los más acreditados Centros Hospitalarios y Organizaciones concernientes a su Especialidad. Sus trabajos relativos a la Especialidad que cultiva y sus Libros sobre Temas e Investigaciones, son innúmeros. Su triunfo, que es de Cuba, compartido con Especialistas Norte-Americanos, parece ya alcanzar su cima, al darse a la publicidad, luego de pacientes e intensivas investigaciones, un Tratamiento, —exitoso en buena proporción de casos—, en que, por medio del Calor, se vence el endurecimiento de la Córnea, devolviéndose al paciente el derecho a la luz. «Cruzada Educativa», saluda al meritísimo galeno, ilustre personero de la Ciencia Americana, y le entrega el Premio «Juan J. Remos», en nombre de una Patria que también quiere luz.

ARQUITECTO ENRIQUE H. GUTIÉRREZ

Hijo de La Habana y de su gloriosa Alma Mater. Todavía Estudiante, funda en la Patria Libre la «Sociedad de Arquitectos Unidos». Obtiene Primer Premio, en Concurso, para la construcción de un Hospital con 200 Habitaciones en Cuba. En el año cumbre de la Economía Cubana, —1957—, crea la firma SAGMAC, acreditada como una de las primeras en la Isla. Perseguido por el Comunismo por sus decisiones patrióticas, sale hacia Puerto Rico. Allí, con sus mismos Asociados, establece, con igual éxito, la firma mencionada. Autor del bello, decorativo Proyecto que dió vida al Edificio Bacardí, en Miami. Creador, con su hermano Ariel, graduado en el Instituto de Tecnología de Georgia, de la firma «E.H.G. Enterprises Inc.». En apenas tres años moviliza en obras más de cien millones de dólares, cantidad, al presente, duplicada. Y ahora, en el corazón del Gran Miami, levanta el Edificio «ONE BISCAYNE», el más alto de la Florida, Gutiérrez sabe, orgulloso de su nacionalidad de origen, que ese edificio, imponente mole de concreto, es un monumento a la capacidad intelectual de los Cubanos. La «Academia Americana», lo designa uno, entre sus 50 Miembros en este País y le otorga el «Plato de Oro», máximo galardón que por primera, y hasta ahora única vez, recibe un Cubano. «Cruzada» le entrega, para su honor, el Diploma «Juan J. Remos», como un homenaje a sus merecimientos.

PROYECTO DE CONSTITUCION DEL SEMINARIO DE CULTURA CUBANA «JUAN J. REMOS»

EXPOSICION DE MOTIVOS

POR CUANTO.— La intensa y cuanto patriotica labor desplegada durante dos lustros dentro del Exilio Cubano en los Estados Unidos, por el Profesor JUAN J. REMOS Y RUBIO, en busca de fórmulas hacederas y eficaces que condujesen a la reindependencia del PUEBLO CUBANO, y, a la aneja reinstauración de sus Instituciones; así culturales, como historicas, educacionales, religiosas, sociales, políticas o económicas; y, a la confección y desarrollo de Programas autóctonos, idóneos y eficaces, aptos para facilitar el renacimiento de la TERCERA REPÚBLICA DE CUBA, fundada en los principios de Amor, Solidaridad y Armonía, tal como fueran propugnados y predicados por JOSÉ MARTÍ, el Apóstol por antonomasia de las libertades americanas, convierten al Eximio Profesor doloramente desaparecido, en símbolo cierto de los ideales redentores del Pueblo cubano.

POR CUANTO.— A la consecución de tan sagrados cuanto loables objetivos, se han dirigido desde su fundación institucional, los esfuerzos y desvelos de CRUZADA EDUCATIVA CUBANA, de la cual fuera el inolvidable Profesor REMOS su Primer Asesor: su más conspicuo inspirador y experimentado guía.

POR CUANTO.— Para plasmar en realidad tangible la hermosa iniciativa de honrar la memoria del abnegado y admirado Maestro, la propia CRUZADA EDUCATIVA CUBANA después de ocurrido el deplorable deceso del Profesor REMOS, ha creado un Premio Anual que ostenta su nombre y es otorgado anualmente a personalidades de todas las categorías, nacionalidades, profesiones o actividades que se hubieren distinguido en la dedicación a alguna de las especializaciones culturales dentro de la Sociedad.

POR CUANTO.— Esta iniciativa, encomiable y constructiva, quedaría trunca, si paralelo a ella, no fuese creado, organizado y puesto en movimiento, un vehículo cultural capaz de recoger, aunar y elaborar, las inquietudes, aspiraciones y necesidades de la insularidad, acordes con las prédicas, principios, enseñanzas y sacrificios de aquellas luminarias hermanas que contribuyeron a proporcionar raigambre cultural y esplendor histórico a nuestra grande y ejemplar República.

POR CUANTO.— Este movilizador de la acción comunitaria con vista a una mejor y más eficiente perfectibilidad nacional en una sociedad constituída por hombres y mujeres inteligentes, laboriosos y provistos de virtudes —aunque no exentos de debilidades y defectos—, ha de ser, sobre todo, un órgano vivo; pleno de vigor y apto para orientar, crear, edificar y proponer fórmulas factibles de solución histórica; de mejoramiento social, espiritual, político, económico, etc.; mediante planes propios de trabajo y consecuentes con nuestra idiosincrasia, principios, tradiciones, hábitos, preferencias y requerimientos.

POR CUANTO.— Este instrumento de impulso y movimiento, no puede ser otro que un Seminario que, a manera de práctico y dinamico taller de trabajo, tome afán acerca de todos los problemas que confronte o pueda confrontar, la que antes ha sido denominada TERCERA REPÚBLICA DE CUBA, mediante la constitución y funcionamiento de sendas y bien preparadas Secciones que conozcan y atiendan cada una de las principales vocaciones culturales, entre las que habrían de figurar materias tan fundamentales, como: FILOSOFIA, EDUCACION, HISTORIA, ARTES Y LETRAS, CIENCIAS NATURALES, CIENCIAS SOCIALES, CIENCIAS POLÍTICAS Y CIENCIAS ECONÓMICAS, por ejemplo.

POR CUANTO.— Justo, en aporte de honor y menester de justicia, debe insistirse en que, EL SEMINARIO DE CULTURA CUBANA JUAN J. REMOS, —cuyo es el nombre sugerido—, rinda a su vez, testimonio de recordación y de gratitud hacia aquellos varones esclarecidos y eminentes, ya desaparecidos que, en función cultural, enaltecedora y fructuosa, ofrendaron sus talentos, estudios y vocación, al progreso del saber humano.

POR CUANTO.— Ningún homenaje más sencillo, perdurable y paradigmico que el de consagrar a cada Sección constitutiva del Seminario, el nombre de un cubano de actividad contemporánea, ya fallecido, que se haya distinguido durante el período de plenitud republicana, en el estudio, enaltecimiento y progreso de la correspondiente rama cultural.

POR CUANTO.— El adecuado Curriculum de trabajo y demás particularidades inherentes a la creación, organización, programación y funcionamiento del SEMINARIO DE CULTURA CUBANA JUAN J. REMOS, debe ser objeto de específica y bien racionalizada resolución que habrá de hallarse a cargo, precisamente, de las personas llamadas a integrar el nuevo centro cultural.

POR CUANTO.— Dado el carácter de activo organismo cultural perteneciente a, y colateral funcional de la Corporación CRUZADA EDUCATIVA CUBANA incorporada al Estado de la Florida con residencia en la Ciudad de Miami, el SEMINARIO DE CULTURA CUBANA JUAN J. REMOS, responderá en sus labores a las directivas que han engendrado su creación.

POR TANTO.— Los suscriptos, en su condición de individuos honrados con el PREMIO ANUAL JUAN J. REMOS y, en consecuencia, presuntos miembros de SEMINARIO DE CULTURA CUBANA JUAN J. REMOS, ansiosos de colaborar en la creación, organización y ulterior desenvolvimiento del mismo, tienen el honor de someter a la consideración del COMITE EJECUTIVO DE CRUZADA EDUCATIVA CUBANA y del conjunto de personas poseedoras del PREMIO ANUAL JUAN J. REMOS, el siguiente.

PROYECTO DE BASES CONSTITUTIVAS DEL
SEMINARIO DE CULTURA CUBANA JUAN J. REMOS.

BASE PRIMERA

CRUZADA EDUCATIVA CUBANA, Corporación Incorporada al Estado de la Florida, Estados Unidos de América, con domicilio en la Ciudad de Miami, Condado de Dade, Florida, acuerda crear el SEMINARIO DE CULTURA CUBANA JUAN J. REMOS, como organismo complementario y materializador del PREMIO ANUAL JUAN J. REMOS.

BASE SEGUNDA

El SEMINARIO DE CULTURA CUBANA JUAN J. REMOS, estará constituído por:

1º.—Las personas que hubieren sido honradas por CRUZADA EDUCATIVA CUBANA, con el PREMIO ANUAL JUAN J. REMOS, y, las que en el futuro fueren investidas con el mismo.

2º.—Las personas que componen el Comité Ejecutivo de CRUZADA EDUCATIVA CUBANA, quienes, por razones de principios ético-institucionales, no ostentan el PREMIO ANUAL JUAN J. REMOS; y,

3º.—Las demás personas que, a juicio del COMITE EJECUTIVO DE CRUZADA EDUCATIVA CUBANA, posean atributos cívicos e intelectuales, que les hagan acreedoras a esta inclusión.

BASE TERCERA

El SEMINARIO DE CULTURA CUBANA JUAN J. REMOS, tendrá los siguientes fundamentales objetivos:

1º.—Propiciar, enaltecer y difundir los principios, las ideas y los métodos de la Cultura Occidental.

2º.—Intensificar y desarrollar la Cultura Cubana en todas sus manifestaciones.

3º.—Estudiar, desarrollar y propender a la mejor aplicación de sistemas, métodos o actividades que puedan redundar en beneficio de la Nación cubana.

4º.—Luchar y cooperar en todas las formas lícitas por la reindependencia de Cuba y la reinstauración de sus Instituciones, tradiciones, ideales e intereses, conforme a la Doctrina Cristiana y la práctica democrática.

5º.—Realizar cualquiera otra gestión patriótica, cultural o de otra índole que le confíen los órganos superiores.

BASE CUARTA

El SEMINARIO DE CULTURAL CUBANA JUAN J. REMOS tendrá la siguiente constitución orgánica:

1º.—Una Asamblea Plenaria, formada por todos miembros previstos en la BASE SEGUNDA, que se hallen en ejercicio. Esta Asamblea Plenaria tendrá las atribuciones y deberes que le asignen las Reglas dictadas por el COMITE EJECUTIVO DE CRUZADA EDUCATIVA CUBANA.

2º.—Una Mesa General de Trabajo, integrada por un Miembro de cada una de las Secciones Culturales, designados según dispongan las reglas dispuestas por el COMITE EJECUTIVO DE CRUZADA EDUCATIVA CUBANA.

La Mesa General de Trabajo contará con un Presidente rotatorio; un Secretario Permanente y seis vocales que sustituirán al Presidente por orden alfabético de sus respectivos apellidos, por períodos de tres meses.

Las facultades y deberes de la Mesa de Trabajo y de sus funcionarios ejecutivos se fijarán mediante las oportunas Reglas por el COMITÉ EJECUTIVO DE CRUZADA EDUCATIVA CUBANA.

3º.—Sendas Mesas Seccionales de Trabajo, asignadas a cada una de las Secciones Culturales. Las Secciones Culturales, serán: —1.—Filosofía; 2.—Educación; 3.—Historia; 4.—Artes y Letras; 5.—Ciencias Naturales; 6.—Ciencias Sociales; 7.—Ciencias Políticas; y, 8.—Ciencias Económicas.

4º.—Las Secciones Culturales serán las unidades propias de trabajo, y, conocerán de todos los asuntos relacionados con la materia de su especialidad, participando así mismo en cualesquiera otras relacionadas con la suya.

Cada Sección será interdependiente en su labor cultural y se regirá por las Reglas Seccionales que a su propuesta, dicte el COMITÉ EJECUTIVO DE CRUZADA EDUCATIVA CUBANA.

Cada Sección Cultural ostentará el nombre de un cubano eminente que durante el período republicano se hubiere distinguido en el cultivo de la materia respectiva.

BASE QUINTA

La organización funcional, el régimen de trabajo y cuanto corresponda a la dinámica del SEMINARIO DE CULTURA CUBANA JUAN J. REMOS, SERÁ OBJETO de reglamentación por el COMITÉ EJECUTIVO DE CRUZADA EDUCATIVA CUBANA, a propuesta de la Mesa General de

Trabajo, previa consulta a todas y cada una de las Secciones Culturales.

BASE SEXTA

El COMITÉ EJECUTIVO DE CRUZADA EDUCATIVA CUBANA queda investido de modo expreso de todas las facultades para dictar las Reglas que fuesen necesarias para el mejor funcionamiento del SEMINARIO DE CULTURA CUBANA JUAN J. REMOS; modificar o revocar las existentes y dictar cualesquiera otras providencias que fueren menester.

Miami, noviembre de 1972.

Ponente: Dr. Jesús A. Portocarrero— Premio «Juan J. Remos».
Acompañantes en la Presentación de la Ponencia: Dr. Rafael Guas Inclán y Arquitecto José María Bens, ambos Premios «Juan J. Remos».

«DIA DE LA CULTURA CUBANA»— TERCERA ENTREGA DEL PREMIO «JUAN J. REMOS» A ORGANIZACIONES Y PERSONALIDADES. BALL ROOM HOTEL MC. ALLISTER— 25 DE NOVIEMBRE DE 1973, MIAMI, FLORIDA, E.U.A.

El Presidente, la Secretaria de Organización y la Primera Asesora de «CRUZADA EDUCATIVA CUBANA», en nombre y representación de su Ejecutivo Central, su Organismo Técnico y el Cuerpo de Asesores tienen el honor de invitar a usted y a su estimada familia, al Acto Solemne conmemorativo del «DIA DE LA CULTURA CUBANA», en el que se hará entrega a distinguidas Organizaciones y Personalidades del Premio que lleva el nombre del esclarecido compatriota Dr. Juan J. Remos. Dicho acto tendrá lugar el domingo 25 de Noviembre próximo, en el Ball Room del Hotel Mc. Allister, Biscayne Boulevard y Flagler, Miami, Florida, a las 8 p.m., en que se cumplimentará el siguiente

PROGRAMA

I— Himnos Nacionales de Estados Unidos de América y República de Cuba.
II— Invocación a Dios: Rev. Padre Emilio Vallina.
III— Música Folklórica Cubana: Trío Pinareño, con Ricardo Ferrera, Benny Castillo y Everardo López.
IV— Palabras Conmemorativas: Dr. Vicente Cauce, Pres. C.E.C.
V— Palabras alrededor de la Fundación del «Círculo de Juventudes Ignacio Agramonte»: Dr. Félix Cruz-Alvarez, su Presidente.
VI— a) Poupourrit de Canciones del Compositor Mario Fernández Porta; b) «El Son se fue de Cuba» y «Para mi Cuba, un Son», interpretaciones por la Cancionera María Ciérvide y el Maestro Fernández Porta.
VII— Entrega a Organizaciones y Personalidades del Diploma de Honor «Juan J. Remos», Presentación de los Premiados por la Dra. María Gómez Carbonell, Secretaria Organización C.E.C.
VIII— Selecciones del «Canto a Martí» de Agustín Acosta, Poeta Nacional: Primer Actor Paul Díaz.
IX— Números de Canto: Soprano Marta Castellanos, acompañada al piano por el Maestro Luis Carballo.
X— Discurso sobre «Los Valores Espirituales y la Nacionalidad»: Dr. José Villalobos.

María Gómez Carbonell	Vicente Cauce	Mercedes García Tudurí
Secret. Organización	Presidente	Primera Asesora

PALABRAS PRONUNCIADAS POR LA DRA. MARÍA GÓMEZ CARBONELL, AL PROCEDER, COMO SECRETARIA DE ORGANIZACIÓN DE «CRUZADA», A LA PRESENTACIÓN DE LOS PREMIADOS DE 1973.

Estamos cubriendo en esta jornada que tiene mucho de fulgor de aurora, la Sexta Conmemoración del «Dia de la Cultura Cubana» instituído en Proclama memorable signada por nuestro Pueblo en destierro el 25 de noviembre de 1967 y consagrada en acto grandioso donde ciñera la Ciudadanía errante sobre las sienes del Maestro esclarecido, el verde inmarchitable laurel de los elegidos de la Patria. «Cruzada Educativa Cubana», —la primera que elevó al Dr. Remos, entonces en su cátedra de Verano en el Estado de Washington el Acuerdo que adoptaran sus miembros de celebrar sus Bodas de Oro con la Docencia, a todo esplendor y dignidad cívica, se adueñó, con indiscutible derecho de esa Efemérides haciendo bueno su Programa de Vivencia Nacional, convencidos sus Fundadores y Propulsores de que sólo perviven los Pueblos que sacan al sol sus Valores Espirituales, exaltándolos y ennobleciéndolos y de que solo logran afrontar las ventiscas de la infamia y los rigores de la mentira, —aunque hayan los villanos allanado su suelo y ultrajado sus Instituciones—, si mostrar pudieren, como Cuba, a un mundo en balance, en un angustioso galopante proceso de Deshumanización, dos siglos de monolítica Cultura y uno, epinicio vibrante como el propio decoro del hombre, de abnegaciones, desinterés y sacrificios en aras de la Libertad y la Soberanía.

Los miembros del Ejecutivo Central de «Cruzada Educativa Cubana» que honraron con su rectitud y espíritu de justicia la misión selectiva para que se les señaló, urgidos de aciertos y requeridos de fortaleza volvieron la vista a aquellos años de forjación en que un equipo de super-hombres, de olímpicas calidades, imprimieron a la Cultura, — a la autóctona y a la trasplantada—, perfiles de universalidad, abrió con llave de oro el pórtico de la Nación Cubana. Y la volvieron, también a aquellos que construyeron a golpes de heroísmo y al precio de su sangre, la armazón prodigiosa de una República, la más culta, próspera y progresista del Hemisferio, inspirados en los gloriosos guías que aspiraron siempre a una CUBA CUBANA. Así, contentos de su conducta, orgullosos al comprobar que cientos de compatriotas aspiran cada año al galardón del Premio «Juan J. Remos», y no cediendo jamás a la presión de actitudes ambiguas y acomodos ideológicos deformativos de la integridad intelectual, y cuando padece el Pueblo de Cuba el zarpazo diabólico de una conjura que ya compromete a la América y al Orbe, han mantenido, esta inflexible consigna: honrar al talento y a la laboriosidad, si estos pueden exhibir como premisa la probidad intelectual correspondiendo a un primordial objetivo, identificarnos, para re-encontrarnos y hacer posible mañana la rehabilitación, en tierra propia de esa CUBA CUBANA de los Nacionalizadores beneméritos.

En esos filtros, Señores, han sido depurados los Ganadores del Diploma «Juan J. Remos» en 1973. Premio de cuyo prestigio y dignidades habrá de ser «Cruzada Educativa» celosa guardadora y segura garantía.

Dije al comenzar estas palabras que esta jornada tenía mucho de fulgor de aurora. Probándolo, queda hoy constituido el «CIRCULO DE JUVENTUDES IGNACIO AGRAMONTE» que en la fecha del Natalicio del Apóstol, iniciará sus preciosas tareas por Cuba Libre.

Y, ahora, a las presentaciones de los Premiados.

SECCION «JOSÉ MARTÍ»: LETRAS— EDUCACIÓN— PERIODISMO— HISTORIA

REVERENDO PADRE JOHN J. KELLY, O.S.A.

Unico entre los Premiados que no vio la luz en Cuba— Doctorado en las Universidades de «Villanova», Penn., «Católica», de Washington y en la de «La Habana», Cuba— Sacerdote de la Orden de San Agustín. Profesor de la Universidad de «Merrimac», Mass.; Rector de la Universidad «Santo Tomás de Villanueva», Cuba— Redactor de Reglamentos y Decretos complementarios de la Legislación sobre Universidades Privadas y Altos Centros de Estudios, en Cuba. Autor de Libros de alta calidad ética e histórica, como «La Cuba del Padre Spirale»; «God's Street Sheeper» y «Arquitectura Religiosa de La Habana».— Su tésis de Grado en nuestra Universidad versó sobre este interesante tema. Un gran hombre, en suma, para la trascendente empresa Cristiano-Democrática de esta hora. Residente el Padre Kelly en California, designó al Rev. Edwards Burns, de la Dirección del «Biscayne College», para que recibiera, en su nombre, el Diploma de Honor «Juan J. Remos».

El Rev. Padre Kelly cumplimentó una honrosa misión en la República del Perú, con brillantes resultados educativos y económicos y para gloria de su Congregación Agustina.

SU ILUSTRÍSIMA, MONSEÑOR EDUARDO MARTÍNEZ DALMAU

Su preclara vida se abre en cuatro verticilos de gloria: Sacerdote, Ciudadano, Patriota, Hombre de Letras— Autor, entre numerosas obras de «Ensayos Biográficos sobre «José Antonio Saco», «Fray Bartolomé de las Casas», «José Martí», del Ensayo polémico y reivindicativo sobre «La Ortodoxia Religiosa y Política del Padre Varela». Descubridor de obras inéditas del Padre Varela en colaboración con el ilustre polígrafo Fermín Peraza. Sacó a la luz los Libros de la Biblioteca del insigne Prelado. Ingresa en la Academia de la Historia con un acucioso trabajo sobre «La Toma de La Habana por Los Ingleses» y en la Academia Nacional de Artes y Letras con un Ensayo Biográfico sobre la artista «Luisa Martínez Casado». Es Miembro de la Academia de la Historia de Filadelfia. Dueño de las más gloriosos Condecoraciones Nacionales y Extranjeras, entre ellas, «La Gran Orden de Carlos Manuel de Céspedes» y la de «Comendador de la Legión de Honor de Francia». Doctorado en Teología, en la Universidad de Madrid— Su patriótica, previsora PASTORAL HISTORICA, en 1958, advirtiendo a su pueblo y a su Iglesia del infierno que bajaría como un alud de la Sierra Maestra, bastaría, ella sola, para consagrar su excelsa figura, haciéndole acreedor al tributo constante de su Patria.

AGUSTÍN ACOSTA: POETA NACIONAL

Un hombre dulce, con la lira al hombro y un hombre recio, con la Patria adentro; el que pide a las cumbres la «frase primera» para fundirse en un canto inmortal con José Martí; el que arranca a los cañaverales oscilantes el Poema Social que «rechina en las viejas carretas»; el que hace flamear «Gallarda, hermosa, triunfal», la Bandera de la blanca estrella. Sus Libros de versos tallados en la cantera del Modernismo, transpiran dignidad: «ALA», «Hermanita», «Torres de Humo», «Más Allá», «La Zafra», «La Isla Desolada», «Caminos de Hierro» y el dedicado al padre Rubén bajo el título de «Ultimos Instantes». La actuación pública del inmenso poeta, en las más humildes y en las más elevadas posiciones del país, — Gobernador de su Provincia matancera, Ministro del Gobierno, Senador de la República—, acaso sea su mejor elogio. Su Mensaje Lírico que lo situara en la «Academia Nacional de Artes y Letras» y en la «Academia de la Historia», «tiene el verbo brillante y luminoso de Urbach y la orquestación sinfónica de Darío», como enfantizara Juan J. Remos.

REVERENDO PADRE ÁNGEL VILLARONGA

Su humildad repele el elogio; pero los acrisolados valores necesitan exaltarse en bien de todos, si son, como los que personifica el Padre Villaronga, fragua y molde de una sociedad abrazada a Jesucristo. El representa en la aridez moral y ética de un período de dispersión y retos al cielo, una convocatoria a la salvación humana, confiada a los badajos de todos los campanarios. Perteneciente a la «Orden Fanciscana de Frailes Menores» rindió noble tarea en la Iglesia de San Antonio, La Habana. En 1961 arribó a estas tierras en dura protesta contra el Comunismo ateo que robó nuestra Isla. En el destierro, dirige el «Movimiento Familiar Cristiano»; es «Consejero de Matrimonios Cristianos y Menores con Problemas». Su obra desde el púlpito requiere ser escrita y ampliamente divulgada. El Padre Villaronga es el más representativo y elocuente de nuestros Oradores Sagrados. Nació en España; pero ama tan noblemente a Cuba, que la Patria de Varela lo reclama como hijo predilecto. Una prédica diaria llega, cada día, bajo el nombre de «Conflictos Humanos» a la sociedad del Exilio. Su tarea en Tierra Santa al frente de los Misioneros, reviste significación religiosa de fecunda cosecha.

DR. EDGARDO BUTTARI

Forjación Mambisa. Su Patrimonio: Patria y Belleza. Hombre a «Quien nada Humano le es ajeno». Doctorado en la Universidad de La Habana,— donde también rindiera Estudios de Derecho,— en Medicina Veterinaria. Triunfador en las contrastantes Disciplinas de las Ciencias Médicas, Económicas y la Estética. Legislador, —Líder de la Mayoría en la Cámara de Representantes de Cuba—; Titular de las Carteras de Comercio y Trabajo en distintos Gabinetes de Gobierno; Diplomático avesado y ejemplar Ciudadano,— enalteció el ejercicio de la buena Política. Publicista, Poeta y Ensayista, autor de más de 50 Artículos que han visto la luz en «Diario Las Américas», (entre ellos: «Apóstoles sin Mensaje»; «El Mundo Maravilloso de la Fe»; «La Belleza Fascinante de la Muerte»; «El Día de las Madres, es todos los días», «Bella Espiritualización del Amor Patrio»,) que han repercutido en la opinión, formando conciencia pública. Gran Cruz de «Carlos Manuel de Céspedes», «Mérito Mercantil» y «Cruz Roja Nacional». El Dr. Buttari, en E.U., es, actualmente, «Miembro del Comité de Oportunidades para Grupos de Habla Hispana» y «Consultor de la Dirección del Programa para Refugiados Cubanos». Pero, toda su vida, donde echó raíces el Decoro y jamás hincó la envidia, es un Grito, en noche cerrada, de una valiente, deliciosa Cubanía. 'Qué, no en vano, es hijo del Libertador-Poeta, Juan José Buttari'. Falleció en Miami, una mañana sin sol...

GABRIEL GRAVIER

Hijo de Libertador. Fundador en Santiago de las Vegas, donde meció su Caney, de todas las Instituciones Cívicas, Patrióticas y Culturales de la bella Ciudad. Poeta, Ensayista, Periodista, Violinista-Compositor. Único Cubano, honrado con el nombramiento de Miembro de Honor de «Florida Council of Aging». Esto es parte de lo que de él sabemos. Su curriculum Vitae, lo envió en rimas, y dice así:

Nací para soñar; de león y rosa
fue formada mi estirpe. Caballero,
ah, desde Niño; el alma generosa,
—aunque en crisol templada—, como acero.

Crecí como la palma, —mi venero
simbólico—, de madre candorosa
y tierna; de mi padre, lo que quiero
en mi carácter: la pasión hermosa
por el arte, la dulce poesía,
la música, mi estro de armonía;
y el amor a la patria, mi oblación.

Lo demás, ya que importa, si soy nada.
¿Queréis saber?, un copo en la invernada
y en brindis a la muerte, el corazón.

Murió en el destierro, la lira entre las manos.

DR. JOSÉ SÁNCHEZ BOUDY

Brillante escritor costumbrista, declara al encabezar su biografía que su «Obra está inspirada en dos premisas: la defensa de la Libertad y la conservación de la Cuba Eterna». Con alma de Pregón y compás de Pueblo, escribe sus Libros «Ritmos de Sola, (Aquí como Allá); «Alegrías de Coco» y «Crocante de Maní». En otros dos, «Poemas de Otoño e Invierno» y «Poemas de Silencio», recoge, como quien lo talla en piedra, el dolor del desterrado. Cultiva la Novela; inicia en el Teatro «Las Máscaras», «Los Viernes del Teatro Cubano», y derrite en sus vívidas Estampas el ambiente sabroso de la tierra perdida. Su última Novela «Los Cruzados de la Aurora», ha sido saludada con sinceros elogios. Nuestro Premiado de hoy, es autor de más de 20 Libros, y ha cultivado, con sonados éxitos, todos los Géneros Literarios.

El Diploma de José Sánchez Boudy ha sido confiado a la distinguida intelectual Dra. Rosa Abella, Premio Juan J. Remos.

DRA. HERMINIA CANTERO

Figura prominente de la Escuela Cubano-Americana. Graduada en Filosofía y Letras y Pedagogía, en la Universidad de La Habana. Profesora de Inglés, como Segunda Lengua, de la Univ. de Columbia, Nueva York. Coordinadora de «Educación Bilingüe en el Condado de Dade». Factor de suma eficacia en la Confección de Programas para Maestras Auxiliares Cubanas, desde el 61. Notable colaboradora en la Fundación de la Primera Escuela Bilingüe de la Florida, «Coral Way Elementary», que fuera como la Escuela Piloto en este País, donde ahora existen seis. Co-Chairman del Grupo TESOL, «Organización de Maestros de Inglés como Segunda Lengua». Consultora sobre Programas de Enseñanza Bilingüe en diversos Estados de la Unión. Proclamada por el «Club de Mujeres Latinas Profesionales y de Negocios», la «MUJER LATINA DEL AÑO». La Dra. Cantero, eslabón de oro entre dos Culturas y dos Escuelas, es motivo de orgullo para la Patria Cubana.

DR. MANUEL REYES

Un batallador, sin cansancios, por la Libertad de Cuba, en la Prensa escrita, la Radio, la Televisión, la Tribuna, Comités del Congreso Federal de E.U.A. y en el seno de las más diversas Organizaciones Cívicas, Patrióticas y Culturales del Destierro. Dr. en Leyes y en Derecho Diplomático de la Universidad de La Habana. A los 13 años inicia su propaganda radial en la C.M.Q., La Habana y a los 17, es Primer Director de Programas en esa Radio-Emisora. En E.U., desde el 60, pertenece al Staff de la WTVJ, Canal 4, Miami. Sus Informes y Testimonios ante Comités Congresionales de este País; Consejo de Seguridad de «Organización de Estados Americanos» y «Convenciones Demócrata y Republicana», donde presentó el Caso Cubano, constituyen serio y acucioso aporte a la Gran Causa de Cuba. El Dr. Reyes es recio luchador junto a las Juventudes Universitarias y otros Centros Docentes; en el seno de la «YMCA Internacional, José Martí» de la cual es Miembro; en la Asociación de Boys Scouts, de que es Consultor. Es Miembro del Board de la «Cruz Roja Americana» y de la «Asociación de Ciudadanos del Condado de Dade».

DRA. ELVIRA DOPICO

Hija de La Habana. Realizó sus estudios primarios y secundarios en la Ciudad nativa y alcanzó Doctorado en Filosofía y Letras, en la Bicentenaria Universidad. Cursó sus Estudios Musicales en La Habana, completándolos en E.U. Fue Profesora de Música en su País. En E.U. ha desempañado, a plenitud de capacidades, los siguientes Cargos: Profesora del «Allapattah Elementary School»; Sub-Directora, por Oposición, del «Riverside Elementary»; Directora, por Oposición, del «Shenandoah Elementary» y, en la actualidad, también por Oposición, «Directora de Escuelas Elementales en el Area Central-Sur del Condado de Dade». Es, también, la Dra. Dopico, Coordinadora Administrativa del Seminario de Programas Bilingües. Líder Cívica de la Comunidad; presidió el «Cuban Women's Club».

DR. JUAN FRANCISCO LÓPEZ

Poeta y Orador, Periodista y Maestro. Dr. en Derecho Civil y en Medicina Veterinaria de la Universidad de La Habana. Tres libros de Versos, sacó a la luz, como una entrega del alma: «ALFA», «LUNA NEGRA», y «ROMANCERO DEL TROPICO». Su palabra brillante y poética, — el Orador necesita, muchas veces, ser Poeta— ha resonado magnífica en la tribuna patriótica, académica, política y parlamentaria. En la Cámara de Representantes a la que llegara por el voto de su pueblo, presidió la Comisión de Cultura que honrara en demasía. Gran Orador de la Gran Logia; distinguido Rotario; Ex-Vice Decano del Colegio Nacional de Periodistas»; Director de Revistas y colaborador en diversas publicaciones. Profesor, en Cuba, de Derecho Laboral. En el destierro, Vice-Director del «Garcés Comercial College». Su «Soneto más triste», resonará, por siempre, en el alma de sus buenos amigos. Brotó como un adios al comprar un pedazo de tierra americana donde acomodar su cuerpo, que ya declinaba.

LYDIA CABRERA

Heredera de un patrimonio intelectual de que se ufanan las Letras Cubanas. Lydia Cabrera es, por derecho propio, uno de los más sólidos valores de nuestra Cultura. Su obra, casi toda, ha sido dedicada al estudio de «Las Religiones Africanas en Cuba», empeño donde se han combinado creación e investigación, Ciencia y Poesía. Entre sus preciadas obras, que son muchas, figuran: «Cuentos Viejos de Cuba», «Las Piedras Preciosas», «Por qué», «El Monte» y «Ayapá». Residiendo en España actualmente, en Madrid se imprimió su última contribución a la Cultura Iberoamericana: «El Rito de La Laguna».

Lydia Cabrera ha confiado a la brillante intelectual Dra. Josefina Inclán, su representación en este acto.

SECCION «GONZALO ROIG». MÚSICA, CANTO, BAILE, TEATRO Y DECLAMACIÓN

MARTHA CASTELLANOS

Inició su triunfal Carrera junto a la Profesora Mariana Bonich. Cursa Estudios de Música y Humanidades en la Universidad de Puerto Rico. Los amplia, con Estudios de Interpretación Musical, hasta graduarse en Música, con Especialidad en Canto, en el Conservatorio Casals. Toma parte en Conciertos del Ateneo de Puerto Rico y en Actos Solemnes del Conservatorio. Trasladada a Miami, forma parte del equipo de «Añorada Cuba», bajo la Dirección de Miguel de Grandy. Toma Clases de Canto con Gina Maretta. Figura como Miembro de «Opera Guild». Desempeña el papel principal en la Opera «Hannsel and Gretel». En el 68, es proclamada por la «Asoc. Nac. de Profesiónales de Canto en E.U.», Cantante del Año, Estado de Florida. En Nueva York es contratada Artista Exclusiva del «Manager Operatic Hans Hoffman». Actua en «Pro-Arte Grateli» en «La Verbena de la Paloma»; «Maria la O»; «Los Gavilanes», «El Conde Luxwmburgo» y «La Viuda Alegre». Actuó en el «Círculo Cubano de México». Y, en la Nueva Compañía, «Producciones Arte»; ha interpretado «La Duquesa del Bal-Tabarin» e interpretará en diciembre «La Leyenda del Beso».

MAESTRO JORGE BOLET

UN TITAN DEL TECLADO. Así lo proclama, conmovido, el Maestro Alberto Fajardo. Bolet trabajó, afanoso, envuelto en la serena espera, casi medio Siglo. Niño prodigioso, paseó el nombre de la Patria bajo todos los cielos. Su Repertorio, asombra. Su técnica, deslumbra. Los Críticos de Arte, al calibrar, tardíamente, su grandeza, han exclamado, reverentes: «Bolet es sencillamente desconcertante cuando se sumerge en las intrincadas madejas de la Música Grande». Harold Schoemberg, el más renombrado, entre ellos, ha publicado: «El Maestro Bolet es uno de los grandes intérpretes de Lizt en este Siglo; los dedos de Harowitz y el sonido de un Lhevine». Bolet actuó con la Orquesta Sinfónica de Nueva York, en 10 Conciertos. Con el legendario Director Stokowsky tocó el Concierto que lo llevó a la fama. Después, todos los Auditoriums del Mundo, han recogido sus magistrales interpretaciones. Cuando en 1949, el Director de la Sinfónica de Nueva York lo llamó para que ejecutara el «Segundo Concierto de Prokofiev, al terminar, el público enloqueció: «Ha nacido, decía, una estrella en el Siglo». No la habían sabido ver, algunas décadas antes. Ahora, está disputado Bolet por todo un Mundo; pero es de Cuba. Para orgullo de su Pueblo, es TODO NUESTRO. Y, así se anuncia en todas partes: Jorge Bolet; Pianista Cubano.

El Maestro Bolet que vive en Indiana, ha delegado para recoger su Diploma «Juan J. Remos», en su amigo el ilustre Maestro Alberto Fajardo. Premio Juan J. Remos.

PAUL DÍAZ

Gran Caballero de las Tablas. A los diez años actuaba en la Compañía Infantil del Círculo Cubano de Tampa. En 1932, debutó como Artista Profesional y en el 36, como Barítono en el Teatro Nacional de La Habana. En el Teatro «Principal de la Comedia», La Habana, actuó como Primer Actor en las mejores Compañías. Fue Primer Actor, en Cuba, de la Radio y la Televisión. Dirigió, por cinco años, los Programas de la Radio-Emisora del Ministerio de Educación. Profesor de Arte Dramático en la Asociación Cubana de Artistas. Ganador de 9 trofeos, como el más destacado Primer Actor de la Radio, y por tres años consecutivos el trofeo al Actor de carácter más destacado de Cuba. Primer Actor de Televisión en C.M.Q. En el destierro toma parte en el Programa «Voz de las Américas», y es Profesor de Arte Dramático y Administrador Ejecutivo del «Koubek Center», Univ. de Miami. «Cruzada» le entregó una Placa agredecida.

PROFESOR LUIS CARBALLO

Hijo de la Yucayo. Cursó sus primeros Estudios de Música en la «Academia Diez», incorporada al Conservatorio Falcón, La Habana. Todas las sociedades matanceras supieron de su generosa colaboración artística. Fue uno de los estrenadores, en Cuba, del «Danzonete». Fundador de un cuarteto de Música Popular, recorrió la Isla. Al llegar a La Habana fue contratado por la Compañía de Zarzuelas Españolas de Alfonso Torres. Lecuona conoció de sus méritos y lo incorporó a su C° de Revistas y Zarzuelas. En este destierro ha sido Pianista aconpañante de «Añorada Cuba»; de «Pro-Arte Grateli» y «Producciones de Arte». En la actualidad es Director Musical de «Producciones Teatrales Forum». Inspiradísimo Compositor, escribió, bajo los auspicios de Lecuona, la Zarzuela costumbrista «La Gentil de Ayer». Actualmente se dedica a interpretar Música Religiosa. «Cruzada» depositó en una Placa que le entregó al retirarse, su cariño, admiración y gratitud al maestro.

MARIO FERNÁNDEZ PORTA

Inspirado Compositor; eminente Ejecutante. Artista exclusivo de C.M.Q. y R.H.C., en Cuba Democrática. Intérprete de refinadas calidades, en Teatros, Clubes y Canales de Televisión, de Cuba. E.U., México, Venezuela, Puerto Rico, Rep. Dominicana. Sus Premios y Diplomas son tan numerosos como sus Composiciones. La Canción Cubana tiene en él a uno de sus más destacados personeros. Entre esas Canciones perdurarán por siempre; como joyas melódicas: «Que me importa»; «Perdóname esta vez»; «Mentiras Tuyas»; «Ya no me acuerdo»; «No vuelvo contigo»; y una de sus últimas producciones que hemos escuchado extasiados en esta noche: «Para mi Cuba, un Son».

MARÍA CIÉRVIDE

Compartió los dias grandes de Roig y de Lecuona; su voz se regó en los aires a través de todas las ondas y canales; las escenas de nuestros Coliseos y Clubes supieron de su planta y sus acentos. Intérprete, en su exquisita calidad de Cancionera, de los más aplaudidos Compositores Cubanos, acrecentó su fama, siempre en un marco de cautivadora sencillez. Son proverbiales su generosa colaboración en toda obra digna y buena y el fervor patriótico que compartió orgullosa con su esposo, Dr. Adelardo Valdés Astolfi, ilustre hombre público fallecido en el destierro, que continua hoy inspirando su magnífica tarea a favor de la Libertad de Cuba.

LOURDES SALVADOR

Realizó sus Estudios primarios en la Ciudad de Matanzas. Los secundarios, en la Escuela de Kindergarten de La Habana, donde se graduó; los Musicales, en el Conservatorio «Hubert de Blanck», donde realizara estudios en las especialidades de «Apreciación Musical» y «Composición y Armonia». Ejerció como Maestra de Kindergarten, desempeñando, después, la Cátedra

Auxiliar de Música en la «Escuela Normal de Matanzas». Ha ejercido como Maestra, en el destierro. Es Organista y Directora del Coro de la Iglesia Episcopal de «Todos los Santos». Lourdes Salvador ha rendido generosa y brillante labor como Pianista Acompañante de las más eminentes figuras del Canto, cubanas y extranjeras, en el seno de casi todas las Organizaciones Cívicas y culturales. Es Pianista Acompañante de «Pro-Arte Grateli» y Autora de dos Cantatas: «La Resurrección» y «La Navidad».

Ausente en Alemania, recogerá su Diploma el Dr. Juan Fco. López . Premio Juan J. Remos.

La muerte ha reunido a estas dos figuras queridas y admiradas.

SECCION «LEOPOLDO ROMAÑACH»: ARTES PLASTICAS.

SARA MARTÍNEZ MARESMA

Discutir podría los vergeles de «La Malmaison», el colorido de sus rosales. 'Que es Sara Martínez Maresma, —la nuestra—, Pintora, por antonomasia, de las Rosas. En la Academia de «San Alejandro», donde se graduó de Profesora de Dibujo y Pintura; mojó sus pinceles en las acuarelas de sus egregios Maestros, Romañach, Menocal, Valderrama. Profesora de Arte en diversas Instituciones Culturales y Educativas en su ciudad natal, donde ganara Premios y Menciones, se especializó en Retratos al Oleo y en Rosas, en Madrid, París, Florencia y Roma. Miembro de Instituciones Artísticas de crédito mundial, Sara Martínez Maresma tendrá sitio entre los Pintores Cubanos, mientras dure «La Vigilia de las Rosas», de que hablara Ana Rosa Núñez, Premio Juan J. Remos. La gran pintora acaba de morir. De duelo, todos los jardines...

RAFAEL SORIANO

Graduado Profesor de Pintura y Escultura en la Escuela Nacional de Bellas Artes de «San Alejandro». Profesor Titular de Arte Decorativo en la Escuela de Bellas Artes de Matánzas. Profesor de Arte en el Welfare Católico de Miami y de Diseño en el Programa de Cultura Cubana de la Universidad de Miami. Expositor de sus mejores Cuadros en Instituciones Culturales de Cuba, E.U., España, Jamaica, México y Guatemala. Ha participado, asimismo, en recientes Exposiciones en la «Galeria de Arte de la Universidad de Miami», Tampa, Sarasota, Tennessee, Oregon, Atlanta, Palm Beach y Nueva York. Ganador de Premios y Menciones de Honor que hacen de su Expediente uno de los más brillantes en el Arte Pictórico Cubano.

DRA. ESTRELLA GARCÍA TUDURÍ

Dra. en Pedagogía de la Universidad de La Habana, (ha realizado Estudios de Post-Graduados, en la «Universidad de La Habana», la de «Michigan» y en el «Biscayne College», Miami). Graduada Profesora de «Pintura y Escultura en la «Escuela Nacional de San Alejandro». Director del Departamento Técnico de Orientación, en la Secundaria Básica «Domingo Sarmiento». Directora «Escuela Primaria Superior N° 2, Vibora, Habana. Inspectora Auxiliar de Escuelas Privadas. —Profesora de la Universidad Católica «St. Tomás de Villanueva», Departamento de Arte y Decoración, donde atendiera la Cátedra de «Diseños de Moda y Dibujo Natural»— En el campo de las Letras, escribió «Cuentos», en la Revista «Ceyca» y otras publicaciones y un Ensayo sobre: «Discordias Familiares y su influencia en la Educación del Niño». Como Pintora, merecieron crítica favorable sus *Retratos,* entre ellos, los de la Sra. del Dr. Blaines y la Sra. William Wood, presentados a Exposiciones, y como su mejor logro «MARTÍ: PENSADOR», que regalara a la Escuela Primaria de la que fue Profesora. En Miami, expuso, en febrero último, Exposición auspiciada por el «Seminario de Cultura Juan J. Remos»: «*NIÑOS VIETNAMESES*», cuadro vívido de impresionante tragedia, y otros Retratos.

ORLANDO PENICHET

El Almendares meció su cuna. Graduado, en 1942, en la Escuela Nacional de «San Alejandro», de la que fue, luego, Catedrático Auxiliar de Dibujo Elemental. Fundador de su propia Academia, abandona el país al implantarse sobre su suelo la tiranía comunista. Se ha destacado en la Pintura y en la Escultura. La Iglesia de Monserrate, La Habana, luce su bello lienzo «Cristo y la Samaritana» y la Iglesia de Sta. María del Rosario, Monumento Nacional, recogió en sus muros, dos de sus excelentes cuadros: «La Virgen» y «El Sagrado Corazón». Escultor, cinceló el bajo relieve, en mármol, de La Muerte de Martí, en el Panteón de los Veteranos, Cementerio de Colón. Fue Miembro de la «Academia Nac. de Artes y Letras»; de la «Cruz Roja Nacional» y del «Club Filatélico de Cuba». En E.U., es Miembro de la «Academia de Artes y Ciencias». Actualmente trabaja en dos proyectos: la escultura del Prócer Aguilera y el busto del Ex-Presidente Cubano Dr. Grau San Martin.

MERCEDES CARBALLAL DE REMOS

Un día, el destino llevó su fina mano sobre el primer lienzo. No se sabía Pintora; no se formó en Escuela alguna. Su arte, — como las flores que nadie siembra en las orillas de largos caminos—, es silvestre y, por ello, más fragante. En 1940, se mojaron, por vez primera, sus pinceles. La dulzura de los perfiles femeninos, prima en su obra. Vírgenes, como SANTA DIGNA Y SANTA TERESITA; Damas, como Mimí Ricard de Viera, Sara Vianello de Bustamante, Ludy González de Sardiñas; María Julia Moreno de Díaz de la Rionda, Armantina Rguez. Cáceres de Henríquez. Su mejor retrato, bajo el título emotivo de «Mi Hija Mercy». Pero, por sobre su destreza pictórica es para «Cruzada Educativa Cubana», la musa adolescente del Maestro; la inspiradora de sus más altos logros intelectuales y políticos; su más leal colaboradora en los días grandes de la Patria Grande; su consuelo y su gloria en las horas adversas del vivir errante y del afán colmado de impotencias. 'Una Gran Mujer, en suma, a la justa medida de un Hombre excelso y un ejemplar Cubano'. Recogerá su Diploma, pese a su presencia en el acto, su hijo Juan J. Remos, retrato vivo del insigne padre.

LESVER DE QUIRÓS

Sus cuadros han rodado prendidos en los muros de acreditadas Exposiciones celebradas en Cuba Libre, E.U., Puerto Rico, Brazil, Italia, Grecia y Portugal. La BBC, de Londres, dedicó a significados Cubanos, fuera de Cuba, un Documental en el que fueron exhibidas obras de Lésver de Quiros, por la T.V. de Europa. La Habana Colonial se refugia, sabrosamente, en sus lienzos; sus Plazas y Rincones adquieren movimiento al retoque de sus pinceles. Ganador del Primer Premio de Dibujo Elemental en la Escuela de «San Alejandro». Es, actualmente, Profesor de Pintura del «Miami Dade Jr. College». «Jamas ha seguido Lesver, —como dijera en selecta crónica, María Elena Saavedra, Premio Juan J. Remos, — las líneas del rigor académico, pero pinta bajo el impulso de una técnica propia, promovida por su luminoso instinto».

MARÍA LUISA RÍOS

Pintora, Caricaturista, animadora de la Cultura Nacional. Graduada en la Escuela Nacional «San alejandro», de ella fue Alumna Eminente. Es la unica superviviente del Grupo de Pintores Renovacionistas del año 30. Organizadora y Presidenta de dos Congresos Nacionales de la Mujer Intelectual Cubana. Distinguida Expositora en Asociaciones Culturales de Cuba y en Boston, Nueva York, y París. Ha dictado Cursos sobre «Apreciación Artística» y Cursillos de Pintura y Dibujo, para Maestros y para Niños. En el destierro continúa, con bríos que no se extinguen, contribuyendo al mayor auge y prestigio de las Artes Plásticas Cubanas.

Esos bríos y su gracia de siempre, los cortó la muerte en el año 83.

SECCION DE CIENCIAS: «DR. CARLOS J. FINLAY»

DR. ESTEBAN VALDÉS CASTILLO

Para el ejercicio de la Medicina, lo habilita la Universidad de La Habana, en 1923. Ocupó a toda dignidad y competencia la Cátedra de Medicina Legal y Toxicología. En 1934, se gradúa de Dr. en Pedagogía. Su obra, de extraordinarios contornos y muy diversas áreas, se proyecta con luminosidad sobre la Higiene Social y sobre la Escuela. Incontables son sus trabajos y, entre ellos, sustanciales para la Educación, los intitulados «Clínicas Psicológicas, su Organización y su importancia social»; «Niños Anormales», «Los Tests de Instrucción», «Niños Retrasados», «Instituto Médico-Pedagógico», «Instrucciones necesarias en la Legislación sobre Menores, en Cuba», «Reformas urgentes a la Primera Enseñanza en Cuba». Su «Tratado de Medicina Legal y Toxicología», en colaboración con el Dr. Raimundo de Castro es obra fundamental en esa materia y acredita al Dr. Valdés Castillo como a una de las figuras cimeras de la Cultura Médica Cubana. Por la Democracia y por Cuba Libre, sufrió el ilustre galeno y Pedagogo meses de Bartolina Castrista. En el destierro ha continuado, hasta su sencible deceso la lucha por la Redención-Patria.

DR. EDUARDO CUTIÉ

Cursó sus estudios secundarios en Santiago de Cuba. Los de Medicine, en la Universidad de La Habana. Instructor de la Cátedra de Terapeútica Clínica en ese Centro, fue, después, Catedrático por Oposición en esa materia. Miembro de la «Sociedad de Estudios Clínicos de La Habana, y de la Sociedad Cubana de Cardiología. Miembro y Medalla de Oro de la Orden Nacional Carlos Finlay, Miembro del «Colegio Médico Nacional y del de La Habana, que le concedió Medalla de Oro por los servicios prestados a su clase. Autor de innúmeros trabajos científicos publicados en Revistas Médicas mundiales. Co-Autor, con el Dr. Viamontes del Formulario Médico Nacional y del Farmacéutico Nacional. Como el Dr. Valdés Castillo, supo de las mazmorras comunistas y mantuvo hasta su muerte en alto la Bandera, esperando el amanecer de la Libertad.

DR. RAFAEL PEÑALVER

La Ciudad de La Habana lo vio nacer. Su Universidad, lo consagró Galeno, a la justa medida que requiere ese Apostolado. La de Madrid, en el 71, le concedió la Licenciatura en Medicina y Cirugía. Diplomado por la «Oficina Americana de Medicina Preventiva» en la Especialidad de Medicina del Trabajo, dirige desde el 61, la «Oficina de Educación Médica Internacional de la Esc. de Medicina de la Universidad de Miami» y las «Conferencias Inter-Americanas de Toxicología y Medicina del Trabajo, en el propio Centro. Figura como Miembro de 13 Sociedades Científicas de E.U. y en las más prestigiosas Sociedades Científicas Internacionales. Su vida, su hogar ejemplarísimo, y sus dignidades de Cubano, Profesional y Caballero, le hacen merecedor a este reconocimiento.

DR. MODESTO ALEX MAIDIQUE

Un consagrado en plena Juventud. Cursó sus Estudios Primarios y Secundarios en la Academia «Ruston», de La Habana. Al abandonar su Patria en 1959, realiza, a todo honor, los Superiores, en el «*INSTITUTO TECNOLÓGICO DE MASSACHUSSETS*». Permanece en ese Centro once años, como Estudiante, como Instructor y como eminente Científico. En 1961, se gradúa en «Programación de Máquinas Calculadoras»; en 1962, en «Ingeniería Electrónica»: «Hace su Máster en Ingeniería Electrónica en 1966, graduándose de Dr. en Ingeniería Profesional Electrónica, en el propio año, único cubano con este título. Alcanzó también, su «Doctorado en Filosofía, Física del Estado Sólido», en 1969. Su Tesis de Grado versó sobre «Conducción Protónica en Hielo», y mereció por su trascendencia Científica, ser publicada completa, en el «JOURNAL OF CHEMICAL PHYSICS», en 1970. Figuró en todos los Cuadros de Honor del «INSTITUTO» y obtuvo Becas para sus Estudios complementarios de la Compañía «Grass Instrument» de la «Fundación Ford». Ofició como Consultor e Ingeniero en el campo de la «Instrumentación, Diseño de Circuitos y otras Aplicaciones». Ganó la EMINENCIA en el «INSTITUTO TECNOLÓGICO DE MASSACHUSSETS», y por sus méritos la designación de Presidente y Director Técnico de Operaciones en la más grande Compañía de «Manufacturación de Circuitos Integrados». Es Premio de Honor de muy diversas Organizaciones Científicas de E.U. La Juventud Cubana, en suma, tiene en Modesto Alex Maidique, un motivo legítimo de gloria.

Actualmente desempeña la Cátedra de «Administración de Negocios», en la Universidad de «Stanford», California.

CONMEMORACION DEL «DIA DE LA CULTURA CUBANA» ENTREGA DEL PREMIO «JUAN J. REMOS». 24 DE NOVIEMBRE DE 1974. BALL-ROOM DEL HOTEL «MC. ALLISTER» MIAMI, FLORIDA.

CRUZADA EDUCATIVA CUBANA, INC.
MIAMI, FLORIDA

El Dr. Vicente Cauce, Presidente de "Cruzada Educativa Cubana"; su Secretaria de Organización, Dra. María Gómez Carbonell y su Primera Asesora, Dra. Mercedes García Tudurí, tienen el honor de invitar a usted y a su distinguida Familia, al Acto Solemne en que se conmemorará el Octavo Aniversario del "DIA DE LA CULTURA CUBANA", instituido en 1967, al celebrar el Dr. Juan J. Remos sus Bodas de Oro con la Enseñanza, y en el que se cumplimentará el siguiente

* P R O G R A M A *

I. Himnos Nacionales de Estados Unidos de América y República de Cuba.
II. Tributo a los Cubanos que han muerto en la defensa de las Libertades Patrias y, a aquellos otros, que sufren prisión en las Cárceles Comunistas.
III. Palabras Iniciales: Dr. Vicente Cauce, Presidente de "C.E.C.".
IV. a) "La Comparsa", Maestro Ernesto Lecuona.
b) "Quiéreme Mucho", Maestro Gonzalo Roig.
c) "Yo Te Amé", respuesta a "Quiéreme Mucho", Maestro Gonzalo Roig.
"Coral Cubana Carmen Riera", Premio "Juan J. Remos".
V. Interpretaciones Poéticas: Paul Díaz, Primer Actor de la Escena Nacional. Administrador Ejecutivo y Profesor del Koubek Memorial Center de la Universidad de Miami.
VI. Selecciones de Canto: Soprano Teresa Pons, acompañada al Piano por Lourdes Salvador, ambos Premio "Juan J. Remos".
VII. Entrega del Premio "JUAN J. REMOS" 1974 y Presentación de Personalidades Extranjeras y Cubanas a quienes se otorgará ese galardón: Dra. María Gómez Carbonell, Secretaria de Organización de "C.E.C.".
VIII. a) Balada Número Tres, de Brahms.
b) "La Veleta" del Maestro Saumell.
Interpretaciones, al Piano, Miguel Salvador.
IX. "LA NACION ESTA EN NUESTRAS MANOS": Discurso Final: Dr. Ariel Remos.

* * * * * * * * * *

Fecha del Acto: Domingo 24 de Noviembre de 1974, (Vísperas del "DIA DE LA CULTURA CUBANA".)
Lugar: Ball-Room del Hotel "McAllister", Flagler y Biscayne Blvd.
Hora: 8:00 P.M.

FRAGMENTOS DEL DISCURSO PRONUNCIADO EN ESE ACTO POR EL DR. VICENTE CAUCE, PRESIDENTE DE «CRUZADA EDUCATIVA CUBANA»

Instituido en 1967 el «Dia de la Cultura Cubana», estamos asistiendo a otra de sus emotivas conmemoraciones. Por adversa suerte no brilla todavía sobre nuestros campos empapados en sangre y lágrimas, el sol de la Libertad; pero, si nos sostiene y alienta en la larga y penosa espera, la fuerza irrebatible del decoro. 'Qué eso personificamos afiliados y amigos de «Cruzada Educativa» en el retablo de este destierro: la dignidad de un pueblo, que ni negocia ni se rinde'.

La palabra del Maestro Juan J. Remos, señaló derroteros a cuántos saben que habrá Patria grande y Fe irreductible en sus destinos, mientras el pensamiento de los que la fundaron irradie en nuestra obra y la honrada ejecutoria de cuántos la amen y sirvan con limpieza, prime sobre la pequeñez y la miseria de los Apóstatas que la nieguen y que la vendan.

La «Cruzada» reune en este significativo evento a cubanos que hacen guardia a un Patrimonio Cultural que es la única reserva disponible que nos permitirá seguir siendo en el destierro y retoñar, como los árboles que poda la tempestad, cuando trasplantemos a suelo propio las raíces y los troncos seculares de la Nación bicentenaria.

Hemos depositado en vuestras manos en esta noche de privilegio, compendiada en un libro, la historia de nuestra Organización, a través de doce años; los desvelos dedicados, por sus hijos, a la Patria en cadenas, en días de angustia y de vigilia; los más tesoneros estudios a que nos llevara la necesidad de proyectarnos hacia un futuro redimido de culpas; la improba tarea llevada a éxitos en la ardorosa defensa de ideales y principios que no pueden morir; la tarea de cada hora exaltando nuestros valores, cuidando la heredad amenazada; abonando las Tradiciones más bellas de nuestro pueblo; abrillantando en el recuerdo filial los episodios más gloriosos de nuestra Epopeya Redentora; estimulando a las Juventudes para que exista un mañana y llamándolas a filas para salvar a Cuba. Ese libro, que enaltecen con sus figuras y nombres, tres paladines del Pensamiento cubano: Varela, Don Pepe y Mendive, y por sobre esas excelsitudes, el esfuerzo de muchos y la colaboración de unos cuántos, afinados sobre el cordaje del patriotismo y del talento de María Gómez Carbonell.

CUBANOS: Hagamos de esta noche un sagrado compromiso. La Patria espera y ninguno, entre sus hijos, podrá mostrarse esquivo a su urgente llamado. Seamos a su servicio, fragua encendida y arenga que enpuja. «TRINCHERAS DE IDEAS, VALEN MAS QUE TRINCHERAS DE PIEDRAS».

PRESENTACIONES DE PERSONALIDADES EXTRANJERAS Y CUBANAS A QUIENES «CRUZADA EDUCATIVA CUBANA» ENTREGÓ EN EL AÑO 1974 EL PREMIO «JUAN J. REMOS». EN LA TRIBUNA, MARÍA GÓMEZ CARBONELL, EN SU CONDICIÓN DE SECRETARIA DE ORGANIZACIÓN DE «CRUZADA».

En horas tensas de creciente agobio; cuando la fuerza y brillantez de la palabra amenazan desvanecerse al golpe de la insinceridad y «la mascarada política» de que hablara el Benemérito Varela, y el pensamiento resentido y lastimado, parece revolverse medroso bajo el cráneo; cuando la voluntad de tantos se resquebraja a influjo de bastardos y muy diversos intereses, vuelve a su púlpito la «Cruzada Educativa» en el grandioso «Dia de la Cultura Cubana», para trazar caminos, estimular virtudes y proclamar, sin subterfugios, la Verdad salvadora. A todo intento, midiendo y sopesando conceptos, decimos en éste ligero introito: estimular Virtudes. El talento es cápsula vacía, cuando no engendro ponzoñoso, si la virtud y la autoridad moral, no lo definen y alimentan. Y, ahora, cuando errantes por todos los caminos del mundo, los buenos cubanos llevamos la cruz a cuestas, sin suelo propio donde afincar la planta, pero con dignidad bastante para aceptar todos los desafíos, es preciso sondear las almas y usar el Valorímetro que dé la medida del patriota ungido por el renunciamiento, ajeno a la prebenda, a la negociación y a la enfermiza entrega por mendrugos, por paisaje o por razones de muy diversa índole y significación, todas subalternas y condenables.

Dijimos el pasado año que «Cruzada Educativa Cubana» no acepta la «NEUTRALIDAD DE LA CULTURA». Como no concibe, tampoco, la DEMOCRACIA llevando en el seno de sus urnas abiertas, cual nuevo Caballo de Troya, la acción desintegradora, materialista y atea del Comunismo Internacional, ataviado de mil maneras, pero siempre, —como enfatizara el Santo Padre Pío XI—, «intrínsecamente perverso».. Este apretado exordio se endereza sólo a dejar sentado ante los leales feligreses de nuestra Casa que, al seleccionar Personalidades Extranjeras y Cubanas acreedoras al Premio que hoy se otorga, en cuyo pergamino parece que palpitan prédicas e ideales de JUAN J. REMOS, puso nuestra Organización su sano juicio, sí, en la capacidad intelectiva y la actividad cívico-social de los elegidos; pero, su mayor consideración, su más esmerado empeño, su exquisito cuidado, también, en la naturaleza ideológica del individuo, en la conducta social a que se ajusta su producción Literaria, Histórica, Artística y Científica; en los Postulados que, sin doblez, quiebra o dubitación, haya recogido en su obra como contribución regenerativa a una sociedad en estado de sitio, desjerarquizada y confundida; a un Mundo, en suma, con tan afilados colmillos y garras, como atrofiadas alas y entumecidas esperanzas; con tan variada, ligera y emboscada nomenclatura diplomática, como flojedad en el ajuste de su estrategia política y en el método idóneo para su preservación ética y moral.

Con ese sentido de recuperación histórica, de contribución a un despertar de dignidades, hemos alineado a los elegidos de esta noche, comprometidos con una época de recobramiento espiritual donde la Fe nos mantenga y los naturales instintos de Libertad y Seguridad nos estrechen frente a la demolición de los Principios y la Deshumanización de la Especie a que nos empuja la diabólica conjura del Comunismo Internacional.

PERSONALIDADES EXTRANJERAS: PREMIO «JUAN J. REMOS» 1974

DON EUDOCIO RAVINES

Abre la serie de Semblanzas de los Premiados de esta noche, la más recia y conspicua figura del Anticomunismo Universal. Diríamos, saludándolo, de pie las almas y confiados a su predicamento, que es Don Eudocio el símbolo más genuino de la actual lucha por el decoro humano. Sabemos por propia verificación y al ritmo de hondos dolores, como él recoge en «LA GRAN ESTAFA», que «los manantiales de Cultura han sido secados por el Comunismo; que su policía tiene racionado y encasillado el pensamiento y el campo del espíritu, en Rusia y sus satélites, lo más vecino al de Concentración alambrado de puas». Por ello, Cuba esclava que sufre ese torturante proceso de esterilización y Cuba Libre, errante, abraza hoy conmovida al autor de «La Gran Estafa», de «El Camino de Yemán», de «Estrategias y Tácticas Comunistas para América Latina», de «La Gran Promesa», al pensador de indiscutible abolengo, al Periodista donde corren parejos genio y experiencias vividas, al Iluminador de Conciencias escapado a la perversa madriguera. De Ravines hemos recibido el siguiente Mensaje: «Habría querido acudir a la cita del 24 de Noviembre para fundir nuestras esperanzas en un abrazo optimista, de saludo a la victoria inexorable. Infortunadamnte, no puedo estar con ustedes, sino en espíritu. Saludo, en esta carta, a todos los cubanos que ansían la Libertad de la Patria, que es la de todos los que venimos combatiendo por verla emancipada, lo que sucederá incuestionablemente. Si miramos con atención la perspectiva mundial, realizaremos la toma de conciencia lúcida de la liberación. Con esta firme esperanza los abrazo a todos y por su intermedio al noble exilio Cubano».

El fraterno compatriota Rafael de Mena recogerá, por Delegación de Ravines, su Diploma de Honor.

A pocos años DE ESTA ocasión, murió Ravines en las calles de la capital de México, asesinado por el Comunismo Internacional.

DR. GUILLERMO ZALAMEA

Cosa difícil dar la medida de un Periodista. La honrosa profesión, —por tantos mancillada en nuestros días—, reclama fuertes troqueles donde fundir, al calor de la fragua, talento, responsabilidad histórica y respeto social. Guillermo Zalamea ha logrado la estatura que esa función implica. Jefe de Redacción de «Diario Las Américas» el gran Periódico que dirige el Dr. Horacio Aguirre, es centinela junto a su Rotativa y noble sellador de sus páginas. Notable Articulista de «ATALAYA», sus largos años de tareas en el «Diario», han corrido paralelos al Calvario de Cuba. Y, a esa tragedia, que él sabe es de América, ha dedicado Zalamea brillantes trabajos. «Areitos» transparenta en la recia defensa democrática, su devoción por nuestra causa. En colaboración con Ricardo Vila, escribió Zalamea su libro «EXILIO», dedicado a Organizaciones del Destierro. Por su obra en la Prensa, ha merecido el Premio «Manuel Márquez Sterling», del «Colegio Nacional de Periodistas de Cuba», el Primer Premio en el Concurso celebrado por el «Colegio de Periodistas de Guayaquil» Ecuador, el «Lincoln-Martí de Estados Unidos, la Flor de Trébol del Pres. Nixon y Diplomas de diversas Instituciones del Exilio Cubano. Hoy ponemos en sus manos el Diploma de Honor «Juan J. REMOS», inolvidable colaborador de «Diario Las Américas».

HOWARD H. PALMATIER

Nació en Nueva York en la Primavera de 1924. Prestó servicios de guerra en Africa e Italia, perteneció a la División Blindada del Cuerpo Aéreo 82; colaboró en Operaciones de Refugiados en Trieste, Alemania, Italia, Turquía, Grecia y otros países. Luego de muy variadas actividades Diplomáticas y Administrativas, en 1963 fue asignado al Departamento de Estado, Washington D.C., con la encomienda de desarrollar Programas para Refugiados Cubanos. En 1968 fue designado Director Interino del Programa para esos Refugiados y después, Director General, en propiedad. 'Gran amigo del pueblo cubano' Su nombre y actuación cargada de responsabilidad y experiencia, irán, por siempre vinculadas al dolor de nuestro pueblo y al empeño de redimirlo, a los penosos arribos de los Vuelos de la Libertad; al otorgamiento del Premio «Lincoln-Martí»; al perfeccionamente de nuestros jóvenes estudiantes y a los logros esenciales de salud y supervivencia de una Nación en éxodo.

SECCION «JOSÉ MARTÍ»: LETRAS— EDUCACIÓN— PERIODISMO— HISTORIA

PERSONALIDADES CUBANAS: PREMIO «JUAN J. REMOS» 1974

MONSEÑOR AGUSTÍN A. ROMÁN

Las dulces aguas de Ariguanabo arrullaron su cuna. La Escuela Pública Cubana, templó su carácter. Estudió Filosofía en el Seminario de «San Alberto Magno», Colón, Prov. de Matanzas y Teología en el de «Misiones Extranjeras, de Montreal, Canadá. El Instituto Número Uno, de La Habana, dio basamento a su Cultura. Se ordenó Sacerdote en 1959, en la Iglesia Parroquial de Colón. Expulsado del suelo nativo por el Comunismo Internacional en 1961, le tocó ejercer en el destierro su Ministerio Sacerdotal hasta ser investido Prelado de Honor del Santo Padre, el 24 de febrero de 1974, en la Catedral de esta Ciudad. Su palabra profunda y como orlada de ternuras, ha sido consuelo y esperanzas para la cubanía errante. Ha realizado estudios de hondo calado en la vida y la obra de dos mentores eminentes, forjadores del alma nacional: Varela y Don Pepe. Sobre ambos disertó en la tribuna de «Cruzada Educativa». Monseñor Román dejará empotrado su recuerdo sobre el suelo floridano y junto al mar, en los muros de una obra grandiosa que el soñó y realizó con un Pueblo a la espalda, para gloria de la cristiandad y orgullo de los cubanos: LA ERMITA DE LA CARIDAD DEL COBRE. Después de otorgado este Premio, el Santo Padre lo hace OBISPO AUXILIAR de Miami, siendo investido Obispo el 24 de marzo de 1979. El Municipio de La Habana, le impuso en acto solemne, la Medalla de La Habana.

DR. ORLANDO CASTAÑEDA

Su labor, de por vida, ha sido y es dedicada a la mayor gloria de su País. Con Título de la «Escuela Profesional de Periodismo Manuel Márquez Sterling», ha figurado como colaborador en Periódicos y Revistas de Cuba Democrática y del Destierro. Posee Certificado de Estudios de Arquivonomía expedido por el Archivo Nacional de Cuba de que fuera Director hasta el siniestro del 59. Su recia labor de divulgación histórica en Prensa escrita, Radio y Tribuna; sus Libros, entre ellos, los intitulados: «Martí, los Tabaqueros y la Revolución del 95»; «Fechas Martianas», en colaboración con Gonzalo de Quesada y Miranda; su «Catálogo, en Inglés y Español, sobre Sellos de Correos con Alegorías relativas al Tabaco Habano», han merecido reiterados honores. En Miami, donde continuó su tarea de exaltación a los Fundadores de la Patria, presidió el «Grupo Cubano de Estudios Históricos».

Su muerte constituyó un severo golpe a la Cultura nacional.

JOSÉ ANGEL BUESA

Nació en Cruces, Las Villas, Cuba, el 2 de septiembre de 1910.

Además de novelas, una larga serie de libretos para radio y televisión, artículos periodísticos (los últimos publicados en «El Caribe», de República Dominicana), conferencias y trabajos literarios disímiles, Buesa publicó veinte libros de poesías y dos libros en prosa, que son los siguientes: «La fuga de las horas», 1932; «Misas paganas», 1933; «Babel», 1936; «Poemas en la arena», 1937; «Canto final», 1938; «Muerte diaria», 1943; «Oasis», 1943; «Cantos de Proteo», 1943; «Lamentaciones de Proteo», 1947; «Canciones de Adán», 1947; «Alegría de Proteo», 1948; «Nuevo Oasis», 1949; «Poeta enamorado», 1955; «Poemas prohibidos», 1959; «Libro secreto», 1960; «Diario galante», 1962; «Tiempo en sombra», 1970; «Horario del viento», 1971; «Los naipes marcados», 1974 y «Libro de amor», 1982. Hasta aquí los libros en verso. En prosa publicó «Método de versificación», 1974 y «Año bisiesto», 1981. El primero didáctico, el segundo con múltiples anécdotas personales, crítica literaria e innumerables curiosidades. Y también Buesa publicó una Antología de sus versos en 1960; otra en 1969 que fue reeditada en 1970 y 1973; «Mis poemas preferidos» en 1971 y la «Antología Poética Total» en 1981. Los libros en verso de Buesa, casi sin excepciones, han sido reeditados varias veces, además de las muchas ediciones piratas que se han publicado sin su autorización. El más popular de su libros es «Oasis», con veinte ediciones autorizadas por el autor, y la última fue de 250 mil ejemplares con la Editorial Esteban Ramallo de Puerto Rico en 1977.

José Angel Buesa trabajó como escritor radial en Cuba desde 1931 en las principales empresas del país, y también fue guionista y director de programas de televisión. Realizó numerosos viajes por Norte, Centro y Sur América; Europa, Asia y Africa, y fue el poeta cubano que más fama ganó con su poesía en su patria y fuera de ella. Conoció los principales idiomas europeos, por lo que hizo finas e importantes traducciones de poemas. Falleció el 14 de agosto de 1982 en Santo Domingo, donde ejercía como profesor de Literatura en la Universidad Pedro Henríquez Ureña de la República Dominicana.

DRA. DOLORES MARTÍ DE CID

Una, entre las mas notables figuras intelectuales de Cuba Republicana. La Cátedra, ha sido para ella, palenque y trinchera. Profesora Auxiliar de la Catedra de Literatura Hispanoamericana y Gramática Histórica, de la Universidad de La Habana. Profesora de Gramática de la Escuela Profesional de Comercio de La Habana. Profesora de Lenguas Romances de la Universidad de Kansas. Profesora Emérito, de Purdur University, Lafayete, Indiana. En colaboración con la Dra. del Valle ha publicado los siguientes Libros de Texto: «Práctica de Gramática», Primer y Segundo Semestre; «Gramática y Redacción de Español», varias ediciones. Entre sus obras de Investigación y Crítica, figuran: «Tres Mujeres de América»; «Un gran Comediógrafo Hispanoamericano: Enrique Peralta»; «Función y Alcance de las Escuelas de Temporada»; «Varias Voces sobre Teatro Hispanoamericano»; «Teatro Cubano Contemporáneo»; «Presencia del Quijote en Hispano-América»; «Teatro Indio Pre-Colombino»; «Teatro Indo-Americano Colonial», (colaboración con el Dr. Cid), y «Literatura Precolombina». Tiene en prensa la Dra. Martí, «Teatro Hispanoamericano de Ayer y de Hoy» y Tres Volúmenes sobre La Avellaneda. Colaboradora en múltiples Publicaciones Cubanas y Extranjeras. Conferencista en las más prestigiosas tribunas de América y Europa. Miembro de la Academia Nacional de Artes y Letras, de Cuba. Poseedora de múltiples Premios, entre ellos: el concedido por el «Instituto de Cultura Dante Alighieri», en el bicentenario de Alfieri.

Domina el español, el inglés, el francés y el italiano. Conoce: el griego, el latín y el portugués. La Dra. Dolores Martí es honra de la Patria y vivo exponente de su Cultura. Recogió su Diploma, la Dra. Florinda Alzaga.

DR. LUIS VALDESPINO

Dr. en Derecho Civil de la Universidad de La Habana, Abogado y Notario, por muchos años en su ciudad nativa. Bachelor of Arts en la «Pacific University» Oregón y Master of Arts del propio Centro Docente. Profesor en el destierro de Lengua y Literatura Española del «Central Washington State College», Estado de Washington que lo ha acreditado como Coordinador de

Programas, Instructor de Programas especiales, designándolo Delegado de ese Centro al Tercer Congreso Nacional de Literatura Iberoamericana, celebrado en Los Angeles. Valdespino como Maestro, Historiador y Ensayista está movido por un solo ideal: la exaltación de nuestras eximias figuras y la reverente evocación de nuestros triunfos y glorias en dos siglos de cultura nacional. Entre la profusa colección de sus publicaciones que hemos revisado en número mayor de cincuenta, precisa mencionar por su contenido e impecables formas, sus estudios sobre «Don Manuel Márquez Sterling», «La Poesía de Godoy», «Evocación de Ferrara», «José María Heredia y su homónimo francés», «La soledad de Playa Larga», «Biografía Literaria de Céspedes», «Hernández Miyares», «La Historia de un Soneto», «Manuel Sanguily y su obra». Son trabajos notables en el campo de la Literatura Española, su «Glosa sobre el Poema del Mio CID» y «El Quijote de Unamuno».

Por razones de deberes y distancia, recogerá su Diploma su hermano Julio Valdespino.

Recientes Publicaciones: «Biografía Literaria de Carlos Manuel de Céspedes»; Revista «El Habanero»; «El Poema Apócrifo de Heredia». Proceedings— Vol. XXVIII (1) pp. 149-152. Oregón, E.U.A., 1977.

«Sanguily Intimo» (Nota preliminar de Pastor del Río) Academia Hondureña de la Lengua. VOl. XXIV —N° pp. 127-140 Tegucigalpa-Honduras, 1982.

Prólogo a la obra «Nobles Memorias» de Manuel Sanguily, 2da Edición, E.U.A., 1982— Artículos Literarios y otros trabajos.

DR. LUIS MARTÍNEZ

Graduado en Filosofía y Letras y en Derecho en la Universidad de La Habana. Periodista Profesional de la Escuela «MANUEL MARQUEZ STERLING». Vida honesta y limpia dedicada al Profesorado. Ensayista y Poeta. De él dijo Marquina: «Es un poeta con erudición de Historiador. Su fino espíritu crítico se inclina siempre a lo mejor del hombre, a recrearse con la luz, más que a enfrentarse con las sombras». Es actualmente Profesor de Literatura Hispanoamericana de la Universidad Católica de Puerto Rico. Colabora en periódicos boricuas, americanos y españoles. Ha publicado libros en verso y prosa. Son de obligada cita: «Agramonte, Romancero Biografico», para Niños; «El sentido de la muerte en la poesía Martiana», «El Lugareño y otros Próceres», «Baltasar, Autobiografia espiritual de la Avellaneda». En 1972 fue designado «Outstanding Educator of América», distinción que ciñó laureles sobre la frente de la Patria.

Obras: «Apuntes de Literatura Puertorriqueña» (Osset, P.R., 1980)
«Arte Métrica». (Osset, San Juan P.R., 1980)

Teatro: «Cosas de Papá», Juguete Cómico en dos actos.
 «LA CARTA», Juguete Cómico en un acto.
Ensayos: «El estado crepuscular hípnico o la embriaguez de sueño». Centro Cultural de Humacao, P.R., 1982.
 «Mis Siluetas». Diario «La Prensa», Los Angeles, Ca.
Periodismo: Colaborador permanente de «LA PRENSA», de Los Angeles, Ca.
 Colaborador permanente de «LA VOZ LIBRE», de Los Angeles, Ca.
Poesía: «Mis diez poemas» (inéditos)

El Municipio de Camagüey en Miami, le ofreció un homenaje en Agosto de 1982. Leyó su conferencia sobre «Castro y la mentira».

Desde 1961 colabora en el mensuario EL CAMAGÜEYANO, que dirige la Dra. María A. Crespí.

LUIS MARIO GONZÁLEZ

Nació el 28 de marzo de 1935 en Quivicán, Habana, Cuba.
Hijo de Natividad Pérez y Felino González.

Estudió en la Escuela Municipal Valdés Rodríguez, gracias a una beca otorgada por el alcalde de La Habana, Nicolás Castellanos.

Realizó estudios secundarios especialmente de Literatura. Estudió en academias nocturnas mientras trabajaba por el día. Se graduó de Técnico en Radio y Televisión en la Escuela Cubana de Radio.

Llegó a Estados Unidos a través de los Vuelos de la Libertad, el 8 de diciembre de 1967.

Comenzó a ejercer el periodismo en Diario Las Américas de Miami, Florida, el 18 de mayo de 1973.

Es casado con la también periodista de Diario Las Américas, Magda González, a la que dedicó cuarto libro de versos *Prófugo de la sal* de la siguiente manera: «A Magda: rescatadora del hombre, reivindicadora del poeta».

Desde agosto 18 de 1974 comenzó a publicar la sección «El Poema de Hoy» en Diario Las Américas, con versos de otros poetas. Desde octubre 20 de 1974 empezó a publicar la sección dominical «Y nació un poema...», con versos propios.

Escribe crítica literaria en Diario Las Américas.

Como profesor, dio clases de Literatura en el Mercy College de Miami, en un curso especial titulado «Poesía: Técnica y Evaluación».

Ha ofrecido conferencias sobre poesía en las ciudades de Orlando y Miami.

Tiene dos hijos de un matrimonio anterior: José Roberto, nacido en enero 28 de 1961 y Felino, nacido en marzo 20 de 1968.

Ha publicado seis libros: «Un poeta cubano», con prólogo de Humberto Medrano, en 1971; «Desde mis domingos», con prólogo de Pura del Prado, en 1973; «Y nació un poema...», con prólogo de Alvaro de Villa, en 1975; «Prófugo de la sal», con prólogo de José Angel Buesa, en 1978; «Esta mujer...», en 1983 y «Poesía y poetas, ensayos técnico-literarios», en 1983. (Los cinco primeros en verso, el sexto en prosa). Todos de Ediciones Universal.

Sus versos se han dado a conocer en revistas, programas radiales, recitales y actos públicos, así como en 17 long playings de los siguientes declamadores: José Antonio Alba, Gabriel Casanova, Alexis Farí, Marcio César Férez, Jorge Raúl Guerrero, Aurelio Piñeiro Martos, Raúl Tápanas y Ricardo Valladares.

Tomó parte en la publicación del primer tomo de la Antología Poética Hispanoamericana, en coordinación con los doctores Mercedes García Tudurí, Darío Espina Pérez y Rolando Espinosa.

JOSÉ E. FERNÁNDEZ

Nació en Cárdenas, Ciudad Bandera. Cursó estudios de Pedagogía y Filosofía y Letras en la Universidad de La Habana. Báchelor en Educación y Máster en Artes, de la Universidad de Miami, proximamente recibirá su Doctorado en Literatura. Maestro del Año, en el Estado de Florida, en 1968— Maestro Estrella, en la Florida, en 1970 y 1971. Maestro seleccionado por la Escuela de Educación de la Universidad de Miami, para competir con los más destacados en Florida, en 1973. Diploma de Honor de la NASA, por la cooperación en el Proyecto Sky-Lab. Placa y Diploma de Honor, de los Alumnos de Habla Hispana, por haberles enseñado e inculcado el amor al Idioma Español y a la Cultura Cubana e Hispano-Americana. Actualmente, es Profesor del Deerborne School, Coral Gables. José E. Fernández, es un genuino Animador de Cultura,— desinteresado y fervoroso,— en el seno de diversas Organizaciones y Entidades Cubanas y Norte-Americanas.

DRA. ROSA GUAS DE INCLÁN

Graduada Dra. en Pedagogía en la Universidad de La Habana y en el Instituto de Idiomas de ese Centro Docente. Máster en Administración de la Universidad de Miami. Cursó su Segunda Enseñanza en Nueva Orleans. Su Carrera Magisterial comenzó a los diez y siete años, atendiendo Enseñanza de Inglés en la «Havana Business Academy». En el Destierro ejerció como Maestra en los Colegios «Loyola» y «La Inmaculada». Solicitada, después, para colaborar en el Primer Proyecto Bilingüe, que tuvo por Centro Piloto el «Coral Way Elementary School», sus extraordinarias condiciones la llevaron a formar parte en la Administración del «Board de Educación del Condado de Dade,» donde hoy desempeña el Cargo de Asesora de Enseñanza Bilingüe. La Dra. Guas es orgullo de la Escuela Americana; pero, no hay duda, de que nos pertenece. Lo prueban sus ilustres apellidos y su fecunda tarea cubana.

FLORA MORA

Polifacética en su Obra Cultural y Educativa. Profesora, Pianista, Concertista, Compositora, Fundadora de varios Conservatorios, Directora de Orquesta, Conferencista, Escritora y Periodista. Su obra, por donde quiera que se cale, tiene sabor a Cuba. Así, la «Sinfonía Martiana»; la «Armonización de la verdadera melodía del Himno de Bayamo»; «El Himno de Bayamo, en diez versiones», entre sus muchas creaciones musicales. Flora Mora ha escrito variadas obras literarias y Didácticas, entre ellas: «La Música y la Humanidad»; «La Música en la Antigüedad, la Edad Media y el Renacimiento»; «Historia de la forma de la Sonata»; «Bandera e Himno»; «La Abanderada de Bayamo»; «Crisis de la Cultura»; «Pedagogía Musical» y su última producción: «Perucho Figueredo», la mejor que hemos leído sobre el Prócer bayamés. De ella dijo un día, el inolvidable Ducazcal: «Flora Mora es Pianista y Educadora de pura estirpe; su gusto quintaesenciado y aristocrático se rebela no sólo en su fase de pianista, sino también en las de Compositora, Conferencista de sentido crítico y gran erudición, mentora de ciencia y conciencia». Sirvió cargos responsables en el Ministerio de Educación y es Académica de la Nacional de Artes y Letras.

SECCION DE ACTIVIDADES CIVICO-PATRIÓTICAS «PEDRO LUIS BOYTEL»

DRA. MARÍA CRESPÍ DE ALPALLARGAS

De la alta dirigencia de «Cruzada Educativa Cubana». La causa de la Libertad de Cuba ayudada desde todos los frentes, la consagra tenaz e irreductible bregadora. Ama la Bandera, como sirve los Principios que la hicieron flamear en las grandes Gestas. Figura entre los fundadores de «Municipios de Cuba en el Exilio». No podría escribirse la historia de esta Organización, sin resumir su personal historia. Graduada en la Escuela Normal para Maestras de Camagüey y Dra. en Pedagogía de la Universidad de La Habana. Ha publicado en el destierro cuatro folletos plenos de interés: «Convicción», (modos y formas de combatir al Comunismo), «El Bayardo en nuestras circunstancias», «Troqueles de Libertad», compendio de vida y obra de ilustres cubanas; y «Su Majestad Augusta Tula Avellaneda», en el Centenario de muerte de la insigne mujer. Fervorosa y valiente ha dirigido a través de 16 años la Revista «El Camagüeyano» pensamiento y sentir de la Provincia legendaria. Sus tres fundamentales campañas en el destierro, han sido: a favor de los Presos Políticos, del ingreso de los cubanos de España y terceros países, en Estados Unidos, y en defensa de los Vuelos de la Libertad.

LUIS VARONA

Hijo de Mambises: el General de División, Jefe de la Vanguardia Invasora, Antonio Varona y Miranda y la abnegada patriota María Teresa Rodríguez Parra. Su probado amor a Cuba, a los Fundadores de la Nacionalidad, a la Legión de bravos que hicieron realidad la Independencia en campos fertilizados con su sangre generosa, entre los cuales fue su ídolo y su molde el glorioso progenitor, le hacen acreedor a este reconocimiento. Luis

Varona, en Cuba Libre y en el Destierro, ha procurado mantener encendida la Llama Votiva del Veteranismo Cubano, que no podrá apagarse mientras hijos y nietos de los Libertadores sepamos recoger la antorcha con honor y como irrenunciable deber, en reverente relevo. Secretario del «Consejo Nacional de Veteranos de la Independencia», único hijo de Veterano que ha ocupado ese cargo, ha organizado actos conmemorativos de fechas de nuestra historia y ha sido Vocero infatigable de la heroica Gesta Mambisa.

LOLITA MATAMOROS

Sus continuados servicios informativos, resolutivos y de orientación general, prestados a nuestro Pueblo en el Destierro por Lolita Matamoros, le conceden derecho bastante a figurar en la Galería de los Premiados con el Diploma de Honor «Juan J. Remos». Activista de mantenidos arrestos en el seno de muy variadas Organizaciones de Beneficio Público, su palabra confortadora, su contribución moral a Grupos Sociales requeridos de ayuda y consuelos, la perfilan: Mujer que cumple, cabalmente, su Misión Cristiana y Funcionaría que interpreta la Ley, dulcificándola. La dedicación de Lolita Matamoros a tan tiernos menesteres, ha fortalecido el espíritu de cooperación entre Norte y Latino-Americanos, coadyuvando al restablecimiento de la debilitada Solidaridad Hemisférica. Ella, con razón, es la MUJER LATINA DEL AÑO, por Acuerdo del «Club de Mujeres Profesionales y de Negocios de Miami, Florida».

SECCION «GONZALO ROIG»: MÚSICA, CANTO, BAILE Y TEATRO

ARMANDO ROMEU

Emoción, acaso la más grande de la noche. En su frente rutila la Estrella y en sus prodigiosas manos canta Cuba Libre y gime Cuba esclava. Fue su primer Maestro de Música, Antonio María, el Soberano del Danzón Criollo. Cursó estudios universitarios y dominó la Técnica de Radio y Televisión. Orquestas y Bandas, se inclinaban ante su Batuta Rectora. Dirigió la Banda Municipal de Regla; la de la Escuela Técnica General Alemán; la de los Colegios «Buena Vista» e «Inmaculada». En 1915, por Oposición, ganó la Dirección de la Banda del Regimiento de Artillería, pasando luego a la de la Banda del Estado Mayor de la Marina de Guerra. Obtuvo, al frente de ella, Primer Premio en Concurso de Bandas celebrado en Filadelfia. Y fue con ella, que recorrió los E.U. aclamado en todas las Capitales del Norte. Al regresar en el 39 de un triunfo inolvidable, que ciñó a las sienes de la República tantos laureles, el Pueblo Cubano lo recibió en masa. A su cabeza, iba el Presidente de la República y su Gabinete, el Jefe de las Fuerzas Armadas y para ocupar la tribuna instalada en el Muelle, en aquella tarde feliz, el Dr. Remos, designado por el Gobierno para honrar al Músico insigne, al pisar su tierra. Bajo la Dirección de Romeu se ejecutaron 15 Conciertos en la Feria Mundial de New York. En el 44, estrenó en esa Urbe, a invitación de los Descendientes de Veteranos de E.U., sus preciadas obras, y, al hacerlo, dirige entre ovaciones, la Orquesta Sinfónica de New York. Es Miembro de la Academia Nacional de Artes y Letras, de Cuba. En el Destierro, ha compuesto mas de 30 Composiciones Musicales y es Autor de un estudio sobre «Ritmos Cubanos».

Este es, Señores, el egregio compatriota de blanca cabeza y alma de ruiseñor, a quien otorgamos en esta noche el Premio Juan J. Remos y que decidió, acompañado, como siempre, por la ejemplar esposa, venir a recoger su Diploma y así brindarnos, como lo ha hecho, su decidora Música donde canta y sueña el Alma Cubana.

OSVALDO FARRÉS

Uno, entre los mundialmente consagrados Compositores de Cuba. Alumno de Dibujo en la «Escuela de San Alejandro», García Cabrera lo inicia en la Técnica del Dibujo Comerical. Dibujante de las Portadas de la Revista «Carteles», de Quilez, y colaborador en las páginsa centrales, a color, de «La Semana», de Carbó. Director de Publicidad de importantes Industrias en nuestro País. Creador del Programa de Radio, y después de Televisión, «Bar Melódico de Osvaldo Farrés», de 13 años de duración, y del Programa Televisado «Sala de Conciertos». Medalla de Oro y Diploma de la «Sociedad de Autores, Compositores y Editores de Música, de París. La «Broadcasting Music de E.U.», dejó constancia del Millon de Ejecuciones de las obras mundiales de Farrés. Los 4 éxitos declarados Mundiales de Farrés son: «Acércate Más»; «Tres Palabras»; «Toda una Vida» y «Quizás, Quizás». Pero, hay una, entre sus bellas Canciones, que inspiró Dios: «MADRECITA». En Miami, mayo del 75, se estrenó su Obra Musical «Josefina», con Libreto de Pedrito Román, que el Gobierno de Estados Unidos incorporó oficialmente a su Programa del Bicentenario. El Diploma de Honor de Osvaldo Farrés, residente en el Norte, lo recogerá su hijo, del mismo nombre, Osvaldo Farrés, Jr.

EMMA OTERO

Realiza sus Estudios de Música y canto en el, «Hubert de Blank», Habana. En el Palacio Presidencial de Cuba, oyéndola cantar, el Tenor más eminente del mundo, muerto Caruso, Beniamino Gigli, descubrió sus calidades extraordinarias. Becada por el Gobierno de Cuba, Gigli la confía a un eximio Maestro de Perfeccionamiento, Enrico Rosati, mientras cultiva su exquisito Repertorio el inmenso Maestro La Forge. De Nueva York, base de su entrenamiento artístico, regresa a La Habana, para coadyuvar en la inauguración, el 20 de mayo de 1930, en Programa memorable, y acompañada por el propio La Forge, del Capitolio Nacional. En ese Palacio del Congreso, que era nuestro orgullo, habría de cantar, años después, el «Stabat Mater», para abrir al público el Cenotafio dedicado, en la cripta prócer, por la República Soberana, al Padre de la Patria. Emma Otero, declarada la Guerra Mundial en el 41, vuela, en calidad de Voluntaria, primero, al Frenta Asiático de lucha, y luego al Frente Europeo, marchando de campamento en campamento, con las Wags Americanas, para llevar un poco de alegría, al hombre de las trincheras. Artista exclusiva de la N.B.C., se interrumpió su Programa, y así consta en foto histórica, el 7 de diciembre, para anunciar al Mundo el ataque a Pearl Harbor. Cantó Emma Otero bajo la Dirección de los preclaros Maestros Toscanini, Frank Blac, José Iturbe. Sus Conciertos eran escuchados de Costa a Costa. Los ofreció en el Carnegie Hall, compartiéndolos con Lucrecia Bori, Gigli y Segovia. La Crítica más exigente reseñó sus triufos en E.U., Holanda, Bélgica, Francia y Dinamarca. En los días infortunados que vivimos, — Maestra de su hijo, brillante Barítono,— perfecciona Voces en su Academia Privada, manos sobre el teclado y pensamiento en un pasado de gloria. Fallecida recientemente. Un apagón de gloria.

TERESA MARÍA ROJAS

Cursó estudios Elementales en Nueva York y los Secundarios en La Habana, graduándose en el «Seminario de Artes Dramáticas de la Universidad de La Habana,» al concluir tres años de especialidad en Drama. Actualmente dirige el «Programa de Drama del Miami Dade Community College». En Cuba Democrática, trabajó como Actriz en dos Telemisoras, Canales 2 y·4. Protagonizó en la Sala «PROMETEO» de La Habana, obras del Teatro Universal. En el 58 representó a su País en el Primer Congreso Pan-Americano de Teatro, celebrado en México, con la obra «Alta Política», de Inge. Ha publicado Teresa María Rojas, cuatro Libros de Poemas: «Señal en el Agua», prologado por el Dr. Remos; «Epoca y Ser»; «Raiz en el Destierro» y «La Casa de Agua». Aparecen Selecciones de sus obras, en «Cinco Poetisas Cubanas», de Angel Aparicio y en «Poesía en Exodo», de Ana Rosa Núñez.

TERESA PONS

Graduada en la Escuela Normal de Kindergarten, «Federico Frobel» en Sta. Clara, Las Villas y en el Conservatorio de Música, «Rita Chapú». Maestra de la Escuela Anexa de la Universidad «Marta Abreu»; Auxiliar de Cátedra de Música en la Escuela de Pedagogía de ese Centro. Teresa Pons ha actuado como Solista en Producciones Especiales en los más celebrados espectáculos de Miami, Miami Beach, New York y México. Ha tomado parte, asimismo, en Programas de Concierto, tales como «La Música Española a través de los Siglos» y «Siete Siglos de Canto Español». Es vasto su Repertorio de Óperas. Los merecimientos artísticos de Teresa Pons, corren parejos con su amor a Cuba y su desinterés profesional.

SECCION «LEOPOLDO ROMAÑACH»: ARTES PLASTICAS

ENRIQUE RIVERÓN

Comienza sus Estudios de Arte en la Academia «Villate», de La Habana, para ampliarlos y coronarlos con éxito y renombre, en la «Academia de San Fernando», Madrid; la «Colarouse et Grande Chaumiere de Paris», y en las más destacadas Escuelas de Artes Plásticas de Italia, Bélgica, México, Argentina y Brasil. Difícilmente sabríamos de Artista alguno que haya enjoyado con sus Cuadros tan disímiles Galerías en dos Continentes y en casi todos los Estados de este País. (Caricaturista que colaboró a través de años en Diarios y Revistas de La Habana, Riverón dibujó para «The New Yorker» y «The New York Times», como para Periódicos y Magazines de Buenos Aires y Santiago de Chile). Sus más recientes Exposiciones han tenido por asiento la «Galeria Bacardí», en Miami; el «Museo de Arte Moderno», de Miami; el «Museo de Arte de Fort Lauderdale» y la «Galería Contemporánea», de Palm Beach. Mario Carreño, al presentar a Riverón, en el «Lyceum», de La Habana, afirmó con entusiasmo: «Su obra no es valioso aporte a la Pintura Cubana sólo por sus valores plásticos, sino por su Mensaje Anímico al expresar nuestra tierra y nuestra atmósfera isleña, dentro del concepto de la Pintura Universal».

BERTA RANDÍN

Artista de grandes vuelos y de intensa inspiración cubana— Graduada Profesora de Dibujo y Pintura y Modelado, en «San Alejandro»; ganadora con máximo de puntos y con el Tema «La Paz», de la Cátedra de Dibujo Elemental en la Escuela Anexa a «San Alejandro»— Profesora-Fundadora del «Instituto Edison» y de la «Academia Libre de Dibujo y Pintura», ambas en

La Habana.— En la Exposición Individual que tuvo efecto en el «Lyceum» presentó treinta y tres Retratos, concurriendo a Exposiciones Colectivas en «Círculo de Bellas Artes», Habana— En el destierro, presenta su obra en las organizadas en «Galería 4»; «Federación de Estudiantes Cubanos, Universidad Miami», las celebradas en el «Cuban Women's Club», «Mini-Galery» y «Koubek Memorial Center» de la Univ. de Miami. Figuran entre sus admirados lienzos: «Imagen de un 20 de Mayo»; «La Negrita del Batey», «Flor Nacional Cubana»; Oleo del Dr. Juan J. Remos»; Escudo Universidad de La Habana»; sus Medallones de Carlos M. de Céspedes y Ana de Quesada»; «El Calvario Cubano». Entre sus evocadores tributos a La Habana, figuran: «El Paseo del Prado»; «El Río Almendares»; «El Templete» y «Sorportales del Palacio de Aldama»— En la Exposición bautizada con el nombre de «Flores de Febrero», sus cuadros constituyeron atracción de todos. «Luz de Cuba», Exposición presentada en la «Mini-Galery», lucieron sus lienzos admirables— Alumna predilecta de Romañach y Armando Menocal.

ANTONIO GATTORNO

Graduado de «San Alejandro», obtuvo, por Oposición, una Beca del Gobierno de Cuba para continuar sus Estudios de Pintura, en Europa. A su regreso, brindaron escenario propicio a sus triunfos artisticos, la «Asociación de Pintores y Escultores de Cuba»; el «Lyceum» y el «Colegio de Arquitectos». Su Cuadro «Autoretrato y Modelos», obtuvo Segundo Premio en el Primer Salon Nacional de Pintura y Escultura de La Habana. Ha participado en variadas Exposiciones celebradas en New York, la primera, en Georgette Pasedoit Gallery. Por sus exitos en esta Galeria, fue invitado por el «Instituto de Arte de Chicago» a exponer un Grupo de sus «TINTAS», en la Exposición Internacional de Acuarelas. Fue Premiada, allí, su Tinta «La Chiva Blanca». Correspondiendo a invitaciones, ha tomado parte en famosas Exposiciones, como la del «Museo de San Francisco»; la de la «Biblioteca del Congreso», en Washington D.C.; la del «Instituto Carnegie», de Pittsburgh; la del «Palacio de la Legión de Honor en San Francisco», y en «La Galería del Zodiaco», Roma y Milan. Es autor Gattorno de distintos Murales en Edificios Públicos de Cuba, tales como: Ayuntamiento de La Habana; Hospital de Maternidad y Edificio Bacardí. Muchas de sus obras cubren las paredes de Museos y Colecciones Privadas. Actualmente trabaja en su Estudio, en Massachussetts.

Imposibilitado de estar entre nosotros, se hace representar en este Acto, por su entrañable amigo, y compañero en el Montparnasse, Arq. José María Bens. Cuba, también ha perdido a Gattorno...

MARIO GONZÁLEZ

Un Habanero, al servicio de las imperecederas glorias de la Noble Ciudad. Graduado en la «Escuela de San Alejandro», y poseedor del Título de Dibujante Comercial. *Creador*, de fibra vigorosa, de las «ESTAMPAS DE LA HABANA EN 1800», logra una impresionante composición de once dioramas sobre la Vida y las Costumbres Coloniales de Cuba, en el Siglo XIX; y, en el conjunto de trece Dioramas, bajo el nombre de «CUBA EN 1800», prende en la dilatada pupila del proscripto, vívidas imágenes de bienes perdidos. Así, entre ellas, la «Catedral de La Habana»; «El Palacio»; «El Pregón», «Cecilia Valdés o la Loma del Angel»; «Quinta del Cerro»; «El Panadero y el Malojero»; «La Volanta»; «El Zapatero»; «La Fiesta de Reyes». Éstas, y otras Estampas, fueron donadas por Mario Gonzalez al «Museo Cubano de Arte y Cultura», en 1974. El 24 de febrero, bajo los auspicios del «Cuban Women's Club», expuso sus pinturas, bajo el título de «Un Siglo Cumbre de Cuba». Ceramista de óptimas habilidades, ha conformado con gracia y destreza, los cuadros evocadores de la Patria distante y los más populares tipos de la Ciudad-Capital. Escenógrafo de excepcionales dotes, ha lucido sus logros artísticos en los mejores retablos teatrales que ha montado el Destierro. Mario Gonzalez, es Todo un Cubano, y Todo un Artista.

SECCION DE CIENCIAS: «CARLOS J. FINLAY»

DR. BIENVENIDO MENACH

ILUSTRE entre los más prestigiosos Médicos de nuestro País. Graduado en la Escuela de Medicina de la Universidad de La Habana. Realizó su entrenamiento Obstétrico-Quirúrgico en los Hospitales de Maternidad «América Arias» y en el Universitario «Calixto García». Profesor de Obstetricia y Ginecología de la Universidad de La Habana. Poseedor de los Premios extraordinarios «Eusebio Hernández, otorgado por la Academia de Ciencias y «Celestino Somoano» por la «Sociedad Cubana de Anestesiología». Autor de setenta y cinco trabajos de su especialidad publicados en Revistas Científicas. Títulos de Obstetricia y Ginecología de las Sociedades de Argentina, España, México, Panamá, Rep. Dominicana, Venezuela y Yucatán. Médico del «Jackson Memorial Hospital», Profesor de la Universidad de West Virginia. Presidente de la «Sociedad Cubana de Obstetricia y Ginecología», en el Exilio. Ha realizado Cursos de Post-Graduados Universidad de Tulane, Harvard, Baltimore y el «Memorial Hospital de Nueva York, y en la Clínica «Pussy», de París. Para orgullo cubano el médico eminente es hermano del que sufre, Apóstol de la Ciencia. Imposibilitado de asistir a este acto, recogerá su Diploma el Arquitecto Adalberto Alvarez del Regato.

DR. JORGE J. BEATO

Un cubano en el que logran cabal acomodo la Ciencia y la Historia. En los áridos campos de la Medicina tomó al Niño de la mano para preservarlo sano y recobrarlo enfermo. Se internó en la Historia con deleite. Médico de nuestra Universidad, refrescó sus laureles en la Central de Madrid y en algunas de Estados Unidos. Su record profesional es impresionante. Las funciones y cargos en que representó a su País y los honores que se le otorgaron, no caben en esta semblanza. Los trabajos por él publicados y divulgados sobre Temas de Medicina General y Pediatría, llenarían libros. Son notables sus estudios sobre Finlay, el Conquistador del Trópico»; «La Introducción de la Vacuna en Cuba»; «Historia de la Pediatría en Cuba» y «Un Pediatra Alcalde de la Revolución de París, Año del Terror». En el campo histórico, es autor de «CUBA EN 1830», Diario de viaje de un hijo del Mariscal Ney, cuya Introducción, Notas y Bibliografía se deben a su pluma.

El compatriota Manuel Saumell, ha sido designado para recoger su Diploma.

DR. JUAN ÁNGEL DEL REGATO

Reputado Cancerólogo. Su obra de Investigación, la precisión de sus diagnósticos y la eficiencia de sus Tratamientos, le han concedido bien cimentada fama en América y en Europa. Pertenece al Cuadro de Honor de las más acreditadas Instituciones Radiológicas de Estados Unidos. Fue algunos años Profesor de Clínica Radiológica Universidad de Colorado y hoy es Profesor de Radiología de la Universidad de South Florida.. Editor del 49 al 73, de «Cancer Seminar». Rindió trabajos en la «Fundación Curie» y en el «Instituto de Radio de París». Ha sido Radioterapista del «Warwick Cancer Clinic», de Washington D.C. y del «Instituto Nacional del Cáncer en Baltimore», Miembro Sociedades Extranjeras de Radiología en México, Venezuela, La Habana, Texas, Oregón, Kentucky, Detroit, Buenos Aires, Panamá, Paraguay y Canadá. Mereció Medallas de Oro de la Universidad de París y la Academia Nacional de Medicina de Francia. Gran Canciller de la Orden de Finlay, sabio al que dedicó magistral estudio. Medalla de Oro del 13 Congreso Interamericano de Radiología de Madrid. Su expediente Científico es parte de la Historia Médica Cubana. Recogerá su Diploma el Arquitecto Adalberto Alvarez del Regato.

ING. ENRIQUE LUIS VARELA

Graduado en la «Escuela de Artes y Oficios de la Habana» y en las de «Ingeniería y Arquitectura de la Universidad de La Habana». Su tesis de grado, como Arquitecto, mereció el Premio Arellano Mendoza. Catedrático en la Universidad de La Habana, de las Cátedras de Historia de la Arquitectura y «Teoría de la Arquitectura y Composición de Proyectos Arquitectónicos». Fue triunfador en todos los Concursos Oficiales y Privados donde presentara sus trabajos. Su Proyecto sobre «El Faro Monumental de Colón», en Rep. Dominicana fue recogido en el Libro de Oro del Concurso. Primer Premio en el Concurso Nacional para la construcción del Sanatorio de

«Tope de Collantes». Fue premiado en los cuatro proyectos que presentara para la Construcción de la «Plaza Cívica», triunfante el proyecto de «La Estrella de Cinco Puntas», 112 ms. de altura, en mármol, inaugurado en 1958, con la escultura del Apóstol, de Sicre. Fue Varela Sub-Secretario de Obras Públicas y Ministro dos veces. En el Exilio vivió sirviendo la causa de Cuba. Y murió, entregado a ella.

ING. AGUSTÍN RECIO MOLINA

Cursó estudios primarios y secundarios en «La Salle», de La Habana, donde nació. Ingeniero Electricista de su Universidad, donde tomó un curso de Energía Atómica, y completó exitosamente, los estudios de Computación Analógica e Híbrida», en las Universidades de Princeton y Wisconsin, en el Instituto de Tecnología de Florida, en Atlanta, Chicago y otros Centros de Estados Unidos. Desempeñó en la Universidad de La Habana la Cátedra de Ingeniería Eléctrica y en la de Miami ha sido Instructor, Profesor Asistente y Profesor Asociado. Ha publicado obras como: «Patrones de Ingeniería para la Oficina Nacional de Pesas y Medidas», en tres idiomas y el «Glosario de Términos Técnicos», para la O.E.A., en dos idiomas. El Dr. Recio preside la Asociación de Profesores Hispanoamericanos de la Universidad de Miami» y es Asesor de la «Federación de Estudiantes Cubanos». También, miembro del «Centro de Estudios Internacionales Avanzados en el Area del Caribe». Ha atendido Curso de «Estimadores de Costos» y «Métodos de Iluminación». Ha merecido honores de prestigiosos Centros Docentes y Sociedades afines a su especialización.

RAÚL DE MIGUEL RIVERO

Profusa su obra y extendida su fama. Arquitecto de la Universidad de La Habana y el primero que obtuvo su Reválida con el Título de Arquitecto Español en la «Escuela Superior de Arquitectura de Barcelona. Miembro del «Colegio Nacional de Arquitectos de Cuba», del Colegio de Cataluña e Islas Baleares y de la «Unión Internacional de Arquitectos». Su experiencia profesional es tan vasta como muchos los honores recibidos en América y Europa. Autor y Propietario de Patentes Arquitectónicas, entre ellas la de Viviendas Prefabricadas y Primer Premio en España en el «Concurso Nacional de Viviendas Experimentales»— Colaborador en Revistas relativas a su Arte más acreditadas en el mundo. Escritor sobre temas Culturales, Arquitectónicos, Urbanísticos y Políticos. Poseedor de varios idiomas. Pintor de rasgos definidos que lleva en fibra y sangre la herencia ilustre del padre Pintor Mariano Miguel.

CONMEMORACION DEL «DIA DE LA CULTURA CUBANA» ENTREGA DEL PREMIO «JUAN J. REMOS». FECHA 23 DE NOVIEMBRE DE 1975. 8 P.M. HOTEL MC. ALLISTER— MIAMI, FLORIDA

CRUZADA EDUCATIVA CUBANA, INC.
MIAMI, FLORIDA

El Presidente, la Secretaria de Organizacion y la Primera Asesora de "CRUZADA EDUCATIVA CUBANA", tienen a honor invitar a usted y a su distinguida Familia, al Acto Solemne de celebracion del "DIA DE LA CULTURA CUBANA" instituido en el destierro con motivo de las Bodas de Oro con la Ensenanza del Dr. Juan J. Remos, y que tendra efecto el domingo 23 de Noviembre proximo, a las 8 p.m., en el Ball-Room del Hotel "Mc.Allister", Biscayne Blvd. y la calle Flagler, Ciudad de Miami, Florida, sujeto al desarrollo del siguiente

- P R O G R A M A -

I- Himnos Nacionales de Estados Unidos y la Republica de Cuba.

II- Palabras Iniciales: Dr. Vicente Cauce, Presidente de "C.E.C.".

III- Canciones Cubanas: "Coro Conchita Espinosa Academy", bajo la Direccion del Maestro Manuel Ochoa. Premio "Juan J. Remos".

IV- "El Apostol", Poema de Maria Gomez Carbonell: Recitacion por el Primer Actor Paul Diaz, Premio "Juan J.Remos".

V- a)"Siboney",del Maestro Lecuona;b)"Habanera Tu",del Maestro Sanchez de Fuentes.(Piano.) c)"He perdido una Perla",Compositor Nazario Lopez; d)La Paloma",Compositor Sebastian Iradier. (Acordeon). Nina Doris del Villar.

VI- Presentacion Organizaciones y Personalidades a quienes se otorga el Premio "JUAN J. REMOS", 1975:Dra.Maria Gomez Carbonell,Secret.Organizacion "C.E.C."- Entrega de Diplomas.

VII- a)Romanza "La Gentil de Ayer",del Maestro Carballo;b)"Seleccion de"Maria la O", Maestro Lecuona; c)"Cuentas del Rosario", de Mercy Ferrer. Soprano Virginia Alonso,Premio "Juan J.Remos". acompañada al Piano por

VIII- "LOS VALORES ESPIRITUALES DE UN PUEBLO, FUNDAMENTOS DE UNA REPUBLICA CRISTIANA Y DEMOCRATICA": Discurso Rev. Padre Angel Villaronga, Premio "JUAN J. REMOS".

Miami, Noviembre de 1975.

Dra.Mª Gomez Carbonell-Dr. Vicente Cauce- Dra. Mercedes Garcia Tuduri.
Secret. Organizacion. Presidente. Primera Asesora.

PERSONALIDADES EXTRANJERAS

HONORABLE EARL E.T. SMITH

Es, actualmente, Alcalde de la Ciudad de West Palm Beach, Florida. Fue Embajador de Estados Unidos de America en la Republica Democrática de Cuba, de 1957 a 1959. Un Hombre, sin quiebras, que respeta la Historia. Anti-Comunista que no hizo ni hace concesiones a la infernal Conjura que sacude al Universo. Su Obra «EL CUARTO PISO», de Ediciones agotadas en Inglés y en Español, es Lección para todos los tiempos; Denuncia, frente a aquellos empeñados en entregar el destino de todos; Testimonio vivo de lo que era en Cultura y Progresos la Patria nuestra cuando el convivió con sus hijos. Mr. Smith, a través de diez y seis años, no ha cejado en el valeroso esclarecimiento del Caso Cubano; en la vigorosa defensa de la Libertad de Cuba, tierra que el conoció grande, próspera y culta. Su voz resonó inflexible condenando el secuestro de nuestra Instituciones y se alzó, austera y digna, por tres veces, ante el Senado de su País, reiterando irrebatibles verdades y procurando hacer luz en la opinión pública de Estados Unidos, suelo generoso sobre el cual esperamos la aurora de la Libertad.

'Mr. Smith se ha trasladado a Miami, para recibir, personalmente, su Diploma de Honor.'

EXCELENTÍSIMO RICHARD STONE, SENADOR DE ESTADOS UNIDOS DE AMÉRICA

Ha llevado como Escudos en la vida pública de su País, el sentido de la Justicia y el amor a la Libertad. En la Secretaría de Estado de la Florida, rindió trascendentes tareas administrativas, educativas y culturales. Ha hecho Política de la Buena, sólo como medio eficaz para crear Cultura, impulsar Progresos y defender Derechos. Florida calibró su propósito y lo invistió

Senador Federal. En el Congreso su palabra es prédica honrada que cuida la suerte, en grave riesgo, de las Patrias Americanas. La Causa de Cuba, anidó en su corazón. Hoy es Richard Stone, líder de nuestras Libertades. Ostenta la Jefatura moral de un Grupo de Senadores, de distinta ubicación partidista, que proyectan, por todos los caminos, la Reconquista de nuestra República Democrática, avasallada por el Comunismo. «Cruzada Educativa Cubana», rinde en esta noche homenaje al Senador Stone, en nombre y en representación del Pueblo Cubano.

SECCION «JOSÉ MARTÍ»: LETRAS, EDUCACIÓN, PERIODISMO, HISTORIA

PERSONALIDADES CUBANAS

GUILLERMO MARTÍNEZ MÁRQUEZ

Periodista Arquetipo— Profesor de la Escuela Nacional «Manuel Márquez Sterling»— Fundó, en plena adolescencia, las Revistas «Juventud», «Porvenir» y «Nosotros»— Fue jefe de publicación de «Don Pepe», y colaborador de «Letras», «Bohemia» y «Social»— Escritor de Cuentos, entre ellos el que logró Premio Especial, bajo el título de «El Mandato», Comedias y Piezas Musicales. Ya en gran Periodista, fue Redactor de La Prensa y Director del Diario capitalino «El País». Entre sus iniciativas periodísticas figura la creación en Cuba del «Día del Médico», mereciendo del Colegio Médico la institución del Premio «Guillermo Martínez Márquez». Ha sido, ayer como ahora, denodado defensor de la Libre Expresión del Pensamiento. No gustó de la Política, aunque influyó en sus derroteros. Fundador de la «Sociedad Interamericana de Prensa», (SIP), cuya Organización presidió, obteniendo en su seno la Medalla de «Héroe de la Libre Expresión». Su Columna «Nuestra América» se publica en más de veinte Diarios del Hemisferio. Su lucha por la Libertad de la Patria, no admite treguas. La SIP acaba de concederle un Premio Extraordinario al celebrar sus 55 años con el Periodismo. Y la Universidad Autónoma de Guadalajara, lo ha investido Dr. Honoris Causa, en la rama del Periodismo. Es colaborador del «Diario Las Américas».

DR. LEONARDO FERNÁNDEZ MARCANÉ

Dr. en Derecho de la Universidad de La Habana.— Ilustre personero de nuestras Letras. Cultivador del Ensayo Periodístico y Académico-Conferencista y Profesor que actualmente ejerce su ministerio en el «State University College», en Nueva York— Por sobre eso, ha desarrollado, — y estas son sus propias palabras—, «esas actividades Literarias y Magisteriales defendiendo, sin tregua, la Causa de Cuba Libre y Democrática.» El destacado intelectual, a más de innúmeras Monografías y Disertaciones, y una extensa labor de Prensa, ha publicado tres Libros de reconocido valor literario e histórico. Son ellos: «Diez años de Revolución Cubana»; «El Teatro de Tirso de Molina» y «Análisis y Adaptación de la Enseñanza Universitaria» Son, asimismo, dignos de mención sus enjundiosos trabajos que vieran la luz bajo los títulos de «Dos perfiles en la lucha por la Independencia»; «Cuba, en su Historia»; «Hostos y Martí, en Cornell» y «Tres Novelas de la Revolución Cubana».

RAQUEL FUNDORA DE RODRÍGUEZ ARAGÓN

Raquel Fundora de Rodríguez Aragón, consagrada poetisa, ha sido galardonada en distinguidos concursos literarios. En 1968, 1969 y 1976 obtuvo Primer Premio en los torneos poéticos convocados por el Colegio de Pedagogos y el Municipio de Matanzas en el Exilio (USA). Cada Tribunal Calificador fue presidido por una eminente figura de las letras, respectivamente, el Dr. Juan J. Remos, el Dr. Rafaél Esténger y la Dra. Mercedes García Tudurí. En 1972 ganó el premio «Ignacio Agramonte» en el Certamen del Colegio Nacional de Abogados de Cuba en el Exilio. También ha sido honrada con los siguientes lauros: «Diploma de Honor Lincoln-Martí» del Department of Health, Education and Welfare (Washington, D.C. 1973), «Diploma de Honor Juán J. Remos» de Cruzada Educativa Cubana (1975), y el «Certificado de Apreciación de la Ciudad de Miami (1976).

Es fundadora del «Grupo Artístico Literario Abril» (Gala) y miembro del Círculo de Cultura Panamericano, del cual es Presidente del Capítulo de Miami. Coordinadora Congresos 3° y 4° Culturales de Verano del CCP. 1983-84, en el Koubek M. Center Univ. Miami. Fue fundadora, organizadora y primera Directora de la Biblioteca «Camacol» de la Cámara de Comercio Latina de los Estados Unidos.

La poetisa ha publicado en el exilio dos poemarios, «Nostalgia Inconsolable», con prólogo de la Dra. Mercedes García Tudurí, que tuvo gran éxito y se agotó rápidamente y «El canto del viento», cuyos poemas, de muy variada inspiración, deleitan por su hondura y exquisita perfección, con prólogo del Dr. Alberto Gutiérrez de la Solana. El Dr. Odón Betanzos, Director de la

«Academia Norteamericana de la Lengua Española» dedica en carta interesante una valiosa crítica a este poemario. Raquel Fundora de Rodríguez Aragón figura en «Who's Who in the South and Southwest», 1984, publicado por Marquis Who's Who in Chicago, Illinois. En la «Antología poética hispanoamericana»—Editorial Hispania, San José, Costa Rica, 1983—aparece seleccionado su poema «Tú».

REV. MARTÍN AÑORGA

El Colegio «La Progresiva», lo hizo Bachiller. Y el Seminario Evangélico de Teología de Matanzas, Bachiller en Teología. Comenzó su prédica del Evangelio en la Iglesia Presbiteriana, en 1951, y se ordenó en su Ministerio, en 1952. Realizó estudios de Post-Graduado en el Seminario Evangélico de Princeton y se consagró Pastor de la Primera Iglesia Presbiteriana Unida Hispana, en 1964. Es Primer Vice-Presidente del «Concilio Nacional de Ministerios Hispano-Americanos en E.U., y Miembro del Comité Hispano «Pro Derecho a la Vida». Asesor del Board de Directores del Colegio «La Progresiva», en Miami. Colaborador en diversas publicaciones del Exilio. Conceptuoso Orador Sagrado y Político. Dos esenciales características definen su vida y obra: sus ininterrumpidos servicios a la Causa de Cuba y su valiosa labor Orientadora de la Juventud, en su condición de Moderador de dos Programas Radiales, en la WCUBA, «Opina la Juventud» y «Mesa Redonda Religiosa». «Cruzada Educativa» se ha honrado con su palabra y su generosa colaboración.

DR. RAFAEL DE MENA

En Noviembre de 1931, comienza su recia labor al servicio de la Clase Médica Cubana, junto a dos luminarias: los Profesores Aballí y Hurtado. En esos días, edita la Revista «CLINICA», con informaciones Médico-Científicas y Sanitarias. La Prensa Radiada y Televisada recoge de Rafael de Mena, similar tarea. A través de más de treinta años es el Coordinador de todos los Congresos Médicos y Eventos Científicos Nacionales y Extranjeros, celebrados en Cuba, divulgando estudios, investigaciones y experiencias logrados en los mismos, por todas las vías publicitarias. En el Exilio, fundó y dirige «PRENSA MEDICA» y es Redactor Científico de la WFAB, y Corresponsal de Revistas y Periódicos Extranjeros en los que se destaca el rango científico de la Clase Médica Cubana. Ha sido larga e intensa su lucha por facilidades a los Medicos Cubanos para obtener su Board y Licencia en la Florida. Es, actualmente, el Auxiliar de los Profesores del Curso de Medicina, en Español, que se ofrece en la Escuela de Medicina de la Universidad de

Miami— Sus servicios se extienden a Profesionales afines: Farmaceúticos, Enfermeros, Quiropedistas, Técnicos de Radiología y Laboratorio Clínico. Por más de seis lustros, en suma, ha sido el Vocero de la Clase Médica. Y, en el destierro, un Cubano de marcados perfiles frente al Comunismo Internacional.

DR. LUIS V. MANRARA

Cubano alguno ha dicho y reiterado, cómo Luis V. Manrara, «LA VERDAD SOBRE CUBA». Su tarea extensa en el tiempo e intensa en el esfuerzo sin treguas, ha tocado, en Español y en Inglés, las puertas todas del Hemisferio. Esa faena no contempoló sectas ni personas; fue y es desinteresada, indiscriminatoria, educativa, sistematizada y sólo al servicio de la Patria esclava. Fundó y presidió por mucho tiempo el Comité «LA VERDAD SOBRE CUBA». Mereció honores de más de 20 Organizaciones del Continente. *Entre sus Papeles Patrióticos*, son de citarse sus Libros: «Plan para la Victoria. Un Esquema»; «El único camino para Libertar a Cuba» y «A los 10 años de Ocupación Comunista de nuestra Patria». Luis V. Manrara es un Abanderado de la nueva Independencia de Cuba y, como a tal, lo saludará la Historia.

DR. PABLO LAVÍN

Su recia personalidad como Jurista, Orador, Maestro, Escritor y eminente Americanista, no cabe en pocas frases. Lavin es hombre del Continente. Dr. en Derecho Civil, Ciencias Sociales y Derecho Público de la Universidad de La Habana de la que fue Alumno Eminente. Profesor, en ella, de «Teoría General del Estado», Ciencias Políticas Contemporaneas y Derecho Civil. Decano de la Facultad de Ciencias Sociales y Derecho Público. Fiscal del Tribunal Supremo de Justicia. Secretario General de la «Sociedad de Derecho Internacional» que fundara Sánchez Bustamante. Director de Asuntos Americanos del Ministerio de Estado. Miembro de la «Asociación Interamericana de Washington»; de la «Academia Internacional de Ciencias de México» y de la «Asociación de Escritores y Artistas Americanos». Sirvió la causa de la Educación, no sólo desde su Cátedra sino en diversas Organizaciones Internacionales. Su presencia en el «Primer Congreso Nacional del Niño» culminó en la Declaración de La Habana de los Derechos del Niño. Es dueño de los Premios «Nacional José Martí»; «Universitario José A. Gonzalez Lanuza»; y el Periodístico «José I. Rivero». Sus trabajos, Obras publicadas, Ensayos y Disertaciones; su fecunda tarea en la O.E.A., lo proclaman, —son palabras de Juan J. Remos—, uno de los especímenes más representativos de nuestra América».

DRA. HILDA PERERA

Dra. en Filosofía y Letras Universidad de La Habana. Máster en Artes, de la de Miami. Entre sus obras triunfales figuran: «Biografía de Lincoln», Primer Premio en Concurso; «La Vorágine»; «Antonio Maceo»; «José Martí» y «Máximo Gómez», Publicaciones de la Unesco. La Novela «El Sitio de Nadie»; Finalista del «Premio Planeta», «Cuentos de Apolo» que mereciera el Premio «Lazarillo», otorgado por el Ministerio de Educación de España. La producción Pedagógica y Educativa de la Dra. Perera, ha marcado el propio ritmo victorioso de su labor literaria. Entre esas obras son de citar: «Acentuación», con 4 Ediciones; Ortografía, con 7; Puntuación, con 2; «La Lectura»; «La Carta Comercial»; «Lecturas Literarias»; «Vocabulario Español Básico». Su obra, cruzó los mares y ciñó laureles en dos continentes.

REV. PADRE MODESTO GALOFRÉ

Se lo arrebatamos a España y no se lo devolveremos. Su vida y su obra marchan parejas bajo el signo de la piedad. Educado en el seno de los Padres Escolapios, profesó en agosto de 1913. Ha sido y es eminente Educador. Comenzó su tarea en el Colegio «Sarriá», de Barcelona. Destinado a Cuba, se incorporó a la Institución Escolapia de Guanabacoa, donde fuera Rector por 17 años. Designado, después, Vicario Provincial de todas las Escuelas Pías. Y al salir de la Isla, Delegado General para México y Guatemala. Obtuvo en la Universidad de La Habana los Títulos de Dr. en Ciencias Naturales y en Pedagogía, ganando 15 Premios y revalidando esos Títulos en la Universidad de Barcelona. Obtuvo, también, la Licenciatura en Filosofía y Letras. Miembro, en Cuba, de la «Sociedad Felipe Poey». Designado Asesor Religioso de «Cruzada Educativa Cubana». Sus últimos días los pasó en la Parroquia de «San Juan Bosco», benemérito Pastor de un Pueblo. Murió amadísimo de todos, en la Ciudad de Miami, bendito de Dios.

MIRTA GARCÍA VELEZ

La Poetisa que premiamos lleva en las pupilas resplandores de La Periquera. Y en la dilatada arteria de su inspiración, un pedazo del alma de Calixto, el inmenso abuelo. Hija Predilecta de Holguín. Directora del Programa de Poesía Contemporánea Americana, en la Radio-Emisora de Educación, en

Cuba. Ejecutivo de la «Casa de los Poetas», Colaboradora de «Cuadernos Americanos» de México. Sus Poemas han merecido destacado sitio en Periódicos y Revistas Cubanas, Latino-Americanas y Españolas. Entre sus Libros de Poesías, publicados, pueden citarse: «Señal», «En la otra mitad de la Luna», «El Espejo», «Cuento para las Mariposas», y «María de las Mercedes». Su Libro «Pilar», con segunda Edición en el destierro, fue publicado por la «Comisión Organizadora de Actos y Ediciones del Centenario de Martí», es glosa sencilla como las rimas del Apóstol, con sabor a espuma de mar y brillo de sol en meridiano. Tiene en prensa: «Dormitio», «Mi-ka-el», «El último sueño del Rocío» y «Mi Isla».

OSCAR VIDAL BENÍTEZ

Hijo de la Escuela Publica «Perucho Figueredo», de Santiago de Cuba. Graduado de la Escuela Tecnica Industrial «General José B. Alemán». Propietario-Director de Estaciones de Radio en Santiago de Cuba, Palma Soriano, Banes y Bayamo, donde levanta un Radio-Teatro con capacidad para 300 espectadores. Su obra en ellas es Asistencial y Cultural. Catedratico de «Electricidad Comercial e Industrial en la «Escuela Técnica General Milanés», de Bayamo. Figura relevante del Leonismo Internacional cuyas más altas posiciones ha ocupado. La Matriz Internacional Leonistica le concede Medalla de Oro con un diamante, por la obra realizada al fundar más de 50 Clubes en Cuba y E.U., y por ocupar su Club «Miami Buena Vista Lions», el primer lugar en el Mundo, recibe el simbólico Estandarte bordado en hilo de Oro. Autor de diversos Libros, entre ellos: «Nuestra Cuba» y «La Lección que E.U. puede aprender de Cuba», Su gran Obra Asistencial es la «Fundación del Hogar Industrial del Ciego», aprobado por el Estado de Florida. Esta Obra incluye la «Escuela de Adaptación y Aprendizaje de un Oficio para los Ciegos» y «Un Complejo Industrial» para que trabajen los Ciegos y ganen sueldo decoroso en un ambiente humano. Sus últimos grandes honores, el «Hogar Industrial del Ciego» y «Medalla de Oro y Placa», Club Leonés Internacional» por haber fundado 15 Clubes en la Florida. Premio «Lincoln-Martí».

DR. LUIS CRUZ RAMÍREZ

Doctor en Derecho de la Universidad de La Habana. Jurista eminente; Maestro de recia ejecutoria; Periodista; Expositor y Hombre de Letras, el Dr. Cruz Ramirez, ha logrado en su profusa obra, la rara sintonía de la expresión legalista y de la florescencia Lírica. Profesor de Historia de Cuba en la Universidad «Enrique José Varona» en Camagüey, y de Historia Antigua y Media y Literatura Española e Hispano-Americana, en Centros Docentes de Puerto

Rico. Máster en Español en la Universidad de Puerto Rico. Es Autor de numerosos Ensayos Jurídicos y Literarios. Figuran entre sus Obras; publicadas: «Y hablará la Sangre»; «Cuba y México»; «Camagüey y el Recuerdo»; «La Oratoria en la Escuela Superior»; «Apuntes de Literatura Puerto-Riqueña» y «Antología Géneros Literarios». Tiene en preparación: «Siluetas Provinciales Camagüeyanas y Avileñas»; «Una Vida de 70 Años»; «Apuntes Históricos de Ciego de Avila», en colaboración con Pablo Ruiz Orozco.

ROLANDO ÁLVAREZ DE VILLA (ÁLVARO DE VILLA)

Dr. en Derecho Civil, en Ciencias Sociales y en Derecho Diplomatico de la Universidad de la Habana. En Alvaro de Villa sorprende la variada y al par armoniosa matización de su fecunda obra como Profesor, Jurista, Periodista, Novelista, Costumbrista y Autor Teatral. Es el Rey de la Estampa Cubana y al burilarla con vigorosa precision, inocula en el Lector festivo un Humorismo con hondura de Filosofía Popular que no se detiene en la risa repentina, porque penetra en la entraña, y en ella permanece. Entre sus Obras laureadas, figuran: el Ensayo Filosófico-Histórico, «Martí y la Revolución»; su Comedia, premiada, «Tres es Número Par»; la Novela, también premiada en Oviedo, «El Olor de la Muerte que viene» y su Cuento «El Hombre que se perdió a sí mismo». Fue Finalista del Premio «Blasco Ibáñez», con su Novela «La Casa» y del Premio «Planeta», con «Los Pobrecitos Pobres». También publicó: «Lezama-Lima: Peregrino Inmóvil», en colaboración con el Dr. Sánchez Boudy. Sus Obras ineditas son numerosas. Entre ellas, «El Alma Cubana»; las Novelas «Los Ojos», «Apocalipsis»; «El Camino de la Nada»; algunas Teatrales, como «La Tormenta es adentro»; «El Humor en la Cultura Cubana».

OSCAR H. ROMAGUERA (FRAY SILVESTRE)

Dr. en Derecho Diplomatico y Consular, en Ciencias Sociales y Derecho Público, en la Universidad de La Habana. Periodista Medular. Frente a un Mundo en balance, sus Principios Eticos, Políticos y Sociales, marcan rumbos a una Generación que parece renunciar a su propia defensa. Anticomunista irreductible, vivio los días del Bogotazo y supo, desde entonces, el reto al Cristianismo, a la Historia y a la Decencia, que represénta el tirano de nuestro Pueblo. Su bien definida personalidad es conocida por los Editores de Periódicos de American Latina. Su Columna «Ciencia y Salud», veía la luz en 117 Periódicos Americanos, cada domingo. Principal Editor en la «División Latino-Americana» de La Voz de América. Profesor de San Xavier University, de Cincinati y de la Universidad de Miami. Autor de la Obra: «Biografía de Carlos J. Finlay».

ELENA VÉREZ DE PERAZA

Nació en La Habana, julio 22, 1919. Exiliada desde nov. 18, 1960. Ciudadana norteamericana desde 1967. Viuda de Fermín Peraza Sarausa, bibliógrafo y bibliotecario. Bachiller en Letras y Ciencias, Instituto de Segunda Enseñanza de la Habana (1938); Título de Técnica Bibliotecaria (1949) y Doctora en Filosofía y Letras (1956) ambos de la Universidad de la Habana.

Directora, Biblioteca de la Sociedad Colombista Panamericana (1943-1959); Instructora, Bibliografía Cubana, Cursos de Ciencia Bibliotecaria, Escuela de Verano, Universidad de la Habana (1948-1952); Profesora, Cursos de Verano, Universidad de Panamá (1949-1950); Jefe del Dpto. de Biblioteca, Consejo Nacional de Esconomía, Habana (1950-1958); Biblioteca, Archivo Nacional de Cuba (1959-1960); Instructora, Bibliografía Cubana, Escuela de Bibliotecarios, Universidad de la Habana (1959-1960); Profesora, Escuela Interamericana de Bibliotecología, Universidad de Antioquia, Medellín, Colombia (1961); Assistant Librarian, Cataloger, University of Florida Library, Gainesville, Fla. (1961-1967); Professor, Cataloger, University of Miami Library, Coral Gables, Fla. (desde 1967).

Ha viajado extensamente por Norte y Sur América, Europa, Asia y Africa.

Publicaciones: *Publicaciones de las instituciones culturales cubanas,* Habana, 1949 y 1954. «El griego en Cuba» en *Journal of Inter-American Studies,* Gainesville, enero, 1959. *Directorio de revistas y periódicos de Medellín,* Medellín, 1962. *Caribbean acquisitions,* Gainesville, 1964-1966. *Bibliografía colombiana,* Coral Gables, 1969-1972. *Bibliografía cubana,* Coral Gables, 1969-1970.

Congresos profesionales a que ha asistido: First Assembly of Librarians of the Americas, (1947). Jornadas Bibliotecológicas Cubanas (1953, 1954, 1956). Seminario Piloto de Bibliografía (1955). Seminario Latinoamericano de Bibliografía (1960). Florida Library Association, Annual Meeting (1968-1970, 1972, 1975). ACURIL (1973, 1981). Seminar on the Acquisition of Latin American Library Materials (1967, 1977).

Honores: YMCA Internacional José Martí, Diploma de Reconocimiento (1970). Diploma of Honor Lincoln-Martí (1973). Diploma de Honor Juan J. Remos (1977). Metropolitan Dade County, Fla., Certificate of Appreciation (1980). Diploma del Instituto de Raíces Cubanas (1983).

SECCION DE MUSICA, CANTO, BAILE Y TEATRO, «MAESTRO GONZALO ROIG»

ZORAIDA MARRERO

Sigue siendo, al correr de los años, la Alondra de Cuba. María Elena Saavedra lo dijo muy bellamente: «Los años que anuncian el rompimiento clásico de cada almanaque, no han hecho más qué preservarla con ese encanto que no se oculta ni muere». Nació en Bejucal, y allí aprendió a cantar todas las Misas. Triunfadora en la «Corte Suprema del Arte», de «C.M.Q.», La Habana, fue la Reina, en Cuba Libre, de la Zarzuela. De la Cubana, que logra sus mejores expresiones con «María la O», «Rosa la China», «Amalia Batista», y «Cecilia Valdés». De la Española, en la que logro señeros triunfos, interpretando «Los Gavilanes», «Manojo de Rosas» y «Marina». En la voz de Zoraida, que América aplaudió delirante y que aún resuena con clarinadas de fe, como cuando cantaba «Las Siete Palabras», en la Iglesia de la Merced, hay vibración de Pueblo que romperá sus grilletes y volverá a recibirla como en décadas pasadas.

Imposibilitada Zoraida Marrero, que vive y trabaja en New Jersey, de recoger su Diploma de Honor, aquí la representa:

MAESTRO ÁNGEL REYES

Príncipe de la Música Cubana y Precursor de sus técnicas futuras, cubre Angel Reyes, con el Hijo, Violinista de renombre mundial, y la inspirada esposa que comparte su gloria, un tramo esplendoroso de la Historia Musical de Cuba. Notable Maestro de la Composición y Director de Orquestas fueron célebres sus adaptaciones a Películas Silentes. Junto al Maestro Carrillo, en Nueva York se documentó sobre Teorías del «*Sonido Trece*», organizando en

La Habana el denominado «Grupo Trece», en una magistral adaptación de instrumentos y ejecutantes. Carrillo, con Reyes y Echanez, presentó al «Grupo» en el Teatro Nacional de La Habana. Reyes lo llevó, después, a toda Cuba y al extranjero. La Columbia Records, grabó dos Preludios en el «Sonido Trece». Fundó y Dirigió en La Habana, el Conservatorio que llevó su nombre. Entre sus más famosas composiciones, son de citarse: «Mala Mujer»; «Tambo»; «Gotas de Rocío» y «Zapateo Cubano». La «Danza Yemaya» fue dedicada a la Reina de Inglaterra que lo recibió en su Corte. En 1952, fue designado Jefe y Director de la Banda de Música de la Policía Nacional, integrada por 100 Profesores, muchos de ellos Solistas de la Sinfónica de La Habana. Al entregar al Maestro Reyes su Diploma de Honor que viene a recoger desde Nuevo Orleans, invitamos a compartir ese instante a su esposa, Ana Luisa de la Fe, talentosa Compositora.

MARIO MARTÍN

La Crítica lo ha consagrado «*ARTISTA TOTAL*». En la Escena, en la Dirección Teatral, en la Radio y la Televisión. Debuta, en La Habana, con el Grupo «Prometeo», en el escenario de la Escuela Municipal «Valdes Rodríguez». Becado de la «Academia Municipal de Arte Dramático», se graduó en Artes en 1953. Debuta en C.M.Q. y en T.V., en el mismo año. Obtiene para su Cuento «El Pozo», el Premio «Hernandez Catá». Su Obra «Luna de Miel», logra Primer Premio en la Sala «Arlequín». Hizo en su obra «Del Fondo del Mar», una feliz adaptación de la Historia de Hans Christian Anderson, famoso Cuentista Infantil. Trabajó en Cuba en numerosas Obras, entre ellas, «La Soga», «Te y Simpatía», «La Enemiga», «Prohibido Suicidarse en Primavera». Al llegar al Destierro, impulsa vigorosamente el movimiento Teatral, en singular servicio a nuestro Idioma y nuestra Cultura. Desempeña papeles estelares en «La Verbena de la Paloma», con la que inicia «Grateli» su gran tarea. Ha dirigido Martín, en esa Empresa, «La Molinera de Arcos»; «La Viuda Alegre»; «Filomena Marturano»; «Paddy» y otras muchas. Organizó el Grupo «Los Comediantes», en Miami. Junto a Norma Zúñiga, crea «Teatralia» y estrena «La Rosa Tatuada», y «El Dulce Pájaro de la Juventud». Es Artista, Escritor, Director de Escena y Locutor de la «Cubanísima».

DULCE ANAYA

Hija de la fecunda tierra Cubana, estudió Baile en su País natal, en la Escuela de George Milenoff. Amplió esos estudios en la «Escuela de Ballet Americano». A la edad de 11 años, debutó como SOLISTA. A los 13, realizaba su papel principal en «Sombras», junto a los más destacados personeros del Ballet en Cuba. Poco tiempo después, se incorporó al «Teatro del Ballet Americano». De regreso a su Patria, alcanzó la posición de Primera SOLISTA. Durante 10 años actuó en Compañías Europeas como Primera Ballerina y Artista Invitada. Viajó con el «Instituto Goethe», como parte preferida del Programa Cultural Alemán y con apariciones magistrales en Grecia, Turquía, Africa del Norte, Medio Este, Ceylan, Afganistán e India. Con frecuencia fue Artista Invitada de la Opera «Marseille». Retornó a Estados Unidos y se unió a «Variaciones de Baile de Michael Maules». Antes de trasladarse a Jachsonville, era la Prima Ballerina del «Ballet Concerto», de Miami. Imposibilitada de recoger su Premio personalmente, aquí la representa Manuel Uriarte, consagrado en el precioso Arte del Ballet.

ROSA FELIPE

Inicia Rosa Felipe su carrera victoriosa en la tierra de sus grandes amores. Alumna de la «Academia de Artes Dramáticas de la Escuela Libre», fue Becada, tras rigurosa Oposición, por ese Centro de estudios. Rindió brillantes tareas en distintas Compañías, como el «Patronato del Teatro», «Teatro Abad», «Theatralia», «Teatro Universitario», y a través de la Radio y Televisión Nacionales. Fue elegida para actuar junto a Francisco Petrone en su visita a La Habana. Es dueña de 14 Galardones, Nacionales y Extranjeros. En la T.V. obtuvo el último «Gran Premio Avellaneda». En Madrid formó parte de la «Compañía Inglesa Nuevo Acento», como Productora y Actriz, en grabaciones para América. En Miami obtiene Primer Premio en la interpretación de «Ama de Doña Rosita», de García Lorca. Pertenece al elenco de «La Cubanísima» y «RHC». Figuró entre los Actores que colaboraron con el Maestro Ulloa y formara parte del «Repertorio Español». Entre sus triunfos, precisa citar su protagonización de «El Hombre Sincero», Homenaje al Apóstol. La gran Artista, al serle comunicado por «Cruzada», la concesión de este Premio, rogó fuera transferido a su hermano Carlos, laureado dramaturgo, fallecido recientemente en La Habana. «Cruzada Educativa» rinde a Carlos en esta noche el tributo de admiración y reconocmiento a su talento y a su Cubanía.

VIRGINIA ALONSO

Juventud victoriosa la de Virginia Alonso, consagrada, ya, eminente Soprano en el Mundo del Arte. Su labor ha llegado al Pueblo por todos los canales: la Película, la T.V., el Disco, el Concierto, la Escena y los Concursos. Ofreció en la Pantalla Cinematográfica, su luminosa actuación en la Cinta

«La Cruz y la Espada»; en la T.V., Canal 47, New Jersey, una hora de Opera, como Solista; en Discos de carácter Educativo, ofreció «Música para los Niños». Ha intervenido en Conciertos, entre ellos, los de la «Filarmónica de New York»; en Comedias Musicales y en Operas, triunfando en el Metropolitan Opera de New York y en el de San Francisco. Aclamada por la NATS, Cantante del Año. Ha actuado en Miami, en «Mujer de Trapo», en el Teatro Carrousel; en la «Gentil de Ayer», del Maestro Carballo; y en «Un Hombre Sincero»; «Festival de Música para Recordar» y «Grateli cuenta su Historia», de reciente estreno. — Sus triunfos últimos en Europa, la coronan Reina del Canto. En el Teatro de la Opera, en Suiza, recibe grandes ovaciones. En 1981, en Austria, protagoniza la María de «West Side Story». Con Plácido Domingo y bajo la dirección de James Levine, Director del «Metropolian Opera House» interpreta el Programa «Sevilla». En Viena, junto a Plácido Domingo, interpreta un Programa de Zarzuelas bajo la Dirección de García Navarro y la Orquesta Sinfónica de Viena.

SECCION DE ARTES PLASTICAS «LEOPOLDO ROMAÑACH»

FÉLIX DE COSSÍO

Graduado de Profesor de Dibujo y Pintura en la Escuela Nacional de «SAN ALEJANDRO». Es uno de nuestros grandes RETRATISTAS. Sus valiosos lienzos estan rapartidos por el mundo. Los hay en España, México, Venezuela, Puerto Rico, Taiwan, Londres, Roma, Estados Unidos y Cuba. Sobre su pecho lucen la Medalla de Oro de la «Sociedad Nacional de Bellas Artes» y la del «Círculo de Bellas Artes», ambos de La Habana, habiendo obtenido Premios del «Club Nacional de Bellas Artes de Nueva York», el meritorio de «Bruce Stevenson Memorial»; el «William Collins Award» y el «Archer Huntington Award». Cossío es representado por la más importante Galería de Retratos del Mundo, «Portraits Inc.» y por la prestigiosa «Gran Galería Central de Arte», de Nueva York. Es Miembro de los más exclusivos Clubes Artísticos de esa Ciudad y fue, siete años, Profesor de Pintura de la «New York Phoenix School of Designs».

FE DE ROZAS

Hasta su nombre tiene colorido. Y, acaso, en el cuadro de su natural modestia, cobren vigor y belleza sus más felices logros artísticos y pedagógicos. Nació en La Habana y a esa evocadora Ciudad con mensaje propio, ha dedicado sus más inspiradas horas y sus expresiones más exitosas. Todavía nuestras pupilas gozan la frescura de sus canteros de Platanillos en un ángulo de la Plaza de Armas. Graduada en la Escuela Nac. de «San Alejandro», se especializó en Pedagogía y Metodología del Dibujo, Psicología del Adolescente y Métodos pedagógicos aplicados a la Enseñanza del Dibujo y la Pintura. Obtuvo en «San Alejandro», la Cátedra de Dibujo en la Estatuaria. Fue Maestra en Cuba, en las Escuelas Tecnológicas y Planteles Privados. En

Puerto Rico estableció su propia Academia. Actualmente, tiene a su cargo Clases de su Especialidad en la Escuela de «San Juan Bosco». Es Autora de varios Murales, destacándose en la Pintura Religiosa. Participó en Cuba en numerosas Exposiciones, entre ellas, las efectuadas en el «Convento de Santa Clara», «Los Pasos Perdidos del Capitolio» y la Segunda Bienal Hispano-Americana. En el Destierro, sus Cuadros han figurado en más de veinte Exposiciones.

La última en el «Festival Folklórico de la Calle 8— Ha merecido «Reconocimientos al Mérito»: «Club de Leones de Miami» y «Centro Mater»; Diploma de «Gratitud», «Orden Caballeros de la Luz»— Ha presentado Exposiciones de sus Alumnos en la «Bilbioteca Rama Hispánica» y en «Republica Nacional Bank» en 1978 y en la «Biblioteca Rama Hispánica», en 1980 y 1983— Ofreció un Oleo de «Nuestra Señora del Perpetuo Socorro», a la Iglesia «San Juan Bosco», entregado al Padre Vallina— Participó en Exposiciones Colectivas en el «Cuban Women's Club» y en la «Petite Galerie Burdine's», 1977; en la «Galería de Arte de Navidad», «Petite Galerie Burdine's, 1980 y en «Seis Paisajistas Cubanos», en la propia Galería, en 1978.

DRA. GABY DE LA RIVA

Decía Marquina que «el deleite del pincel de Gaby de la Riva, está en el equilibrio de las gamas claras». Por eso, si hay mucha luz en el espíritu de esta gran artista, la hay a torrentes, sobre el lienzo que ella aprisiona. «San Alejandro», armó su brazo y la «Universidad de La Habana» colocó la Toga sobre sus hombros del Doctorado de Pedagogía. Ganadora de Premios de Dibujo Natural y Modelado en ese Centro Docente, obtuvo, por Oposición, la Cátedra de Dibujo de la Escuela Primaria Superior de Marianao, siendo nombrada, también, Profesora de Anatomía Artística de la Escuela Nacional. Participó en todas las Exposiciones Nacionales. En el Exilio han figurado sus Cuadros en las Convenciones Médicas, Biblioteca de Miami y en casi todas las Galerías Colectivas, celebradas en Miami. Venezuela ha conocido sus relevantes aptitudes admirando sus obras en el Museo de Arte Colonial. Su Cuadro «Montecristi», en el Centenario de Martí fue premiado en Cuba y por la Unesco. Gaby de la Riva ha realizado una extensa labor como Conferencista. Son de citar sus Disertaciones sobre: «Miguel Angel Buenarroti, «Diego Rodríguez de Silva» y «Velazquez»; «La Pintura Italiana posterior a 1900»; «Los Maestros Romañach y Armando Menocal»; «Nicolas Poussin, el Precursor y Juan Bautista Vermay». Chacón y Calvo, decía de Gaby de la Riva: «Sus pinceles arrancaron sus secretos seculares al Morro de La Habana y nos sumieron, también, en la ola causada sobre el arenal de Varadero y el colosal panorama de su Valle de Yunurí».

WILFREDO ALCOVER

Hijo de la noble Habana. Su Arte, a través del Dibujo Ilustrativo, se coordinó con las Ciencias Médicas y las Ciencias Naturales. Así colaboró a través de 24 años, en el Laboratorio de Anatomía e Histología Patológica y en el «Instituto de Radio del Hospital Mercedes», La Habana, tomando parte como técnico en numerosos Congresos Científicos y siendo el Director Artístico del «Primer Congreso de Cirujanos Orales», en Cuba.

Mirando a las Ciencias Naturales, Alcover ha pintado la Colección completa, en 25 láminas, de los Pájaros de Cuba, en sus diversos tamaños, colores y especialidades. Su clasificación de la Bijirita del Pinar, dibujo en Acuarela, fue publicada por la Academia de Ciencias de Filadelfia. En Cuba, exhibió sus obras en el Capitolio Nacional, Museo de Bellas Artes, Lyceum, y otras prestigiosas Instituciones. En Miami, fundó la «Asociación Cubana de Artes Plásticas», dirigiendo el Boletín Oficial «Acape». Ha presidido, por primera vez en Miami, el «Cintas Foundation and Acape Prizes». Ha tomado parte en más de 50 Exposiciones del Destierro. Es Autor de las siguientes Obras, editadas: «Estampas Cubanas»; «Recopilación de Cuentos Cortos», en número de 14, con ilustraciones; y nueva «Recopilación de Cuentos», en número de 13; «Kaktos» y «Estampas de La Habana». Columnista «Diario Las Américas» y Director de Arte y Cultura en la Cámara de Comercio Latina.

BOABDIL RUBÉN ROSS

Graduado, con honores, en la Academia de «San Alejandro». Profesor, en ese Centro, de Dibujo y Modelado y Dibujo y Pintura. Cursó altos Estudios en la «Regia Academia de Bellas Artes de Roma». Miembro-Fundador de la Academia de Bellas Artes «Leopoldo Romañach», Las Villas y Secretario de la misma y Profesor, en ella, de Geometría y Perspectiva, Modelado y Composición. Ha cultivado con éxito la Pintura y la Escultura. Merecen citarse entre sus lienzos: «Cabeza de Viejo»; «Maternidad»; «Morro de La Habana»; «Casa del Marqués de Aguas Claras»; «Retrato de Juan Gualberto Gómez». Y, entre sus sobresalientes esculturas: «Placidez», «Psiquis»; «Cabeza de Negro»; «Retrato de mi Padre». Se ha distinguido Ross en el Arte del Troquelado. Son suyas, la «Medalla de la Casa de Beneficencia»; la del Patricio Juan Gualberto Gómez; el trofeo de bronce y onix del Banco Caribe y las Medallas del Palacio Presidencial y el Capitolio Nacional.

SECCION DE CIENCIAS: DR. CARLOS J. FINLAY

DR. JOSÉ S. LASTRA

Hijo predilecto de La Habana. Orgullo de la Patria. Cirujano, en Cuba, del Hospital Universitario «Calixto García»; Jefe de Cirujía de Urgencia en el Hospital «Fernando Freyre de Andrade», (Emergencias); del Hospital Municipal de la Infancia; del Instituto del Cáncer; de las Clínicas «Joaquín Albarrán», «Asociación Cubana» y «Miramar», las tres Privadas. Profesor de Clínica Quirúrgica de la Universidad de La Habana; Miembro de Número de la «Academia de Ciencias Médicas, Físicas y Naturales de La Habana»; Presidente de la «Sociedad Quirúrgica de Cuba». Autor de más de 50 Estudios publicados en Revistas Médicas Nacionales y Extranjeras y Autor de Libros intitulados «Cirugía de Emergencia» y «Cirugía del Torax». Electo Gobernador del «Colegio de Cirugía Americana». Miembro destacado de Asociaciones Médicas en buena parte de los Países del Hemisferio. Ausente de su Patria apenas instaurado el Comunismo. Ejerce su brillante carrera en los Estados Unidos, y desempeña la Cátedra de Clínica Quirúrgica en la Universidad de Miami— Es Miembro del «Colegio Médico Cubano Libre». Luce sobre su pecho de insigne Galeno, la Condecoración de «Carlos J. Finlay».

DR. MANUEL VIAMONTE, JR.

Nativo de La Habana— Doctorado en su Universidad. Imposible seguir el paso del Curriculum Vitae de este Coloso de la Investigación. Del año 56 al 74, el Dr. Viamonte ha presentado en Congresos y Eventos Científicos, Ensayos de muy diversa naturaleza en número de 631. Ha publicado de ellos, 138. Tres Libros suyos han visto la luz bajo los nombres de «Progresos en Angiografía»; «Progresos en Linfología» y «Usos Clínicos de Radionuclidos». Tiene en preparación: «Atlas de Linfografía» y «Manual Especial de Procedimientos».

Seis obras más esperan su turno de publicación. Ha recibido máximos honores de los más prestigiosos Centros de Investigación en América y Europa. En 1975, fue electo Presidente del «Colegio Inter-Americano de Radiología», obteniendo Medalla de Oro de la «Sociedad Radiológica de México» y la «Medalla de la «Sociedad Francesa de Radiología de París». Sus trabajos de Investigación han hecho luz en los campos de la Medicina. Ha desempeñado funciones como Radiólogo y como Profesor de Radiología, junto a los más eminentes Radiologos de E.U., y América Latina, en Oregon, Penn., Kansas, Texas, Boston, Virginia, New York, N. Carolina, Iowa, LA, New Jersey, Arizona, Tennessee, Conn., Cincinati, CA., Kentucky, Illinois, México, Colombia, Venezuela, Argentina y Canadá. Actualmente el ilustre premiado de esta noche, es, en E.U. Director de Radiología en los Hospitales «Monte Sinai», y «Jackson Memorial Hospital», y el Profesor Titular y Jefe de Cátedra de Radiología de la Escuela de Medicina de la Universidad de Miami.

DR. SERGIO CERVERA

Este brillante hijo de Almendares, Dr. en Ciencias Sociales de la Universidad de La Habana, cursó Estudios de Especialidad en el Colegio de Profesores de Dibujo, Pintura y Modelado en su Ciudad nativa, y remató su extensa preparación, graduándose en la «Academia Militar de Georgia». Fundó y presidió la «Comisión Investigadora de Fenómenos Aereos». Fue Delegado, por Florida, en la «Asociación de Observadores de Astros», de Argentina; Miembro del «Centro Investigador de Vida Extraterrestre de Buenos Aires»; del «Observatorio de Paso Hondo», en Chile, y del Centro de Estudios Inter-Planetarios», de España. Su incansable labor lo consagra «Primer Investigador Latino, en el Condado de Dade de la Aereal Phenomena», Organización Investigadora de Fenómenos Aereos de Tucson, Arizona, Institución de fama mundial. Publicaciones Norte— o Ibero-Americanas lo proclaman y mencionan como el Primer Cubano conocido por sus Estudios Especiales, Internacionalmente.

ARQUITECTO MATILDE M. PONCE

Hija de Trinidad, Las Villas. Graduada de Arquitecto en la Universidad de La Habana, Segundo Expediente Academico de 1955. Recibio Premios de «Diseño Arquitectónico» y «Acuarela», y el «Viaje de Estudios» patrocinado por el Minist. de Educación de Cuba. Representó a su Escuela, en Congresos Pan-Americanos en México y Venezuela. Cursó Estudios de Post-Graduada en la Universidad de Roma, mediante Beca obtenida por Concurso. Colaboradora en Revistas Arquitectónicas del Hemisferio y en la Revista

«Construcción» de la Asociación de Constructores de Miami. Propuso la creación de un Premio para el mejor Estudiante de Arquitectura de la Universidad de Miami, — Beca instituida por el Colegio de Arquitectos de Cuba—, bajo el nombre del Mártir de la Libertad Alberto Tapia Ruano. Se graduó de Arquitecto en la Florida. Diseñó, laborando en una prestigiosa firma, el Edificio «Bacardí», en Miami— Actualmente, es Diseñadora del Departamento de Obras Públicas de Miami, Miembro del Departamento de Planificación de esta Ciudad e Instructora para los Cursos del Board para Arquitectos, en Español, en la Universidad de Miami.

CONMEMORACION «DIA DE LA CULTURA CUBANA» — ENTREGA DEL PREMIO «JUAN J. REMOS». 1976— HOTEL EVERGLADES, MIAMI, FLORIDA. 26 DE NOVIEMBRE DE 1976, 8 P.M.

CRUZADA EDUCATIVA CUBANA, INC.
MIAMI, FLORIDA

El Presidente de "CRUZADA EDUCATIVA CUBANA"; su Secretaria de Organizacion y su Primera Asesora, tienen el honor de invitar a usted y a su distinguida Familia, al Acto Solemne conmemorativo del "DIA DE LA CULTURA CUBANA" que tendra efecto el Viernes 26 de Noviembre proximo, a las 8 p.m., en el Everglades Room del Hotel "Everglades", 244 Biscayne Blvd., Ciudad de Miami, en el que se cumplimentara el siguiente

PROGRAMA

I- Himnos Nacionales de Estados Unidos y Republica de Cuba.
II- Tributo a los Martires de la Libertad de Cuba y a los Prisioneros Politicos que sufren y esperan en el Presidio Comunista.
III- Palabras Iniciales del Acto: Dr. Vicente Cauce, Presidente C.E.C.
IV- Interpretaciones Musicales: "Grupo Coral Pro Musica A Capella", bajo la Direccion de Hilda Ruiz Castaneda y acompanamiento, al Piano, de Berta Zimmermann.
V- Recitaciones Poeticas: Orlando Gonzalez Esteva, Vice-Presidente del "Circulo de Juventudes Ignacio Agramonte".
VI- Selecciones de Opera: Mezo Soprano Ana T. Granda, acompanada al Piano por el Maestro Luis Carballo.
VII- Entrega de Premios "JUAN J. REMOS".
VIII- Canciones Cubanas: Soprano Hortensia Coalla, acompanada al Piano por el Maestro Luis Carballo.
IX- "Somos Custodios de los Valores Culturales de Cuba": Palabras finales, por el Dr. Oscar Fernandez de la Vega.

Miami, Florida, Noviembre de 1976.

Dra. María Gómez Carbonell
Secretaria de Organización

Dra. Mercedes García Tudurí
Primera Asesora

Dr. Vicente Cauce
Presidente

DIGNÍSIMAS PERSONALIDADES Y REPRESENTACIONES QUE DAN BRILLO Y PRESTANCIA A ESTA SOLEMNIDAD PATRIÓTICO-ACADÉMICA. COMPAÑEROS DE BREGAS Y SUEÑOS DE «CRUZADA EDUCATIVA CUBANA». COMPATRIOTAS TODOS:

Estamos procediendo, el alma en el pasado y la vigilante mirada en el porvenir incierto, a la sexta entrega del Premio «Juan J. Remos», que tiene en esta noche por escenario el mismo lugar, cargado de historia, donde rindiéramos honor al insigne Maestro, en 1967, dejando instituido el «DIA DE LA CULTURA CUBANA».

«Cruzada Educativa Cubana», al poner en manos de ilustres cubanos el galardón de ese Premio, traslada a todos, la encomienda sagrada de hacer guardia al Patriomonio Nacional, legado de los Fundadores de la República, y de encarar con coraje la diabólica conjura, atea y materialista que abiertamente conspira, a nivel profesoral, contra la dignidad del hombre. En hora de confusiones infinitas, de desintegración moral y galopante deshumanización, en la que ruedan las Instituciones seculares y las Tradiciones formativas, y en la que precisan, —como decía Don Pepe— «Hombres, más que Académicos», saludamos confiados a ustedes, Empresarios de la Cultura Nacional, Intelectuales y maestros que hoy reciben como un precioso estímulo, el Premio «Juan J. Remos», sabiéndolos genuinos cruzados de la Fe, el Decoro Humano y la Libertad.

Y, ahora, a la Presentación de los Premiados.

(Palabras pronunciadas por la Dra. María Gómez Carbonell, Secretaria de Organización de «Cruzada», en la entrega del Premio «Juan J. Remos, 1976)

SECCION «JOSÉ MARTÍ»: LETRAS, EDUCACION, PERIODISMO, HISTORIA.

MONSEÑOR EDUARDO BOZA MASVIDAL

La Ciudad Prócer meció su cuna. En La Habana, Colegio de los Hermanos de La Salle, cursó las Enseñanzas Primaria y Secundaria. Obtuvo el título de Dr. en Filosofía y Letras en la Bicentenaria Universidad. En el «Seminario de San Carlos y San Ambrosio», realizó sus estudios eclesiásticos. Y en 1944, es Ordenado Sacerdote, por Monseñor Arteaga, en la Catedral Capitalina.

En su ascendente gloriosa Carrera, ha sido Vicario Cooperador en la Parroquia del Cerro; Profesor del Seminario del «Buen Pastor»; Párroco de las Iglesias de Madruga y de Nuestra Señora de la Caridad, Habana; Capellán de los Boy Scouts de Cuba; Fiscal y Defensor del Vínculo en el Tribunal Eclesiástico del Arzobispado de La Habana; Rector de la Universidad de Villanueva y Obispo Auxiliar de La Habana. En 1961, la tiranía Comunista lo expulsa de la Patria y se convierte en Símbolo de la Cubanía Cristiana errante. Participa en las Sesiones del Concilio Vaticano Núm. II. Actualmente es Párroco de la Catedral de Los Teques, Venezuela y Vicario de esa Diócesis. Su púlpito es tribuna de Libertad. Su pluma, señala rumbos a seguir, al servicio de Dios y de Cuba. Su obra social de más alto alcance, es la U.C.E.

Imposibilitado de trasladarse a Miami, ha delegado en Monseñor Agustín Román, que recogerá su Diploma de Honor.

DR. EUGENIO FLORIT

Dr. en Derecho Civil y Público de la Universidad de La Habana. Profesor de Literatura Hispanoamericana y Española, Español Comercial, Estilo y Composición Literaria, en la «Columbia University», Nueva York.

Su Obra Poética y sus Estudios Antológicos le consagran gran Señor de las Letras Cubanas. En Poesía, nos ha regalado: «Treinta y Dos Poemas Breves»; «Trópico»; «Reino»; «La Estrella»; «Cuatro Poemas»; «Poema Mío»; «Doble Acento», con Prólogo de Juan R. Jiménez; «Conversación con mi Padre»; «Siete Poemas»; «Asonante Final» y «De Tiempo y Agonía»: «Versos del Hombre Sólo».

Sus trabajos de hondura crítica, le acreditan preocupado calibrador de los Valores Literarios Continentales. Así, su «Antología de la Poesía Norte-Americana Contemporánea»; «Cien de las mejores Poesías Españolas»; «Poesía Hispano-Americana, después del Modernismo»; «Tercera Antología Poética de Juan Ramón Jiménez»; «Antología Penúltima»; «José Martí: Sus Versos»; «Retratos de Hispano-América», en colaboración. Tan imposible seguirlo en su fecunda altísima producción, como fácil y constructivo, admirarlo y comprenderlo.

Recogerá su Diploma, por insalvables imposibilidades: el Dr. Oscar Fdez. de la Vega.

DR. OSCAR FERNÁNDEZ DE LA VEGA

Saluda «Cruzada Educativa», en Oscar Fernández de la Vega, nuestro Orador de la noche, a uno de los más completos y fecundos intelectuales cubanos de esta Generación. Dr. en Filosofía y Letras y en Pedagogía, de la Universidad de La Habana. Miembro de la Academia Cubana de la Lengua y de la de Madrid. Arrancó su obra profesoral en los Colegios Habaneros «Baldor» y «San George», continuándolos triunfalmente como Profesor Asociado de Español y Didáctica de la Universidad de Villanueva; Profesor de Español y Asesor Técnico del «Instituto Cívico-Militar» de Ceiba del Agua»; de Literatura Moderna en «Mericy Academy», habiendo sido Decano de Educación de la Universidad de Villanueva, y atendido diversas Enseñanzas en acreditados Centros Docentes de E.U. entre ellos, el 'Hunter College' of the City University New York.

Entre sus Obras Didacticas, figuran: «Gramática Moderna»; «Ortografía Activa»; «Gramática Funcional Razonada»; «Lecturas añadidas». Y, son sus mejores estudios, los que se intitulan: «Ocaso y Transfiguración de José María Chacón y Calvo»; «Suárez Radillo y el Teatro Iberoamericano»; «Iniciación de la Poesía Afro-Americana»; «Poesía Cubana».

Ha publicado Fernández de la Vega «Revisiones y Obras Antológicas», de obligada consulta; Poemas como «Hierba», «Soneto de Soledad», y trabajos enjundiosos sobre «Martí: Educador»; «En el Día del Idioma»; «El Mensaje Martiano»; «Esencia y Emoción de la Patria en la Poesía Cubana»; «Vida y Función de la Casa de Beneficencia y Maternidad de La Habana»; «Proyección Lírica de Andrés de Piedra Bueno». Sus deliciosos «Pim Pam Pum» exaltan cada mes los valores de la Cultura Cubana. Su obra es de insuperable calidad humana y cubana.

DR. ÁNGEL APARICIO LAURENCIO

Guantánamo siente el orgullo de su nacimiento. Las Universidades de La Habana y de Madrid, le imponen las Togas de Dr. en Derecho Civil, Diplomático y Consular. Miembro del «Instituto de Defensa Social de Génova»; del «Instituto de Cultura Hispánica de Madrid»; de la «Asociación Brasilera de Estudios Penitenciarios» y de la «Asociación Internacional de Derecho Penal, de París». Editor del Magazine «Revista Penal de La Habana».

Figuran entre sus más notables trabajos relativos a Reformas Sociales: «El Sistema Penitenciario Español y la Reducción de Penas por el Trabajo»; «La Reforma Penitenciaria en Cuba»; «Los Malvados no conocen la Justicia»; «Donde está el cadáver, se reunen los Buitres». Merecen recordarse sus Publicados sobre «Guantánamo en la Poesía de Regino E. Boti»; «La Situación de la Enseñanza en Cuba»; «La Revolución Cristiana en Latino-América»; «Tratamiento Penitenciario de los Delincuentes», que fuera su Tésis Doctoral.

Sus innúmeros Artículos y Panfletos sobre temas Penales y su especializada Terapeútica; su copiosa contribución a Reformas e Implantación de Sistemas de Protección a la Sociedad, consagran a Angel Aparicio como Jurista de perfiles Hemisféricos que impuso normas y tácticas en Cuba, Colombia, Chile y otros Países.

DR. PABLO RUIZ OROZCO

Hijo de Ciego de Avila. Dr. en Pedagogía y en Leyes, de la Universidad de La Habana. Periodista graduado en la Escuela Profesional «Manuel Márquez Sterling». Profesor de Segunda Enseñanza en su rincón nativo. Catedrático de Filosofía y Educación de la Universidad «Ignacio Agramonte», de la que fuera Vice-Rector; Director de Cultura del Ministerio de Educación, en Cuba. Actualmente Profesor de Español en el «Colegio Universitario de Humaçao», Puerto Rico.

Es Ruiz Orozco, Miembro de la Junta Consultiva del Instituto Tecnológico de Estudios Superiores, «Sucre», Caracas; del de «Lexicografía Hispano-Americano Augusto Maloret» y del «Comité Editorial Universitario de Puerto Rico».

Entre sus Obras publicadas, son de obligada cita: «Unamuno y la Generación del 98»; «Sarmiento: Educador y Escritor»; «Ruben Darío y el Modernismo»; «Martí: El Iluminado de América»; «Heredia, Estudio Crítico».

Conferencista y Periodista de brillante ejecutoria, recientemente elegido Acadámico de Número de la Academia Puertoriqueña de la Lengua», honor que conlleva otro más alto, al incorporársele como Académico Correspondiente de la «Real Española de la Lengua». Su entrega a la Causa de la Patria esclava y el culto a la Belleza, ennoblecen su recia vida, ofrenda, en Cátedra, Prensa y Tribuna, al Ideal de la Libertad. La «Academia de Artes y Ciencias» de Puerto Rico, lo designó, también, Académico de Número.

DR. AURELIO BALDOR DE LA VEGA

Hijo del Almendares. Dr. en Derecho Civil de la Universidad de La Habana. Profesor de Matemáticas del Colegio de Belen; (Maestro, privado, de esa especialiad). Fundador, en 1934, del glorioso COLEGIO BALDOR, blasón de la Docencia en Cuba, que llegó a contar en la Capital de la República, con más de 3,000 Alumnos y 129 Profesores. Los primeros ataques de la tiranía se descargaron sobre la Universidad de Villanueva y el Colegio BALDOR. Nuestro premiado de esta noche, abandona a Cuba, dejando atrás su más alto empeño en la vida: la Enseñanza. En E.U., como Profesor de Matemáticas, figura en el Staff del «Stevens Academy» y del «Saint Peter College», ambos de New Jersey. Y, ya en Miami, se devuelve al Colegio de su nombre, dirigido por su familiar Fco. Baldor. Entre sus obras Didácticas, se cuentan: «Aritmética Teórico-Práctica y Algebra», Texto en Cuba y en casi toda la América, donde se renueva cada año su Edición; «Notas de Geometría y Notas de Cálculo, Matemática Lógica y Estadística». Aurelio Baldor, Asesor de «Cruzada Educativa», disfruta, en el tormento de la proscripción, del amor y del respeto de miles de Discípulos que le siguen orgullosos, y de la devoción sincera de su Pueblo.

DR. MANUEL H. HERNÁNDEZ (HERNANDO D'AQUINO)

Hijo de la Escuela Pública Núm. 4 de Quivicán. Graduado de Perito Mercantil en las «Escuelas Pías de Guanabacoa». Bachiller del Instituto de La Habana. Dr. en Filosofía y Letras y en Derecho Civil de la Universidad de La Habana.

Juez y Magistrado, Catedrático y Poeta, Ensayista y Autor Teatral. Entre sus más notables obras, son de citar: «Nociones de Gramática Castellana»; «Apuntes de Filosofía Moral»; «Estética Tradicional y Estética de Vanguardia»; «Los Nuevos Rumbos del Derecho»; «El Acto Jurídico y sus Anomalías»; Como Autor Teatral, publicó: «La Trapisonda», Comedia; «Don Juan en Familia»; «Margot» y «El Gobierno de Barataria». En el género Novelesco, ha escrito: «El Dihomo»; «Mala Semilla» y «Día de Reyes». Asimismo ha dado a la publiciad notables trabajos, a manera de Ensayos, sobre: «La Parábola Democrática»; «Quijotismo y Donjuanismo»; «El sentimiento de lo justo en Don Quijote»; «Orbita de la Justicia Social». Sus Versos están recogidos en dos Tomos: «Sinfonía Martiana», con prólogo de Rafael Esténger y «Pasajes de Algodón». Su Ensayo sobre «Existencialismo en el Arte», obtuvo Primer Premio en Concurso convocado por el «Círculo de Escritores y Poetas Iberoamericanos de Nueva York. Sobre su última obra: «El Romancero de la Invasión», Mercedes García Tudurí que la prologó, dijo: «Los grandes hechos patrióticos de esa Gesta y sus geniales capitanes no habían tenido un cantor, hasta ahora, que presentará, como un todo, su prócer dimensión».

DR. ALFREDO ÁLVAREZ TORRES

Pluma agil; pensamiento justo, Cubanía sin vetas. Realizó sus Estudios Primarios en Morón, graduándose de Bachiller en el Instituto de Camagüey. Se consagró Periodista en la «Escuela Nacional de Periodismo Manuel Márquez Sterling». En el Decano de nuestros Diarios Habaneros, fue Repórter, Redactor, Entrevistador, Articulista. La Revista «Carteles» y los Periódicos «El Mundo» y «El Pueblo», ofrecieron sus Columnas al joven triunfante. Obtuvo por dos veces el Premio «Víctor Muñoz», con sus Artículos «Amor de Madre» y «Todas las Madres», producidos, respectivamente en los años 56 y 57. Alcanzó el Premio «Martínez Márquez», con el Artículo publicado en «Diario de la Marina», bajo el título de «La Sociedad, la Religión, el Médico y el Aborto».

En el Destierro ha sido colaborador, por quince años, de «Diario Las Américas» y otros Periódicos Cubanos y Estaciones Radiales, brillando como Conferencista, Entrevistador y Entrevistado. Ha preferido la pobreza, a la entrega. Luce, con igual prestancia, palabra limpia y conducta honrada, siempre al servicio de Cuba.

EMILIO MILIÁN

Vio la luz primera a orillas del Undoso. Recibió de Naturaleza espíritu fuerte, cuerpo de atleta y voz de epopeya. El Periodismo puro tiene en él un símbolo, porque el Periodismo no es entrega, ni negocio, sino orientación, reciedumbre y desinterés. «Cruzada Educativa» viene en esta noche no sólo a premiar con un Diploma su talento, sino que sobre eso, viene a pregonar como un ejemplo su valor moral y físico frente a la muerte y frente a la vida; su sentido Cristiano, —única razón de Vida y Muerte; su apego al Principio que no logra torcer la tentación; la firmeza frente al artero enemigo materialista con que Milián ha flameado el Ideal de Libertad y el decoro humano. Milián se graduó de Bachiller en Artes, en su amada Sagua y de Bachiller en Ciencias en Marianao. Cursó cuatro años de Medicina en nuestra Universidad. Fue Director de Propagandas del Ministerio de Educación y Diplomado de la «National Association Broadcasters». Al frente de la WQBA desplegó actividades como Locutor, Narrador, Comentarista Deportivo, Coordinador de la Emisora, Director de Programas. Su voz llegó al corazón de su Pueblo como un mensaje de Redención, día a día y hora a hora. Ha luchado por los Niños, por los Viejos, por los grandes, por los desvalidos; ha defendido el Bilingüismo, y enderezado vigorosas campañas contra Delincuentes y Terroristas; ha servido la Fe contra el Comunismo avasallador. Hoy, no rumia desdichas, las ha revertido en esperanzas. Y el gigante de la voz de oro ha crecido, aún más, para su Pueblo y para la Humanidad. Recogerá su Diploma, el Rev. Razziel Vázquez.

DRA. HORTENSIA RUIZ DEL VIZO

Doctorada en Derecho Civil y Público, Ciencias Sociales y Lic. en Derecho Diplomático y Consular, en la Universidad de La Habana. Profesora del «Bennet College», Greensboro, N.C. y Ex-Profesora del «Guildor College», del propio Estado. Consultante de «Estudios Negros» Departamento de Educación y Directora de Trabajos sobre Literatura Española y Literatura Negra, en congresos Internacionales, Nacionales y Estatales. Entre sus libros publicados, figuran: *Macías, El Cristo del amor (Porfiar hasta morir)* (Barcelona: Bosch, Casa Editorial, 1968); *El Marqués de Mantua (Simbolismo y Evangelio en Lope de Vega)* (Miami: Ediciones Universal, 1971); *Black Poetry of America (A Bilingual Anthology)* (Miami: Ediciones Universal, 1972); *Poesía Negra del Caribe y otras áreas* (Miami: Ediciones Universal, 1972); *Antología del Costumbrismo en Cuba* (Prosa y Verso) (Miami: Ediciones Universal, 1975).

Columnista del Diario las Américas. Ha publicado en ese Diario cerca de cuatrocientos artículos que van desde estudios sobre el Comunismo a la Arquitectura soviética, pasando por la literatura cubana del Exilio y Comparada. Un sinnúmero de artículos están dedicados a reseñar el amplio movimiento literario del Exilio Cubano. El título de algunos de estos artículos indicara el amplio expectro de los mismos: *El intelectual y la crisis*, 23 de septiembre de 1978; *Toynbee y la Revolución Cubana*, 11 de Julio de 1981; *La Nueva Dirigencia Soviética*, 25 de noviembre de 1982; *El Indio Pampero en la*

Literatura, 20 de Julio de 1983; *Rusia, Esclavitud y los Poetas*, 26 de agosto de 1983; *Poesía y Patriotismo, Patria y Poesía*, 20 de octubre de 1983, también *Afro-Spanish Literature: Its place in Modern Language Teaching* en «Pan Africanist Approach to Modern Language Study» (Greensboro, N.C.: Six Institutions Consortium, 1971).

Ha pronunicado innumerables conferencias en congresos de Literatura Española. Entre ellas: *Los dioses y la religión negra en la poesía negra de Cuba; La semiótica en la poesía negra: símbolos en jitanforas, metáforas y lenguaje popular.*

Primera Educadora en su Estado: Años 72, 73 y 74.

Una ilustre mujer, al servicio de una causa: Cuba.

DRA. DELIA DÍAZ DE VILLAR

Matancera orgullosa de su ancestro. Dra. en Filosofía y Letras y Pedagogía de la Universidad de La Habana. Maestra, por sobre toda otra vocación. Profesora de las «Colonias Infantiles de Matanzas»; de Geografía e Historia en el Instituto de Segunda Enseñanza de su Provincia; Directora y Profesora del Colegio «La Luz» y Profesora por Oposición de la Universidad «Marta Abreu», Las Villas. Inspectora Técnica y Administrativa de Enseñanzas Secundaria y Especiales. (Matánzas). Profesora de Estilo y Redacción del «Biscayne College», Miami. Entre sus obras Pedagógicas figuran: «Apuntes de Geografía de Cuba»; «Conociendo a Borinquen» y Lengua Española, del 1º al 6º Grados. Es Autora de Obras Históricas y Cívico-Sociales, como «Vida de Francisco Vicente Aguilera»; «José Martí»; «Juan Clemente Zenea»; «Influencia de la Virgen de la Caridad en la Historia de Cuba»; «Juana Borrero, la Adolescente que se enamoró del Amor»; «Manana Toro de Gómez». Miembro Fundador del «Grupo Cubano de Estudios Históricos». 'Una Mujer, en guardia junto a Cuba'. Para dolor de todos, nos ha abandonado.

REV. RAZZIEL VÁZQUEZ

Su Humildad, da la medida de su justo valor. Predicador, Diácono y Presbítero de la Iglesia Metodista. Bachiller en Letras del Instituto de Segunda Enseñanza de Santiago de Cuba, el allanamiento de la Patria por las hordas Comunistas interrumpió su Carrera de Ciencias Sociales en la Universidad de Oriente.

Tomó Créditos de Sociología y de Teología en Universidades de Nueva York. Se graduó de Bachiller en Artes en el Biscayne College, en 1974, Centro Docente donde continúa el Master en Human Resources.

Fundó la Escuela Primaria Metodista en Aguada de Pasajeros, Cuba, y la

Escuela Metodista «Asbury», Primaria y Superior, en Santiago de Cuba, que llegó a ser anexa a la Escuela Normal para Maestros de dicha Ciudad.

EURÍPIDES RIERA

Graduado en la Escuela Profesional de Periodismo «Manuel Márquez Sterling». Lic. en Derecho Internacional y Consular de la Universidad de La Habana. (Cursó estudios complementarios en el «Hunter College» y en «University City», New York). Fundador y Primer Presidente de la Cámara de Comercio Pan-Americana. Director del Semanario «Noticias Latinas» y Editor Latino del «Miami Community Newspapers». Impulsor de una fecunda labor Pan-Americanista al fundar el «Consejo de Ciudadanos Latino-Americanos de la Florida», en cuyo seno echó a andar la erección del Monumento a Martí, en Hialeah. Inició en este Municipio, la «Semana Centro-Americana». Fue Presidente de la Junta de Relaciones Comunitarias del Propio Término y Organizador del «Congreso de Juventudes» en el Destierro. Su labor ha sido brillante como Coordinador de la «Semana Martiana» y Organizador, cada año, del Desfile del 28 de Enero. Su único Ideal es el regreso a Cuba con decoro, y para lograrlo, pone por delante vida y sacrificios.

ORLANDO GONZÁLEZ ESTEVA

(Nacido en Palma Soriano, Oriente). Es sobresaliente figura del «Círculo de Juventudes Ignacio Agramonte», Rama Juvenil de «Cruzada». Estudiante graduado en la Universidad de Washington, Maestría en Literatura Española e Hispanoamericana.

Ha recibido, en la rama Literaria, Premio de Poesía, Diario Las Américas; de Poesía, «Unión de Cubanos en el Destierro»; Premio de Ensayo «José Martí», del «Cuban Sertoma Club»; Mención de Honor, Concurso Literario Jorge Mañach, Poesía, 1972;

Primer Premio Poesía Concurso Jorge Mañach, 1973; Primer Premio, Poesía, Concurso Jorge Mañach, 1975; Mención de Honor, Concurso Jorge Mañach (Poesía), 1976.

Premio YMCA, Reconocimiento Mérito Juvenil, 1969.

Premio WQBA, 1970.

Premio «Ernesto Lecuona», 1970.

En el campo del Teatro, ha actuado en Festivales Musicales, como «Así era Cuba»; en Conciertos con el Grupo Lírico «Forum»; En «Nosotros Dos», junto a Mara González. Y desempeñó papel estelar en la exitosa Comedia Musical «Gigi», presentada por la Sociedad Pro-Arte Grateli.

Tiene publicado el Libro de Versos «El Angel Perplejo», Ciudad de San Luis, 1975.

FÉLIX CRUZ ÁLVAREZ

Abanderado de una Juventud que entrará en Cuba por la Puerta Grande. Nació, donde ondeara por vez primera la Enseña de López, y, con esa misma Bandera, echada al viento, pisará la tierra sagrada. Estudiante de Leyes y Ciencias Sociales de la Universidad de La Habana. Bachiller en Letras del «Biscayne College»; Master de Artes en la Universidad de Miami. Becario y Candidato al Doctorado en Filosofia en ese Centro. Profesor de Literatura Hispanoamericana en el «Koubek Center»; de Literatura Cubana, en el «Biscayne College»; de Historia del Teatro Cubano en el Programa Bilingüe del Miami Dade Community Collge. Premio de Ensayo «Jorge Mañach» y Premio de Ensayo de «Cuban Womens Club». Libros publicados: De Poesía: «RES», en colaboración con Ana Rosa Núñez y Enrique Márquez; «Varadero: Sueño con Mareas»; «Unisangrio», en colaboración— Ensayos Publicados: «La Ética de la Libertad»; «Fray Bartolomé de las Casas y los Indios»; «Los Caminos de Hilda Perera»; «Ana Rosa Nuñez: las tejas, las escamas, el casabe»; «Teresa María Rojas: la casa, el agua, el Universo»; «Martí: El Hombre y su Predestinación»; e «Introducción al Pensamiento Político de Félix Varela. Para orgullo de «Cruzada», Felix Cruz-Alvarez, Orador de fuste y patriota cabal, preside el «Círculo de Juventudes Ignacio Agramonte».

Año 1977: «Homenaje a las Furias», Poesías. Año 1980: «Introducción al Pensamiento Político del Padre Félix Varela. Año 1982: «La Poesía de Emilia Bernal»— Ganador del Premio Emilia Bernal. Profesor adjunto de Humanidades y Filosofía en el «Miami Dade Community College. Profesor Adjunto Literatura Española «Florida Memorial College». Año 1976: «Maestria en Artes», Universidad de Miami. Año 1979: Dr. en Filosofía, Universidad de Miami. Premios: «John Barret», Universidad de Miami por la mejor Disertación Doctoral. Año 1979. «Asuntos Pan-americanos con relaciones Internacionales». 1984: Premio «Ramiro Collazo», del Club de Leones en el Exilio.

ENRIQUE MÁRQUEZ

Patriota y Valiente. Su salida de la Isla cuando no había cumplido 17 años, entregado a la furia del mar hasta arribar a la Base de Cuantánamo, lo dice todo de su amor a la Libertad y su vigorosa condenación al Comunismo. Habia realizado en Cuba Estudios Secundarios, cuando decidió abandonarla.

En Miami, cursa estudios superiores de Pre-medicina y Química, Literatura Inglesa y Norte-Americana. En 1971, recibe una Licenciatura en Química y Literatura Inglesa y en el 75, el Máster en Literatura Hispano-Americana. En la Universidad de Wisconsin, donde obtiene una Beca, cubre estudios de Psicolingüística. Formidable Ensayista de estilo profundo, que invita a la meditación, es, también, Poeta de altos vuelos. Su Primer Libro de Versos se titula: «Esquema Tentativo del Poema», seguido de dos más: «Res», en colaboración y «Lo Esperado y lo Vivido». Colaborador en «Diario Las Américas», y Revistas de E.U., New York y España. Actualmente cursa Estudios de Filosofía en la Universidad de Miami, prepara la «Antología de Prosa y Verso de E. Cummings», Poeta Norte-Americano, «Colección de Ensayos Literarios y Crítica, y otros Temas Poéticos. Enrique Márquez es Vice-Presidente del «Círculo de Juventudes Ignacio Agramonte». La tribuna de «Cruzada» se ha honrado con sus brillantes Disertaciones.

LETICIA DE ARRIBA DE AMBLADA

Representa y compendia todo el Señorío y la Nobleza de la Mujer Cubana. Sus Títulos y Honores, fueron siempre puestos a los pies de la Patria, que hoy añora; al servicio de los incapacitados y los desvalidos, en un continuado ejercicio de la Caridad Cristiana y de la Cubanía. Más que vanas palabras, lo acreditan sus cargos y trabajos: Presidenta de Acción Católica y de la Hermandad del Santísimo Sacramento en la Catedral de La Habana; Gran Regente de las Damas Isabelinas; Tesorera del Comité de Damas de la Cruz Roja Nacional; Secretaria de la Institución Inclán, junta de Patronos; Directora de la Cuestación Pro-Hospedería del Cobre, en Cuba; Tesorera de la Construcción, en Miami, de la Ermita de la Caridad; Voluntaria y Chairman de la «Sociedad Americana del Cáncer». Sobre su pecho se prendieron: Gran Cruz de Carlos Manuel de Céspedes; el Lazo de Isabel la Católica; Medalla de Oro del Consejo Supremo Cruz Roja Española; Gran Cruz del Santo Sepulcro y de la Orden Bizantina de Sta. Elena. El Vaticano honró sus virtudes y tareas con la Cruz Benemerit y la Medalla de Oro de San Juan de Letrán. Siendo condecorada, también, por el Patriarca de Jerusalén.

Fundadora y Presidenta de la «Alianza Nac. Feminista», libró en su seno las mejores batallas por el Sufragio Femenino y los Derechos Civiles de la Mujer Cubana.

MIGUEL SALES

Nacido en Marianao. Cursa la Primera Enseñanza en la «Academia Militar Loyola». El Comunismo, sondeadas sus ideas, le cierra los Centros

Superiores y lo envia a las labores agrícolas. Le es negado el Derecho a otro Trabajo. Sale de Cuba, con un grupo de hombres, mujeres y niños. Un buque soviético intercepta la improvisada embarcación, y es devuelto a Cuba. Condenado a prision, recorre doce cárceles distintas, torturado y miserable. Luego de duras faenas en las canteras de Guanajay, escapa por la Base de Guantánamo, dejando atrás su esposa y su niña. Permanece solo 27 días en Estados Unidos. Su voz es cauterio y látigo. Y, tras fijar su pensamiento al destierro, regresa en busca de sus grandes amores. Sobre la costa cubana es capturado y condenado a 27 años de Presidio.

Ya preso, fueron enviados sus Poemas al concurso convocado por el «Círculo de Escritores y Poetas Ibero-Americanos de Nueva York», mereciendo Mención Honorífica. Recientemente se ha publicado en Miami su Primer Libro titulado «DESDE LAS REJAS», escrito en las cárceles de Cuba durante su primer encierro. Desde esas mazmorras nos llegan sus predicas de Libertad, sus Cartas de Rebelde, sus Versos encendidos. «Cruzada Educativa», decidio estimular sus afanes, bendecir sus arrestos, sembrar en ávido surco sus Ideales. Y le otorga el Premio «JUAN J. REMOS». Viene a recogerlo, nada menos que Aida Sales, su Madre, la que vació en su vida la Dignidad conque Miguel resiste, y en su sangre, el suero de la Libertad.

DR. MANUEL CENTENO

Camagüeyano de cepa. En los manantiales de esa región bebió cultura y prestancia. Viene de maestros: bella dinastía que obliga al deber. Graduado de derecho en la Universidad de la Habana, salta a una cátedra en su ciudad nativa, para luego formar parte de los claustros de los Universidades Enrique José Varona e Ignacio Agramonte.

La tragedia de Cuba lo sorprende en tierras norteamericanas. En la Florida obtiene plaza de Director de Relaciones Públicas del Departamento de Publicidad y Turismo del Miami metropolitano. Por su preparación y concepto de la solidaridad humana ocupa hoy con éxito la Presidencia del Instituto de Cultura Hispánica de Miami.

SECCION «GONZALO ROIG»: MÚSICA, CANTO, BAILE Y TEATRO.

PILI DE LA ROSA

Cursó sus Estudios Primarios en el Colegio de «Las Teresianas». Se hizo Bachiller en La Habana y obtuvo el Doctorado en Drama y Danza en nuestra Universidad. En la Patria, tomo parte en Recitales, Fiestas y Danzas, dándose al Arte como una Elegida. Ya en el Destierro, por 8 años fue Directora de Doblaje de Películas Americanas, vertidas al Español. Trabajó en el «Found Lab», doblando, como última Cinta, «El Cardenal». El destino le reservaba altísima misión en E.U.: Gran Animadora de la Cultura en este País. Fue una, entre los Fundadores de «AÑORADA CUBA», y con ellos, constituyó el primer Grupo de Debutantes Cubanos en el «Dade County Auditorium». Después, con Antonio y Demetrio, funda «NUESTRA CUBA». En su equipo figuraban Artistas Amateurs y Profesionales de fuste como Hortensia Guzmán y el gran Paul Díaz. Pili estuvo encargada de Coreografía y Doblaje. De ella dijo el Dr. Remos, Asesor Histórico de «Nuestra Cuba»: «Pili, has creado un Teatro de Marionetas Humanas». Y hace ocho años, con Marta, Demetrio y Miguel de Grandy, abrió en el Destierro una ventana a la luz: «Producciones Gratelli», hoy, «Pro-Arte Grateli». La Historia del Arte ha recogido la gloria de esta Fundación de Cubanos. El Mundo del Arte ha viajado hacia su maravilloso Escenario. Pili de La Rosa dedica, fervorosa Cristiana, sus facultades todas a Obras Culturales, de Caridad y de Amor. Se mira en una sola hija, ya realidad en la vida artística de Cuba.

DEMETRIO MENÉNDEZ

«EL UNICO», lo llama su Pueblo en Destierro. A los 16 años era Organista en la Iglesia de la Merced; a los 17, Jefe de Producción en la Compañía de Cine «Kinova». A los 18, Jefe de Producciones Comerciales Filmadas, de C.M.Q. Escenógrafo; Luminotécnico; Músico; Dibujante. Vice-Presidente del «Found Lab». Director de Escena del 98%, de Espectáculos Cubanos y Extranjeros, en Dade County y Husman Hall. Director Escénico Opera Cívica de Palm Beach; Director de la Primera Ballerina del Mundo, Margot Fontaine, en la «International Series de Ballet Spectacular». Co-Fundador de «Añorada Cuba» «Nuestra Cuba» y «Pro-Arte Grateli». Mucho para un sólo Hombre. Todo un Hombre para el Arte.

MARTA PÉREZ

Gran Diva de Cuba. Por todas las rutas del Orbe llevó el alma de la Patria. Cantó en la Filarmónica de La Habana, a los 13 años. La C.M.Q. la consagró Artista Exclusiva. En las Salas de Conciertos más exclusivas del Mundo, su Voz fue un tributo a la Libertad. En el «Metropolitan Opera House», de New York, interpretó «CECILIA VALDES». Y de allí, reservó su talento artístico un Sitio en la «Scala de Milán». En «Pro-Arte Grateli», de que es Co-Directora, ha compartido triunfos y glorias con Demetrio y con Pili.

ANA T. GRANDA

Ranchuelo, Las Villas, fue la tierra que le tocó por cuna. Su Educación Escénica y Musical se meció entre grandes Maestros y en las áreas preferidas de Nueva York, Filadelfia, Saint Petterburg y Palm Beach. Ha merecido Ana Granda Becas que ofrecen la exacta medida de sus excelsas condiciones como Meso-Soprano. Entre ellas, la «Lota Mundi Scholarshop»; la de «Sarasota Music Club Scholarship» y la «Liturgical Arts Guild Scholarship». Gloriosas Compañías de Opera la han contado en su seno, como la de «San Carlo», «Los Angeles», «Gran Miami»; «Saint Pettersburg Civic»; la «Opera Repertory Group» y la de «La Florida». Sus más exitosas representaciones correspondieron a las Operas «Carmen», «El Trovador»; «Madame Butterfly»; «Aida»; «Cavallería Rusticana»; «La Gioconda»; «La Favorita» y «El Barbero de Sevilla». La Crítica Artística cubrió de honores a la eminente cantante que hoy premiamos y los consagrados Maestros que le marcaron rumbos deberán sentir el deleite de una siembra tan hermosa.

DRA. HILDA RUIZ CASTAÑEDA

Nació en La Habana. Cursó su Segunda Enseñanza en el Instituto de La Habana. La Universidad de La Habana la consagra Dra. en Filosofía y Letras.

Fue su Profesora de Música la memorable María Muñoz de Quevedo. Amplió sus Estudios de Dirección Coral en España, con el Director del Real Conservatorio de Madrid. Nuestro Ministerio de Educación la envía a España para cubrir su Especialidad en Canto Coral. Y, así habilitada fundó y dirige el «Grupo Coral Pro Música A Capella». Entre las brillantes Presentaciones de ese Grupo, son de recordar: «Concierto Sacro de Viernes Santo»; «Semana de la Hispanidad, 1975-1976» y la ilustración musical a la Conferencia sobre «Evolución de la Zarzuela en España» Imposible citar siquiera las realizadas al frente del Coro de «Grateli»: «La Viuda Alegre»; «María la O»; «Cecilia Valdés»; «La Gentil de Ayer»; «Grateli cuenta su Historia». Ofreció nuestra premiada de hoy, Conferencia plena de interés, bajo el título de «Ensayo sobre el origen y evolución de la Música en los Estados Unidos».

MERCY FERRER

A los 8 años dedicó a Cuba la Criolla-Bolero «Novia del Caribe», que la C.M.Q. recogió en sus Programas «Voces de Cuba». En el retablo de este Destierro tan largo, Mercy Ferrer es en el Arte como llama votiva de la Fe Cristiana. Autora del Canto de Entrada «Sacerdote y Pontífice», fue esta melodía nota obligada en le recepción de las Dignidades Eclesiásticas. En 1952, la Metro Goldwin Mayer, filmó la película «Los Verdugos del mar», y eligió como tema su Canción «Noche en el Mar», premiada en el Concurso Segundo de la Canción Cubana, y se cantaba en la inolvidable «Tropicana» de los Habaneros. Llegada al Destierro, ha colaborado en todo empeño de Cristiandad y Patriotismo, formando parte de «Pro-Arte Gratelli», como Gerente de Publicidad y Relaciones Públicas, En Septiembre del 76, la Diva de Cuba Marta Pérez grabó su hermosa Plegaria «Gracias Señor» y «Patroncita de Cuba», esta última cantada al inició de la Misa de cada 8 de Septiembre. En la Segunda Convención Teresiana, celebrada en Miami, logró estreno exitoso su Canto «Solo Dios Basta», con letra de las famosas Letrillas de Santa Teresa. (en 1968, invitada por el Dr. Llanos, Chairman Semana Norte-Americana, en Filadelfía, ofreció brillantisimo Recital). Mercy Ferrer ha actuado en Radio y T.V. Ha brindado el regalo de su Arte, en toda obra de Fe y Cubanía, actuando en los Hogares de Ancianos y de Niños Desvalidos.

HORTENSIA COALLA

Custodia devotísima de una época grande del Arte Cubano. Su voz, —una de las más lindas de Cuba Libre—, traslada a la más dulce de las remembranzas a toda una Generación. Nacida en La Habana, —como Cecilia, como María la O—, tuvo por ilustres maestros a Modesto Fraga, Director Banda

Municipal de La Habana, y a Germán Araco, Director del famoso Orfeón de Vizcaya. Lecuona la dejó por siempre a su lado, cuando la oyó cantar «Noche Azul» y «El Vals Triste». Estrenó junto al insigne Compositor: la Opereta «Rosalima», en unión de Miguel Grandy. Al ritmo de las Marimbas de Guatemala y Salvador, popularizo las más bellas obras de Lecuona, en todo Centro-América. En 1930, estreno «El Cafetal» y «El Batey». Y en el Teatro de la Comedia, «Flor del Sitio» y «El Maizal», ofreciendo el re-estreno de «Lola Cruz», «Rosa la China» y «María la O». Hortensia Coalla, que interpretó maravillosamente, también, obras de Pratts, Roig y Anckerman, llevó a cabo Giras inolvidables a través del Continente. Aquí, en el Destierro, que no ha desflorado su gloria, anima a los patriotas y consuela a los ancianos. Y su Voz sigue siendo el pregón, inconfundible y eternal, de una Patria que se nos fue...

DR. ANTONINO HERNÁNDEZ LIZASO

Habanero de cepa. Dr. en Leyes de la Universidad de La Habana. Discípulo de Noemi Benet y de Julián Orbón. Recibió Enseñanzas de Composición y Dirección Sinfónico-Operática de connotados especialistas. Ganador de Dos Becas «Oscar B. Cintas». Fue Jefe Dep. de Música de la Universidad de los Hnos. La Salle, New York. Consultor del «Greater Miami Opera Association» y la «New Jersey Symphonic». Miembro Consultor del Departamento de Cultura de N.Y. Director Musical del Estreno Mundial de la Opera «Las Zapatillas Doradas». Actualmente, Coordinador de la Asoc. Cultural Ciudad de Miami. Dirigió Hernández Lizaso, el Re-Encuentro Cubano 1976, en que se estrenara «El Hombre Sincero», emotivo tributo al Apóstol. Fue Director Invitado Concierto Apertura 1976, en la Filarmónica de Miami. Son de citar, entre sus obras: «Perichoresis»; «Sinfonía»; «Oda Sinfónica Ignacio Agramonte»; Opera «Sancho Panza»; «Misa Folklórica Cubana», y múltiples obras de Cámara. Una de sus Obras Sinfónicas, se guarda en los Archivos de la Colección Fleischer, Filadelfia. Ha escrito sobre Música Cubana en diversos Periódicos de Estados Unidos y Europa.

BERTA ZIMMERMANN

Inició en La Habana su esplendorosa carrera artística, como Profesora del Colegio «Nuestra Señora de Lourdes», impartiendo en dicho Plantel las Enseñanzas de Historia de la Música y Apreciación Musical. Ofreció numerosos Recitales en la Capital Cubana, algunos junto a su Hermana Guillermina Zimmermann, Pianista de alto renombre. Actuó como Solista en las Orquestas Sinfónica y Filarmónica, de esa Ciudad. Ilustró la Conferencia ofrecida por la Dra. Carmen Elena Cruz, con Danzas de Saumell, Cervantes, Marín Varona, Sánchez de Fuentes y Lecuona. Dicha Conferencia versó sobre: «Evolución de la Música Cubana, en el Siglo XIX, hasta los Compositores Semi-Clásicos del XX». Asimismo, ejecutó 14 obras, ilustrando la Disertación de Hilda Ruiz Castaneda, bajo el título de «Evolución de la Zarzuela». En la actualidad es Pianista de «Grateli». La Crítica Artística la ha consagrado como magistral intérprete de Música Clásica y Popular, y emperatriz del teclado.

RENE TOUZET

Graduado de Pianista en el Conservatorio Falcón. Director de Orquesta en sitios selectos Artísticos y Sociales y en la Estaciones de Radio C.M.Q., RHC y COCO. Cuando cerró sus puertas el «Montmartre Night Club», pasó larga temporada en Estados Unidos. La nostalgia de un buen Cubano, lo devolvió a su tierra. Dirigió, entonces, la Orquesta del Canal 2 de T.V., con 45 Profesores contratados por Gaspar Pumarejo.

Las circunstancias desdichadas del Caso Cubano, lo sitúan de nuevo en E.U. Actúa en el Hotel «Waldorf Astoria», de New York; «Chateau Madrid», «Monaco Club» y «El Patio», y en 1964, en el «Hollywood Pavillion de la Feria Mundial.»

Como Artista de Discos ha grabado en RCA Victor; «Fiesta Records» y «Crescendo Records». Fue escogido como Director Musical para el Primer Concierto de Música Latina, en el famoso «Hollywood Bowl», con 40 Profesores.

Entre sus Composiciones, son las más conocidas: «No te importa Saber»; «Cada vez más»; «Me contaron de Ti»; «Anoche aprendí»; «Milagro de Amor»; «Cuando tú quieras»; «Mi Habana... Cuando te vuelva a ver». Ha ofrecido con extraordinaria brillantez múltiples Conciertos y han interpretado sus producciones los más afamados artistas de la época. Entre sus últimas Composiciones, son de citar: «Balada de la Pequeña Habana» y «En el Día de Ayer».

MARA GONZÁLEZ

De la fecunda tierra de Calixto. Graduada en la Universidad de Miami en Especialidad Musical, rindiendo, actualmente, Estudios para la Maestría en ese campo. Maestra de Música y Cantante Escuelas del Condado de Dade. Obtuvo Becas Universidad de Miami 1972-74. Es Miembro Honorario de Phi-Kappa-Lambda Society».

Ha ofrecido Conciertos y desempeñado Papeles Estelares en el «Grupo

Lírico Forum y en la «Sociedad Artístico-Cultural de las Américas», donde interpretó exitosamente «Los Gavilanes»; «La Tabernera del Puerto»; «La Revoltosa»; «La Parranda»; «La del Soto del Parral». Mara ha ofrecido Conciertos en Nueva York, Texas, Puerto Rico y Florida. En compañía del Poeta y Cantante Orlando González Esteva, —hoy su esposo—, fundó el grupo musical «*Nosostros Dos*», que se ha anotado sonados éxitos en Miami y otras Ciudades.

OSVALDO ESTIVIL

La Madre, Esther Díaz Lozano, fue su Maestra y su más dulce inspiración. Le preparó en Solfeo, Teoría y Piano. Fue discípulo de Armonía del gran Musicólogo Cubano Amadeo Roldán. El le proporcionó la base y andamiaje armónico, seguido del tratamiento Orquestal necesario. Como Director de Orquesta, actuó en el «Hotel Nacional» de Cuba, en el Teatro América, Habana, Teatro Martí, y Canal 4 de T.V., Nacional. Director Musical de la Compañía de los Discos Panart, intervino como Arreglista y Director en relación con todas sus grabaciones. Gran cantidad de Long Play, en todas partes del Mundo, llevan su nombre. Cultivador de todos los Géneros Musicales, gusta de soltar la inspiración sin trabas tradicionales. La creación espontánea prima sobre los conocimientos armónicos. Fueron muy populares sus Números, «Yo lo quiero conocer» y la Conga «Mambo Candela», escuchada en varios Continentes. Músicas de altos vuelos fueron escritas por Estivil, como «Nocturno en Do Sostenido Menor» y «Petit Concierto». Compuso, arregló y dirigió, para «Producciones Cinematográficas», siendo por mucho tiempo Arreglista de Lecuona, como en «Lola Cruz», «María la O», y «Rosa la China». Realizó la Orquestación de «La Gentil de Ayer», del Maestro Carballo y la premiada en Cárdenas por Juan J. Remos, «Así Nació nuestra Bandera», de Meluza Otero y Edwin Tolon. Presidió la «Sección de Compositores de la Asnac»; la «Asoc. de Arreglistas Musicales»; la «Federación de Autores y Compositores de Cuba» la «Corporación Musical Cubana de Artistas». Creó y dirigió el Himno de los Artistas que se ejecutó con 200 voces por la Orquesta Filarmónica de La Habana».

SECCION «LEOPOLDO ROMAÑACH»: ARTES PLASTICAS.

TERINA O'BOURKE DE COSSÍO

Graduada de la Escuela Nacional de Bellas Artes de «San Alejandro», donde obtuvo los Primeros Premios en casi todas las Asignaturas. Ha tomado parte en numerosas Exposiciones en Cuba y en Estados Unidos donde su nombre y su obra han sido claves de merecida admiración. En algunas de ellas, efectuadas en Nueva York, obtuvo Medallas de Oro y de Bronce y Menciones de Honor.

Pertenece al exclusivo «Club Nacional de Arte»; a la «Galería de Arte Grand Central» y a la más preciada Galería de Retratos de la Ciudad de Nueva York.

Su especialidad: Retratos de Niños y Cuadros de Flores. A ellos lleva, el candor que conmueve y la Belleza de Natura derramada en pétalos.

Su esposo es el gran Pintor Retratista, Premio «Juan J. Remos», Félix de Cossio.

FRANCISCO CASAS

Francisco Casas es natural de Matanzas, Cuba. Sus primeros contactos con las artes los hace en la Escuela de Artes Plásticas de Matanzas y en la Escuela de Arquitectura de la Universidad de La Habana.

En los Estados Unidos, Casas se dedica de lleno a la pintura abordando el tema del paisaje cubano en toda su grandeza. La luminosidad de los campos de Cuba y las viejas casonas coloniales pueden apreciarse en la mayoría de sus lienzos. No se detiene en el paisaje y va en busca de otros temas, como retratos, figuras, etc.

Ha expuesto en numerosas ciudades de Estados Unidos: New York, Cleveland, Jacksonville, etc., pero es Miami el más vasto campo de su desarrollo artístico como bien dicen las numerosas exposiciones realizadas en Tony's Gallery, Interamerica's Art Gallery, Galería Bacardí, Burdines, etc. También ha tomado parte en numerosas exposiciones colectivas y en distintos eventos artísticos.

Casas ha donado muchos de sus esplendorosos cuadros a Organizaciones Cívicas Patrióticas y Religiosas, en servicio a la Causa de Cuba, a través de sus mejores concepciones artísticas.

ADELFA CANTELLI

Graduada en el Escuela de «San Alejandro» y en la de «Publicidad, Dibujo y Fotografía de La Habana y en la Escuela Nac. de Periodismo «Manuel Márquez Sterling». Participante en la producción e ilustración de Textos Escolares, publicados por «Cultural S.A.» — y Editoriales «P. Fernández» y Cenit. Profesora de Artes del Colegio «El Salvador» y de Segunda Enseñanza en Centros Docentes Puertorriqueños. Dirigió el Departamento de Artes del Magazine Foto-Impresiones, de Rivero y de «Vanidades Continental». Ha ejercido la Crítica Artística en publicaciones diversas. Ha tomado parte en más de 30 Exposiciones de Arte en Costa Rica y E.U. Fue honrada por el Ministerio de Educación de Costa Rica, como la Mejor Maestra de Arte, en 1963. Impresiona el recuerdo de su Cuadro intitulado «MIA», en que un patriota cubano envuelto en la bandera que manchó con su sangre, logra la expresión más cabal del dolor de un Pueblo.

FABIOLA C. NAYA

Hija de Matanzas. Tuvo por Maestro a Eugenio Olivera, de «San Alejandro», donde se graduó en 1945. Rindió Cursos Especiales en la Academia de Bellas Artes «San Carlos», de México. Realizó bellas Ilustraciones de Textos Escolares. Concurrió, en Cuba, a Exposiciones Pictóricas, entre ellas, las del «Lyceum de Matanzas» y de «La Habana», «Círculo de Bellas Artes», «Capitolio Nacional» y «Biblioteca Nac. José Martí». En San Alejandro obtuvo 17 Premios, en Antiguo Griego, Dibujo Natural, Estática y Dibujo Decorativo. En el Destierro, sus Cuadros han contribuido al mayor auge de sus muchas Exposiciones. Es de recordar su bello Cuadro Habanero, evocando el Patio del Palacio de los Capitanes Generales, mojado por la lluvia.

EMMA O. DE LLAMA

Graduada de la «Escuela de San Alejandro». Recibe Certificado de la Academia de Bellas Artes de Filadefia» al completar en ella sus Estudios de Escultura. Igualmente le extienden Certificados, la Academia «Leonardo Da Vinci Art School», de Nueva York, la «Real Academia de Bellas Artes de Roma», al terminar exitosamente sus Tres Cursos de Escultura, y la «Escuela Nacional Superior de Bellas Artes de París». Profesora de Dibujo en la Escuela Primaria Superior N° 1, José Martí, y en la N° 23, de La Habana. Entre sus Esculturas Premiadas, figuran: «Grupo Escultórico El Secreto»; «Madrecita»; Bustos de «José Martí»; «Antonio Maceo», «Simón Bolívar», «Monumento a las Madres»; Bustos «José Luis Robau» y «Delfín Tomasino»; «Dr. Marcelino Weiss» y «Jorge Luis López Ona», emplazados unos, en parques, y otros en Instituciones Cívicas de Cuba. Profesora de Diseño de Modas, con talleres propios. Una Artista cabal al servicio de Patria y Belleza.

MIGUEL ÁNGEL CHAUMONT

Preside en la actualidad, la «Federación de Maestros Cubanos de Bellas Artes». Graduado en la Escuela de «San Alejandro»; Bachiller del Instituto N° 1 de La Habana; Maestro Cívico-Rural de la Escuela Normal Rural «José Martí». Fundador y Profesor Escuela de Artes Plásticas de Piñar del Río. Profesor Auxiliar de Dibujo Pedagógico de la Universidad de Occidente. Amplió sus Estudios sobre Didáctica de Artes Plásticas en la Real Academia de San Fernando. Ha concurrido a más de 15 Exposiciones en Cuba y Florida. Ha recorrido el mundo en sueño de ampliación para sus horizontes Artísticos. Ganador de los Premios: «Centenario de la Bandera Cubana»; «Juan José Sicre».

ARNOLD SERRÚ HIDALGO

Nació en Nuevitas, Camagüey, Cuba.
Graduado de la Escuela Nacional de Bellas Artes «San Alejandro» en Dibujo, Pintura y Escultura.
Posiciones Profesionales:
Prof. «San Alejandro». Escuela «J.B. Alemán». Instituto Tecnológico». «Colegio Regional de Bayamón» Universidad de Puerto Rico. «Miami Dade Community College» Programa Especial.
Monumentos:
Realizó más de quince para parques públicos en Cuba, destacándose «A Los

Marinos II Guerra Mundial» 1952. «Hermanos Delgado» 1954. «Plaza Cívica Marianao» 1955. «Máximo Gómez» y «Juan Delgado» 1958.

Exposiciones:

«Asociación de Artistas». «Círculo de Bellas Artes». «Palacio Municipal». «Capitolio Nacional» y «Palacio de Bellas Artes» en Cuba.

«Cuban Cultural Center», «Kromex Gallery Rockefeller Center» y «Coliseum» en New York. Universidad de Tampa. «Fontainebleau», «Kennedy Library», «99 Gallery», «Bacardí Gallery», «Reencuentro Cubano» y «Gran Logia Caballero de la Luz» en Miami. «Casa de España» y Universidad en Puerto Rico.

Premios:

Medalla de oro y ejecución monumento a Martí, Marianao. Medalla de plata «Círculo de Bellas Artes» Cuba.

Diplomas:

«Conociendo las Americas» NY.

«City Hall» Miami 1971 y 78.

«Lincoln-Martí» Washington D.C.

«Juan J. Remos» Cruzada Educativa Cubana.

«Unesco» Puerto Rico.

Metropolitan Dade Country

«Orden Caballero de la Luz»

SECCION «DR. CARLOS J. FINLAY»: CIENCIAS

DR. GILBERTO CEPERO

Hijo de Remedios, Las Villas. Cursó Estudios Primarios y Secundarios en el Colegio de Belén. Su Carrera triunfal, —la Medicina,— en la Universidad de la Habana. Dedicado a la Especialidad de Oftalmología, presenta uno de los Expedientes más brillantes en esa Rama. Investigación Científica: Oftalmo-Diatermia y Lentes de Contacto. Ex-Presidente de la «Sociedad Cubana de Oftalmología»; Ex-Presidente de la «Asociación de Antiguos Alumnos de Belén»; Ex-Presidente del Club Fotográfico de Cuba; Past Presidente del Club de Leones de La Habana y Gobernador de los Clubes de Leones de Cuba. Se le conoce y admira como el mejor biógrafo del genial Cubano Dr. Carlos J. Finlay. Pertenece Gilberto Cepero a la Legión de eminentes Científicos que hicieron grande la Patria Cubana y nos ofrecen poderosas razones para reconquistar, a cualquier precio, ese Paraíso Perdido. Con su muerte perdió Cuba a un hijo y profesional meritísimo.

DR. ENRIQUE HUERTAS

Imposible seguir su Biografía. Líder por naturaleza: del Estudiantado, en Cuba; de la más alta y militante Representación Médica en el Destierro y en el empeño, irrenunciable, por la Redención de la Patria. Ha sido Huertas, palanca de opinión pública desde que presidió la FEU, dotando y creando; en la constante brega por las Ideales que mejor definen la fuerza de la Juventud; en la lucha vigorosa frente al Comunismo que destruyó la República. Omitiendo, —sin desearlo—, sus servicios y cargos profesionales en la tierra perdida, «Cruzada Educativa» quiere, al premiarlo, señalar sus dos más fecundos trascendentes trabajos en el Destierro: *Primero*: la lucha incesante, en 16 años, como tribuno, escritor, organizador de actos inolvidables; misionero de la

Libertad a través de los 50 Estados de la Unión, América Latina y Europa; Fundador del Banco «José Martí»; denunciante del Comunismo Internacional, logrando la expulsión de la «Asociación Médica Mundial», de la Representación Médica de Cuba Comunista; Disertante ante la «Organización de Cancilleres de Estados Americanos; y *Segundo*: la Fundación, con 87 Médicos Cubanos del «COLEGIO MEDICO CUBANO LIBRE», hoy con 3,050 Miembros, de que es su Presidente. Esa Organización Profesional ha paseado nuestra Bandera por el Mundo y Cuba ha flameado en ella, logrando el Reconocimiento Oficial de las «Asociaciones Médicas Americanas, de Florida, el Condado de Dade, la Panamericana y la Mundial, y de los Centros Médicos mejor calificados de Estados Unidos, Ibero-América y Europa. «El Colegio Médico Cubano Libre» ha realizado Congresos a nivel Internacional en 1971-73-75, 1977-79-81-83. Ha correspondido a su Dirigencia la más brillante tarea Científica, Educativa y Cultural y de Intercambio Médico, lograda en el Destierro. E. Huertas, en San Paulo, Brasil, en la 30 Asamblea de la «Asociación Médica Mundial», fue electo Miembro a la Asamblea General de Gobierno del máximo Organismo Médico del Mundo, distinción, por primera vez recibida por un Médico en Destierro.

DR. JULIO C. PORTELA

Vueltabajero de Nacimiento; Galeno ilustre; Hombre cabal. Cursó la Segunda Enseñanza en las «Escuelas Pías de Guanabacoa». A la muerte de su padre se inicia en un rudo trabajo como Obrero de Desinfección del Dto. de Sanidad y Beneficencia, que después fuera la Secretaría de este nombre. Al ascender, por sus méritos, a Empleado de Oficinas, continúa su Bachillerato y cursa la Carrera de Medicina. Inspirado en las sabias enseñanzas de su Maestro, el Dr. Aballí, se especializa en Pediatría. El amor desmedido por la niñez comienza a encender la llama de su misericordia. Designado Jefe de Servicios de Higiene Infantil de La Habana, alcanzó luego el elevado Cargo de Supervisor Médico de la «Casa de Beneficencia y Maternidad de La Habana», de la que fuera, Director-Administrador, de 1933, hasta la caida de la República, fecha de horror en la que renunciara a su investidura. Enfrentó la infamia Comunista, Prisionero del Régimen en el Dier, Quinto Distrito, Príncipe y La Cabaña.

Al Dr. Portela, orgullo de la Patria, corazón entregado a sus hijos más tristes y débiles, se le premia, especialmente, en esta noche, por su extraordinaria tarea al frente de la «Casa de Beneficencia y Maternidad de La Habana», que transformó moral y físicamente, con la colaboración patriótica e intelectual de su Junta de Gobierno, levantando el decoro y la fe de cuántos bajo la égida de esa histórica Institución, se convirtieron en Ciudadanos a plenitud de Dignidades, sin lastres que arrastrar, ni estigmas discriminatorios que desvanecer. A su entereza al frente de la Benemérita Casa, se debió el Grito animoso del Pueblo, cuando exclamaba en las Paradas de los días grandes: «*Ahí vienen, con su banda al frente, los Muchachos de la Beneficencia*». Ese Grito, estamos seguros, sigue resonando en el alma del Doctor Portela, como su más bello recuerdo de Cuba Libre.

DR. ROLANDO MILLÁS

Bachiller del Instituto de La Habana—Dr. en Derecho de la Universidad de La Habana. Periodista, Agrimensor, Locutor. Estudió, como una Especialidad, «La Influencia del Clima sobre el Hombre». Fue Profesor y Jefe de Cátedra de la Escuela de Agrimensura anexa al Instituto del Vedado. Figuró como Secretario del Instituto de Cartografía y Catastro. Periodista de la C.B.S., en la Ciudad de Miami; Director del Planetarium de Miami. Director de la División Latino-Americana del Museo de Ciencias y Planetarium de Miami. Comentarista de Asuntos Científicos y Especiales. Presidente de la «Academia de Artes y Ciencias de las Américas». Este brillante compatriota constituye un noble homenaje a la memoria de sus eminentes padres, el Astrónomo José Carlos Millás, Director del Observatorio Nacional en Cuba, y la Dra. Isolina Velasco de Millás, bien recordada Profesora de la «Escuela Normal para Maestros de la Habana».

DR. JOSÉ ÁLVAREZ DÍAZ

Eminente Económista.— Hombre público respetado y querido— Profesional de altos quilates. Cubano integral. La Universidad de La Habana lo habilitó con orgullo Dr. en Filosofía y Letras, en Ciencias Comerciales, como Director Mercantil e Industrial y Contador Público. Enseñó «Economía» en las Facultades de Ciencias Comerciales y de Derecho y en el Instituto Superior de Estudios e Investigaciones Económicas de la Universidad, donde desempeñó el Decanato de la Facultad de Ciencias Comericales.

La Administración Pública de Cuba fue servida con extraordinaria capacidad e impecable conducta por Alvarez Díaz, a través de los Cargos de Director General de Rentas; Sub-Secretario Técnico; Presidente del Fondo de Estabilización de la Moneda; Miembro de la Junta Económica de Cuba y Ministro de Hacienda. Sus obras son muchas y admirables. Entre ellas: «Sociedades Anónimas de Cuba»; «Curso de Economía Política; Estadísticas Académicas de los Cursos de Economía Política»; Cuba Geopolítica y Pensamiento Económico; «La trayectoria de Castro»; «La Ganadería Cubana». La mayoría de las Instituciones Económicas y Cívicas en Cuba, lo tuvieron o como Presidente o como Asesor. Esa confianza ha multiplicado sus frutos en el Destierro. A él se debe la mejor defensa de una Patria grande, culta y libre, que él presentó como era en la Cátedra de la Universidad de Miami y en sus fecundas, aleccionadoras obras. Fallecido en hora desdichada, en que requeríamos su talento y su patriotismo.

CONMEMORACION DEL «DIA DE LA CULTURA CUBANA» ENTREGA DEL PREMIO «JUAN J. REMOS 1977— HOTEL EVERGLADES— MIAMI, FLORIDA. 20 DE NOVIEMBRE DE 1977— 8 P.M.

CRUZADA EDUCATIVA CUBANA
"DIA DE LA CULTURA CUBANA"
INSTITUCION DEL PREMIO "JUAN J. REMOS"

El Dr. Juan J. Remos, pronunciando su útimo Discurso.

El Presidente de "Cruzada Educativa Cubana", su Secretaria de Organización y su Primera Asesora, tienen el honor de invitar a usted y a su distinguida familia al acto solemne, conmemorativo del DIA DE LA CULTURA CUBANA, en el que se hará entrega del PREMIO JUAN J. REMOS a los compatriotas seleccionados en 1977, que tendrá efecto el domingo 20 de Noviembre, a las 8 p.m. en el Ball-Room del Hotel Everglade's, Biscayne Bulevard y Tercera Calle, ciudad de Miami, Florida, y en que se dará cumplimiento al siguiente

PROGRAMA

I- Himnos Nacionales de Estados Unidos de América y República de Cuba: María Elena Gayo, del "Círculo de Juventudes Ignacio Agramonte".
II- Invocación a Dios: Rev. Padre Modesto Galofré, Asesor de "Cruzada Educativa Cubana", Premio Juan J. Remos.
III- Palabras de Apertura: Dr. Vicente Cauce, Presidente de "Cruzada Educativa Cubana".
IV- Selecciones Musicales: Soprano Angélica Xiqués, Premio Juan J. Remos, con su propio acompañamiento.
V- Interpretacion poética: Prof. Paúl Díaz, Premio Juan J. Remos.
VI- a- Vals "Crisantemo".
b- Danza "Lola está de fiesta", Maestro Ernesto Lecuona.
c- Danza en "Tres por Cuatro".
d- "Contradanza", Maestro Gonzalo Roig.
Interpretaciones al Piano por Berta Zimmermann, Premio Juan J. Remos.
VII- Presentacion de Premiados y entrega del Diploma de Honor JUAN J. REMOS: Dra. María Gómez Carbonell.
VIII- a- "Es Cuba", del Maestro Gustavo Roig.
b- Romanza de "María la O", del Maestro Ernesto Lecuona.
c- Salida de "Cecilia Valdés", del Maestro Gonzalo Roig.
Interpretaciones por la Soprano María Elena Sánchez Ocejo, Premio Juan J. Remos, acompañada al piano por Berta Zimmermann.
IX- Palabras Finales: Dr. Antonio Alonso Avila.

Actuará de Maestra de Ceremonias la Sra. Margarita Machado, Premio Juan J. Remos.

Miami, Florida, Noviembre de 1977.

Dra. María Gómez Carbonell
Secretaria de Organización

Dra. Mercedes García Tudurí
Primera Asesora

Dr. Vicente Cauce
Presidente

DISTINGUIDOS MIEMBROS DEL EJECUTIVO CENTRAL, EL ORGANISMO TÉNICO Y EL CUERPO DE ASESORES, DE «CRUZADA EDUCATIVA CUBANA»; DISTINGUIDOS COMPATRIOTAS A QUIENES HOY SE OTORGA EL PREMIO, TAN JUSTAMENTE ANHELADO, QUE LLEVA EL NOMBRE PRECLARO DE «JUAN J. REMOS»; PERSONALIDADES Y REPRESENTACIONES QUE ENALTECEN CON SU PRESENCIA ESTOS ESTRADOS; COMPATRIOTAS TODOS; SEÑORAS Y SEÑORES:

Arribamos, otra vez, al «Dia de la Cultura Cubana». Otra vez, por la Gracia de Dios, nos congregamos al conjuro de una excelsa memoria, para exaltar los Valores indiscutidos de la Patria y decir a la América y al Mundo, que un Pueblo que se forjó en el sacrificio y ocupó sitial de honor en el palenque del Progreso y la Cultura Universal, no morirá sumido en la injusticia ni ahogado por la envidia, sino que resurgirá victorioso, rompiendo las brumas espesas de una hora sin parecido, para recuperar, retoñado en sus grandezas, su sitial en la Historia.

A esta Convocatoria de «Cruzada Educativa» ha correspondido siempre, en diez años, la Sociedad del Destierro. Y nada, Señores, conforta tanto el espíritu de los hombres nacidos para servir y para amar, como el saberse dignos del aprecio de los buenos. Y, no podría ser de otra manera. La tribuna de «Cruzada» ha sido a través de quince años, palestra de fraternidad fundamentada en el bien, y en la prédica constante que ha llenado nuestro esfuerzo, no ha cabido ni una sola ofensa ni un solo agravio a Cubano alguno, ni hemos propiciado divisiones ni antagonismos que en el instante de suprema agonía que vivimos, constituyen delitos imperdonables contra la Libertad. Nuestra tarea ha sido siempre ajena a tarifadas propagandas, pregones de vanidad o negociaciones humillantes. «Cruzada Educativa Cubana» se jacta únicamente, Señores, de haber luchado por las causas más altas a que puede darse un hombre: la Cristiandad, la Libertad y la Democracia, tomando como crisol de esas preciosas doctrinas la Escuela Redentora. Y lo ha hecho al sólo servicio de la Nación Cubana, avanzando por un camino erizado de piedras, sin la ayuda, — que ha rechazado en diversas ocasiones— de organismos oficiales y privados, sólo con la humildad de las cuotas de sus afiliados, el sacrificio de sus Dirigencias; con la moneda brillante y limpia de su conducta libre de sombras y sospechas y con el concurso, sí, desinteresado en términos absolutos, de la buena Prensa escrita, radiada y televisada. Quince años en la Patria Libre, supondría una tarea bien distinta. Pero, quince años en el amargo exilio, luchando brazo a brazo con la suerte; operando máquinas en las factorías muchos de nuestros Educadores, otros afanados horas y horas, en comercios, oficinas y talleres, sin bajar la guardia frente a la adversidad y quitando su tiempo al poco descanso y al sueño para luchar frente al Comunismo y en defensa de nuestras Tradiciones, de nuestra historia, de nuestro idioma, de la institución de la Familia, de los valores morales de nuestro pueblo, depositando en nuestras huestes juveniles la esperanza de un esplendoroso porvenir de recuperación, es improba faena que pocos llevan a término. Esta faena exige hombres de espíritu fuerte y manos limpias. El Mensaje memorable que dirigimos al Pueblo de Cuba, el 2 de julio de 1962, fue respetado en todas sus proyecciones y compromisos. No ha habido en nuestro empeño al cumplimentarlo ni debilidad ni cuenta pasada a nadie, ni ansia de vanidad absurda. 'QUE HA SIDO ASÍ, NUESTRA OBRA'.

Al propio tiempo que prestaba «Cruzada Educativa» vigorosa ayuda a cuánto redundare en beneficio de una cabal integración cubana, tomando parte activa en esa movilización cívico-patriótica, y proclamando que la vanguardia para el rescate de la nueva Independencia corresponde a los Cubanos, ha desplegado campaña abierta contra el Comunismo, que ha tomado como campo más propicio el de los Centros Docentes, conspirando contra el Ideario Democrático, confiscando, con disimulo o con desenfado y siempre con notoria diligencia, la Cultura del Hemisferio que, por su Historia y sus Instituciones, parecía ser el «Continente de la Esperanza».

Intelectuales y Educadores, asumirán la responsabilidad imponderable de la consolidación en Cuba Libre de sus Instituciones fundamentales. La vida económica alcanzará en breve tiempo sus niveles normales; la jurídica, hara renacer nuestra perdida personalidad internacional; la política, encontrará su rumbo: sólo la Re-educación constituirá magna tarea en el aula, en la cálle, en la casa, en los campos, en cada esquina. Mayores y Menores, todos están envenenados y extraviados sobre la Isla cautiva por rufianes y mendaces. Y a ese trascendental trabajo debemos todos prepararnos, Apóstoles de una Idea, Maestros que sean «Un Evangelio Vivo».

Como todos los años, estamos rindiendo en estas palabras preliminares fervoroso Homenaje a la pléyade insigne de nuestros Cultores en la República, y muy especialmente al que inspiró en el seno de nuestra Institución tantas nobles batallas, y cuyo nombre glorioso se ha dado al Premio que se otorga con limpieza condigna al empeño, cada 25 de Noviembre, en que quedara instituido por el Pueblo del Destierro, el «Dia de la Cultura Cubana», Ese Homenaje, se hace flor de recuerdo sobre las tumbas de aquéllos que recibieron el Diploma de Honor «JUAN J. REMOS», entre ellos, Arturo Alfonso Roselló, Rafael Guas Inclán, Edgardo Buttari, Juan José Sicre, Emilio Estévez, Ramón Corona, Gabriel Gravier.

Gracias, Señores, a cuántos han hecho posible, una vez más, el éxito de esta Solemnidad; a cuántos viajaron millas y millas para recibir el Premio «Remos», personalmente, calibrando en su gesto la significación que justamente se le atribuye por el nombre que lo prestigia y por la limpieza de procedimiento de aquéllos que lo otorgan; Gracias a los Pintores y Escultores que han instalado sus meritorias producciones, tan sólo por unas horas, en nuestra Sala; a los Artistas, Declamadores y Orador, que han cubierto este Programa de la noche; a la Prensa en general por sus propagandas y reseñas generosas y, finalmente, a esta noble concurrencia que corrobora el interés de tantos por la Libertad y la Cultura Cubanas.

Vibre en el alma de todos, como una incitación, uno de nuestros preferidos lemas:

«HOMBRES RECOGERÁ, QUIEN SIEMBRE ESCUELAS».

Discurso pronunciado por el Dr. Vicente Cauce, el 20 Noviembre de 1977, «DIA DE LA CULTURA CUBANA», Hotel Everglades, Miami, Fla.

SEÑOR PRESIDENTE DE «CRUZADA EDUCATIVA CUBANA»; MIEMBROS DE SU EJECUTIVO CENTRAL, SU ORGANISMO TÉCNICO Y SU CUERPO DE ASESORES; DISTINGUIDOS COMPATRIOTAS A QUIENES EN ESTA NOCHE SE LES OTORGA, EN JUSTICIA, EL DIPLOMA DE HONOR «JUAN J. REMOS»; REPRESENTACIONES Y PRESONALIDADES QUE ENALTECEN ESTE ACTO; COMPATRIOTAS; SEÑORAS Y SEÑORES:

Diez años de distancia en el tiempo, nos separan del Acto memorable, efectuado en esta misma Sala, en que consagramos un SIMBOLO ante los altares de la Patria de todos. Nació junto al Maestro y como un hálito de su grandeza perdurable, el «DIA DE LA CULTURA CUBANA». «A LA UNIDAD, POR LA CULTURA», había proferido Juan J. Remos, en el trazado de un Programa vital que se proyectaría en la LIBERTAD. Y su gesto magnífico y su verbo pleno de resonancias, quedaron prendidos como una esperanza en los ámbitos enrarecidos de este Destierro doloroso y largo. Para materializarlos, recogiendo la encomienda del Mentor, su Lema de Combate y su nombre esclarecido, fue creado por «Cruzada Educativa Cubana», en 1971, el Premio objeto fundamental de esta Velada; Premio que no sólo se concede a los Cubanos consagrados en muy diversas actividades, sino, como el Dr. Remos hubiera indicado, a los Jóvenes y Adolescentes prometidos a la Patria, a la Libertad y a la Supervivencia Histórica.

Nos cabe un honor, irrebatible e irrenunciable: haber mantenido su prestigio con noble y afanoso anhelo, procurando que donde se ubique el blanco Diploma, —sala del Hogar caldeada por las chimeneas del Amor y del Respeto, o rincón de trabajo donde Cuba palpite y decida—, se esparza el aroma de las décadas que cabalgan sobre los horizontes de la Historia, en las que el Hombre llevaba un alma adentro para el ensueño y el Alma, un Hombre adentro, también, para la Dignidad.

La importancia del Premio «JUAN J. REMOS» se evidencia en el movimiento de valiosos intelectuales que llegan de muy lejos para recibirlo, sin intermediarios. Aquí se sientan Cubanos a quienes saludamos conmovidos, residentes en México, Nueva York, New Jersey, Puerto Rico, Texas, Georgia. Y es que aquí, Señores, no se reparten Diplomas, se premian, previo estudio de Vidas y Obras, a Valores positivos de nuestra Cultura Nacional. Cuba es, en definitiva, la premiada y su Escuela Democrática y Cristiana que forjó esos Valores y los mantiene vivos en tierra ajena, como única repuesta a los que han pretendido negar su Cultura y desvanecer, por conveniencia o por envidia, sus preclaras glorias. Y, ahora, a la Presentación de los Premiados, — que, si acaso gravita un tanto sobre la paciencia de todos—, se realiza en una exposición apretada, pero útil, de los merecimientos de cada cual, justificativos del preciado galardón.

¡Ojalá, señores, el próximo Día de la Cultura Cubana fuese celebrado en el Hemiciclo de la Cámara de Representantes!

Discurso pronunciado por la Dra. María Gómez Carbonell.

SECCION «JOSÉ MARTÍ»: LETRAS, EDUCACION, PERIODISMO, HISTORIA.

DR. HUMBERTO PIÑERA

Conferencista y articulista distinguido. Fundador, con Mercedes García Tudurí, de la «Sociedad Cubana de Filosofía». Asesor de «Cruzada Educativa Cubana», en cuya tribuna ha disertado sobre Don Pepe y otros temas de profundo interés histórico y patriótico. Presidió y es miembro distinguido del «Círculo de Cultura Panamericano.»
Dr. en Filosofía y Letras de la Universidad de La Habana. Profesor Titular de Lógica, Teoría del Conocimiento y Estética, en la Facultad de Filosofía del propio Centro. Director del Instituto Nacional de Filosofía y del Instituto Nacional de Cultura. Cursos Especiales para Extranjeros, en la Sorbonne, París. Entre sus numerosas obras, son de citar: «Filosofía de la Vida y Filosofía Existencial»; «Historia contemporánea de las Ideas en Cuba»; «Panorama de la Filosofía Cubana»; «Unamuno y Ortega y Gasset»; «Las Grandes Instituciones de la Filosofía». Entre sus trabajos en desarrollo: «Historia de Cuba», tres tomos; e «Ideas, Sentimiento y Sensibilidad en José Martí». Humberto Piñera, es, y así lo proclamamos, una de las más brillantes y completas figuras de la intelectualidad cubana. (El último libro mencionado, sobre Martí, ya vio la luz).

DR. ALBERTO GUTIÉRREZ DE LA SOLANA

Nació en La Habana. Dr. en Leyes de la Universidad de la Habana, y en Filosofía y Letras de New York University. Publicó en Cuba veinte tomos sobre legislación y jurisprudencia laboral con el título de «El Derecho Social al Día». Profesor del Departamento de Español y Portugués de New York University. Acumuladas experiencias profesorales en Columbia University, Saint John's University y Hunter College en la ciudad de Nueva York. Entre muchos honores recibidos: el Founders' Day Award otorgado por New York University. Fundador, con otros cubanos ilustres, del Círculo de Cultura Panamericano, del cual fue Presidente y actualmente es su Tesorero Nacional. Sus libros más notables: «Maneras de Narrar: Contraste de Lino Novás Calvo y Alfonso Hernández Catá»; «Rubén Darío: Prosa y Poesía»; «Investigación y Crítica Literaria y Lingüística Cubana». Los títulos atrayentes de sus ensayos y artículos llenan páginas. Entre ellos: «José Martí: Prefiguración de su Vida en Abdala y Patria y Libertad»; «Vigencia del Pensamiento Martiano»; «La crítica y la Investigación Literaria de la Diáspora Cubana»; «En Torno al Siboneyismo y la Poesía Cubana Alusiva a la Emancipación»; «Ideas Morales, Políticas y Sociales en Dos Novelas Cubanas del Siglo XIX»; «Novás Calvo: Precursor y Renovador»; «Literatura y Política: Dos cartas Inéditas de Saco»; «Huellas Surrealistas en el Teatro de Roberto Arlt»; «Literatura y Criminalidad: Yago y Celestina», etc. Gutiérrez de la Solana es maestro del ensayo, afinado crítico y cubano de médula. Desde Nueva York, con su esposa e hijo, voló a Miami a recoger su Premio. (Posteriormente, como coeditor con el Dr. Elio Alba Buffill, publicó el libro «Festschrift José Cid Pérez»).

DR. ELIO ALBA BUFFILL

Licenciado en Derecho Diplomático y Consular, y Dr. en Derecho Civil, Universidad de La Habana. Máster of Arts de la Universidad de «Rutgers», New Jersey y Dr. en Filosofía y Letras de la Universidad de New York. Jefe del Departamento de Lenguas Extranjeras de «Carterer College» y Profesor Asociado de Lengua y Literatura Española, en Kingsborough College, Universidad de New York. Entre sus Libros: «Recursos Económicos de Cuba»; «Enrique José Varona, Crítica y Creación Literaria»; «Estudios Literarios sobre Hispano-América»; «Los Estudios Cervantinos de Enrique J. Varona». Elio Alba ha alcanzado, para orgullo de su País, jerarquía académica ampliamente reconocida.

Elio Alba es un trabajador de bríos no concebibles. Ganador del Premio Académico «Foundation Award New York University»— Con la colaboración de Francisco Feito, escribió el «Indice de El Pensamiento. Cuba 1879-1880»— Han sido brillantes sus conferencias sobre «La Avellaneda a la luz de la crítica de Varona»; sobre «Recuento de un 20 de mayo— Martí y la Nación Cubana». Realizó Alba, también, «Un paralelo entre dos Fundadores: Varela y Varona».

Desde 1975 es el Secretario del «Círculo de Cultura Panamericano»— Intervino en el Acto-Homenaje al Dr. Alfredo Miguel Aguayo.

ZENAIDA BACARDÍ DE ARGAMASILLA

Le viene en la sangre el amor a las letras y la devoción por la Patria. En estos tiempos de «seca» en los que el respeto está en huelga y los Principios Tradicionales se desvanecen, significa mucho escribir para un Hijo, recordar a una Madre, enaltecer la Familia como célula de la Sociedad Cristiana. «Mis Temas, —dice Zenaida Bacardí, en su Carta-Curriculum—, son de formación, de hogar, de Cristianismo, de Cuba. Todo aprendido en el camino de la vida, sin Universidad y sin Libros, sacado del Evangelio del Amor, sin mucha Ciencia que alumbre». Por eso, porque ama y enseña a amar, su obra tiene mucho de Dios, Zenaida Bacardí. He ahí, —aparte talento y virtud—, la poderosa razón de este Premio a tan ilustre Cubana. De Ciudad México vino, con parte de su Familia, a recoger, sin Delegados, este Diploma de Honor.

JOSÉ IGNACIO RIVERO HERNÁNDEZ

La letra de molde es glóbulo nutricio en su naturaleza. El abolengo viene de atrás: Don Nicolás y sus «Actualidades»; Pepín, inmortal Caballero de la pluma, y sus «Impresiones»; José Ignacio, y sus «Relámpagos». El Abuelo y el Padre, son Arquetipos del Periodismo Hispano-Americano; pero el Principio Cristiano, la fibra periodística, el rango ético y el valor para mantenerlos, son consustanciales a las tres Generaciones. El «Diario de la Marina» fue palenque y fue fragua, bajo el imperio de los tres Rivero. José Ignacio Rivero Hdez. Director de ese Periódico de faena hemisférica, supo flamear la bandera tras la cual, afirmara el A.B.C. de Madrid, «Van los amantes de la Libertad y de los Postulados Cristianos». Su coraje en la lucha y la trascendencia de su tarea, ponen muy en alto los recios quilates de su Ideal: CUBA LIBRE Y CRISTO EN TODOS. En el destierro tiene dos tribunas: la Radial WGBA, la Cubanísima, y la escrita, «Relámpagos», en «Diario Las Américas».

DR. ALBERTO BLANCO

Uno de los Expedientes Académicos más brillantes de la era Republicana.

Dr. en Derecho Civil y Derecho Público, de la Universidad de La Habana. Profesor Titular, por Oposición, de la Cátedra de Derecho Político, en ese Centro. Fundador y Director de la Revista Trimestral de Derecho Privado. Miembro de la Comisión Codificadora que redactara el Código Civil, en 1940. Presidente del Segundo Congreso Jurídico-Nacional, en 1944. Alcalde de La Habana y Consejero de Estado. Entre sus obras figuran: «Proyecto de Código Civil», en Colaboración; «Curso de Obligaciones y Contratos»; «El Régimen de la Propiedad Privada en Pto. Rico». Actualmente desempeña Cátedra de Derecho, en la Universidad de Río Piedras. Ausente de Miami, recogerá su Diploma el Dr. Cauce.

GUSTAVO GODOY

Hijo del plácido Almendares. Inspirado bardo en cuyo numen logra definidos perfiles la Cultura Francesa. Fue en Francia que salió a la luz su primer Libro de Versos, bajo el título de «Relicario». Sus temas preferidos, como él los califica, son de carácter íntimo, embalsamados de ternura, sujetos a un estilo de clara sencillez. En 1942 traduce al español, en verso, los Poemas de Jean Moreás, intitulados, «Séptimo Libro de las Estancias». En el 49, da a la luz, en la Habana, su Segundo Tomo de Versos: «Semper et ubique». Lo prologa el Poeta Nacional Agustín Acosta. Presidió en Cuba, el «Círculo de Amigos de la Cultura Francesa». En 1960 escapa al Comunismo, plantando su tienda en Miami. Aquí nace su Tercer Poemario: «Horas Furtivas».

DR. ARÍSTIDES SOSA DE QUESADA

Tuvo por Maestra a su propia Madre. Obtuvo los Títulos de Dr. en Derecho Público, Derecho Civil y en Pedagogía, en la Universidad de La Habana. Figuró, a alto nivel, en la vida pública cubana, como Militar, alcanzando el grado de General y como Funcionario Civil al frente de significados Sectores como, Dirección Educ. Civico Rural; Patronato Orientación Infantil; Consejo de Educ., Sanidad y Beneficencia; Bibliotecas Populares. En Estados Unidos, fue Profesor de Literatura Española e Hispano Americana, por ocho años, en «Dana College», Blair, Nebraska. Ha publicado treinta Libros y numerosos Folletos sobre temas Militares, Históricos, Didácticos y Literarios. Poeta Lírico de exquisita sensibilidad, ha recogido sus rimas en «Brasas en la Nieve»; «Ayer sin Fecha»; «Estos...».

LILIA CASTRO DE MORALES

Cursó Estudios en la Universidad de La Habana de «Clasificación, Catalogación, Bibliografía, Referencia y Organización de Bibliotecas», y en la Oficina del Historiador de La Habana, de Paleografía y Archivo. Directora de la «Biblioteca Nacional de Cuba», fue Miembro de su Junta de Patronos e Inspectora General de Bibliotecas y Agregada Cultural, para la Europa Ocidental. Entre sus obras figuran: «Los Ciento Veinte primeros Libros impresos en Cuba»; «Los Cien mejores Libros Cubanos de 1900 a 1950»; «Índice de los Papeles de Bachiller y Morales»; «Diccionario del Pensamiento de José Martí». Obtuvo el Premio «Bachiller y Morales», otorgado por la Asociación de Artistas y Escritores Americanos» y el «Juan Gualberto Gómez», por sus 25 años continuados de servicios al Estado. Fue Secretaria «Comisión Organizadora de Actos y Publicaciones en el Centenario del Natalicio de Martí».

DR. GONZALO GÜELL

Dr. en Derecho Civil de la Universidad de La Habana. Diplomático de Raza, fue Embajador y Presidente de la Delegación de Cuba ante la O.N.U., y ante la O.E.A. Embajador del Grupo Nacional de su País en el Tribunal Permanente de La Haya; Sub-Secretario y Ministro de Estado; Primer Ministro del Gobierno. Condecoraciones Nacionales y Extranjeras han tachonado de honores su vida sencilla, al sólo servicio de la Patria. Ex-Presidente de la Comisión de Relaciones Exteriores del Colegio de Abogados de La Habana; Miembro de la «Sociedad Cubana de Derecho Internacional»; Académico Correspondiente de variadas Instituciones Americanas; Miembro de la Comisión Organizadora y Secretario del Primer Congreso Pan-Americano de Municipios. Podría decirse con legítimo orgullo, que el Dr. Gonzalo Güell, por la elegancia de sus gestos y los fulgores que irradia su obra, es fiel Arquetipo del REPUBLICO CUBANO.

MANUEL RODRÍGUEZ FLEITAS

Nativo de Santa Ana, Provincia de Matanzas, que lo hizo su Alcalde. Primer Secretario del Consejo Provincial de Alcaldes Matanceros. Alto Funcionario del Ministerio de Agricultura a quien se confiara la Reorganización General de Granjas y Escuelas. Interventor del Central Limones entregado por el Gobierno Central a la Universidad de La Habana, cargo en el que se apuntara éxitos tan significativos que le merecieron reconocimiento unánime del Claustro del Alma Mater. En 1960 abandona la Patria. De inmediato se incorpora a la lucha por su rescate. En Girón, doce graves heridas lo pusieron junto a la muerte. De regreso a Estados Unidos, se entrega de lleno a la ayuda de los Cubanos. En el «Refugio» recorre todos los Departamentos en un servicio ininterrumpido a sus compatriotas en desgracia. Allí lo conoce el inolvidable Palmatier, de quien mereció absoluta confianza y a quien recuerda con entrañable cariño. Rodríguez Fleitas, desempeña hoy la Dirección General del Programa para Refugiados en el Gran Miami. Se le premia, en esta noche, en nombre del Pueblo Cubano agradecido. Impedido de asistir a este Acto, recoge su Diploma la Dra. Mª Elena Saavedra, Premio «Juan J. Remos».

DR. JOSÉ MANUEL GUTIÉRREZ

Graduado en la Escuela Normal para Maestros de La Habana, obteniendo, por Oposición, la Beca de Viaje.— Maestro de Instrucción Primaria del Distrito Escolar de La Habana— Profesor de Letras de la Escuela Superior de «Artes y Oficios» de la propia Capital— Profesor de la Cátedra «Mediciones Mentales» de la Facultad de Educación de la Universidad de La Habana.— Decano de esa Facultad. En el Exilio, sirvió, por años, de provechoso enlace entre Graduados Universitarios Cubanos y el Gobierno Federal de Estados Unidos, contribuyendo a la mejor orientación de cientos de Desterrados dentro del Sistema Educativo Norte-Americano.

DR. GERMAN ÁLVAREZ FUENTES

Holguinero de Nacimiento. Dr. en Farmacia de la Universidad de La Habana. Hombre público de indiscutible relieve nacional. Presidió las más prestigiosas Instituciones Benéficas, Asistenciales, Agrícolas, Cívicas y Culturales de Camagüey. Presidente de Honor de la Asociación Farmacéutica Nacional de Cuba. Ministro de Agricultura; Senador de la República. Entre sus obras figuran: «Memorias de un Gran Viaje»; «Discursos Políticos»; «Reforma Agraria»; «Ficción y Realidades» y «Tomas Jefferson» y «Tiempo», con prólogo de Merecedes García Tudurí. Ostenta las más altas Condecoraciones que otorgara su País. Hoy, sirve a la Patria poniendo a sus pies: talento, devociones y muy variadas experiencias.

DR. MANUEL FEBLES MONTES

Cienfuegos, Las Villas, fue su campo de operaciones académicas. En la Universidad de La Habana, obtiene los Títulos de Dr. en Derecho Público, Derecho Civil y en Filosofía y Letras. Ocupa en la República la Jefatura de la

Sección de Enseñanza Superior y Enseñanzas Especiales en el Ministerio de Educación; la Dirección de la Enseñanza y la Sub-Secretaría de Educación. Desempeñó la Cátedra de Estudios Sociales en el Instituto Pre-Universitario del Vedado, Habana. Es Autor de las obras: «Legislación de la Enseñanza Secundaria y Enseñanzas Especiales», en tres tomos, en colaboración con el Dr. Pérez Cabrera; y «Enseñanza Cívica», Libro de Texto para Institutos de Segunda Enseñanza.

DR. FRANCISCO ADOLFO BOCK

Del Grupo Fundador de la «Federación de Estudiantes de Medicina», que presidió dos veces y Delegado a la Asamblea que dió base a la Autonomía Universitaria— Jefe de los Manicatos— Co-Director de la Revista Alma Mater y Director de los Periódicos «El Escolar» y «Caribe». Gran Atleta— Profesor de la Facultad de Medicina. Partícipe junto al Dr. López del Valle, en la Campaña Antituberculosa, creando la Liga de Higiene Social. Organizador de los Campamentos de Verano; Balnearios Infantiles y Parque Juvenil José Martí. Su tarea cumbre: la Dirección del «Instituto Cívico-Militar», creado por el General Batista para amparar y educar Huérfanos de Civiles y Militares. Director y Organizador de las esplendorosas Ciudades Escolares de Ceiba del Agua, Holguín y Matanzas. Vice-Director de la «Casa de Beneficencia y Maternidad de La Habana»; Ministro de Salubridad— Presidente del Club Rotario y del Comité Internacional Rotario. Periodista y Fundador del Colegio Nacional— Asesor de «C.E.C.».

ARMANDO VALLADARES

En Armando Valladares esta noche, como ayer en Miguel Sales, rinde conmovida la «Cruzada Educativa Cubana» el más ferviente tributo a los abnegados Presos Políticos en Cuba. El nombre y el historial de este gran cubano tiene reservada página de honor en nuestra Historia. Armando Valladares fue estudiante de Pintura y Escultura en la Escuela Nacional de San Alejandro. Cursó la carrera de Derecho en la Universidad de La Habana, y a la vez trabajaba para sostener a su familia. Su fecunda obra poética comienza entre rejas, en la más cruel de las ergástulas que ha conocido la América. Su Libro «Desde mi Silla de Ruedas», es, en Verso, perforante y encendido, lo que en la tersa prosa del Apóstol fue «El Presidió Político en Cuba». Estaciones de una nueva Pasión recorridas por él con indescriptible coraje humano. Valladares, torturado, desangrado, inválido por inanición, canta para un Mundo en liquidación de valores, su sangrienta odisea de patriota. Ni ve a su familia, ni sabe de ella. La Polineuritis que sufre por hambre, admite recuperación. El tirano no la permite. Y en una misma silla pretende postrar a la Poesía y al Amor. «Cruzada Educativa» rinde hoy homenaje al Héroe y entrega a su esposa Marta Valladares por conducto de su Sra. Madre, este Diploma de Honor que dirá al ilustre prisionero que no está solo en la noche cerrada de sus martirios.

NICOMEDES HERNÁNDEZ-BLANCO

(De él tenemos que decirlo todo, puesto que nunca ha dedicado un minuto a escribir su biografía). Nació en Gibara, y Holguín se lo robó. No lo quiere, quien no lo conoce. Orador, Poeta engavetador de sus mejores rimas; Profesor de Historia en su Ciudad adoptiva. Proclamado «Ciudadano Ejemplar», por los 27 Concejales del Ayuntamiento de Holguín. Conversador infatigable. Gran Integrador. Cubano de médula. Su obra en el destierro, sin tregua ni cansancio a favor de la Patria irredenta, está dedicada a «Municipios de Cuba en el Exilio», Organización de la que es figura central. (Vive pobre; pero digno. Su culto a los Fundadores de la República y su amor a la Historia de su País, constituyen su mejor acervo.) Entre sus Obras publicadas, es de citar «MENSAJE AL DESTIERRO», donde proclama que «La Discordia en el Destierro es un Plan Comunista y sus Agentes son los que la promueven». Hoy, con su actitud y su conducta salvando del descrédito a tantos Compatriotas insensatos, «Municipalistas todos», acaba de poner a prueba su honradez y su patriotismo.

RICARDO RIAÑO JAUMA

Licenciado en Derecho Consular en la Universidad de La Habana. Graduado de la Escuela Nacional de Periodismo «Manuel Márquez Sterling». Ingresó en el Servicio Exterior de la República en 1934. Cónsul en varios Países de América y Europa. Delegado a las Conferencias de la Unesco, en París, Montevideo y la India.

Entre sus Libros, figuran: «José Ingenieros y su Obra Literaria», prologado por Juan J. Remos; «Mi Viaje a Colombia», prólogo de Germán Arciniegas y «Hombres de Tres Mundos», Prólogo de Orestes Ferrara. Periodista de enjundiosos conceptos, colaboraró en «Diario de la Marina», Habana, y hoy lo hace brillantemente, en «Diario Las Américas», Miami Florida.

PELAYO G. GARCÉS

De la tierra que baña el Mayabeque. Se sintió Maestro e impartía clases, aún antes de iniciar su Carrera de Ingeniero en la Universidad de La Habana. Ofreció a Cuba la fundación de un Centro Educativo, Técnico y Vocacional donde se cursaban disciplinas relacionadas con el campo de los Negocios. Millares de Alumnos encontraron su camino en aquella afamada «Academia Garcés» de La Habana. Cuando se desplomaron las Instituciones Democráticas Cubanas, adelantándose a la Intervención de su Plantel, salió al extranjero y en tierra libre inauguró «Garcés Commercial College», en 1961. Este Centro ha merecido acreditaciones del «State Board de la Florida», «Asociación de Colegios y Escuelas Independientes» y de la «National Association of Trade and Technical Schools», todas de carácter Federal que le permiten brindar a Estudiantes que califiquen la ayuda económica de Estados Unidos. Hace poco tiempo fue declarado por la «Cámara de Comercio Latina», «Empresario del Mes». Y, una Nota sentimental, honda y perdurable: Pelayo Garces fue Alumno—Fundador del Colegio «Nestor Leonelo Carbonell», cuando al frente de la Segunda Enseñanza figuraba el inolvidable, para él y para mí, Juan J. Remos.

DR. JOSÉ A. VILLALOBOS, JR.

De estirpe Mambisa, que él honra con su conducta y su Cubanía. Exponente brillantísimo de nuestras Juventudes. Dr. en Derecho de la Universidad de Villanueva. Graduado en Administración Pública en el Biscayne College, de Miami, y en la Escuela de Derecho de la Universidad de Gainesville. Autor de la Obra «Factores Inconstitucionales de la Ley Penal Retroactiva». Profundo Analista de Asuntos Políticos e Internacionales. Enjundioso Conferencista; Profesor de Derecho Comercial en «Mercy College». Miembro del Colegio de Abogados de la Florida y del Colegio Nacional de Abogados Americanos. Figura, con honor, como Secretario de Organización del «Círculo de Juventudes Ignacio Agramonte».

DRA. ALICIA GODOY

Nativa de Matanzas. Dra. en Filosofía y Letras de la Universidad de La Habana, y graduada, en el propio Centro, en Ciencia Bibliotecaria. En Estados Unidos, cursó Estudios de esa Ciencia en la Universidad de Miami. Actualmente es Jefa del Departamento de Lenguas de la Biblioteca de Miami. Se le confió, en 1975, la Revisión del Proyecto «LEER», de la «Organización de Estados Americanos». Pertenece a la Asociación Americana de Bibliotecas y a la Asociación de Bibliotecas del Dade County.

RAFAEL PENALVER, JR.

Su nombre fulguró como una estrella al terminar su Segunda Enseñanza. El Primero, entre todos los Alumnos en Miami; el Primero, entre los del Condado de Dade; el Primero en la Justa Estatal de la Florida; el Primero, entre los contendientes de los 50 Estados de la Unión. En aquella hora, Cuba era un palpitar de grandezas sobre el Mapa de la tierra acogedora que brindara trabajo, salud y educación al errante Pueblo Cubano. Rafael Peñalver, Jr. continuó victorioso. En 1970, representaba en la «Casa Blanca», la voz más autorizada de los adolescentes y jóvenes americanos. Culmina sus estudios en la Universidad de Miami, Escuela de Derecho, donde obtiene el Título de Abogado. Es Vice-Presidente del «Círculo de Juventudes Ignacio Agramonte».

DRA. ONDINA JULIA ARRONDO

Habanera— Posee los Títulos de Dra. en Pedagogía, de la Universidad de La Habana y de Bibliotecaria en la Escuela Anexa a la Facultad de Filosofía y Letras, del propio Centro. Obtuvo Certificado en Ciencias Bibliotecarias en la «Sociedad Económica de Amigos del País». Desempeñó el cargo de Bibliotecaria en el Departamento de Arte y Música de la Biblioteca Nacional de Cuba. Graduada en el Conservatorio Peyrellade de Profesora de Música. En el Exilio, es Directora de la «Rama Hispánica del Sistema de Bibliotecas Públicas de Miami-Dade» y de las Sucursales de Coconut Grove y Shenandoah. Habla varios idiomas.

SECCION «GONZALO ROIG»: MUSICA, CANTO, BAILE, TEATRO.

MARY MUNNÉ

Nació en Cataluña. Cuando apenas contaba 10 años llegó a las costas de Cuba, para no abandonarlas más. Estudió en el Colegio San Fco. de Sales, Dominó el Ingles y el Frances, para traducir más de cien obras de Teatro, estrenadas algunas en el Principal de la Comedia, Coliseo del que fue Empresaria. A los 17 años, se inició en una Compañía de Zarzuela en el Teatro Actualidades. Se inclinó con decisión, después, al género dramático. Perteneció al cuadro de Actores Radiales de «Crusellas», con carácter exclusivo. En la propia C.M.Q. de nuestros recuerdos, empezó a hacer T.V. en 1951, sin abandonar Radio, Cine y la Escena. Abandonó a Cuba camino del Destierro. Acaba de cumplir 65 años de profesión. Mary Munné es toda una Institución del Teatro Cubano.

ANGÉLICA XÍQUES

Los gloriosos ochenta años de Mary Munné contrastan con los 16 de la más pequeña ganadora del Premio «Juan J. Remos»: Angélica Xíques. Esta brillantísima adolescente es dueña de Premios muy variados y en crecido número, logrados en buena lid en distintas Capitales de los Estados Unidos y en Paises Sur-Americanos. En concursos de Canto y de Talento Artístico la voz privilegiada de Angélica ha tocado el corazón del público. Obtuvo el título de Reina Pan-Americana en la Ciudad de Nueva York, en 1977. Se destacó por su actuación extraordinaria en la Gran Feria Anual del Estado de Texas, en 1976. En ese propio Estado, se ha ceñido verdes laureles en más de veinte justas, poniendo a prueba no sólo su prodigiosa garganta, sino la disposición artística, el dominio de las tablas y una perfecta coordinación de actitudes entre el pueblo y la joven soprano. Domina el Español, el Ingles, el Italiano y el Francés. Su última victoria se produjo en Santiago de Chile. Angélica Xiques, anhelaba cantar en la tierra cubana, y se dijo, «si no puedo hacerlo en Cuba siendo mi tierra, deseo viajar y cantarle a una tierra que haya vencido al Comunismo ateo. Invitada por el General-Presidente viajó a la Patria de O'Higgins. Pueblo y Gobernante la aclamaron y recibieron con profundo cariño: El mismo inmenso cariño conque Cuba Libre la abraza hoy en esta noche de consagración patriotica.

ROSENDO DACAL

Las mansas aguas del Tínima alimentaron su Niñez. La sangre Mambisa le viene, gloriosa del Abuelo Libertador, Francisco Escobar. En Pittsburgh y Ohio, cuaja su formación científica. En Italia y Francia, recibe su espaldarazo de gloria, consagrándose eminente Cantante de Opera. Su voz preclara de tenor resuena en los ámbitos de dos Continentes: Roma y Chicago, Holanda, el Metropolitan Opera y el Carnegie Hall de Nueva York y la Sociedad de Conciertos en el Palacio de Fontainebleu, en París. Finalista en Concurso Vocal en Islas Canarias y Finalista en el Metropolitan Opera de New York. Salió de Cuba al irrumpir el Comunismo y mantiene por donde pasa sus Principios Democráticos y su devoción Patria. Ausente en Alemania donde cumplimenta dos Contratos importantes, recogerá su Diploma Mari-Nieves Ortiz de Ramírez.

ENRIQUE BRYON

Almendares arrulló su cuna. Es Bryon el primer músico que introdujo en Estados Unidos los ritmos de nuestra música folklórica. Inspector de Música del Ministerio de Educación fue comisionado para realizar estudios sobre Bandas Rítmicas en el Extranjero. Inauguró en México la Radio-Emisora XEW. Su nombre aparece grabado en el vestíbulo del Edificio Televicentro de México, junto a los de Negrete, Agustín Lara y otros notables Artistas. Entre sus inolvidables Programas Orquestales figuran: «Danzones de Ayer»; «Canciones Cubanas» y «Buscando Estrellas». La Habana, le premió con la Medalla de la Ciudad y el Círculo de Periodistas de México, con las Palmas de Oro. Recogerá su diploma su hermano Luis Felipe Bryon.

DRA. MARÍA TERESA DÍAZ

Dra. en Pedagogía de la Universidad de La Habana. Profesora de Piano,

Solfeo, Teoría, Composición, Armonía e Historia, del Conservatorio de Música y Declamación de La Habana. Fundadora en Cuba del Conservatorio «Raventós» y luego del Conservatorio «Wagner». Organizadora de Cursillo de Apreciación Musical ofrecido a los Maestros de las Escuelas Públicas del País. Profesora Terapeuta en el Hogar de Perfeccionamiento para Menores Retrasados Educables, inaugurado por la «Corporación Nac. de Asistencia Pública», precisamente bajo la Presidencia de Mª Gómez Carbonell. En el Exilio, rehizo el Conservatorio Wagner, organizando Ciclos de Conferencias sobre Música Hispano-Americana, Recitales, Cursillos y un Seminario Pedagógico en el Conservatorio de su dirección. Rindió tributo a los Estados Unidos en Acto dedicado a la «Música Norte-Americana y su Bicentenario».

MANUEL CAPOTE, JR.

Nació en Marianao, Provincia Habana. Realizó sus primeros estudios en el «Ruston Academy». A los 12 años comenzó sus estudios de Música. Fue discípulo del virtuoso de las cuerdas, Ingus Narus. Obtuvo Beca para la Universidad de Chicago. Privó en él decisiva pasión por la Música, como Cellista. Cursó su Master en Música, junto al célebre Maestro Janos Starker. En 1974, triunfador en diversas justas, ingresó por mérito, en la Orquesta Filarmónica de Miami. Ha tomado parte en Recitales y en Festivales de Música Orquestal y Personal. Del 21 al 30 de Noviembre se presentará como Solista, junto al violinista Bogdan Chruszcz y la pianista Velia Yedra, en Concierto para Violín, Violcello y Piano. La Orquesta será la Sinfónica de North Miami Beach. Todo esto, Señores, con sólo 26 años.

DRA. CARMEN ELENA DE LA CRUZ DE LA TORRE

Dra. en Pedagogía de la Universidad de La Habana. Cursó, por siete años, junto al Maestro Gonzalo Roig, Estudios de Música Cubana y Floklore; y Música Coral con la inolvidable María Muñoz de Quevedo. Completó su brillante carrera con Cursos de Historia y Estética de la Música, Música Folklórica Hispano-Americana y Española. Fue Profesora Titular de Música en la Escuela Normal para Maestros de la Habana. Redactó, con otros cubanos, el Plan de Estudios para la Primera Facultad de Música en Cuba, en la Universidad Masónica, siendo Decana y Catedrática Titular de Pedagogía Musical. Autora de Seis Libros de Trabajo para Escuelas Elementales y para la Normal; Autora de los Mapas Musicales, Monografía sobre presencia de la Música Cubana en la Música Universal. Introdujo en Cuba el Método Audio Visual— Ha realizado Trabajos de Investigación sobre rendimiento Obrero laborando con Música, y la Música como elemento auxiliar en la Educación de Anormales.

MARÍA ELENA SÁNCHEZ OCEJO

Es su voz como la prolongación en el tiempo de aquella privilegiada que llenó una época: la de Caridad Suarez, su progenitora. Fueron sus Maestros, en Cuba: Paul Csonka, y en el Exilio. Oneyda Padilla. Su primera actuación tuvo a «Grateli» por escenario, y por obra «La Corte de Faraón». Su Primer Concierto fue ofrecido en el «Opera Guild». Otros, a pleno éxito, en la Universidad de la Florida. El más reciente, para recaudar Fondos a favor de la Iglesia «Nuestro Divina Providencia». Organizó algunos, con el respaldo de la sociedad del Destierro, en el Auditorium de Miami Beach y en la Universidad de Miami. Intervino en la Comedia de Montaner, «Cecilia Valdés en el Exilio». Una de sus últimas actuaciones fue dedicada a homenajear, en sus Bodas de Oro, al ilustre Maestro Osvaldo Farrés. En breve partirá la victoriosa artista para Venezuela ofreciendo su arte exquisito a la sociedad caraqueña.

ALBERTO BOLET

La Habana siente el orgullo de su Nacimiento. Graduado en el Conservatorio Falcón, a los 14 años. Ganador de una Beca para realizar estudios en Europa. Graduado del Conservatorio Real de Madrid. Solista de Violín en la Orquesta Sinfónica de La Habana, con sólo 14 años. Director de las Orquestas de Gaumont, en París; las Filarmónicas de La Habana, de Bilbao, y de Kern, Long Beach y San Bernardino, en California. Director invitado de doce Orquestas Sinfónicas y Filarmónicas de Inglaterra; cuatro de Holanda; seis de Alemania; dos de Austria; tres de Suecia; tres de Suiza; cuatro de Francia; tres de España; siete de Estados Unidos; 10 de Sur-América; una de Australia; tres de Sur Africa y tres de Italia. Es Profesor de Música de la Universidad Estatal de California. Ha ofrecido notables Conferencias en todos los Países donde ha desarrollado sus actividades. Posee las más altas condecoraciones de América y Europa. Alberto Bolet es gloria de la Patria Cubana. Si su hermano Jorge es el TITAN DEL TECLADO, el es el Coloso de la Batuta, y así lo ha reconocido un Mundo entero a sus pies. Recogió el Diploma su Hno. Ing. Joaquín Bolet.

SECCION DE ARTES PLASTICAS «LEOPOLDO ROMAÑACH»

TONNY LÓPEZ

Uno de los más completos y de más extendida obra entre los Escultores Cubanos. Profesor de la «Escuela Técnica General Alemán». Perfeccionó su Arte en Europa y Estados Unidos. En Cuba, fue autor de un gran Mural, en piedra, que cubría la fachada del Hospital Nacional. En la Universidad de La Habana figuraban sus Bustos de los Profesores Castro Bachiller, Aballí y Valdés Dausá. A lo largo de la Isla, se alzaron sus Monumentos «A las Madres»; al «General Delgado»; a «Moralitos»; al «Gral. Antonio Maceo»; sus notables bronces al Apóstol. En el extranjero, son suyos: los Bustos de Martí instalados en casi todas las Repúblicas Americanas; el de Washington, en «La Casa Blanca»; los Escudos Nacionales en la Antorcha de la Libertad; los Monumentos a «Lecuona»; a «Finlay»; al Cristo, en la Iglesia de San Bernardino; a Andrew Jackson, y a Tomas Jefferson; y la cabeza en mármol del Presidente Johnson, en el Museo de la Florida.

HILDA PARDIÑAS

Dra. en Ciencias Sociales, Políticas y Económicas; Licenciada en Derecho Diplomático y Consular y Dra. en Pedagogía da la Universidad de La Habana. Graduada en la gloriosa Escuela de «San Alejandro». Profesora de la «Escuela del Hogar de La Habana. Artista Ilustradora de Periódicos y de Películas Educativas e Industriales. Son sus especialidades: Retratos al natural; Paisajes; Plumillas y Sketches al Creyón. Ha tomado parte en más de 20 Exposiciones, obteniendo numerosos Premios y Trofeos.

EXPERIENCIA EN LA ENSEÑANZA
Escuela del Hogar de la Habana, Cuba.

Profesora de Arte en los tres años del Plan de Estudios. 1943-1960.
En su propio Estudio, Habana, Cuba. 1952-1959.

EXPERIENCIA EN ARTE COMERCIAL
Artista Ilustradora.
Periódicos «El País» y «Excelsior» Habana, Cuba. 1939-1942.
«Hilglada». Firma de Decoradores Interiores, Habana, 1959-1960.
«Communicable Disease Center» Atlanta, Ga. 1965.
«Colonial Film and Equipment Co.». (Ilustraciones para films Educacionales e Industriales), Atlanta, Ga. 1966-1973.

MERCEDES G. DE NAVARRO

Cursó Estudios Primarios y Secundarios en Camagüey, su Ciudad natal. Desde muy niña el pincel dominaba su mano. Ama el Paisaje donde respira Cuba Libre y recoge sus Edificios Señoriales en un afán de perpetuar su gloria. Ha tomado parte en varias Exposiciones donde sus cuadros han merecido ubicación favorable. Si Camagüey le debe el lienzo sobresaliente de sus Cangilones, La Habana le es deudora de su estupenda Catedral.

En el destierro dio y está recibiendo aun clases con Francisco Casas, con la finalidad de conocer nuevas técnicas y mantener la disciplina del arte pictórico.

Ha presentado exposiciones con:
El Profesor Casas, una vez.
Con CAM-ART, Provincia de Camagüey, tres veces.
Con C.E.P.A. grupo de pintores, por dos ocasiones.

MANUEL RODULFO TARDO

Alumno eminente de la Nacional de «San Alejandro». Catedrático de Dibujo de la Escuela de Artes Plásticas de Matanzas. Presentó sus obras en Exposiciones Nacionales, de New York, República Dominicana, París, Madrid, Tampa y Filadelfia. Es autor de diversos Monumentos Públicos, entre ellos: Mausoleo a «Marinos Cubanos muertos en la Guerra Mundial», Cementerio Habana; Monumento a Leonor Pérez y al Poeta Plácido, en Matanzas; otros, en la Escuela de Pedagogía y Escuela de Arquitectura Universidad Habana. Ha tomado parte en Exposiciones colectivas y personales. Sus Bustos a Martí y Maceo figuran en Newark, Union City, en la Catedral de San Juan el Divino y en la Inmaculada Concepción de Washington. Recogerá su diploma Fe Rozas de García, Premio Juan J. Remos.

ELVIRA COYA

Hija de La Habana. Graduada de la Escuela de San Alejandro con Expediente meritorio. Su primera obra escultórica entre muchas producciones imposibles de citar, fue la «Fuente de Brisas del Mar», ubicada en la Via Blanca, La Habana. Es autora del Monumento en bronce a Arquelio Torres, Ciudad de San Germán; del dedicado al Baptisterio de la Catedral de Ponce, y el ofrendado al «Maestro». En la propia Ciudad esculpió «El Descendimiento», en mármol. Ha dictado Conferencias sobre «El Arte en nuestros Días»; «La Mujer en la Escultura»; «La Escultura y los nuevos medios de expresión» y «La Escultura en la Decoración». Para recibir el galardón de esta noche, ha viajado a nosotros desde Puerto Rico.

Otras obras de Elvira Goya: «La Virgen y el Niño», Capilla Colegio Marista; «La Importancia de Pensar», mujer sentada— Recibió la Escultora Premio en el «Año Internacional de la Mujer», de manos del Alcalde de la Ciudad, Carlos Romero Barceló. Inauguró la Colección *Eclos*, que significa brotar, germinar: 24 figuras de mujer en bronce, oro y granto.

LUCÍA ÁLVAREZ

De la fértil cuenca de «San Alejandro». Cultivó estudios avanzados en el «Centro de Escultura»; «Estudios de Arte» e «Instituto Pratts» de New York. Desempeño por 16 años la Cátedra de Dibujo en la Escuela Primaria Superior N° 5, en La Habana. Algunos, entre sus más notables cuadros, figuraban en el Museo Nacional de Cuba, y la Universidad de La Habana. La Universidad de Tampa ostenta, también, algunos de sus lienzos. Sus obras fueron expuestas en el Museo de Arte Nacional Moderno, en París. Su figura en piedra, «La Antillana» obtuvo Primer Premio en el Museo Nacional, Habana. En su propio Estudio, en Cuba, realizó trabajos en Cerámica, Mármol, Piedra, Madera, Hierro y Bronce, con el proceso de Antorcha y Fundición. Ausente en Nueva York, recogerá su Diploma la Escultora Emma Llama, Premio «Juan J. Remos».

PREMIO ESPECIAL DE FOTOGRAFÍA

JUAN FRANCISCO PARDO

Enamorado del Lente. Ha hecho de su extraordinaria Vocación un Arte y una Escuela. Nació en Morón, Camagüey. Ha dividido su aprendizaje, porque es muy joven, entre Planteles Cubanos y Norte-Americanos. Estableció en Miami su propio Estudio. Ha obtenido en corto tiempo Noventa Premios en diversas Exposiciones de Estados Unidos, ganador siempre del primero o el segundo lugar. En breve logrará su Máster en Fotografía. El público habrá apreciado en la Exposición de esta noche, la singular belleza de sus trabajos.

SECCION DE CIENCIAS: «DR. CARLOS J. FINLAY»

DRA. MARÍA GOVÍN GÓMEZ

Segunda Mujer graduada de Dra. en Medicina y Cirujía, en la Facultad de Medicina de la Universidad de La Habana (1910). Al estallar la primera Guerra Mundial, viaja hacia París como Voluntaria de la Cruz Roja Cubana, soportando largo tiempo los incontables riesgos en la línea de fuego de Verdún. Pasa de allí, al servicio de los Hospitales de París. Obtiene dos Medallas de «Agradecimiento» de la Francia heroica y su designación de Médico de dichos Hospitales. En la Sorbonne toma un Curso de alta Cirujía junto al eminente Cirujano Pascalis. Al regresar a Cuba, la epidemia de Influenza más cruel sufrida por el País, la sitúa en su querido Camagüey. Allí defendió la vida de muchos, aplicando su Método, modificación del de Carrell, para salvar y no amputar brazos y piernas de los dolientes. En La Habana ofrece Conferencias, asiste a Congresos Femeninos, crea la «Gota de Leche» y los Nurserys en los Centros de Trabajo. Gana por Oposición la Cátedra de Bacteriología en la Universidad de La Habana, y forma parte del Claustro de Profesores de la Universidad de la Habana, durante 26 años. En 1960 celebra en el Destierro sus Bodas de Oro con la Medicina. El «Colegio Médico Cubano Libre» la declara «Miembro de Honor». La Dra. que hoy premiamos, guarda su Título de 1910 y un Telegrama suscrito por el Dr. Finlay donde la cita, en su calidad de Decano, para constituir el Primer Claustro de Profesores de la Escuela de Medicina.

ARQUITECTOS ANDY CASTRO Y JOSÉ RODRÍGUEZ

Los dos han recorrido el mismo escabroso camino de estudios y de esfuerzos. Cubanos los dos y Habaneros los dos, nacidos al apuntar el medio Siglo XX. Los dos errantes en suelo ajeno, en reto al Comunismo. Ambos rindiendo las tareas de la Segunda Enseñanza en Miami y obteniendo el Máster en Arquitectura en la Universidad de Gainesville, Florida, llenando con idéntico afán un brillante Expediente en el correr de sus Estudios. Cuando comenzó a proyectarse un Plan de mejoramiento y belleza para la Calle 8 de los Cubanos, en el South West, eligieron para tema de su Tesis de Grado un Proyecto Independiente para satisfacer los requisitos del Programa de Maestría de Arquitectura de la Universidad. Ese Proyecto se ajustaría a la necesidad de coincidencias entre el Urbanismo y el carácter de los que habían de convivir en un mismo Barrio. Procuraban que el orden esablecido produjera un impacto en el ordenamiento social, económico y cultural de una parte de un Pueblo en éxodo. La «Vida de la Calle», influyó en la obra. La Ciudad de Miami no consideró el proyecto; pero la Universidad aceptó el mismo como motivo de Tesis y el propósito de dos Cubanos jóvenes cuajó en victoria: la de un Barrio como concepto social de la vida Urbana y la expresión de Valores Culturales que requería la Calle Ocho de los Cubanos. La Tesis alcanzó la más alta Calificación. Andy Castro y José Rodríguez, han expuesto la Maqueta que recoge su Proyecto en la Exposición de esta noche.

MARÍA ANTONIETA PRÍO TARRERO

Nieta de Libertadores. Hija de un ilustre Ex-presidente de la República de Cuba. Nació en La Habana. Logró su Máster en Psicología Clínica en la Universidad de Miami, donde, en breve, presentará su tesis doctoral. Licenciatura y Primer Premio del Departamento de Sociología de la Universidad Católica de Washington. Realizó Estudios adicionales en las de Madrid, Lausanne en Suiza, y Sophia en Tokio. Participó en Proyectos de Investigación, ganando el Premio de la «Fundación Nacional para la Ciencia». Fue Aprendiz en el «Centro de Psiquiatría para Niños» y en el «Hospital de Veteranos de Saint Pettersbourg». Se especializó en Consultas Comunitarias y Psiquiatría Administrativa, en el Centro de Salud Mental de la Universidad de Yale. Rindió servicios en la Asociación de Dade a favor de Retrasados Mentales. El 1º de Noviembre tomó posesión del Cargo de Directora de la «Clínica Hispana de Orientación Familiar». Antes, había desempeñado el de Instructora del Departamento de Psiquiatría y Psico Terapeuta, y el de Director Asociada del Programa de Alcoholismo. María Antonieta Prío, es motivo de orgullo para la Patria Cubana.

CONMEMORACION «DIA DE LA CULTURA CUBANA»— ENTREGA DEL PREMIO «JUAN J. REMOS» 1978— VIERNES 24 DE NOVIEMBRE DE 1978, 8 P.M. HOTEL EVERGLADES, MIAMI, FLORIDA

CRUZADA EDUCATIVA CUBANA, INC.
POR CUBA Y LA REHABILITACION
DE SU ESCUELA CRISTIANA Y DEMOCRATICA.

El Dr. Vicente Cauce, Presidente de "Cruzada Educativa Cubana"; la Dra. María Gómez Carbonell, su Secretaria de Organización y la Dra. Mercedes García Tudurí, su Primera Asesora, tienen el honor de invitar a usted y a su distinguida familia, al Acto Solemne conmemorativo del "Día de la Cultura Cubana" en el que se hará entrega del Premio "Juan J. Remos" a Organizaciones y a ilustres Personalidades que tendrá efecto el viernes veinte y cuatro de Noviembre, a las 8 p.m., en el Hotel Everglades, Ciudad de Miami, Florida y en el que se cumplimentará el siguiente

-P R O G R A M A-.

- I- Himnos Nacionales de Estados Unidos de América y República de Cuba.
- II- Invocación a Dios: Monseñor Agustín Román, Vicario General de la Diócesis de Miami.
- III- Palabras de Apertura: Dr. Vicente Cauce, Presidente de "Cruzada Educativa Cubana."
- IV- a) "Las Seis Provincias", de Gustavo Roig: María Ciérvide acompañada al piano por el Compositor Mario Fdez. Porta.
- V- Entrega del Premio "Juan J. Remos" 1978. Presentaciones de los Premiados a cargo de las Doctoras María Gómez Carbonell y Florinda Alzaga Loret de Mola.
- VI- a) "Canto a Cuba", de Gustavo Roig: Tenor Lírico Armando Rodríguez; b) "Divina" del propio autor: Soprano Lírica Blanca Varela; c) "Linda Cubana" de Gustavo Roig: Canto y Piano Mario Fdez. Porta; (d) Duo de Cecilia Valdés: obra cumbre del Maestro Gonzalo Roig: Soprano Lírica Blanca Varela y Tenor Lírico Armando Rodríguez, acompañados al piano por el Maestro Luis Carballo.
- VII- Discurso final del Acto: Dr. José M. Angueira.

Director del Programa: Profesor Paul Díaz, Primer Actor de la Escena Nacional.

NOTA: LA PROGRAMACION MUSICAL DEL ACTO ES TRIBUTO DE "CRUZADA EDUCATIVA CUBANA" AL INSIGNE MAESTRO GONZALO ROIG.

CUBANOS ILUSTRES QUE HONRAN ESTA SOLEMNIDAD; ENTRAÑABLES COMPAÑEROS Y AMIGOS DE «CRUZADA EDUCATIVA CUBANA»; COMPATRIOTAS; SEÑORAS Y SEÑORES:

Avanzamos, de manos del Ideal de Patria Libre, entre las sombras que a tantos aprisionan, detienen y acobardan. 'Nosotros nos fundamos, hace ya diez y seis años, sólo para servir a Cuba'. Y nada que no sea su Libertad, sus Dignidades, su Soberania, nos mueve hoy ni determinará manana. En los inicios de la gran tarea, en 1962, hicimos públicos, teniendo a honor *Ser Cristianos, Ser Cubanos y Ser Maestros*, los Principios esenciales que normarian nuestra conducta en el Destierro, como, también, la actitud inquebrantable a adoptar en la República Independiente en aras de la definitiva consolidación de las Instituciones Democráticas que nos legaran Precursores y Fundadores. Ninguno de esos Principios ha sufrido mengua ni deterioro a través de más de tres lustros. Acaso, podríamos afirmar, muy al contrario, que «Cruzada» se ha acrecido frente a la indiferencia y ligereza de muchos, el aprovechamiento que debilita el carácter de tantos y la claudicación que a tantos denigra y prostituye en esta hora decisiva de la Historia de la Humnidad.

Consideramos, por ello, preciso, acorde con ese comportamiento, el reiterar en este Undécimo Aniversario de establecido el «DIA DE LA CULTURA CUBANA», con motivo de la celebración de las Bodas de Oro con la Enseñanza del ilustre Maestro «JUAN J. REMOS», que nos mantenemos de pie e inflexibles contra toda acechanza que teja el tirano de Cuba; contra todo Dialogo pordiosero con el Liberticida; contra todo acomodo miserable que estorbe o perjudique la lucha abierta por la Redención Patria; contra toda penetración de los Adoctrinadores Comunistas en los Centros Docentes de Estados Unidos y del Hemisferio; por la irreductible defensa de los Valores Espirituales de la NACIÓN y por la NO NEUTRALIDAD DE LA CULTURA, porque ella si fuere Neutral, dejaría de ser Instrumento de la Libertad y baluarte de la Dignidad del Hombre.

La NACIÓN CUBANA vive y palpita en sus Valores Espirituales. Hemos perdido el Estado Político entre las garras feroces de las Comunas; hemos abandonado, por miles, el suelo prodigioso que nos viera nacer y sostenemos que tan sólo lograríamos enfrentar un adverso destino histórico, si salváramos esos Valores, resumidos en sus Tradiciones, en su gloriosa Historia, en su rico y dulce Idioma y en su Cultura Autóctona. Y ese inestimable Tesoro, Señores, es el que estamos defendiendo abrazados a la Patria, cuando cada años nos reunimos para conmemorar el «DIA DE LA CULTURA CUBANA», gritando al Mundo que aquella diminuta Isla del Caribe era la avanzada Cultural de la América Latina y ejemplo a seguir, en muchos órdenes, — ahora lo hemos aprendido bien—, por los Países más civilizados y desarrollados del Orbe.

Luego de estas palabras, necesarias en el instante de encogimiento y deserción que sufre el Mundo, deseamos trasladar a cuántos comparten con «Cruzada Educativa» esta noche de aliento y de esperanza, el Acuerdo adoptado por su Ejecutivo Central en fecha reciente, de honrar con la creación de un Premio extraordinario cuyo alcance y precisas condiciones recogerán Bases adecuadas que serán publicadas oportunamente, la egregia personalidad de un gigantesco Cubano, cuyo primer Centenario de muerte será conmemorado en Marzo de 1979: el Nacionalizador y Estadista esclarecido, Historiador insigne y glorioso desterrado que se llamara JOSE ANTONIO SACO. A su prédica regada por dos Continentes como semilla provisora, nos vinculamos, juntándonos; hacemos nuestra su Doctrina de inconfundibles perfiles Nacionalistas. José Antonio Saco, decía convencido de su misión sustantiva y en derroche de su gloriosa altivez cívica: *«Si Cuba no fuera Cubana, me quedaría para siempre un sentimiento secreto de no haber podido crear su Nacionalidad»*. Así, con estas palabras, respondemos a cuántos pretenden desviar o ensombrecer los destinos históricos de nuestra Patria: 'CUBA INDEPENDIENTE Y SOBERANA, IDEAL POR EL QUE LUCHARON, SIN CONCESIONES NI DEBILITAMIENTOS Y POR TODO UN SIGLO, LOS ESCLARECIDOS FUNDADORES DE LA REPUBLICA'.

Junto a la Presidencia de este Acto figura una Plumilla del inmenso Bayamés, que hoy evocamos, realizada por el Pintor David García Terminel a quien sera entregado en esta noche el Diploma de Honor «JUAN J. REMOS». Al generoso compatriota llegue, con estas expresiones, el reconocimiento de todos mis presididos.

En el «DIA DE LA CULTURA CUBANA», exaltamos, con orgullo, la memoria de preclaros compatriotas que alumbraron con sus antorchas los pedregosos senderos de los Siglos XIX y XX. A ellos pedimos que inspiren nuestros actos, que fortalezcan nuestro Ideario de Libertad y Cultura, que ayuden a devolver al Pueblo Cubano a sus cauces institucionales democráticos.

Discurso del Dr. Vicente Cauce al declarar abierta la solemne sesión.

DR. VICENTE CAUCE, PRESIDENTE DE «CRUZADA EDUCATIVA CUBANA»; COMPAÑEROS DE LUCHAS DE LA AMADÍSIMA INSTITUCIÓN; PERSONALIDADES Y REPRESENTACIONES QUE ENALTECEN ESTE ACTO; COMPATRIOTAS; SEÑORAS Y SEÑORES:

En mi carácter de Secretaria de Organización de «Cruzada Educativa Cubana», doy comienzo, como reza el Programa de la noche, a las PRESENTACIONES de Instituciones y Personalidades a quienes se entregará el Diploma de Honor «JUAN J. REMOS», Año 1978. Cooperadores valiosos en el empeño que supone y significa esa entrega, serán: la Dra. Florinda Alzaga y Loret de Mola, Miembro brillantísimo del Organismo Técnico de «Cruzada»y un estimado y bien querido colaborador en nuestras tareas culturales y patrióticas, el Dr. Eduardo Arango y Cortina.

A partir de 1971 en que fuera creado el Premio quizás más ansiado en el destierro, hemos estimulado y exaltado la Cultura Cubana a través de casi 400 Intelectuales y viente y cinco Instituciones. Con ellos, se ha como construido una atalaya espiritual capaz de resistir las fuerzas oscuras del materialismo y la ambición. Somos ya una Gran Familia en función de seguridad y supervivencia histórica. El Titular de esta Casa, en las palabras preliminares del Acto, reafirmó los Principios Eticos, Sociales y Patrioticos que nos sirven de fundamento, a partir del 2 de agosto de 1962. 'Hoy braceamos desesperadamente en un torbellino de pasiones infecciosas'. Y precisa, apretarnos, por los destinos de la Humanidad y el recobramiento de la Patria avasallada, en hora terrible de desorientación y de miserias. No concedamos jamás razones a los que pregonan sectariamente, y lo publican sin rubor, que son los Intelectuales vampiros del Ideal de la Libertad y de la Dignidad Humana. Estas pobres y breves expresiones de fe y confianza aspiran a llegar a todos y a cada uno de los que en su día se incorporaron a nuestra Casa, acogiéndose a sus Postulados y compartiendo su Credo. Estamos tocando a las puertas del Caos y éste precederá al Juicio Final. 'Juntémonos, Cubanos, para salvar del siniestro el Patrimonio Moral de los que forjaron la República Libre'. Y, ahora, Señores, a cumplir nuestro cometido. (Breves palabras de Mª Gómez Carbonell, al iniciar la Presentacion de los Premiados de la noche.)

Breves palabras de Mª Gómez Carbonell, al iniciar la presentación de los premiados de la noche.

LA ASAMBLEA HONRÓ, PREMIÁNDOLA, A LA «SOCIEDAD CUBANA DE FILOSOFÍA».

SOCIEDAD CUBANA DE FILOSOFÍA (EXILIO).— Hace más de dos décadas, la Sociedad Cubana de Filosofía, fundada en 1946 por un grupo de entusiastas devotos de los estudios filosóficos, suspendió sus actividades y guardó silencio, con motivo de la conculcación sufrida por la libertad de nuestra patria. Sus miembros se dispersaron por el mundo, y el espíritu de la Sociedad se unió al éxodo.

En enero de 1977, desde tierras de exilio, algunos de los antiguos miembros de la Sociedad Cubana de Filosofía, y otros amigos más recientes, consideraron llegado el momento de reanudar las actividades filosóficas interrumpidas en Cuba, tratando de mantener los mismos propósitos que la animaron entonces.

Comenzaron sus sesiones públicas el 21 de mayo de 1977, iniciándose la celebración de un ciclo de conferencias sobre el P. Félix Varela, recogiéndose posteriormente éstas en un libro titulado «Homenaje a Félix Varela», publicado por Ediciones Universal.

Durante siete años la Sociedad ha mantenido su elevado ritmo cultural, desfilando por su tribuna los pensadores más distinguidos del Exilio. La Junta de Gobierno que actualmente dirige la Sociedad está compuesta por Mercedes García-Tudurí, Humberto Piñera, Marcos Antonio Ramos, Ariel Remos, Rosaura García-Tudurí, Máximo Castro, Francisco Izquierdo, Dionisio de Lara, Alberto Martell y Emiliano Machado, siendo su Presidente y su Vice-Presidente de Honor los Obispos Monseñor Eduardo Boza Masvidal y Monseñor Agustín Román.

SECCION «JOSÉ MARTÍ»: LETRAS, PERIODISMO, EDUCACION, HISTORIA.

DR. LEVÍ MARRERO

Estamos premiando, Señores, en el Dr. Leví Marrero, a una de las más recias y completas personalidades de la Intelectualidad Cubana. Científico, Historiador, Economista, Geógrafo mundialmente reconocido, Profesor y Periodista, su profusa obra cubre variados y fundamentales sectores de la Cultura General. Dr. en Filosofía y Letras de la Universidad de La Habana de la que fuera Profesor, ocupó en su País y fuera de él cargos docentes de la mayor responsabilidad. Sus obras no pueden siquiera mencionarse. Descuellan entre ellas: «Historia Antigua y Medioeval»; «Geografía Elemental de Cuba»; «Geografía de Cuba», Premio de la Sociedad Colombista Pan-Americana en el Concurso Conmemorativo del Centenario de la Bandera Cubana; «La Tierra y sus Recursos»; con 23 Ediciones; «Elementos Geográficos de la Economía Cubana»; «Viajemos a América»; «Viajemos al Mundo»; «El Agua, un recurso en peligro»; «Cuba: la forja de un Pueblo»; «Visión Geográfica de Cuba». A partir del 72, editó los 6 primeros Volúmenes, — el 7° y 8° están procesándose en Barcelona—, de una obra sustancial, de estudio y consulta: «CUBA: ECONOMIA Y SOCIEDAD». Hoy, al conmemorar el «Dia de la Cultura Cubana», honra Leví Marrero, a toda autoridad, las medallas de la Gran Orden de Céspedes, y la de Andrés Bello, que le otorgara, respectivamente, su Patria, y la de Simón Bolivar en días felices de solidaridad pan-americana. El Dr. Marrero, residente en Puerto Rico ha venido hasta Miami, para recoger su Diploma.

DR. OCTAVIO R. COSTA

De buena cepa Vueltabajera. Dr. en Derecho de la Universidad de La Habana. Periodista, y abogado. «Diario de la Marina» recogió sus primeros frutos intelectuales, y después, los diarios y revistas de mayor circulación en Cuba. Brillante Conferencista. Autor de Obras fundamentales, como «Emeterio S. Santovenia, Historiador y Ciudadano»; «Diez Cubanos»; «Antonio Maceo, el Héroe»; «Juan Gualberto Gómez, una vida sin sombras»; «Manuel Sanguily, Historia de un Ciudadano»; «Rumor de Historia»; «Suma del Tiempo y Hombres y Destinos». La Academia de la Historia, premió sus Libros sobre Maceo y Juan Gualberto Gómez. Su trabajo de ingreso en la benemérita Institución, se intituló: «Perfil Político de Calixto García». (Al desplomarse la República, preparaba tres Libros: «Ser y Quehacer»; «Imagen y Tarea» y «Escala del Espíritu»). Periodista de rango fue coordinador en el Diario de la Marina, y Director de «El Pueblo», hasta 1º de Enero 1959. En San Antonio de Texas dirigió La Prensa, y en los Angeles, es columnista de la Opinión donde redacta su leida Sección «Instantáneas». Profesor de Historia y Literatura Española y la América Hispaña por once años en Mount Saint Mary's College y por cinco en California State University. España le otorgó la Orden de Isabel la Católica, recibiendo, también, la Orden de Rubén Darío y la Orden Nacional del Aguila Azteca. En 1978 gana el Premio «Sergio Carbó», instituido por los Rotarios Cubanos Exiliados que tuvo por tema: JOSÉ MARTÍ.

DRA. GEORGINA OBRADOR DE HERNÁNDEZ

Ciego de Ávila, Camagüey, meció su cuna. Cursó estudios secundarios en el Instituto de Segunda Enseñanza de Camagüey, granduándose de Dra. en Pedagogía en la Universidad de La Habana. Ejerció como Profesora en la Escuela Normal para Maestras de Camagüey. Hizo su Máster en Arte en la Universidad de Albany, N.Y., siendo por trece años Maestra de Español en Estados Unidos. Figuran entre sus obras publicadas: «Humo del Tiempo», Libro de Versos; «Guajiritos», relato de una Maestra Rural; «Granitos de Azúcar», Libro de Cuentos Infantiles y «Granitos de Sal», Cuentos para Adultos. Su Tesis Doctoral en Cuba fue publicada bajo el título de «Problemas vitales de la Adolescencia. El conflicto aparente entre Feminismo y Feminidad». Obtuvo Placa de Honor en Concurso convocado por el Municipio de Matanzas, siendo premiado su Poema «Romance de la Guitarra y el Palmar», y el Premio «Jorge Mañach», Municipio de Sagua la Grande, a su Poema «Salve, Patria». Su notable Novela «CUADRÁNGULOS», recien-editada, ha merecido los más entusiastas elogios.

DR. ALBERTO J. VARONA

Nació en La Habana. Estudió el Bachillerato en Ciencias y Letras en su viejo y primer Instituto, y se hizo Dr. en Derecho en la Universidad de La Habana. Ya desterrado, en 1959, hizo el Máster en Artes, Literatura Española e Hispano-Americana y el Doctorado en Filosofía y Letras, en la Universidad de Miami. Sirvió con eficiencia la Abogacía y la Administración Pública. Fue electo Representante a la Cámara por la Provincia de Oriente. Instructor de Español en el «Hamilton College», Clinton, New York, y Profesor de Español en el «Wells College», de New York. Entre sus libros son de mencionar: «Cuba ante el Mundo», 1960, primera obra de acertado diagnóstico sobre el Castro-Comunismo que acusa al Régimen de violador de Derechos Humanos, Comunista y Totalitario y «FRANCISCO BILBAO, Revolucionario de América», Biografía del ilustre chileno. Varona ganó el Premio «Ricardo Dolz» otorgado por la Facultad de Derecho de la Universidad de La Habana a los nueve mejores Estudiantes graduados, cada año: y el Premio «John Barret», concedido anualmente por la Universidad de Miami, a la mejor Tesis sobre asuntos Hispano-Americanos e Interamericanos.

«Profesor Emerito» (1983), concedido por «Wells College» después de vida Académica consagrada a la Enseñanza del Español, como LENGUA Y de su Literatura. Conferencias sobre «José Martí en Ismaelillo» y en sus «Versos Sencillos», (1976) y «La Angustia Existencial en sus Versos Libres». Cuadernos de Cultura Popular, con prólogo del Dr. Luis Gómez Domínguez— Cargos desempeñados: Abogado de Oficio Audiencia de Oriente; Profesor Derecho Penal y Criminología, Universidad de Oriente; Jefe Oficina Provincial de Trabajo, en Oriente; Director General de Trabajo, Habana; Miembro Cámara de Representantes; Instructor como Profesor de Español y de Literaturas Hispánicas, Hamilton College, Clinton, New York; Instructor, Profesor Asistente y Profesor Asociado, Hamilton College, N.Y.

Casado con la Sra. Gladys M. Varona de cuyo matrimonio nacieron dos hijas: Gladys María Varona Lacey y Elena Varona.

DRA. ALICIA BARRIONUEVO

Nativa de La Habana. Bachiller en Ciencias y Letras del Instituto de La Habana. Dra. en Pedagogía de la Universidad de La Habana. Bachelor en Educación de la Universidad de Miami. Máster en Educación de la «Florida Atlantic University». Especialista en Educación y Psicólogo Escolar en el «Barry College». Profesora de Literatura Española en San Juan de Puerto Rico. Maestra de Estudios Sociales y Español y Consejera Escolar del Shenandoah Junior High School, de Miami. Publicó en 1976 una Serie de trabajos dedicados a los padres de habla española, residentes en Estados Unidos, intitulada «Niños y Adolescentes, Compréndalos mejor». En dicha Serie figuraban los siguientes Capítulos: «Valores del Adolescente Cubano y sus Conflictos de Adaptación»; «El Niño que no aprende»; «Problemas de Disciplina en el Niño y el Adolescente»; «El Adolescente Triste»; «El Adolescente hijo de divorciados»; «El Niño Tímido»; «Miedos y Fobias en Niños y Adolescentes»; «El Adolescente que se aburre». Alicia Barrionuevo que fue Profesora de Mecanografía, Taquigrafía y Redacción en la Escuela de Comercio del Instituto Cívico-Militar de Ceiba del Agua, fue seleccionada como una de las diez Mujeres más distinguidas de 1977 por el «Cuban Women's Club de Miami».

DR. LUCAS LAMADRID

Cubano. Abogado graduado en la Universidad de la Habana en 1940, ejerció intensamente su profesión en Cuba, desempeñando simultáneamente un cargo de Oficial del Servicio Jurídico—Militar hasta 1959 en que, retirado del servicio activo en el Ejército, y anticipando la catástrofe política de la República, se exilió en los Estados Unidos de América. En el exilio ha sido Investigador Privado (1960-61) en Miami, Florida; Profesor de Español (1962-63) en New Iberia, Louisiana; y obrero y supervisor industrial, en Miami de nuevo, hasta su retiro definitivo en 1983.

Paralelamente a estas actividades, ha cultivado creativamente la Literatura desde su adolescencia, preferentemente en los campos de la poesía y el cuento breve. Figura en el Libro de la Poesía Cubana (1936) de la Sociedad Hispano-Cubana de Cultura, de la Habana. Ha publicado tres tomos de poesía: MADRÉPORAS (1935), CANTOS DE DOS CAMINOS, ANTOLOGIA MÍNIMA (1977), y CANTOS DE LA TIERRA Y EL HOMBRE (1983). Obra suya aparece en varias ediciones conjuntas y en multiples revistas literarias de Estados Unidos, España y Latinoamérica.

En los últimos años eventualmente ha hecho también crítica bibliográfica y periodismo de orientación en temas locales, nacionales e internacionales.

ESPERANZA RUBIDO
(Grupo Juvenil)

La Villa de Pepe Antonio saludó su llegada al mundo. En la plenitud de esa vida rigen su labor dos Ideales, sin precio, la Patria y la Belleza. Representa Esperancita a una Juventud apta para recoger la antorcha y seguir el camino. Estudiante de Filosofía y Letras de la Universidad de Miami, trabaja muchas horas al día como Secretaria Médica. En 1976 sacó a la luz su primer Libro de Versos, intitulado «Más Allá del Azul», prologado por la Poetisa

Ana Rosa Núñez, obra que recibió la Crítica acogedoramente. Prepara tres Libros más: «Al filo de España», «Sin Ventanas» y «Tres Voces para un Camino». Fue ganadora de dos Primeras Menciones de Honor, (Premio Literario Mañach), con los «Patria» y «Nueva Geografía». «Cruzada Educativa Cubana» que la cuenta en las filas del «Círculo de Juventudes Ignacio Agramonte», al ofrecerle el Diploma «Juan J. Remos», repite en esta noche con Eugenio Florit: «Nos gustan tus Poemas, Esperanza Rubido, se te salen del alma, sin hacer ruido». Muchos de esos Poemas han sido incluidos en la «Antología Poética Hispano-Americana», editada en Argentina.

ARMANDO ESCOBEDO
(Grupo Juvenil)

A los catorce años llegó al destierro y desde entonces, trabaja y estudia. Terminada la Segunda Enseñanza, recibió en la Universidad Internacional de la Florida el Título de Bachelor en Artes y en Español, Centro Docente que lo declara el más destacado Estudiante y uno de los primeros en la Facultad de Ciencias y Letras. Cursa, en la actualidad, estudios para alcanzar el Máster de Artes en la Universidad de Gainesville, Florida, donde ya enseña Español. Es Miembro distinguido de la «Sociedad Omicron, Delta-Kappa.» Ganador en 1976 del Premio «Andrés Valdespino» por su Ensayo «En torno a la proyección histórica del Padre Varela», y en 1977, del Premio «Emilio Bacardí», por su estudio sobre «Francisco de Arango y Parreño y su participación en el proceso económico de Cuba».

DRA. VIRGINIA LAFUENTE

Graduada en la Escuela Normal para Maestras de Camagüey. Dra. en Pedagogía, Filosofía y Letras, Derecho Civil, Derecho Político y Social y Licenciada en Derecho Diplomatico y Consular en la Universidad de La Habana. Alcanza en el Destierro el Bachelor en Artes en el «Indiana State College», y el Máster en Español en la Universidad de «Terre Haute». Ejerció el Magisterio en Cuba, vinculándose a sus discípulos que le seguían y siguen, la amaban y aman. Desempeñó el cargo de Inspector de Instrucción Primaria y Profesora del Grupo de Letras en las Escuelas Normales de Camagüey y de La Habana. Atendió Cursos Especiales en el High School de «Milledgeville», ofreciendo Clases Gratuitas en la Escuela Elemental de Peabody, lo que le valió Diploma de Agradecimiento. En 1965 pasó a «Dublin», Georgia, donde imparte la Enseñanza por doce años. Identificada con su discipulado corona su Carrera con este Premio que hace honor a sus talentos, vocación magisterial y vasta cultura.

DRA. ROSA M. CABRERA

Nacida en la Ciudad Prócer. Doctora en Filosofía y Letras de la Universidad de La Habana. Profesora del Instituto Pre-Universitario de Camagüey y en el extranjero del «Montgomery County» de Maryland y del «State University College» de New Paltz, New York. Entre sus obras figuran: «Versos Míos»; «Julián del Casal: vida y obra»; «Antiamericanismo en la Literatura Hispano-Americana». Tiene en preparación un Libro de Poemas bajo el título de «El sentido de Cristo en la Poesía de Unamuno y de Darío» y «Antología Crítica de la Picaresca Hispano-Americana». La Dra. Cabrera fue Fundadora del «Lyceum» de Camagüey y del «Comité de Cultura del Camagüey Tennis Club». Ha participado en distintos Congresos Internacionales y fue una entre las brillantes organizadoras del «Simposium sobre La Avellaneda», celebrado en New York. Imposibilitada de compartir esta jornada, recogerá su Diploma el Dr. Leonardo Fdez. Marcané, Premio «Juan J. Remos».

DRA. INÉS SEGURA BUSTAMANTE

Profesional distinguida cuya obra correspondería a diversas Secciones del Seminario «Juan J. Remos». Bachiller del Instituto de La Habana. Dra. en Filosofía y Letras de su Universidad donde desempeñó brillantemente la Cátedra de Psicología. Graduada en la Esuela de «San Alejandro», y Profesora de Música, Solfeo y Teoría, en el Conservatorio «Orbón». Amplió Estudios de Psicología en la Universidad de Columbia, N.Y. Profesora de los Institutos de Segunda Enseñanza de la Habana y de la Víbora. Profesora de Psicología del «Miami Dade Junior College». Graduada en Psicología Clínica en la Clinica «Henderson de Broward County». Práctica privada de Psicología Clínica, en La Habana y en Miami de 1963-73. Como Pintora, ha expuesto sus obras en el Lyceum, Habana; Asociación Fraternal Latino-Americana, Cámara de Comercio y Grove House, Coconut Grove. Es autora, como Compositora Musical de «Invocación a la Caridad del Cobre»; «Te estuve esperando», ¿Por qué no estás tú? Participó en la Asamblea General de la «Unesco», en París, como Delegado de Cuba y en otras Asambleas de trascendencia. Entre sus Obras mencionaremos: «Problemas de Conducta en los Niños y su Repercusión en la Edad Adulta aprobada como Texto Oficial, y «Ensayos Psicológicos-Filosóficos». Colabora en «Diario Las Américas», llevando a la Familia y al Maestro orientaciones de superior utilidad.

DR. ALBERTO MARTELL

Dr. en Derecho Civil; en Ciencias Sociales, Políticas y Económicas; en

Filosofía y Letras; Licenciado en Administración Pública y en Derecho Diplomático y Consular, de la Universidad de La Habana de la que fue Profesor; Graduado en la Escuela de Periodismo «Manuel Márquez Sterling»; Titular «Eméritus» Institución Interamericana de Estadísticas, Washington D.C.. Entre sus muchas obras publicadas, figuran: «Teorías Básicas sobre la personalidad Jurídica del Estado»; «Tesis Deontológica sobre la objetividad legal del Estado»; «El Estado Omnicomprensivo»; «La Escuela Americana de Estadística»; «Sociología y Estadística»; «El Censo Continental de las Américas»; «El Habeas Corpus Internacional»; «La Democracia Americana en la concepción política de José Martí». Martell fue el ganador del Premio Mañach, otorgado por el Municipio de Sagua la Grande, en el Exilio.

LICENCIADO ANTONIO MOLINA

Por sus múltiples y notorias dedicaciones, el Licenciado Antonio de Molina, podría compartir, con derecho, las Secciones de «Letras, Periodismo, Crítica de Arte, Animador de Cultura», y la de Artes Plásticas. Vio la luz primera a orillas del Yayabo, Sancti Spíritus. Realizó Estudios Primarios y Secundarios en el Colegio de los Hermanos Maristas y Superiores en la Universidad de La Habana. Se hizo Periodista en Puerto Rico, siendo becado para realizar estudios especiales en Alemania Federal, Suiza e Italia. Fundador y Presidente de la «UNESCO» en Puerto Rico; Presidente del «Patronato de la Biblioteca Cárnegie» y uno de los Fundadores de «Pro-Arte Musical» en el propio Estado. Asesor de varias Organizaciones Docentes, Sociales, Cívicas y Artísticas, en San Juan. Crítico de Arte del «Periódico El Mundo». Representante de Puerto Rico en Congresos y Encuentros de Arte. Fundó y donó al Pueblo de Puerto Rico el «Museo Ex-Libris», en la Biblioteca «Cárnegie». Miembro de Academias Internacionales en Puerto Rico, Londres, Holanda, Buenos Aires, Berlín, Bruselas y Montevideo. Exitoso cultivador de la Pintura, ha intervenido en diversas Exposiciones en América y en Europa. Para recibir, personalmente, su Diploma, rindió viaje del Viejo San Juan, a la progresiva Miami.

SECCIÓN «GONZALO ROIG»: MÚSICA, CANTO, BAILE Y TEATRO

MAESTRO AURELIO DE LA VEGA

Ilustre hijo de La Habana. Compositor y músico de renombre universal. Graduado en la Universidad de La Habana en 1946. Profesor de Composición del Conservatorio Ada Iglesias. Residente en Los Angeles, CA. desde 1959, donde es Compositor Residente y Director del Laboratorio de Música Electrónica en la Universidad Estatal de California; Presidente, en Los Angeles, de la «Sociedad Norteamericana de Compositores y Directores de Orquestas». Fue, asimismo, Presidente del Capítulo de la Costa Oeste de la «Sociedad Internacional de Música Contemporánea.». En 1971, fue designado Profesor Distinguido del Sistema Estatal de la Universidad de CA. En Cuba, estableció, por vez primera, los estudios musicales a nivel Universitario, siendo Profesor Universidad de Oriente. Vice-Presidente, en años felices, de la «Orquesta Filarmónica de La Habana» y Asesor Musical del «Instituto Nacional de Cultura». Compositor de Música culta, en todos los géneros, menos el Operático. Director de esas Audiciones en Norte-América, Países Latino-Americanos y Europeos, Australia, Japón, Sur Africa, Israel, Nueva Zelanda, India. Es profusa la Bibliografía de sus obras, para Conjuntos de Cámara, diversos instrumentos y voces, y sonidos electrónicos. Los Premios que conserva no pueden mencionarse, por su número, entre ellos el de mayor trascendencia para la Patria y el Maestro: el «Friedheim Award» del Kennedy Center, por su obra «Adios». Es, además, gran Ensayista. El musicólogo polaco George Scapski dijo de Aurelio de la Vega: «Su estilo está lleno de dramatismo, estructuración rigurosa, construido en grandes arcos líricos, vigorosamente rítmico y muy virtuosista en el tratamiento instrumental». Este gran Maestro, es gloria de la Música Universal. Residente en CA. ha salvado distancias, para corresponder al honor que se le confiere.

Estrenos de *Undici Colori* (1981), *Galandiacoa* (1982) y *Tropimapal*

(1983); Numerosos viajes por Estados Unidos, México, Canadá, Venezuela, Puerto Rico y España para dictar conferencias sobre música y pintura contemporánea, y asistir a audiciones de sus obras; Concierto de música de cámara dedicado en su totalidad a sus obras, Caracas, Julio de 1982. Artista-en-Residencia, Cranbrook Academy of Art, Detroit, 1981 y 1983. Conferencias sobre «Schoenberg y el Expresionismo» y «Stravinsky y el Cubismo»; Terminación en 1983 de la instalación de un Laboratorio de Música Electrónica para la Orquesta Juvenil del Estado, Caracas, Venezuela; Publicación de un extenso trabajo analítico del musicólogo Ronald Erin sobre «Elementos Cubanos en la Obra de Aurelio de la Vega», aparecido en Abril de 1984 en la Revista Latinoamericana de Música, Universidad de Texas.

MAESTRO FERNANDO MULENS

La Atenas de Cuba registró su nacimiento. Graduado en el Conservatorio «Masrriera», de Cárdenas, y de Armonía y Composición en el Conservatorio Municipal Habana. Bachiller del Instituto de Matanzas. Compositor y ejecutante de fama Internacional. Intérpretes de su grandiosa Música, fueron Pedro Vargas, del que fuera por cuatro años Pianista acompañante, María Luisa Landin y otros consagrados. Director Musical del Maestro Lecuona, en recorridos por América y Europa. Director Musical de C.M.Q., Canales 2 y 4 de La Habana, de Tropicana y Habana-Hilton. Medalla de Oro «Asociación Compositores y Autores Argentinos». Compositor del Año, en Nueva York; objeto de Trofeos en muy diversos Países, como Director de Orquesta, Compositor y acompañante. Ultimamente, Director Musical de «Los Violines». En suma, un Artista de perfiles mundiales.

MARÍA DE LOS ÁNGELES RABÍ DE MULENS

Tan Camagüeyana como la Iglesia de las Mercedes, donde a los 7 años debutó como Solista; como el Teatro Principal donde se estrenó en la escena. El Maestro Lecuona reclamó, apremiante, sus Valores en La Habana y con él continuó sus Conciertos en el Teatro y en la T.V.. Apareció en Programas estelares como «El Casino de la Alegría» y «Jueves de Partagás». Fue estrella de la C.M.Q. En el 56, figura principal del Programa Lírico «Crusellas». Inició, después, Gira artística por Perú y Venezuela. A su regreso, toma parte en las Operas «Caballería Rusticana» y «Rigoletto», en Pro-Arte Musical. Ya desterrada, ofreció su exquisito arte en España, Conciertos en «Carnegie Hall», N.Y., donde se le declaró Artista Estrella. Nueva York la consagró Cancionera del Año. Su voz de Mezzo-Soprano, sigue resonando con vigorosas inflexiones, en todos los escenarios, sazonada con la gracia y desenvolvimiento de una Artista Total.

ANA MARGARITA MARTÍNEZ CASADO

Cubana de cepa, sucesora brillante de una dinastía de Artistas. En la Patria desarrolló sus estudios de música y canto, debutando en la T.V.. Soprano de facultades extraordinarias, cantó Operas en Pro-Arte Musical, participando en Conciertos, operetas y zarzuelas, en Compañías Nacionales y extranjeras. Su voz resonó limpia y cálida en C.M.Q., Canales 4 y 2, Casino Parisién, Hotel Habana-Hilton y en el maravilloso Tropicana. En 1960 recorrió triunfalmente todas las capitales de América, llevándoles un Mensaje patriótico. La Tele-Novela, radiada y televisada la tienen por Gran Señora; destacándose en la escena en «El Hombre de la Mancha», «Mujeres», «La Tabernera del Puerto», «Luisa Fernanda», «El Rey y Yo», Doña Inés en el Tenorio, y Luisa, en «Los Fantastiks». Fue electa Artista del Año 74; Miss T.V., en el 75, recibiendo el Chin de Plata, y proclamada la Mejor Actriz de Comedia Musical en el 76, Premio ACCA. —En 1977 obtuvo el Premio HOLA, de la Organización de Actores Hispanos y Latino-Americanos de N.Y. Otro Premio Especial que cosechara Ana Margarita fue el ACCA, (mejor Actriz de T.V.), 1978. La «Academia Nacional de T.V., Artes y Ciencias, le concedió el Premio «Enmy Award», por el papel de Juana Peña, Serie, ¿Qué pasa, Estados Unidos de América?

GUSTAVO ROIG

San Cristobal de La Habana, ofreció cuna al glorioso padre, a quien hoy rinde fervoroso homenaje «Cruzada Educativa», MAESTRO GONZALO ROIG, como a su hijo Gustavo, a quien esperaban sonadas victorias en el Arte Coreográfico y en la Composición Musical. Padre e Hijo llevan en su obra huellas imborrables de la Ciudad con viejo, encantado Mensaje. Las primeras dedicaciones de Gustavo en Pintura y Piano, son prontamente abandonadas para tomar el cauce seguro de su vocación. Baile y Danza cubren sus empeños todos en ese su despertar artístico, hasta consagrarse en su tierra y fuera de ella, ejecutante y creador. Al Bailarín en triunfo, sucede el Coreógrafo-Productor. En los mejores Teatros de Cuba, Estados Unidos y América del Sur, se impone su brillante actuación. La Revista de las «Mamboletas» con montaje y coreografía propia, cubre los mejores escenarios. La T.V. en Cuba trasmite sus Programas, entre ellos, el «Casino de la Alegría». Con Rita Montaner interviene en las películas «Sucedió en La Habana» y «Romance del Palmar». Melodías inolvidables dan tono a aquella época, como «Carnaval

Carioca» estrenada en Tropicana y «Cuba, Canta y Baila», en el Teatro América. Salio Gustavo Roig de Cuba al romper 1959, en denuncia al Comunismo. Actúa en Caracas exitosamente ganando el Waicapuro de Oro. Dirigió la Coreografía de «Añorada Cuba» y compartió los triunfos de «Grateli». Y aparece, por último, como brillante Compositor, acaso en noble tributo al Maestro que así lo deseaba. Sus Canciones: «Las Seis Provincias»; «Canto a Cuba»; «Linda Cubana», «Divina»; que forma parte del Programa de hoy, dirán a ustedes, en la noche emotiva, de la inspiración de Gustavo Roig y su noble homenaje a la Patria avasallada.

SONIA DÍAZ

Gran Maestra del Arte entre las Artes. La acreditan veinte años de experiencia y conocimiento de todo el repertorio de Ballets Clásicos. Como Marta, cuya vida en la escena corre paralela con la suya, fraguó su basamento artístico en la Capital Habanera. Con iguales Profesores de Cuba, de Nueva York y del «Royal Ballet», se abrió paso hacia el triunfo clamoroso. La adiestran en los Bailes de carácter, George Gonekarov y Leon Fokine y en los Españoles, Ana María. Cursó estudios en la «Escuela de Ballet Teatral», en la de Ballet Ruso y en el «Centro de Danza Internacional Rosella Hightower». Fundadora, con Marta del Pino, de la «Academia Cubana de Ballet» y de «Ballet Concert», montando «Cascanueces», «Bodas de Aurora», «Lago, II Acto», «Baile de Graduación»; «La Fille Mal Garde» y las ya citadas en la Micro-Biografía de Marta del Pino. Las dos, que no pueden citarse sino juntas, constituyen motivo de gloria para la Patria. (Véase Marta del Pino, p. 219)

DAISY OLIVERA

A los cuatro años de edad fue trasplantada a suelo extraño. Sus vocaciones artísticas se pusieron a prueba prontamente en el Coro del Shenandoah Elementary School. Se destacó como figura escolar de singular relieve en las actuaciones musicales del Shenandoah Junior Hight. Cursa su Bachillerato en el Miami High, tomando parte activa en el Club de Arte «Pen and Sable» Inició sus estudios de música con los Profesores Ponzoa, Concertistas y la insuperable Eva Suárez. En la «Asociación de Músicos Americanos» obtuvo su título de Profesora de Piano, calificándósele como de «talento superior». Triunfó en las competencias de Piano convocadas por el «Kiwans Club de Miami», ganando una preciada Beca. Compartió honores con Blanca Varela en el Homenaje a la Cultura Cubana organizado por la Provincia de Camagüey. Daisy Olivera está hoy calificada como gran Pianista y magnífica

Profesora. La Juventud Cubana desterrada tiene en ella un alentador exponente de victorias presentes y futuras.

MARTHA DEL PINO

En la Habana abrió sus ojos a la luz. Adolescente, ya asistía a la Escuela de Ballet que ayudó a conformar su vigorosa e irresistible vocación. Figuraron entre sus Instructores: Alexandra Fedorova, de New York; Mary Skeaping, Ana Ivanova y Philis Bedell, del «Real Ballet de Gran Bretaña».

Graduada en la Escuela Normal de Kindergarten, en 1953. Fundó el «Ballet Juvenil» con Sonia Diaz, para luego quedar engarzadas ambas en dístico de esplendorosa belleza sobre los caminos del mundo. Fundadora en Estados Unidos y Directora de la «Academia Cubana de Ballet», de Miami, y de «Ballet Concert C°, en la propia Ciudad. «Las Sílfides»; «Don Quixote»; «El Corsario», «Bayadera»; «Giselle»; «Coppelia»; Sinfonía Latino-Americana y otras producciones, han sido como gemas de una corona de gloria sobre su frente. Marta del Pino es y representa un fascinante relevo logrado para Cuba sobre los escenarios del mundo.

SECCION «LEOPOLDO ROMAÑACH»: ARTES PLASTICAS.

MARIO PERDIGÓ

Nacido en la Ciudad del Almendares. Graduado en la Escuela de «San Alejandro» y en las de Artes y Oficios de La Habana y Oriente. Por Expediente, ganó la Bolsa de Viaje, trasladándose a E.U. para ampliar estudios. Fue Profesor de la Escuela de Artes Plasticas de Oriente y de la nacional de San Alejandro. Tomó parte en el Concurso del Monumento a José Martí, en La Habana, presentando notables proyectos para su tumba. Esculpió diez Escudos de Repúblicas Americanas para ese glorioso sepulcro. Realizó dos Escudos de la Ciudad y un busto de Martí para el Ayuntamiento de Santiago de Cuba; la Estatua de Maximo Gómez, en Puerto Padre; el Monumento a Martí en la Universidad de Oriente; el Busto de Céspedes para la Escuela de Comercio de Santiago de Cuba; el Cristo Ascendente para el Convento de San José. Recientemente esculpió el trofeo que otorga la Asoc. de Unión Cubana a personalidades de Cuba; su Escultura Brisa Marina en el Distrito naval de Oriente. Sus laureados Lincoln y su Quijote, están tallados en aluminio.

Actualmente exhibe en la Galería naciónal de N.Y. su obra «Energía Atomica».

DRA. ODILLA ECHEZARRETA DE FERNÁNDEZ

Maestra Normalista graduada en la Escuela de La Habana. Dra. en Pedagogía de su Universidad. Título de Profesora de Dibujo y Pintura en la Escuela de San Alejandro. Certificado de Especialidad de Dibujo, Pintura y Modelado de la Universidad de La Habana. Ganadora del Premio Especial de Dibujo Natural «Nicolás Pérez Raventos». En Estados Unidos, realiza su Máster en Bellas Artes y su Máster en Español. Realiza Estudios en la «Suny

University, Albany y en la New Paltz, de N.Y. y en «la Russell Sage College, de Albany». Certificados de Arte y Español en Tallahassee, Florida. Ha participado en innumerables Exposiciones Nacionales y Extranjeras, obteniendo Premios, Medallas y honores diversos. Actualmente es Profesora de Acuarela en el «Koubek Memorial Center» Univ. de Miami.

DRA. RAQUEL LÁZARO

Dra. en Pedagogía de la Universidad de La Habana. Profesora de Pintura y Dibujo de la Escuela Nacional de San Alejandro. Bachelor of Arts Degree, Biscayne College, Miami. Instructora de Dibujo y Modelado, Facultad de Educación Universidad Miami. En Cuba, fue Profesora y Supervisora de Arte en Centros Secundarios. Tomó parte en Exposiciones Individuales y Colectivas, en el Salón Nacional de Pintura y Escultura, Palacio de Bellas Artes y Primer Salón Nacional Profesores de Dibujo y Pintura, Habana, y el Segundo Salón de Otoño en la misma Ciudad. Sus cuadros concurrieron, también, en la «36 Exposición Internacional de la Mujer», New York; en la Universidad de Miami; en la «Burdine's Petit Galery» y en el Re-Encuentro Cubano, 1977.

KETTY GORT

Contaba sólo quince años cuando llegó a las playas del destierro. De Familia de Fotógrafos, fue el lente para ella instrumento de trabajo y de proyección artística. En la Universidad de Miami cursó Estudios de Retoque y Pintura y en ese Centro continúa los estudios completos de Fotografía. Es Miembro activo de la «Asociación Profesional de Fotografía». Ha realizado con notable éxito Exposiciones individuales de sus trabajos y ha participado en otras colectivas. «Cruzada Educativa Cubana» ofrece a la consideración de esta noble concurrencia, la Colección con que Ketty Gort regala al Buen Gusto y al interés Artístico, colaborando en la Exposición de esta noche, tributo al «DIA DE LA CULTURA CUBANA».

DAVID GARCÍA TERMINEL

La Ciudad-Bandera saludó su advenimiento. San Alejandro fue palio adecuado a sus empeños. En sus Aulas obtuvo título de Profesor. Se hizo Periodista Gráfico en la «Escuela de Periodismo Márquez Sterling». Se graduó, con brillantez, en la de Publicidad de la Universidad de La Habana. Dirigió su propia Agencia Publicitaria. Veta interesante en su vocación artística fue el Humorismo. Participó en múltiples Exposiciones en Cuba, y después de salir de ella, en Washington y en Chicago, Miami y New York. Tomó parte en una Exposición de Humoristas que recorrió el Cono Sur del Continente, llevando un Mensaje a esos Pueblos sobre los horrores del Comunismo. Trabaja Plumilla, grabado en madera, «punteo», forma original de llevar figuras a través de puntos. Mantiene la tradición pictórica y el carácter conservador y naturalista. Actualmente dirige «Arte de Promoción y Ventas de la «Editorial América, S.A.», Miami. Autor Plumilla José Antonio Saco, cuyo centenario de muerte se cumplirá en 1979.

VICTOR M. PIEDRA

Nació en la Provincia indómita. Estudió varios años en la «Academia de San Alejandro», continuando estudios en Puerto Rico. Ha participado en Exhibiciones Individuales en Madrid, Barcelona y Puerto Rico y en esfuerzos colectivos, en Copenague, Madrid, Barcelona, Colombia, Caracas y Florida, E.U.. Domina, además del arte pictórico, la Cerámica, el grabado en madera, la serigrafía y diseño para textiles, siendo experto en el corte de diamantes.

SECCION DE CIENCIAS: «DR. CARLOS J. FINLAY»

DR. MOISÉS CHEDIAK

Bachiller en Ciencias y Letras Instituto de Segunda Enseñanza de Santiago de Cuba. Dr. en Medicina de la Universidad de La Habana. Su nombre pertenece al Mundo de la Medicina. Hematólogo eminente, sus servicios a la Humanidad han sobrepasado fronteras y mares. En la Patria que orgullosa lo vio nacer, fue, dicho en apretada reseña: Profesor Cátedra de Patología Clínica en la Univ. de La Habana. Consultante de Hematología Pediátrica Hospital «Angel Arturo Aballí». Director del Laboratorio Clinico Central Hospital Universitario. Fundador y Director del Primer Banco de Sangre en Cuba. Fundador y Director del Departamento Hematológico del mencionado Hospital. Director Instituto Nacional de Higiene. Consultante sobre Hematología y Quimoterapia, Hospital Curie. En Estados Unidos, a partir 1961, ha sido Profesor Visitante Dep. Medicina Interna, Universidad de Miami; Médico Interno «Diplomado» del «Jackson Memorial Hospital»;— Obtuvo el Doctorado en Medicina del Estado de la Florida y la Licencia Nacional de la Sociedad Americana de Patología Clínica. Fue Miembro en Cuba de casi todas las Sociedades relacionadas con su Especialidad, y de las más acreditadas de Italia, Francia, E.U., España, Suiza y de la «Internacional Europea». Es Moises Chediak el Descubridor de la enfermedad conocida como «Chediak Anómaly». En ningún caso de dicha dolencia, podria omitirse el nombre, cargado de glorias, de Moises Chediak. Ha recibido la Orden de «Núñez de Balboa», Panamá; la de «Finlay», y la de «Céspedes», en Cuba; la de «Salud Pública» de Francia, y la «Cedros del Líbano», de Líbano. Entre sus obras deben mencionarse: «Métodos de Exámenes Químicos de Sangre»; «Manual de Microscopía y Química Clínica, 2 Volúmenes con 976 páginas; «Líquido Céfalo-Raquídeo, su examen y semiología» y «Clínica Terapeútica».

DR. JOSÉ LLANIO DEL CASTILLO

De recia estirpe Mambisa. Hijo del Coronel Pedro Llanio, que peleara a las órdenes del Mayor General José M. Aguirre, al que sustituyó, y que fuera Jefe de Estado Mayor del Mayor General Mario García Menocal. Dr. en Farmacia y Dr. en Medicina de la Universidad de La Habana, AlumnoEminente en ambas carreras. Autor de los Libros de Texto «Química Inorgánica» y «Química Orgánica», solicitados por la Universidad de Córdoba, Argentina, como Libros de Consulta. Fundador de la «Federación Médica de Cuba» y Miembro de la «Sociedad de Estudios Clínicos». Médico por Concurso de los Hospitales «Calixto García» y «Mercedes», La Habana. Presidente, por elección, «Asociación de Jubilados y Pensionados del Seguro Farmacéutico y Delegado, por elección, ante el Directorio del mismo. Medico en diversas Clínicas y Sanatorios en La Habana. Director-Editorialista de la Revista «Infrangible», Organo Oficial de la «Asociación Farmaceutica». Fundador y Médico de diversas Instituciones Clínicas, en Miami. Miembro del Colegio Médico y Farmaceutico en el Exilio».

DR. PEDRO SÁNCHEZ TOLEDO

Dr. en Medicina de la Universidad de La Habana. En la ceremonia de su investidura se habilitaba para el Apostolado Médico a un hijo preclaro de la Patria. En ascenso Académico, jamás interrumpido, fue Profesor Agregado, Auxiliar y Titular de Ortopedia de nuestra Escuela de Medicina. Además de su brillante labor privada, desempeñó la Jefatura del Servicio Ortopédico en el Hospital Infantil de La Habana. Fue Fundador de la Sociedad Cubana de Ortopedia; Miembro de la Sociedad de Estudios Clínicos y de la Sociedad Cubana de Cirugía. Su nombre se consagró en el Continente, en el seno de la «Academia Americana de Ortopedia», la «Sociedad Latino-Americana» y la «Sociedad Interamericana de Ortopedia y Traupedia» y la «Chilena de Ortopedia». Participó en todos los Congresos de su Especialidad en América. Fue Jefe Sección de Ortopedia en el Hospital de Veteranos de Kansas y obtuvo Licenciatura Médica en Kansas y en Texas. Recientemente le fue otorgada la Medalla de Oro «Carlos Finlay», en el Acto de Clausura del Congreso Medico 1978.

DR. MANUEL VIAMONTE, SR.

Fue, en 1919, que una estrella brotó en el firmamento de la Medicina Cubana. Había estrenado su Toga el Dr. Manuel Viamonte. Un año después, hacía oposición, obteniéndolo, al cargo de Ayudante Graduado de Rayos X y

Finsen de la Escuela de Medicina. Creada la Cátedra de Radiología, ganó por oposición, el cargo de Profesor Auxiliar de Radiología y Fisioterapia, ocupando en 1937 la Cátedra Titular del ramo, que es renunciada en denuncia al Comunismo. Antes, ocupó la Jefatura Local de Sanidad de La Habana y la Dirección de Salubridad en la República. Miembro del Consejo Económico de la Universidad de La Habana; Presidente de la Junta de Gobierno del Hospital Calixto García; Director Departamento Radiológico del Hospital Mercedes; Miembro de la Academia de Ciencias Médicas, Físicas y Naturales y de la Sociedad de Estudios Clínicos de La Habana; Presidente de la «Sociedad Cubana de Radiología y del «COLEGIO INTERAMERICANO DE RADIOLOGIA». Por 50 años, Miembro Sociedad Interamericana de Radiología, pasando a Miembro Emeritus. No era bastante, al parecer, su gloria, y fraguó la de un médico ilustre, orgullo de las Américas: Manuel Viamonte Jr.

DR. JOSÉ G. GROSS

Dr. en Medicina de la Universidad de La Habana. Ayudante por oposición y Profesor de Laringología de la Escuela de Medicina de ese Centro. Laringólogo del Instituto del Cáncer, Hospital Curie. Editor del Boletín Científico de la Liga contra el Cáncer. Profesor de Oto-Laringología en las Escuelas de Medicina de Iowa y de Tennessee. Profesor «Emeritus» de la Universidad de Tennessee; Profesor de Oto-Laringología de la de Miami. Miembro Vitalicio de la Academia Americana de Oto-Laringología y Oftalmología; Presidente del Segundo Congreso Pan-Americano de su especialidad. Miembro activo de la Sociedad Uruguaya de Oto-Laringología Presidente de la Asociación Pan-Americana. Designado en Washington Miembro del Comité Internacional para Estudio del Cáncer Laríngeo. Invitado a presentar trabajos en el Centenario del Dep. de Patología de la Universidad de Peruggia, Italia, y en el Séptimo Congreso Internacional de París. Un gran cubano, en suma, al servicio de la Ciencia Universal.

DR. GUARINO G. RADILLO

Dr. en Medicina, Farmacia y Pedagogía de la Universiad de La Habana. Miembro electo del Círculo Médico de Cuba en 1924 y uno de los Fundadores de la Federación Médica y su Secretario General. Designado por ella Delegado para la revisión de la Farmacopea de los Estados Unidos. Presidente de la Junta Técnica del Consejo de Medicamentos, Alimentos y Cosméticos del Colegio Médico Nacional. Vice-Presidente del Séptimo Congreso Médico Nacional. En 1924 ingresó por Concurso-Oposición en la Carrera Profesoral, siendo

Profesor Auxiliar y luego Profesor Titular de Farmacografía en nuestra Universidad. Electo por el Claustro de la Facultad de Medicina en 1952 y por tres períodos, Secretario, cargo al que renuncia, como a su Cátedra en 1959. Cuando visita La Habana el descubridor de la Penicilina Alexander Fleming, el Dr. Radillo lo lleva a su Cátedra donde explicara el famoso descubrimiento. En cuanto a la Política Universitaria, el Dr. Radillo fue seleccionado Presidente del Comité «27 de Noviembre», habiendo sido Fundador de la gloriosa Federación Universitaria 1923. Presidió la «Cruz Roja Nacional», (1945-48) y Vice-Presidente de su Asamblea Internacional en Ginebra. En la de Estocolmo, 1948, propuso la inclusión del Español como lengua oficial de trabajo. La «Cruz Roja Española», le ofreció, por este hecho, su más alta condecoración.

DR. ESTEBAN VALDÉS CASTILLO, JR.

Uno de los más jóvenes brillantes exponentes de la Medicina Cubano-Americana. Graduado en la Universidad de La Habana en 1957. Administrador de Hospitales del Instituto Finlay. Director-Administrador del Sanatorio «Esteban Valdés Castillo y Psiquiatra del Departamento de Higiene Mental del Municipio de la Habana. Ha rendido Cursos de entrenamiento en su Especialidad en las Universidades de Loyola, de San Luis y Washington, en San Luis, Missouri y en la Escuela de Medicina de la Universidad de Georgia, en el Instituto de Higiene Mental en Atlanta y en el Hospital de Veteranos de Miami. Actualmente, es Director del Dodge Memorial Hospital en esta Ciudad y Profesor Asociado en Clínica Psiquiátrica de la Universidad de Miami. Lleva su nombre con legítimo orgullo, prendiendo nuevos laureles en la vida y la obra de su ilustre progenitor. Posee además de las Licenciaturas para ejercer la Medicina en Georgia y Florida, el Certificado del Board Nacional de Estados Unidos en Psiquiatría y Neurología.

ARQUITECTO ANTONIO TELLA JORGE

Hijo del Almendares. Realizó sus estudios Primarios y Secundarios en el Colegio de los Hermanos de La Salle. Ingeniero Civil y Arquitecto de la Universidad de La Habana. Fue Planificador de uno de los tramos de la Carretera Central; Ingeniero Jefe de la Dirección General de Obras Publicas. Delegado de Cuba ante el Congreso Pan-Americano de Carreteras de México. Ingeniero Jefe para la Reconstrucción de Aeropuertos en Santo Domingo y Puerto Príncipe, Haití, por solicitud de Estados Unidos a Cuba, 1943-44— Sub-Secretario de Obras Públicas. Miembro del Comité que logró la Colegiación de Ingenieros y Arquitectos Cubanos. Primer Secretario, electo, del

Colegio Nacional de Arquitectos. En el seno de la Universidad, fue Delegado y Miembro del Directorio de la Federación de Estudiantes y Miembro del «Comité 27 de Noviembre» y de la Comisión Conjunta de Profesores y Estudiantes. En el exilio, ha sido el Fundador del Colegio de Ingenieros Civiles de Cuba y Presidente de ese Colegio del 61 al 78.

DRA. OLGA FERRER

Su Expediente Académico y Profesional constituye, al propio tiempo, orgullo de la Patria y de la Mujer Cubana. Dr. en Medicina de la Universidad de La Habana; Instructora y Profesora Asociada de Oftalmología en el Hospital Universitario de Cuba; destacado Miembro del «Instituto Horacio Ferrer», fundado en Cuba por el ilustre padre que rompiera las sombras de la esclavitud en su tierra «Con el Rifle al Hombro» y la oscuridad en la pupila humana con su saber y experiencias, Olga Ferrer es ya una Institución Científica en Estados Unidos. El «Instituto de Ojos Horacio Ferrer», consagrado por su obra en este País y en otros de América y Europa, vinculado estrechamente en tareas de investigación al «Instituto Nacional de Salud» y en aquellas otras que dirige la Dra. Ferrer en relación a «Diabetes, Circulación y Embolias»; a la Glaucoma; Aplicación de Rayos Láser; Cirugia en general, uso del Aparato de Amplificación y Foto Múltiple, Sistema «GAPS», son conquistas de la Oftalmología que tienen por centro la actuación de Olga Ferrer. La distinguida Especialista ha rendido labor en el Mid Winter Seminary Miami; Sociedad Oftalmológica de la Florida; Variaty Children Hospital; Instituto de Ojos Bascón; Colegio de Medicina Albert Eistein de N.Y. Ha recibido Honores y Premios en Universidades y Asociaciones como la «Academia Americana de Oftalmología», el Premio «Barraquer, en Colombia»; «Sociedad Helénica, Grecia»; y las de Cincinati, Nicaragua, Bolivia... Ha dado a la luz tres Libros fundamentales: «Ocular Motility»; «Simposium on Glaucoma»; «Modernos Problemas en Oftalmología y Fotografía en Oftalmología». Guarda como un tesoro el ejemplar que posee de «Publicaciones Oftalmológicas del Instituto Horacio Ferrer».

Ha realizado servicios notables, en el destierro, ajenos a honorarios, por el «Instituto de Ojos Horacio Ferrer».

DR. AGUSTÍN CASTELLANOS, JR.

Lleva en la sangre glóbulos de gloria. ¡Qué no en vano es el sucesor del ilustre médico y gran cubano Agustín W. Castellanos, Sr.! El Colegio Baldor echó basamento a su cultura. La Universidad de la Habana prendió en su frente la corona. Es profesor actualmente de la Escuela de Medicina de la

Universidad de Miami, y Director en ella de la Cátedra de Clínica Electrofisiológica. Ha recibido en América 24 premios y otros certificados por méritos científicos. Ha publicado 10 libros de texto; 449 publicaciones científicas. Ha participado en más de 200 seminarios y conferencias. El relevo generacional de la familia Castellanos esta asegurado.

DR. ANDRÉS VARGAS GÓMEZ

Ciudadano de recia voluntad que ha sabido corresponder, en demasía, al honor que la historia le trasmitiera, como hecho natural. Ser nieto del Generalísimo,* constituye una herencia que compromete; serlo de Manana,** obliga a una superación de perfiles olímpicos. Vargas Gómez logró, como un privilegio, cuidar y dar nuevos bríos a ese Patrimonio. Sirvió la Diplomacia, representando a la Patria con dignidad. Fue apresado y condenado sin más delitos que su hombría. El tirano de Cuba había sustituído en la Constitución de la República, al Libertador, con la inmundicia moral de un aventurero rapaz y mentiroso. Y el magnífico nieto cruzó los umbrales de un presidio ominoso para cumplir veinte años. La dignidad le sobró para todo. Con sus dolores y su resistencia rindió tributo a sus antecesores. «Cruzada» saluda como a un héroe y premia con orgullo a Andrés Vargas Gómez. Recogerá su Diploma, su esposa, María Teresa de la Campa de Vargas Gómez.

*Generalísimo Máximo Gómez, héroe de la Guerra de los Diez Años (1868-1878) y de la Guerra de Independencia (1895), y General en Jefe del Ejército Libertador cubano en la última, que culminó en la independencia de Cuba.
**Manana, la esposa del Generalísimo. (Notas del editor)

CONMEMORACION DEL «DIA DE LA CULTURA CUBANA». ENTREGA DEL DIPLOMA DE HONOR «JUAN J. REMOS 1979». 28 DE NOVIEMBRE, 8 P.M.— LOCAL SOCIAL DE LA «IGLESIA DE TODOS LOS SANTOS», 1023 S.W. AVENIDA 27, MIAMI, FLORIDA.

Dr. Juan J. Remos,

CRUZADA EDUCATIVA CUBANA, INC.
POR CUBA Y LA REHABILITACION
DE SU ESCUELA CRISTIANA Y DEMOCRATICA.

El Dr. Vicente Cauce, Presidente de "Cruzada Educativa Cubana"; la Dra. Maria Gomez Carbonell, su Secretaria de Organizacion y la Dra. Mercedes Garcia Tuduri, su Primera Asesora, invitan a usted y a su estimada familia al Acto Solemne conmemorativo del "Dia de la Cultura Cubana" en el que se hara entrega a distinguidas Organizaciones y meritisimos compatriotas del Diploma de Honor "JUAN J. REMOS", que tendra efecto el miercoles veinte y ocho del corriente mes, a las 8 p.m. y en el Local Social de la "Iglesia de Todos los Santos", 1023 S.W. 27 Avenida, Ciudad de Miami, Florida, en el que se cumplimentara el siguiente

-P R O G R A M A-

I- Himnos Nacionales de Estados Unidos de America y Republica de Cuba.
II- Invocacion a DIOS: Monsenor Agustin Roman, Obispo de Miami.
III- Palabras iniciales del Acto: Dr. Vicente Cauce, Presidente de "C.E.C."
IV- Interpretacion Poetica: Prof. Paul Diaz, Primer Actor Escena Nacional.
V- Programacion Musical a cargo del Maestro Luis Carballo acompanando al Piano, a la Soprano Rosaura Biada y al Baritono Alfredo Quintero.
VI- Discurso Central del Acto: Dr. Horacio Aguirre, Director del "Diario las Americas"
VII- Entrega a los Seleccionados del "PREMIO JUAN J. REMOS 1979" y Presentacion de los mismos, por los Dres. Maria Gomez Carbonell, Florinda Alzaga y Eduardo Arango Cortina.

Miami, Noviembre de 1979.

Dra. Mª Gomez Carbonell- Dr. Vicente Cauce- Dra. Mercedes Garcia Tuduri.

Direccion del Programa: Profesor Paul Diaz.

SU EXCELENCIA, MONSEÑOR AGUSTIN ROMÁN, OBISPO DE MIAMI: SEÑORES DE LA PRESIDENCIA: ORGANIZACIONES Y PERSONALIDADES SELECCIONADAS PARA RECIBIR, EN ESTA NOCHE, EL PREMIO «JUAN J. REMOS». COMPAÑEROS DE «CRUZADA EDUCATIVA CUBANA». AMIGOS DE LA PRENSA; COMPATRIOTAS; SEÑORAS Y SEÑORES:

Asistimos a la Décima Tercera celebración del «Día del la Cultura Cubana y a la novena Entrega del Premio «JUAN J. REMOS». Y, al juntarnos, en hora aciaga para el mundo, hora de claudicaciones y apostasías, en la que provocan iguales dañes el verdugo que el farsante, el entreguista que el pusilánime, estamos ante el ara de la Patria perdida por la culpa de todos, prometiéndonos a su Redención y haciendo verdad el apotegma del Maestro, recogido como Lema del Premio «Juan J. Remos»: «A LA UNIDAD, POR LA CULTURA». El estrechamiento de las Ideas al servicio de la Libertad y de la Dignidad Humana, es clave de recuperación histórica y de afinamiento espiritual de una Cultura en gravísimo riesgo. Enfrentamos, acaso, el instante más escabroso de la Historia Contemporánea. 'TODOS ESTAMOS ENVUELTOS EN LA MISMA GUERRA'. Una conjura pretende arrastrarnos al caos. La Cultura, Patrimonio acumulado de beneméritas generaciones, deberá reactivar sus potencias. Ella, en la UNIÓN, podrá abastecer la Moral Pública y la Privada, de las más decisivas energías. Si equivocare su misión histórica, decretaría la ruina espiritual del Occidente. Exaltemos, Sres., en esta noche de privilegio, sus Valores más idóneos, capaces de salvar del desplome total a la Civilización Cristiana.

Y, tras este breve exordio, en mi condición de Secretaria de Organización de «Cruzada Educativa Cubana», procederemos a la Entrega de los Premios «JUAN J. REMOS, 1979».

Palabras de la Dra. María Gómez Carbonell.

SECCION «JOSÉ MARTÍ»: LETRAS, PERIODISMO, EDUCACIÓN, HISTORIA.

DR. ANTONIO LANCÍS

Nativo de La Habana. Dr. en Derecho Civil y Derecho Público de su gloriosa Universidad. Profesor de Derecho Administrativo y Legislación Industrial de la Academia de Derecho de que fuera Director. Catedrático Titular de Derecho Electoral de la Universidad de La Habana. Miembro del Consejo Universitario y Decano de la Facultad de Ciencias Sociales y Derecho Público en ese Centro Docente. El Dr. Lancís fue objeto en la República de las más responsables y honrosas designaciones. Entre sus Libros que sobrepasan los cuarenta y cinco publicados, son de citar: «Ensayos de Derecho Administrativo»; «El sentido de la Responsabilidad en el ejercicio del Sufragio»; «La Constituyente y la materia Electoral»; «La Libertad de Enseñanza y su formulación Constitucional»; «Organización y Estructura de los Municipios en la actualidad»; «Salvador M. Dana Montano»; «Crisis de la Democracia Representativa». Y entre sus estudios recientes: «Federalismo Político y Centralización Administrativa» y «Los Derechos Humanos».

Antonio Lancis, Jurista, Profesor y Ensayista, constituyó legítimo orgullo de la República y es ejemplo a seguir por sus compatriotas en el largo destierro.

DR. ROBERTO AGRAMONTE

Destacadísima figura de la vida pública de su País. Ilustre representativo de las Letras y de la Docencia Cubanas. Dr. en Filosofía y Letras y en Derecho Civil de la Universidad de La Habana. Catedrático Titular de «Sociología, Psicología y Ética» de ese benemérito Centro de Enseñanza, del que fuera Rector. Catedrático con Permanencia, designado por la Junta Administrativa del Recino Universitario de Río Piedras, una vez evaluados todos sus títulos dentro de la categoría de Doctor. Profesor de las Universidades de México, Guatemala y San Salvador. Miembro de la Academia de Artes y Letras de Cuba, de la Sociedad Económica de Amigos del País; de la Academia Nacional de Ciencias de México y de la Academia de Historia de Panamá. Sus Obras forman docenas. Entre ellas son de señalar: «La Biología y la Democracia»; «Curso de Filosofía Moral»; «Tratado de Sociología General»; «El Filósofo del Excepticismo creador»; «El Panorama Cultural de Montalvo»; «Sociología Latino-Americana»; «Páginas Inéditas de Montalvo»; (2 tomos)— «Montalvo como Filósofo» La Filosofía de Montalvo», (Placa, 1982) Montalvo en su Epistolario», 1982. Próximamente aparecerá: «Ciencia Literaria de Montalvo). Y, omitiendo, por impertativos del tiempo, otras notables, «Martí y su Concepción del Mundo» y «Martí y su concepción de la Sociedad»; libros de obligada consulta en los campos de la Filosofía y la Historia. Numerosos Ensayos y Artículos que vieran la luz en las más acreditadas Revistas de América y Europa, como sus Conferencias, dan la medida de su talento y aplicación, acreditándolo idóneo representativo de la Cultura Nacional Cubana.

DR. JULIO GARCERÁN DE VALL

Dr. en Filosofía y Letras y en Derecho Civil de la Universidad Bicentenaria de La Habana, ha paseado con elegancia patriótica, los predios de la Judicatura, de la Docencia y de las Letras Cubanas. Juez Municipal y Correccional de Güines; Magistrado de la Audiencia de Oriente; por Oposición, Magistrado de la Audiencia de la Habana y del Tribunal Supremo de Justicia, donde presidiera la Sala de lo Contencioso Administrativo y Leyes Especiales; Profesor, por Oposición de la Facultad de Derecho de la Universidad de La Habana, donde explicara «Parte General y Derechos de Familia»; Profesor en Estados Unidos en el SUNY at ALBANY, como Asistente Bibliotecario; en el Schenectady Community College, como Instructor de Español y en Mount Pleasant High School, como Director del Laboratorio de Idiomas. Figuran entre sus publicaciones: «La Prescripción Extintiva», Premio Diego V. Tejera; «El Proceso de Inconstitucionalidad», Premio Fco. Dellundé; «El Juez», Premio Angel C. Betancourt. En el destierro, ha echado a la luz, «Guía del Idioma Español», en colaboración con su esposa; «Heredia y la Libertad», una de las más brillantes Monografías del sublime Cantor del Niágara. Entre las Conferencias ofrecidas en este país, se cuentan: «Julián del Casal»; Gertrudis Gómez de Avellaneda»; «Importancia del Idioma Español» y «Martí».

Julio Garcerán, en suma, ha instrumentado su dominio del Derecho para hacer justicia, y el rodar de su pluma, para regar belleza y decir verdad. Del

Estado de Nueva York, se ha trasladado a Miami el Dr. Garcerán, para recibir el honroso Diploma.

DR. JORGE GARCÍA MONTES

Cuba luchaba bravamente por su Independencia, cuando en la Ciudad de Nueva York nacía el ilustre Repúblico. Alumno del Colegio «La Gran Antilla», terminó sus estudios secundarios en el Instituto de Segunda Enseñanza de La Habana. Dr. en Derecho Civil y Derecho Público de la Universidad de La Habana. Alumno Eminente de ese Centro Superior y, años después, Catedrático de su Facultad de Derecho. Jorge García Montes, ha mantenido encendida la antorcha de sus progenitores. Su apellido alcanzó niveles jerárquicos en la Cátedra, la Política, las Ciencias Económicas, el Arte, la Cultura y la devoción patriótica. Ejerció Jorge García Montes la Profesión de Abogado a partir de los veinte y tres años de edad, compartiendo las labores de su Carrera con su hermano Oscar. Y, a todo respeto cruzó por el Parlamento y la Gobernación de su País. Es Autor, entre varias obras de «Historia del Partido Com. de Cuba» en colaboración con el Dr. Antonio Alonso Avila, y Redactor de la patriótica respuesta al «Papel Blanco» de la Secretaría de Estado de los Estados Unidos, en cuyo texto se atribuía el desplome de la República a la carencia en ella de Cultura, Educación, Asistencia Social y Justicia Laboral. De 1959 a la fecha, ha sido valioso factor en la lucha frontal contra el Comunismo que avasalla y escarnece la Patria de José Martí.

DR. ARIEL REMOS

Sobre su cabeza, puso la mano diligente el padre ilustre. Y en el sucesor, espejo de su vida, germinó el principio vital de una Cubanía, sin vetas y sin sombras. La Habana, lo vió nacer y crecer. A los cuatro años, y para nuestro orgullo, formaba filas en el Colegio «Néstor Leonelo Carbonell». Su Universidad, le impuso los atributos del Doctorado en Leyes, y con ellos lo invistió en el destierro la Universidad de la Florida. Enseña Literatura en el «Mercy College» y forja PATRIA en la Prensa y en la tribuna. Obtuvo, en buena lid, el Premio Periodístico «Sergio Carbó». Su prédica tiene firme basamento en «Diario Las Américas». Su valiente pluma bebe en las aguas limpias de la verdad. Forma parte de la Dirigencia de la «Sociedad Cubana de Filosofía» y es Chairman del Capítulo Hispano de la «Unión Conservadora Americana». Es, en suma, un Periodista avisor del gran peligro de Deshumanización que nos acorrala; un vocero de la Libertad y del Decoro. TODO UN HOMBRE de frente a la farsa Internacional, la mentira de los Comunistas y el caos que amenaza tragarnos. Está bien dado el Premio de su padre, al Hijo que sigue sus huellas.

DR. CLAUDIO BENEDÍ

Dr. en Derecho de la Universidad de La Habana. Ilustre Jurista, tan idóneo en su competencia, como honrado en sus convicciones profesionales. En el Destierro, se ha consagrado este excepcional hijo de Santiago de Cuba, como incansable bregador de la Redención Patria. Su talento jurídico, la hondura de sus obras en relación a la Política Internacional y al respeto a los Derechos Humanos, lo han mantenido a través del ya largo periódo de avasallamiento cubano por los Soviets, como un guardián, sin relevo, de nuestra Causa en el Area Metropolitana de Washington. Sus Conferencias, Artículos, Ensayos tan brillantes como el que dedicara al Padre Varela y sus Ponencias exhaustivas sobre el Caso Cubano, sus tareas como Economista, estudioso de la Teología, la Filosofía y las Ciencias Sociales, lo invisten de inusitada jerarquía. Cristiano Militante, es en la Iglesia Católica al Primer Diácono designado oficialmente por la Diócesis de Arlington, junto al Obispo Tomás J. Welsh, y oficiante, también, en la Parroquia de San Antonio, del Area Metropolitana de Washington.

Imposibilitado para viajar hacia Miami, el Dr. Benedí designó a un ilustre cubano, figura Continental del Periodismo, Dr. Guillermo Martínez Márquez, para que recibiera en su nombre, el Diploma del Premio Juan J. Remos.

REVERENDO PADRE EMILIO VALLINA

Sacerdote, cuya obra eminentemente pastoral y evangelizadora, ha consagrado a la Iglesia de «San Juan Bosco», de la que es Párroco, erigida sobre viejas ruinas, en la Catedral del Destierro. El Centro Religioso, se ha abierto a la Asistencia Social, a la gestión Educativa, a la formación de Hogares cabalmente Cristianos. La «Escuela Religiosa, Cívico-Patriotica», ha extendido su Programación del área Primaria hasta el 12 Grado, como, también, al esfuerzo Vocacional. Así, ofrece clases de Dibujo, Pintura, Artes Manuales, Corte y Costura, Modelado. Cuba y su Historia constituyen la esencia del arduo empeño y el Idioma Español instrumento único para el logro que se persigue. La Madre Trajadora sabe que sus menores son recogidos en las Aulas, camino de la Escuela de «San Juan Bosco». Las obras en perspectiva: creación del Kindergarten y esparcimiento para ancianos, y área de Recreo y Deportes, harán del noble propósito que alienta al Padre Vallina, confortadora realidad que sonría a los necesitados. «Cruzada Educativa», al estrechar la mano del Pastor, estimula sus mejores empeños y proclama la grandeza, del ilustre

Pinareño, educado por los Hermanos Maristas en el Cerro, que terminara sus Estudios en los Seminarios de San Carlos y San Ambrosio y fuera ordenado Sacerdote por su Eminencia el Cardenal Manuel Arteaga y Betancourt, en 1952. El Padre Vallina fue designado por el Arzobispado de Miami, Pastor Asistente de la Iglesia de «Little Flower».

DRA. AMELIA DEL CASTILLO DE MARTÍN

Matanzas, tierra de Poetas, — Cibeles de los Trópicos—, meció su cuna y templó su lira. La Habana, crisol de la Nacionalidad, dio perfiles a su temperamento y fraguó, de la Escuela Primaria a la Universidad, donde recibe el título de Dra. en Filosofía y Letras, su sólida Educación. Es Autora de cuatro Libros de Versos: «Urdimbre»; «Voces de Silencio»; «Cauce de Tiempo» y «Ayer», inéditos los dos últimos. Es, al mismo ritmo, cultivadora del Cuento. «Al Vuelo», es el nombre de una de sus Colecciones en este género menor, paradógicamente, de profundo interés humano. Y es algo más, Amelita del Castillo: es Autora de treinta y dos Canciones registradas, y premiadas cinco de ellas. Su Poesía, fresca, honda, caudalosa, ha obtenido Primera Mención y Premio «José María Heredia» en diversos Concursos. Su Cuento «María» logró Mención de Honor, y los titulados «El Huésped» y «El Buscador de Estrellas», Accesit en Concurso convocado por la «Librería Continental».

Pertenece Amelita del Castillo a las más prestigiosas Instituciones Culturales del Destierro, donde ha ofrecido a los cubanos, Conferencias, Recitales y Lecturas. Con ellos, ha alimentado el espíritu de un Pueblo errante que encontrará, al fin, su destino.

REVERENDO MARCO ANTONIO RAMOS

Nació en una llanura, — campiña frondosa de Colón—, Matanzas; pero gustó el idioma de las cumbres, y se empinó hasta ellas. Presbítero de la Iglesia Bautista a la que ha dedicado una década fecunda de su vida. Catedrático de Historia en el «Miami Christian College», Institución de altos estudios dedicada a forjar Ministros Evangélicos. Posee las Credenciales correspondientes otorgadas por la Escuela de Periodistas de Londres, la más antigua de Inglaterra. Como professional del Periodismo, su nombre ha aparecido en larga cadena de Periódicos y Revistas Latino-Americanas. A través de cinco años ha colaborado, con carácter exclusivo, en «Diario las Américas». Mereció, entre las distinciones que honran su vida, el Premio del «Instituto de Historia Militar y Naval de América»; el Diploma de la «Sociedad Hugonote de Londres»; el «Lincoln-Martí», de Estados Unidos, y el del Instituto Enrique Larreta, de Buenos Aires. Es Miembro de la «Editorial Caribe», de Costa Rica; del «Círculo de Cultura Pan-Americano» y de la «Sociedad Evangélica de Teología», y Secretario de la «Sociedad Cubana de Filosofía». Su pluma y su palabra están al servicio de la Verdad de Cristo y de la Libertad de Cuba.

DR. JOSÉ LÓPEZ ISA

Nació en la Habana (Agosto 10, 1901). Maestro, Pedagogo, Ministro de Educación, Embajador en Colombia y República Dominicana. Director General de Cultura. Director y Profesor del Instituto Cívico Militar. Director y Maestro de la Escuela Práctica de la Facultad de Educación. Profesor de la Escuela Normal para Maestros. Miembro de la Comisión Nacional Organizadora de los Actos y Ediciones del Centenario y Monumento de Martí. Presidente del Instituto que construyó el Teatro Nacional en la Plaza de la República, Habana. Presidente de la Segunda Exposición Bienal Hispano-Americana de Arte. Delegado a la Primera Conferencia de Ministros y Directores de Educación de las Repúblicas Americanas, en Panamá. Presidente de la Delegación a la Quinta Sesión de la CEPAL, Bogotá, Colombia. Presidente de la Confederación de Profesionales Universitarios y del Colegio de Pedagogos. Director y Redactor de las Revistas «PEDAGOGO», «ESCUELA NUEVA» y «SEMBRADOR». Director de la «ACADEMIA PEDAGOGICA». Entre sus trabajos se encuentran: «Las Pandillas de Niños» (Premio Revista de Educación). «Psicología del Aprendizaje del Dibujo» (Premio Universitario Amelia de Vera). «El ejercicio de la docencia requiere preparación pedagógica». «La organización vertical y horizontal de la enseñanza en Cuba. Sus fallos y posibles remedios». «Fines y principios en que deben basarse los cursos de Estudios de las Escuelas Cubanas». «Influencia de la Escuela de Pedagogía en el mejoramiento de la enseñanza en Cuba».

DRA. ASELA GUTIÉRREZ KANN

Nacida en la Ciudad-Capital. Dra. en Filosofía y Letras de la Universidad de La Habana, donde obtiene diez Premios Ordinarios y los Extraordinarios sobre «Historia Antigua y Medioeval» Dr. Du-Bouchet, y el de «Literatura Italiana», Dr. Boza Masvidal. Poseedora de varios Idiomas y Traductora, del inglés, francés e italiano. Sirvió los más altos objetivos de la «Cultural S.A.»», el «Buró Británico» y la «Dirección de Cultura del Ministerio de Educación». Es Autora de una Colección de Cuentos, entre ellos, los titulados «Las Pirañas» y «Morir de Veras»; de un Ensayo «Poético-Filosófico», «Un Día de Trabajo en la Vida de un Angel» y de exquisitas «Memorias de Viajes», de sin igual colorido. Como Periodista, fue redactora en diversas publicaciones en

Cuba, Panamá, Costa Rica, Los Angeles, San Francisco y Miami. Conferencista distinguida, ha ocupado las más consagradas tribunas de Cuba Republicana y el Destierro Político. Asela representa a la mujer de su tiempo, con profundas raíces en el pasado de gloria y proyecciones muy firmes para encarar el drama del futuro. Profesora «Colegio Cubano Arturo Montori»; «Escuela Normal Arosemena», Panamá y del «Oklahoma College» y el «San Diego Catholic University», E.U.A. PREMIOS: Primera Mención de Honor (cuento) Concurso ACCA, 1978. Premio JUAN J. REMOS, 1979. Primera Mención de Honor (ensayo), Concurso Ramiro Collazo de Leones Cubanos en Miami (1980). La Rosa Blanca (1982) y Diploma del Mérito (1983) del Patronato JOSÉ MARTÍ de Los Angeles. Premio PEPIN RIVERO, 1983. Diploma del Club de Leones, 1983, a 10 intelectuales cubanos más destacados por sus aportes a la causa de Cuba. Residente en Los Angeles, CA., ha volado hasta nosotros para recibir su Premio y compartir esté acto.

YOLANDA MARTÍN

Estrella del Ciclo de Oro del Periodismo Nacional Cubano. La Mujer Periodista puede ufanarse de quien resume con idoneidad sus Ideales, Conquistas, competencia profesional y sus fuerzas morales, en la Prensa mejor calificada del País. Fray Silvestre en «Diario Las Américas» y «Cruzada Educativa Cubana» la hemos rescatado al silencio de una modestia que tiene que romperse, en bien de Cuba. Escritora brillante que, de simple colaboradora pasó a Directora de la Revista CHIC, uno entre los Magazines más acreditados de las Américas. En sus páginas servía Yolanda Martín, superiores intereses históricos, culturales, educativos y Eticos. La portada en blanco y la Flor de Lis, eran el Símbolo de un esfuerzo limpio al servicio de Occidente. Yolanda Martín fue Fundadora y Directora de «RADIO-CHIC» y ganadora del Premio «VARONA» en 1953. «Cruzada Educativa» rinde hoy, en su persona, tributo fervoroso a la Mujer Periodista. Periodista de verdad.

DRA. RITA GEADA

Vueltabajera. En el Instituto de Pinar del Río terminó sus estudios secundarios. En la Universidad de La Habana recibió su Título de Dra. en Filosofía y Letras. Realizó Estudios de Post Graduado en el «Instituto de Filología Hispánica de la Universidad de Buenos Aires. Cultivadora del Francés, Italiano, Portugués y Latín. La Dra. Geada fue Profesora de Español en el Instituto de Pinar del Río. Instructora de Español en el «Wicomico Senior High School», en Salisbury. Profesora Asistente, Profesora Asociada y Coordinadora de la División de Español, en el «Southern Connecticut State College, New Haven, y Profesora Visitante en la Universidad de Yale. Ganadora de la Beca «Cintas» para escritura creativa. Premio de Profesora eminente por actividades creativas otorgado por el Comité de Investigaciones del «Southern Conneticut State College». Ganadora del Premio Poético «Carabela de Oro», en Barcelona, y del «Premio Literario Internacional», instituido por el «Círculo de Escritores y Poetas Ibero-Americanos». Entre sus Libros de Poesía, son de citar: «Desvelado Silencio»; «Cuando cantan las pisadas»; «Mascarada» y «Vertizonte». En Cuadernillos de Poesías, recogió: «Pulsar del Alba» y «Poemas Escogidos». Es Autora, de numerosos Ensayos y Artículos como «El sentido de la evasión en la Poesía de Julián del Casal» y «Paisaje, Amor y Muerte en María, de Jorge Isaacs», y de Cuentos como «El Relato de la Mirada», «La Cita» y «La ceguera contagiosa».

DR. LUIS R. RODRÍGUEZ MOLINA

Dr. en Derecho Civil de la Universidad de La Habana y Dr. en Jurisprudencia de la Universidad de Miami, Florida. Fundador, junto a Henry L. Mathiot, de la «Havana Business University», de la que fue Profesor de Derecho Mercantil, Historia de América y Geografía Humana. Asistente Administrativo del Decano de la Escuela de Post-Graduados, en cuyo cargo logró un fecundo intercambio cultural con la Universidad de La Habana. Asistente Administrativo del «Instituto Hispánico» y Consejero de Estudiantes Extranjeros y evaluador de sus Expedientes. Director del «Koubek Memorial Center» donde se desarrollara el Programa de Cultura Cubana. Creador de la Biblioteca Pública «Rafael María Mendive» Organizador en ese Centro de Exposiciones de Arte, Recitales, Conferencias. Entre sus numerosas obras figuran: «Texto para la Ciudadanía Americana», Cuarta Edición. «Valdivia, un postergado de la Historia»; «El Cardenal Cisneros y la Universidad de Alcalá de Henares»; «Grandes Mujeres de España». Retirado de la Dirección del «Koubek Memorial Center», después de 30 años de servicios en la Universidad de Miami, donde continúa sirviendo una Cátedra de Español, desempeña en la actualidad la Dirección del Instituto «GELPI», de Tecnología Médica.

ARTURO ARTALEJO

La Habana fue su cuna y su palenque de continuadas luchas. En ella se hizo Bachiller en Ciencias y Letras, Taquígrafo, Locutor y Periodista Profesionales. Inició sus actividades en la Radio-Emisora «Radio Capital Artalejo», en sociedad con su padre Enrique Artalejo, el 14 de Diciembre de 1929. El Diploma de Honor «Juan J. Remos», viene a premiar sus 50 años junto a un

Micrófono, defendiendo el Principio honrado, orientando la Política Nacional e Internacional, brindando, —manjar para las almas—, Música y Poesía selectas. Director, Animador, Creador. Su Lema dice de su tarea: «Por la Educación y la exaltación de los Valores Humanos». Medio Siglo sirviendo la Cultura, divulgando la obra poética de los bardos más notables. En 1952, estrena su Programa «Con la Manga al Codo» que ha continuado en el Destierro, flagelo constante contra el Comunismo, instrumento afinado para alcanzar los bienes de la Libertad y la Democracia. Editó en Miami, una Antología titulada «Versos para ti», con los más gustados Poemas ofrecidos en sus Audiciones Radiales. Hoy, que privan lo vulgar, mezquino y venenoso, el Programa de Artalejo estimula con la Verdad, refresca con la belleza y alivia las tensiones de una «estación de seca», donde la acción regresiva parece devolvernos a la selva...

RAQUEL PUIG

Master en Arte: Universidad de Miami— Bachelor en Artes, del propio Centro Docente. Profesora Asistente del «Dade Community College New World Center Campus: Miami. Colaboradora Articulista «Diario Las Américas»; «Nuestro Magazine»; «Miami Herald». Autora del Libro de Cuentos «Joaquina». Autora de otros, cuentos publicados en la «Revista Universal», «Ariel»; «El Habanero» y la «Revista Ibero-Americana». Participante en las Conferencias de Escritores de Filadelfia y en la Conferencia de Escritores de la Universidad de Georgetown. Elegida para la Guía Biográfica de «Quién es quien», entre los Escritores Hispanos en Estados Unidos. Ha realizado labores comunitarias a favor de Niños Retrasados Mentales; en la Fundación Nacional para la Diabetes Juvenil; en el «Centro de Servicio del «Buró de Ciegos» y como Voluntaria en el Salón de Pediatría, en el Jackson Memorial Hospital. Recientemente, fue Finalista del «Premio Editorial PLANETA», como Autora de la Novela «Desde donde sale el Sol, hasta el Ocaso». «Cruzada Educativa» rinde hoy a Raquel Puig, su admiración y sus estímulos.

RAQUEL AURORA RODRÍGUEZ-ARAGÓN Y FUNDORA (RAQUEL A. RODRÍGUEZ)

High School: Immaculata-La Salle High School
Graduada: May 1979
Honor: VALEDICTORIAN
University: University of Miami, Coral Gables, Florida

	Bachelor of Arts, conferred August 1982
	Major in Politics and Public Affairs (Ciencias Políticas)
	Minors in Economics and History (Economía e Historia)
Grade Point Average:	4.0
Honors:	SUMMA CUM LAUDE
	Departamental HONORS IN POLITICS AND PUBLIC AFFAIRS
	PRESIDENT'S HONOR ROLL (consecutive semesters)
	Presidential Scholarship
	PI SIGMA ALPHA AWARD (Academic achievement and service to the University)
Honor Societies:	Golden Key National Honor Society. President, University of Miami Chapter, 1981-1982
	Delta Theta Mu Honorary Fraternity of the College of Arts and Sciences
	Honor Society of Phi Kappa Phi
	Pi Sigma Alpha (Political Science honorary)
Activities:	University of Miami Council of Presidents
	University of Miami Pre-Legal Society, Vice President, 1981-1982
Legal Education:	UNIVERSITY OF MIAMI SCHOOL OF LAW, Coral Gables, Florida
	Candidate for Juris Doctorate Degree, May 1985.
Honors:	Harvey T. Reid Scholarship (based on undergraduate academic achievement, extracurricular involvement and LSAT scores)
	University of Miami Law Review
	Dean's List (consecutive semesters)
Book Awards:	Torts II (Spring 1983)
	Business Associations (Fall 1983)
Other awards:	Best Brief Award (Spring 1983)
Activities:	International Law Society
	Advisor to in-coming law students
Professional membership	American Bar Association, Law Student Division
	ABA Section of International Law & Practice
	ABA Section of Litigation

DR. FRANCISCO JOSÉ DE VARONA

Nació en Camagüey y ha honrado con largueza su estirpe. Contaba 17 años cuando desembarcó en Playa Girón, sufriendo los rigores del Presidio Comunista. Cursó su Segunda Enseñanza en «Admiral Farragut Academy», San Petersburgo— Florida, y en el Instituto de Tecnología, Atlanta, Georgia. Obtiene el Diploma de Graduado en «Miami Dade Jr. College». Cursa sus Estudios Superiores en las Universidad de Gainesville, Florida, donde obtiene el Grado de Dr. en Ciencias Políticas y Económicas; en la Universidad de Miami donde cursa estudios sobre «Educación Secundaria y Estudios Sociales»; en la Univ. de Boston sobre «Trabajo y Relaciones Humanas»; y en la «Florida International University», donde, en 1974, se gradúa en «Trabajo con Adultos, Educación Vocacional y como Especialista en Educación, Administración y Supervisión. Del Año 1972-73: Director Asistente del «Miami Senior», Centro Educacional de Adultos. Del 1975-77: Director del «Miami Coral Park, Senior High School»; en 1977, Director W. Miami Jr. High School. Ha compartido Enseñanzas como Consultante y Especialista en variados Cargos Administrativos en los Centros Docentes mejor calificados de Estados Unidos y recibido honores de Asociaciones y Centros Docentes. Recientemente fue ascendido a Director del Miami Edison Senior High School.

ARQUITECTO JUAN ANTONIO CRESPÍ

Cursó sus primeros estudios en el Colegio Champagnat, de los Hnos. Maristas, Ciudad de Camagüey, donde abriera sus ojos. En 1971 es graduado de «High School en el Miami Dade Community College». Hace su Ingreso en la Universidad de Gainesville, Florida, en la Escuela de Arquitectura y Arte, figurando a través de toda su carrera en la Lista de Honor de ese Centro. Trasladado a la Universidad de Miami, obtuvo la Beca ASHE, recibiendo el Título de Arquitecto en 1974. Su Tesis fue una bella obra arquitectónica sobre una Institución Correccional, Co-Educacional. Era ya Arquitecto a los 24 años. Su experiencia profesional era extensa por haber trabajado en Firmas de Ingenieros y Arquitectos que apreciaron sus aptitudes y capacidades. Hoy trabaja en los siguientes Programas: «El Federal Reserve Bank»; la «Restauración del Biltmore Country Club, de Coral Gables»; en el «James L. Knight International Center», Ciudad de Miami; y en el Proyecto de Tránsito Rápido. Miembro de la Institución Americana de Arquitectos y dueño de honores y pergaminos.

Fundó su propia Oficina, bajo el nombre de «Architects International» Interviene en las siguientes importantes construcciones:
Jackson Memorial Hospital, edificios médicos.
Dade County Rapid Transit.
Departamento de Transportación.
Dade County Schoolboard.

ACTIVIDADES CIVICO-PATRIOTICAS PEDRO LUIS BOYTEL

CONCEPCIÓN GUERRA DE MARRERO

Un alma entregada a Cuba. Un trajín que no permite treguas a favor de la Libertad. «Borinquen», a través de largos años de destierro, ha medido sus fuerzas morales, ha calibrado su entereza espiritual. Esta admirable compatriota, venciendo penas y soportando enfermedad, se ha dado entera al «Círculo Cubano de Puerto Rico». En cada Rosa Blanca que confecciona y prende en el pecho de un patriota, se percibe el amor hecho fragancia de José Martí. Artista y Maestra. Recientes actividades; Mensaje a las Madres bajo el título de ¿*Qué es un Niño?* en el año Internacional del Niño— Homenaje a Lola Rodríguez de Tió—en el «Círculo Cubano».— Conferencista, Poetisa, Asistente Social, Dama Auxiliar en el Hospital de Santa Isabel, Periodista, animadora de la lucha a que nos enfrentamos, sin concesiones ni descansos, Concha Guerra es un baluarte de la dignidad cubana. Su notable Ensayo sobre La Avellaneda; su preciada contribución al Año Internacional del Niño; su último trabajo presentado al Concurso que convocara el «Círculo de Puerto Rico» en el que exaltara los Valores Nacionales; su continuada tarea de estímulo patriótico; Sus estudios en la Escuela de «San Alejandro», de Decorado, Diseño, Modelado, Confección Floral, Repujado en cuero, Cerámica, le dan sobrado derecho al Diploma de Honor «Juan J. Remos», en calidad de gran Maestra, Artista y Patriota. Del Viejo San Juan, ha volado hacia nosotros, para recibirlo. Ya la vez regalar a cada premiado, de su propia Confección, como cada año, la Rosa Blanca de José Martí.

DRA. MARÍA LUISA LORENZO BOYTEL

Cubana de médula. Maestra distinguida en su País. Dos Heroísmos enderezados a una transcendente finalidad histórica. La Escuela Normal para Maestros de Matanzas, la situó en el Aula. La Universidad de La Habana, la atavió con la Toga Doctoral. Dirigió la Escuela Primaria Superior, número 23, bautizada como Escuela con Alma. Madre, forjó a un Héroe que cayó de cara al sol en las arenas de Girón. Educadora, echó en el surco de una generación las simientes del amor a Dios, la Patria y la Familia. Ha luchado, a partir de 1962, en el destierro, con las armas de la palabra austera y la abnegación sin medida. Todas las Organizaciones patrióticas la han reclamado suya. Y su Mensaje ha gozado, al mismo tiempo, del sabor de la manigua y de la fragancia del sacrificio. Preside la «Agrupación de Familiares de Mártires». Es un bastión inexpugnable de la resistencia cubana.

TONY CUESTA

Un Hombre, reviviendo la Epopeya. Un Líder, Fundador de «Comando L», pareado de aquel otro peleador de raza que fuera Santiago Alvarez. Un HEROE, marcando una época, estimulando a los encogidos y fascinando a los dispuestos. Eso fue, en la década del Sesenta, el gran cubano TONY CUESTA. Su palabra, consolidó un propósito de Redención. Su atrayente personalidad, fraguó una Gesta. Su decisión, abriéndose paso en el mar, se cuajó en la Historia. La hazaña, junto a Zaldivar y a los cuatro inmortales que dieron nombre a una jornada el 29 de mayo de 1966, mueve al legítimo reconocimiento de un Pueblo. Sus 13 años de Presidio, sin otra luz que la que irradiaba de su alma, sin otro estímulo que el Ideal de la Libertad, mutilado y entre sombras, lo consagran ante todos los Cubanos como un Paladín de los nuevos tiempos. Tony Cuesta, al igual que otro eximio hijo de Cuba en el Siglo XIX, «*Sin ver, acaso vea muy claro*». El Premio Remos, —Maestro que compartió con Tony Cuesta, los Ideales de Comandos L, —es digno de recibirse por este glorioso compatriota. Lo acompañan hasta la Presidencia a recoger su Diploma, los distinguidos compatriotas que compartieron las lucha de Tony Cuesta en «Comandos L»; Martiniano Orta, Edgardo Díaz, Alfonso Ruiz, Silvestre Piña, Angel Pardo Jiménez, y Rodolfo Moreno.

EUGENIO ZALDÍVAR

Camagüey lo vió nacer. Nacer para el servicio de Cuba, para la Historia escrita con sangre de una Patria ultrajada por el Comunismo Internacional, para la gloria de una Juventud fraguada en la Gesta Heroica. A los 14 años sus padres lo arrancaron del ambiente corrompido de un País envenenado por el odio, escenario del crimen, y fue enviado al extranjero. En plena adolescencia se inicia para Eugenio Zaldívar, la dura tarea de forjación para el combate. Cursando el onceno grado, comenzó en «COMANDO L», Sección Estudiantil, su labor conspirativa. Toma parte, ya en Miami, en la Operación Baraguá y en otra innominada por motivos de seguridad. Y en mayo de 1966, irrumpe en la costa habanera, a cien metros del Hotel Comodoro, de Miramar. Cuatro Paladines de la Redención de Cuba, Herminio Díaz, Armando Romero, Roberto Anta y Guillermito Alvarez, dejan sus cuerpos en la lucha. Tony Cuesta y Eugenio Zaldívar, gravemente heridos sobreviven a la tragedia y traspasan las rejas del Presidio Comunista, donde cumplen 13 años de dolor, tortura y privaciones. He ahí, la gloriosa historia de nuestro premiado de esta noche. Historia limpia, paradigma de la Juventud. «Cruzada Educativa» saluda en el recio cubano a la raza fuerte señalada para consolidar mañana nuestras instituciones Democráticas.

SECCION «GONZALO ROIG»: MUSICA, CANTO, BAILE Y TEATRO.

MAESTRO ALFREDO MUNAR

Director; Pianista; Arreglista; Compositor. El llamado Niño prodigio a los cuatro años, no defraudó a Directores de Orquestas de la calidad de Gonzalo Roig y Erich Kleiber. Graduado del Conservatorio Peyrellade, La Habana, Ciudad donde naciera. Director en el «Metropolitan Opera de Nueva York» y Director Invitado de las Orquestas Sinfónicas de Filadelfia, San Francisco, Madrid y de la Sinfónica de La Habana. Intérprete en el Mundo de la «Cecilia Valdés». El Comunismo extrajo del disco la obra completa de Cecilia Valdés y Munar logró por dictado telefónico grabarla, de Miami a Nueva York. Cuando los Directores del «Metropolitan Opera de Nueva York», asistieron a las funciones del «Carnegie Hall», pidieron a Munar la reorquestación de «Cecilia», para cien músicos y 70 coristas. Y, así dijo, entonces el «New York Times», «Como si hubieran oido el Himno Nacional, al comenzar los primeros compases de «Cecilia», 18,000 personas se levantaron al unísono». Director, también, de Ballet y Autor de muchos de ellos. Arreglista, su obra se pasea del Trío a la Sinfónica. Este prócer de la Música Americana, honra a «Cruzada», recibiendo el Premio «Juan J. Remos». Actual Director «Greater Miami Symphony».

EMMA TABARES DE GUITART

Jefa de la Cátedra K, de Música, del Instituto Pre-Universitario de la Víbora, La Habana, donde por más de 17 años enseñó: Apreciación Musical, Historia de la Música y Lectura Musical. Directora de la Coral de ese Centro. Inició a los 7 años sus estudios en el Conservatorio Nacional «Hubert de

Blank», La Habana. La exquisita Compositora rompió su molienda sonora a los 10 años, como autora de un tango que estrenó la Banda Municipal en el Parque de Sagua la Grande. Se graduó de Profesora de Armonía y Composición en la Academia Municipal de La Habana. Cursó, completando su brillante carrera, Pedagogía de la Música, Estética, Contrapunto, Fuga y Dirección de Coros. En la Universidad de La Habana, toma varios Cursos sobre Historia de la Música Latino-Americana; Psicología de la Música; Didáctica Musical. Autora Música Versos Martí «La Virgencita de Ibor», dedicada a Candelaria Carbonell Vda. de Gómez. Compositora notable se ha ceñido innúmeros laureles. Han merecido Primer Premio sus composiciones: «Confidencia Guajira»; «Recordando el Pasado»; «Sagua la Grande»; «Hay Guateque en el Bohío»; «Por las Calles Habaneras»; «Soñar contigo»; «Te llevo en el Alma». Solista maravillosa, ha ofrecido en Cuba y en Estados Unidos Recitales y Conciertos. Recientemente actuó en la Representación de la obra de Pedro Román, «Almacén de Sueños» y mereció nuevos Premios con la Danza «Siempre Cantando»; «María»; «Ven Conmigo»; «El Engreído» y «En la Jungla Verde».

Emma Tabares, es blasón del Arte Nacional.

Su muerte, fue duelo de Cuba y del Arte Nacional y de sus devotos amigos.

ERUNDINA ROCHA

Cuarenta y seis años, abrazada a la Música. A la entrañable Música Cubana de la que es eximia representativa. Su obra es constante oblación a la Patria. Ha participado en todos los Actos conmemorativos del 24 de Febrero, 10 de Octubre, 28 de Enero, Centenario de La Demajagua, Centenario del Danzón Cubano y en Recitales y Conciertos donde ella ha vaciado el alma de Cuba. Lecuona la tuvo a su lado en todo el Ciclo de su gloriosa carrera y la honró tanto, como ella le devolviera sobre el teclado, honores y tributos. A Erundina Rocha se le señala como a una de las más distinguidas intérpretes del inmenso autor de «Siboney». Su producción Artística, impresiona. Son de obligada cita sus Seis Composiciones sobre los «Versos Sencillos de Martí»; «Canción Sencilla»; «Yo Soy un Hombre Sincero»; «Con los pobres de mi tierra»; «Se de un Pintor atrevido»; «Para Aragón en España» y «Una Rosa Blanca». Dignos de mencionarse en esta noche, son la Clave «A mí Bandera», de Agustín Acosta; La Habanera «Yumurí»; «Yo soy Hatuey» y «Décimas del Cucalambé».

De Puerto Rico ha viajado hacia nosotros la ilustre Musicógrafa, a recibir el Premio del Mentor Juan J. Remos.

ROSAURA BIADA

Una gran voz y un gran corazón cubano. Profesora de Música del Conservatorio Nacional Valdés Rodríguez, La Habana. Graduada de Bachiller en Música en «Alabama College». Ha estudiado Canto con los Maestros Elózegui y Czonka, en La Habana, y en la actualidad con Gina Maretta. Bajo la Dirección del Maestro Igor Markevitch, cantó con la Orquesta Filarmónica de La Habana. En la «Sociedad Pro-Arte Musical», de La Habana, cantó temporadas de Opera con la Soprano Renata Tebaldi, dirigiendo la Orquesta el Maestro Alberto Erede, de la Opera Santa Cecilia, Roma. Bajo la Dirección del Maestro Czonca, participó en las Operas «Las Bodas de Fígaro», de Mozart y «El Rapto de Lucrecia», de Britten. Ofreció Recitales en las Sociedades de Conciertos de La Habana y Camagüey. Y tomó parte en Programas de Televisión, bajo las batutas de los inmortales Roig y Lecuona. En Estados Unidos ha cantado Óperas; ha prestado su esplendorosa voz a Recitales y Conciertos. En este último año, colaboró con la Sociedad «Producciones Forum», cantando las Zarzuelas, «Los Gavilanes»; «La del Soto del Parral» y «La Gentil de Ayer», del Maestro Carballo y en un Concierto de Antología de Zarzuelas. Participó brillantemente en la Convención Médica 1979. «Cruzada» se enaltece, premiando su Arte y su Cubanía.

ALFREDO QUINTERO

Una de las voces más calificadas del momento artístico. Privilegiada garganta digna para cubrir con sus timbres, el itinerario de la Libertad. Fue figura señera de la Asociación «Producciones Forum», premiada por «Cruzada» en 1978. En tiempo corto parecía llenar la escena del Canto en la tierra prestada en que vivimos la larga espera de la Redención Patria. Este notable barítono que en esta noche nos ha ofrecido el regalo de su voz, tomó parte en Zarzuelas completas como «Los Gavilanes»; «La Soto del Parral» y «La Gentil de Ayer»; en Conciertos Operáticos efectuados en Miami, West Palm Beach, Orlando y Tampa; en Operas completas como «La Traviata», «Elixir de Amor» y «Baile de Máscaras»; Conciertos de Música Cubana y de Zarzuelas. Alfredo Quintero en opinión de muchos es el gran Barítono de la hora.

ARMANDO RODRÍGUEZ

Nativo de la Provincia de Pinar del Río. Amó la Música desde Niño. Fue en Cuba, Solista de la «Coral de Cuca Rivero», actuando con brillantez, que ya adelantaba al magnífico Tenor, en la «Escuela de Televisión» del desaparecido Gaspar Pumarejo y en «Bar Melódico» del insuperable compositor Osvaldo Farrés.

En el destierro brindó su voz como estímulo a la lucha patriótica, en New Jersey y en Miami. Tomó parte en la «Coral de Grateli» por dos años. De allí, salió para ser Solista de «Producciones Forum», la compañía de Teatro Lírico, que después de ocho años de labor intensa, acaba de dar, inexplicablemente, por terminadas sus presentaciones. En «Forum», apareció Armando Rodríguez como Solista en «Los Claveles», «La del Manojo de Rosas», «Luisa Fernanda», «A la sombra de un Ala», «Los Gavilanes», «La del Soto del Parral» y «La Gentil de Ayer». Innúmeros Conciertos Líricos han disfrutado de la aplaudida voz del Tenor que hoy premiamos orgullosos.

HERMANO ALFREDO MORALES

De la Benemérita Congregación de Los Hermanos de La Salle. Dr. en Pedagogía de la Universidad de La Habana. Profesor de Música en el Conservatorio «Luis Ernesto Lecuona». Discípulo del insigne Gonzalo Roig. En distintas Instituciones Lasallistas de América y Europa, impartió la Enseñanza de la Música. Director de Coros Escolares en Cuba y Organizador y Director del «Coro Hispano» que intervino en el Congreso Eucarístico de Filadelfia. Director invitado para organizar Seminarios de Música en New York, Filadelfia, Miami, Tampa, Nueva Orleans. Autor de 3 Libros: «Hombre Nuevo: Nueva Educación»; «El desafío de ser Hombre» y «El desafío de ser Educador». Uno de los Fundadores del «Centro Dominicano de Estudios de la Educación», que hoy preside. En la actualidad, Profesor de Filosofía, Formación Moral y Música del Colegio La Salle en Santiago de los Caballeros, Rep. Dominicana. El Hermano Morales residente en Rep. Dominicana. Premio Concurso «Canciones Escolares», Secretaría de Educación, 1981 obra premiada «Tríptico de Canciones»; «Mi Tierra»; «Soy Campesino»; «La Fiesta»— Primer Premio «El Tiempo del Amor»— Primer Premio Concurso Nacional Musicalización Poemás de Juan Pablo Duarte. Comisionó al Hno. de La Salle, Dr. Norberto Noyral, para recoger su Diploma.

SECCION «LEOPOLDO ROMAÑACH»: ARTES PLASTICAS

ENZO GAL-LO

Graduado en la «Escuela de San Alejandro». De regreso a Italia, País de sus antecesores, se perfeccionó en la confección de Mosaicos y de Murales. Sus Mosaicos, Murales y Esculturas lucieron sus bellezas en Residencias de la Capital Cubana en el Hotel Riviera, Hospital Mercedes y Monumento erigido a los Mártires del Moncada. Obtuvo por Oposición la Cátedra de Escultura en la «Escuela de San Alejandro». En 1960 abandonó la Isla, graduándose, meses después, en el «Hollywood College» de Bachiller en Artes. Concurrió a las Exposiciónes de Bienales de Artes de Nueva Orleans; del Museo de Arte Moderno, en Milán; del Centro de Cultura y Arte de Hollywood y del Metropolitano de Nueva York. Obtuvo Primeros Premios en la «Asociación de Escultores de la Florida; en la «Galería Bacardí»; «Centro de Artes, de Boca de Ratón» y la Medalla de Chicago, Illinois; el Premio de Escultura Moderna en el Museo de Bellas Artes de La Habana y el Premio de Escultura otorgado por el Ayuntamiento de La Habana.

ORLANDO MONTEAGUDO

Nativo de Santa Clara, Las Villas. Graduado del Curso de talla industrial y modelado de la Escuela de Artes y Oficios «San Pedro Nolasco» y Graduado de la Escuela Superior de Artes y Oficios «Fernando Aguado», de La Habana; Graduado en Pintura y Escultura de la Escuela de Artes Plásticas «Leopoldo Romañach». Diez y ocho años ejerciendo de Profesor. Concurrió en Cuba a las siguientes Exposiciones: Lyceum de La Habana; Biblioteca Palacio Provincial de Santa Clara; Ateneo de Matanzas; de Trinidad y de Cienfuegos; «Circulo de Bellas Artes de La Habana» y de «Sancti Spiritus»; Museo de Bellas Artes de La Habana. En el Exilio: Exposición «Galería Paula Insel», Nueva York; «Cámara de Comercio Latina» y «Asociación de Villaclareños»; «Biblioteca Carnegie de Puerto Rico»; «El Prado Gallery»; Museo de Artes de Ponce y de Mayagüez. Han ganado Premios sus tallas en madera «Los claustros» y «La Capilla del Cristo». Monteagudo ha ayudado, siempre, a la Causa de Cuba y a las Asociaciones Artísticas y Culturales.

HUMBERTO CALZADA

Nativo de la Capital de Cuba. Ingeniero Industrial de la Universidad de Miami. Interrumpió su Profesión, ejercida por algunos años, para dedicarse por entero al Arte. Calzada ha tomado parte en numerosas Exposiciones Colectivas, como las efectuadas en el «Museo de Arte Lowe»; «Museo de Arte Moderno de Latino-América», en Washington D.C.; «Re-encuentro Cuba, en la Biblioteca de Miami; «Edit Art Gallery»; y «De Armas Gallery», en Miami— Individualmente, ha expuesto sus obras en «Galería Bacardí»; «Gallery Forma», Coral Gables; «Coabey», Puerto Rico; «Euroart», en Washington, D.C. Los Pinceles de Humberto Calzada, han obtenido: Primer Premio de Pintura, «Festival Arte de South Miami»; Premio Douglas Valldejuli, Subasta de Arte, Canal 2; Premio Cuadro Seleccionado «Comité de Bellas Artes de Dade, con destino a la colección de la Biblioteca Pública de Miami Lakes»; Premio al Cuadro Selecionado por el Museo de Arte Moderno de Latino-América para su colección permanente, y el Premio «Cintas», en Pintura. El Ing. Calzada, no equivocó su nuevo camino.

DRA. LIRA RIVERA

Su cuna: Santiago de Cuba, Oriente. Graduada en la «Escuela Normal de Kindergarten»; en la «Escuela Nacional de Bellas Artes San Alejandro»; Dra. en Pedagogía de la Universidad de La Habana y Graduada en la «Escuela de Servicios Sociales», de la Universidad de Columbia, Nueva York. Ha merecido los siguientes Premios: Primer Premio Modelado y Decoración, Escuela de San Alejandro»; Dibujo Natural y Grabación, en la misma «Escuela. Exposición en Cuba: «Círculo de Bellas Artes», La Habana. En los Estados Unidos: Exhibición Ponciana, Miami; «Lenguaje Internacional del Arte», Nueva York; «Semana Hispánica», 1975, Miami: «Semana de la Cultura Cubana» «Bicentenario Independencia E.U.A.» «Acca», en Koubek Center; Exposición Aniversario muerte de Eugenio María de Hostos»; «Exposición Pintores Cubanos», Universidad Miami.

Lira Rivera posee vasta experiencia en la Enseñanza del Arte y en cuánto se relaciona con Servicios Sociales. Ha recibido múltiples honores en su destacada carrera.

MANUEL CARBONELL

Y, para completar las Presentaciones de la Sección de «Artes Plásticas» una figura esttelar: Manuel Carbonell. El Yayabo, rio espirituano, meció su cuna. La Escuela de San Alejandro, lo habilita para la brega artística. Madrid, Barcelona, París, Roma, Venecia, Pisa, Florencia, perfilan su recía personalidad en la Escultura. En 1959, abandona a Cuba, en protesta contra el Comunismo. Toma parte, de 1963 a 1977, en las más afamadas Galerías de América y Europa. Su «AGUILA DEL BICENTENARIO», fue develada en La Casa Blanca. Es Autor, —lo recordamos todos—, de la «Piedad y el Via-Crucis», en la Loma del Jacán, San Miguel de los Baños; de la Estatua Ecuestre del Actor Reynolds, en Palm Beach; de «La Fuente de los Niños», en La Habana; de la «MADONNA», bronce de 24 pies de altura, con peso de 15,000 libras, estatua la más grande que se ha fundido en América, en este Siglo: «El Buen Pastor», en Boston; «El Retablo de Monserrat», en Cienfuegos; — Logra Primeros Premios, en el Museo Nacional de Bellas Artes, La Habana, en 1949, y 1954; y en la Exposición del Capitolio Nacional de Cuba, 1945, 46 y 47; en el «Museo Metropolitano y Centro de Arte», Miami, Florida; en la «Bienal Hispano-Americana de Arte», en Barcelona; y en la «South Florida Entertainment Writers Association», primera vez que una Organización Americana, dedica Premio especial con el nombre de un Latino. El prodigioso cincel de este Cubano ha ofrecido días de gloria a su tierra natal.

PREMIO ESPECIAL DE FOTOGRAFÍA

WIFREDO GORT

Vio la luz primera en Consolación del Sur, Pinar del Río, donde cursó la Enseñanza Primaria, terminando la Secundaria en el Instituto de Segunda Enseñanza de esa Provincia. A los 17 años luchaba por la vida en la Capital de la República. Allí se hizo Reportero Gráfico e ingresó en los Diarios Habaneros, «Alma Mater»; «Luz» e «Información», incorporándose, en plena actividad profesional, a la Radio-Emisora C.M.Q., donde fue afortunado propulsor de la «Corte Suprema del Arte». Posteriormente laboró en «Cadena Azul». Gort obtuvo en Cuba el Primer Premio Periodístico Fotográfico «Juan Gualberto Gómez». Fue Fotógrafo Oficial del Palacio de la Presidencia en 1944, y Corresponsal Gráfico en las Revistas «Bohemia» y «Carteles». En 1954 estableció en la Calle 8, de Miami, su Laboratorio, y más tarde su Estudio Fotográfico. En ese mismo año entró como Reportero Gráfico de «Diario Las Américas», publicación en la que celebró sus Bodas de Plata. Hizo Fotógrafos a sus dos Hijos y a sus dos Nietos. Ketty, su hija, Premio «Juan J. Remos» superó todo cálculo y es una Artista consumada del Lente. Tres Generaciones de Artistas de la Cámara continuarán su obra. Hoy, Wifredo Gort, es el Decano del Periodismo Gráfico.

SECCION DE CIENCIAS: «DR. CARLOS J. FINLAY»

DR. ANTONIO JORGE

Cursó Enseñanzas Primaria y Secundaria en las Aulas Jesuitas, Ciudad de La Habana, tierra donde naciera, y perfiló, su contorno intelectual en la Universidad de Villanueva, donde, después, sirviera como Profesor de Economía y Materias afines. Profesor de Economía del «Merrimack College», de Massachussets; Economista y coordinador de Programas Bilingües en el «Greater Miami Coalition»; Profesor Visitante de Economía y Coordinador de Programas de habla Española, en el propio Centro; Coordinador de Programas de Educación Continuada y Profesor de Estudios Económicos del Centro Internacional de Estudios de la Universidad de Miami; Vice-Presidente para Asuntos Latino-Americanos y Profesor de Economía del Biscayne College, Miami; Vice-Presidente Ejecutivo Asociado de la Universidad Internacional de la Florida; Profesor, en 1979, de la Universidad Internacional de la Florida, Departamento de Relaciones Internacionales y de Ciencias Económicas y Políticas, Sociológicas y Antropológicas. Consultor de ese Centro para Asuntos Hispánicos. Sus Obras sobre Economía, Finanzas, Asuntos Bancarios y Materias afines, son innúmeras, practicamente imposibles de citar. Ultimamente, el Gobernador de la Florida, por recomendación del Comisionado de Educación Estatal, Dr. Turlington, lo designó Director Ejecutivo de la Comisión Estatal de Educación Post-Secundaria. Finalmente, el Dr. Jorge es autor de «Introducción a un nuevo Sistema de Economía Política», publicado por la «Asociación de Prensas Universitarias». Un gran cubano, al servicio de una gran tarea.

DR. PEDRO CASTILLO

Figura jerárquica de la Medicina Americana. Gloria nuestra y del Continente. Dr. en Medicina de la Universidad de La Habana y Profesor Titular de Clínica Médica en el Bicentenario Centro Docente. En Martí, Provincia de Matanzas, abrió sus ojos. Y los abrió, para dar vida a cuerpos y a almas. No es sólo la sapiencia y el acierto profesional, lo que consagra este ilustre cubano. Es la forma y manera con que acepta su Apostolado. 'Se hace Médico, y sabe lo que es serlo'. Lo distinguen como a todo elegido, la Bondad, la Generosidad y la Humildad. Cursó la Segunda Enseñanza en el Colegio de Eduardo Meireles. Fue Maestro. Ingresa en la Universidad en 1914. Era muy pobre cuando labora como Alumno Interno del Calixto García. Fue discípulo predilecto de aquel otro eximio Galeno que se llamó Luis Ortega. Cubrió, como Profesor Auxiliar, la Cátedra de Clínica Médica y después, tras brillantes oposiciones, ocupó la Cátedra Titular. Pedro Castillo en la Academia de Ciencias, en la Sociedad de Estudios Clínicos, en la América toda de la que recibe honores inolvidables, enalteció a su Patria, sin medida y sin tregua. Martí dijo de Agramonte que era «Un Diamante con Alma de Beso». Cambiando los campos de actividades, Castillo es «Un Diamante de la Medicina de América, con alma de beso para la Humanidad».

Imposibilitado por motivos de salud de estar hoy junto a nosotros, ha designado a su amigo y compañero de Curso, Dr. Manuel Viamonte, Senior, otro insigne Médico Cubano, para recibir el Diploma «Remos».

DR. NILS DÍAZ

Alumno distinguido del Colegio de los Hermanos de La Salle, La Habana. Graduado Ingeniero Mecánico en la Universidad de Villanueva. Master en Ciencias, en Ingeniería Nuclear y Dr. en Ciencias Nucleares, de la Universidad de Gainesville, Florida. Obtuvo Certificado Nacional de Entrenamiento Radiológico y Certificado Federal para operar Reactores Nucleares. Cursó Ciencias Médicas Nucleares en la Universidad de Vanderbilt, Hospital Monte Sinaí y el «Strands Teaching Hospital». Ganador del Premio Anual de Ingeniería, Universidad Villanueva, de 1956 a 1959; del «Boynton Award», en 1974, y de la Beca de la O.E.A. para Estudios de Graduados, Universidad de la Florida. Cuenta entre sus honores académicos el de «Excellence in Teaching», del 72, 75 y 77. Fue Finalista en el 76 y en el 77 en el Premio Nacional «Edison Electric Institute». Su maravillosa experiencia lo ha consagrado: Profesor y Director Laboratorios Nucleares, Depart. de Ciencias Nucleares Univ. de la Florida; Presidente y Consultante Principal «Florida Nuclear Associates Inc.»; Profesor Asistente y Supervisor de Reactores Nucleares del Depart. Ciencias Nucleares, Univ. de la Florida y Profesor Asociado y Supervisor del propio Departamento. Pertenece a las más prestigiosas Asociaciones de su Especialidad, mereciendo Cargos y Honores. 'Su Patria y la Humanidad, lo saludan en esta gran noche'.

YOLANDA CRUZ

Nació en la Ciudad Legendaria. Cursó Estudios de Segudna Enseñanza en la Escuela Privada del Dr. Carlson, Pompano Beach, Florida; Teneduría de Libros y Contabilidad en «Hialeah High Adult Education Center»; se acredita como Asociada en Artes en el «Miami Dade Community College New World Center». Alcanza, tras pruebas brillantes, Certificado en el Programa de Rehabilitación Vocacional y hace dos Internados en una Agencia Comunitaria, como parte de su abnegada carrera. Realiza Trabajo Voluntario en el campo social y psicológico, con personas de habla hispana. Edita un Libro de Poemas, intitulado «Trincheras de Canto». Pertenece a diversas Instituciones Asistenciales de Estados Unidos: «Workshops Attended», en la Universidad Internacional de la Florida; en la Universidad de Miami; en la Agencia de Servicios Comunitarios; en la «Unidad de Cerebral Palsy Inc.». Yolanda Cruz es una voluntad radiante que, como el acero, no se doblega frente a la adversidad. Y su madre, junto a ella, por todos los caminos, es digna de una hija de ese temple moral.

CONMEMORACION DEL «DIA DE LA CULTURA CUBANA» ENTREGA DE PREMIOS «JUAN J. REMOS» 1980-1981— NOVIEMBRE 1981— SALON DEL COLEGIO «LA PROGRESIVA». 3 P.M. MIAMI, FLORIDA.

PROGRAMA

I— Invocación a Dios: Rev. Padre Juan Ramón O'Farrill.
II— Himnos Nacionales de Estados Unidos de América y la República de Cuba.
III— Juramento a la Bandera Cubana.
IV— Palabras iniciales: Dr. Vicente Cauce, Presidente de «Cruzada Educativa Cubana».
V— «Credo Cubano», Composición Poética recitada por su autora Esperanza Rubido, representación del «Círculo de Juventudes Ignacio Agramonte».
VI— Interpretación poética: Dalia Íñiguez, Declamadora ilustre de la Lengua Española.
VII— Discurso Central del Acto: Rev. Martín Añorga.
VIII— a) «Calles de mi Habana», de Solange Lasarte.
b) «Poupurrit de Canciones Cubanas».
Interpretaciones María Ciérvide, acompañada al piano por el Maestro Luis Carballo.
c) «Cuba de mi alma», de Solange Lasarte.
d) «Romanza María la O», del Maestro Ernesto Lecuona.
Interpretaciones Tenor Armando Rodríguez, acompañado al Piano por el Maestro Luis Carballo.
IX— Entrega del Premio «JUAN J. REMOS», Presentaciones a cargo de la Dra. Florinda Alzaga Loret de Mora y los Doctores Ariel Remos y Eduardo Arango Cortina.

Dirección del Programa: Profesor Paul Díaz.

Mª Gómez Carbonell	Vicente Cauce	Mercedes García Tuduri
Secret. Organización	Presidente	Primera Asesora

SEÑORAS Y SEÑORES:

Asistimos, satisfechos de la obra realizada, al duodécimo aniversario de la creación, en el seno de «Cruzada Educativa Cubana», del Premio «JUAN J. REMOS», merecido homenaje a los grandes de nuestro País, bajo el palio de una brillante ejecutoria magisterial, literaria y cívica, a quien correspondió, como a Mendive en el arduo heroico proceso que culminó el 10 de Octubre de 1868, como a Varona en la República Libre venerado por las juventudes, orientar y marcar el paso de aquellos llamados, en la guerra y en la paz, a servir con absoluto desinterés los ideales patrios.

Cinco Secciones quedaron en 1971 establecidas al redactarse una cuidadosa reglamentación con destino al Premio que hoy estamos otorgando: la Sección de LETRAS, EDUCACIÓN, PERIODISMO E HISTORIA, que lleva al nombre de JOSÉ MARTÍ; la Sección JUVENIL, «Lino Figueredo», incentivo para los que echan a andar aptitudes y brotes de aplicación y talento, requiriendo la mano que los ayude y el estímulo que los fortalezca camino de sólidas victorias; la de MÚSICA, CANTO, BAILE, TEATRO Y DECLAMACIÓN, bautizada como en aguas de gloria por el Maestro GONZALO ROIG; la de ARTES PLÁSTICAS, consagrada a la memoria excelsa del Maestro LEOPOLDO ROMAÑACH y la de CIENCIAS, pregonando al mundo, a la América y a su tierra, hoy esclava, los triunfos nimbados por la fama, de CARLOS J. FINLAY.

Es de notar que en el recuerdo del eximio Maestro y la justa proclamación que orgullosos hacemos de nuestra Cultura, —la autóctona y la acumulada—, existen ya casi quinientos seres privilegiados, ligados a través del Premio «Juan J. Remos» en un mismo afán y dueños de un mismo galardón. La «Cruzada Educativa» aspira y a ese objetivo recibirá el respaldo de todos los premiados en doce años, editar una obra con las biografías extractadas de cuántos han merecido el honor de este Premio.

SEÑORES: A una sola Institución entregará «Cruzada» en esta tarde, el Premio «Juan J. Remos»: la «ERMITA DE LA CARIDAD», «paradero espiritual de todos los exiliados cubanos». En su altar Mayor, se levanta como una inspiración al bien, la imagen de la Virgencita de la Caridad. La Ermita se construyó y se inauguró el año 1973. La imagen llegó a Miami, procedente de la Iglesia de la Playa de Guanabo, en 1961. Estuvo asilada en la Embajada de Panamá, La Habana. Ante las demostraciones a esa Virgen por parte de los

Cubanos, el fallecido Arzobispo de Miami, Monseñor Coleman Carroll, en un grito inolvidable, pidió al Pueblo nuestro levantara un templo para ella, y para que lo levantara cedió el terreno necesario. Y el Pueblo en destierro respondió. Monseñor Agustín Roman asumiría la obra evangelizadora popular. El dolor de Cuba vivió ante la Virgen. La tragedia de Cuba se hizo escena constante ante ella, asilada en Cuba como muchos de nosotros, peregrina, como casi todos sus hijos. Monseñor Román y uno de nuestros grandes pintores muralistas desdoblaron la preciosa historia patria en sus muros, entera y fascinante, en una perenne entrega a Cristo y a la Libertad. En los jardines de la Ermita visitada día a día, por todos los «Municipios de Cuba», dos predestinados: el busto de Félix Varela, «El primero que nos enseño a pensar y a pelear», obra de una notable escultora, Asesora de «Cruzada», Dra. Rosaura García Tudurí y la Cabeza de Martí, el Apóstol que nos condujo a la República, admirablemente cincelada por los Niños de la Casa de Beneficencia de La Habana, trasladada, luego, a Nueva York y, por último regalada a la Ermita. «Cruzada Educativa» necesitaba rendir este homenaje a la más alta de las Instituciones del destierro y dispuso se le ofreciera esta modesta placa, que así dice: «Cruzada Educativa Cubana» Tributo a la Virgen de la Caridad. Honor a su Ermita erigida junto al mar, mirando a Cuba y esperando la Libertad» —Noviembre 1981.

Recogerá la Placa que dedica la «Cruzada» a la Ermita de la Caridad, el Rev. Padre Sergio Carrillo, uno entre nuestros valerosos —Libertadores de Girón, ordenado recientemente Ministro del Señor.

Y, ahora Señores, a la entrega de los Diplomas y Presentación de los elegidos.

Palabras de la Dra. María Gómez Carbonell.

PREMIO «JUAN J. REMOS». SECCIÓN «JOSÉ MARTÍ». LETRAS, PERIODISMO, EDUCACION, HISTORIA.

ENRIQUE LABRADOR RUIZ

El «Undoso» meció su cuna. Miembro de la Academia de la Lengua en Cuba, y de la Academia Americana de la Lengua Española. En el homenaje que por estos honores se le rindiera, expresó Labrador: «Ni nido de nardos, ni mundo de nudos. Siempre a quebrar esquemas, porque siempre es verde en la otra orilla». El lema ampara su obra y define su actitud frente a la vida. Entre sus Libros publicados son de citar: «Laberinto», «Cresival», «Anteo», novelas. «La Sangre hambrienta», ganadora del Premio Nacional de Literatura; y «Grimpolario». Figuran entre sus Ensayos: «Manera de Vivir» y «Papel de Fumar». Sus Cuentos han cosechado aplausos, entre ellos: «Carne de Quimera», «Trailer de Sueños», «El Gallo en el Espejo», «Conejito Ulán», que ganara el Premio Hernández Catá y «El Pan de los Muertos». Su movido itinerario lo traza el autor en su calidad de viajero, cronista, periodista, culturalista, colaborador en diarios y revistas de América. En Labrador hay la versión personal de un nuevo tipo de novela; novedad que se combina con una esencial y palpitante cubanía. La «Cruzada» se honra, honrándolo.

VIOLETA MONTORI DE GUTIÉRREZ

Es Violeta Montori una de las jerárquicas figuras de la Educación en la República Libre. Dra. en Pedagogía de la Universidad de La Habana. Rindió Cursos de Graduados en la Universidad de Columbia, New York y sobre Métodos Universitarios en la Universidad de California, Los Ángeles. Hizo Master Degree en Español en la propia Universidad y el PhD en Lenguas

Hispánicas y Literatura. En Cuba Democrática fue Co-Fundadora y Directora del «Colegio Cubano Arturo Montori»; Profesora de la «Escuela Normal para Maestros de la Habana» por 20 años y su Directora por tres. En el Destierro, Profesora de Español de la Universidad del Estado de California, en Northbridge. Profesora de Español en la Universidad de los Angeles y en Villa Cabrini Academy, California. Imposible referirnos a sus trabajos de investigación, Conferencias y publicaciones. Son de citar, «Importancia de la Orientación Individual en la Educación Secundaria»; «Análisis crítico de la labor de las Escuelas Normales Cubanas»; «José Martí y el Modernismo», «Martí: Fe, Optimismo y Tesón»; «Concepto de la Dignidad Humana». Entre sus obras publicadas están: «Puntos de Partida»; «Mater Dolorosa»; «El Factor vital en el Quijote de Cervantes»; «Luisa Pérez de Zambrana». Es de recordar que esta maestra consagrada fue una de las más enérgicas castigadoras del Comunismo Internacional resignando su cargo en la Dirección de la Normal, que desempeñaba, en desafió al movimiento perverso que ya avanzaba.

PADRE FELIPE ESTÉVEZ

Rector-Presidente del mayor Seminario «San Vicente de Paul» en Boynton Beach, Florida.— Bachiller en Artes; Licenciado en Teología de la Universidad de Montreal. Doctorado en la Pontificia Universidad Gregoriana. Su hermoso trabajo de tesis sobre «La Espiritualidad de Félix Varela», constituye un aporte inapreciable a la Literatura Filosófica Cristiana.

La designación de alta jerarquía de que ha sido objeto el Presbítero Estévez en Honduras y en Miami como Director espiritual Mayor de Seminarios y Profesor de la Universidad Gregoriana Pontificia en Roma, y en otras ciudades, lo definen como eminente personero de nuestro credo en este época seca que sufre el género humano. La palabra sabia de este benemérito sacerdote ha sido luz y rumbo en la tribuna del destierro que ha enaltecido con su talento y con su ejemplo.

El Presb. no se encuentra en la Florida. Recogerá su Diploma la Dra. Mercedes García Tudurí.

DR. JOSÉ CID PÉREZ

Vio la primera luz en la Villa de Pepe Antonio. Se graduó en varias carreras en la Universidad de La Habana. Ha consagrado su fecunda vida al teatro, como autor, actor, empresario, director, crítico y profesor. Entre sus publicaciones merecen mención: «Pensando», frases cortas; «Secreto de Confesión», novela; «Serafín Sánchez: visionario, creyente, mambí»; «La Duda», comedia dramática; «Altares de sacrificio», comedia; «Rebeca, la Judía», novela; «Azucena», teatro infantil; «El Teatro de Cuba Republicana»; «Hombre de dos Mundos»; «Teatro Indio Pre-Colombino», en colaboración con su esposa Dolores Martí de Cid; «Peculiaridades del Español en América» y «Hacia una interpretación del Teatro Martiano». Más de veinte y cinco obras fundamentales se escapan en esta relación. Director y Organizador de la «Enciclopedia dello Spettacolo», fue seleccionado entre los críticos de Hispanoamérica para dirigir lo concerniente al teatro hispanoamericano. Dirigió los estudios de lengua y composición en la Universidad de Kansas y ejerció la cátedra de Literatura y Teatro Hispanoamericano en la Univesidad de Pardue. E.U.A. que lo consagró Profesor Eméritus. Logró Primer Premio Concurso de Literatura del «Instituto Dante Alighieri de Cultura Italiana. José Cid personifica una inmensa labor cultural y educativa. Se le ha rendido justo galardón en el libro-homenaje titulado «Festschrift José Cid Pérez», valiosa colección de estudios de escritores europeos, hispanoamericanos y americanos en español, inglés, portugués e italiano. La profesora Michele S. Davis ha publicado un importante estudio sobre Cid Pérez intitulado «A Dramatist and his Characters». Se le ofreció homenaje en sus Bodas de Oro con el teatro.

DR. EDUARDO BORRELL NAVARRO

Este valioso compatriota comparte sus vocaciones y actividades públicas entre los campos, tantas veces excluyentes, de las Letras y las Ciencias. Habanero— Hijo de Mambí. Cursó en el Colegio de Belén sus estudios primarios y secundarios. Bachiller del Instituto de La Habana— Dr. en Medicina de la Universidad de La Habana. Profesor adscrito y Profesor Instructor de la Cátedra de Farmacología de nuestra Facultad de Medicina. Director de la Liga Antileprosa de Cuba. Miembro Ejecutivo del Colegio Médico Nacional. Sub-Secretario Técnico de Educación. Ministro de Viviendas. Graduado en la Escuela de Periodistas «Manuel Márquez Sterling» y, en el Exilio, Columnista de la página Editorial de Excelsior así como del Periódico «El Nacional», en México. Columnista de «Diario Las Américas», en Miami. Autor, entre otros, de los Libros intitulados: «Así salieron los leprosos de La Habana en 1916»; «La Academia de Ciencias, la cura de la Lepra y el Dr. Borrell Ramos»; «El suceso del Parque Central de La Habana el 24 de febrero de 1895»; «Aporte de la Familia Borrell, de Trinidad, Las Villas, a la Independencia de Cuba y al desarrollo de la Industria Azucarera». Convalidó sus estudios en México, donde ejerce exitosamente. Es Miembro del «Colegio Médico Cubano Libre» y del «Colegio Nacional de Periodistas de Cuba».

DR. REINALDO ARENAS

La Periquera cubrió su cuna de resplandores. Realiza sus estudios secundarios en La Habana y los culmina en la Bicentenaria Universidad. Trabajó activamente en la Biblioteca Nacional José Martí, en el Instituto Cubano del Libro y en la Unión Nacional de Escritores y Artistas de Cuba. Ya desterrado, ha ofrecido Conferencias en las Universidades «Internacional de la Florida», Gainesville, la «Columbia University» de New York y la Universidad de Puerto Rico. Son notables entre sus obras publicadas, las Novelas «Celestino antes del Alba», «El Mundo alucinante», «Con los ojos cerrados», «El Palacio de las blanquísimas mofetas» y «La Vieja Rosa».

Sus obras fundamentales han sido objeto de edificante crítica en Editoriales de diarios Centro y Sur-Americanos y muchas, entre ellas, traducidas al Inglés, Francés, Alemán, Portugués, Italiano, Japonés, Turco y Holandés. «El Mundo Alucinante» fue elegida por el Diario «Le Monde», junto a otra obra de carácter imaginativo, como las dos mejores Novelas publicadas en Francia en 1969.

Reinaldo Arenas, arrancado a una Cuba de infamia, es un brillante vocero de la Libertad.

DRA. OLIMPIA ROSADO

Nacida en La Habana— Maestra de la «Escuela Normal para Maestras de La Habana». Dra. en Pedagogía y en Filosofía y Letras de la Universidad de La Habana. Maestra de Ciegos, especializada-Locutora Radial. Profesora de Gramática y Literatura Española Instituto de Segunda Enseñanza del Vedado. Profesora de Español en muy diversos Centros de E.U.A. Autora, en Cuba, de «Lecciones de Lengua Española», obra de 424 páginas; «Cuaderno de Trabajo para Lecciones de Lengua Española», (dos tomos); «Unidades de Expresión Idiomática para la Enseñanza del Lenguaje y la Composición»; y, en E.U.A., «Proyecto para el Curso de Estudios de Español Especial, en el Condado de Dade» y ¿Conoce usted su Idioma? — Redactora en «Diario Las Américas» de Artículos periodísticos sobre personas y acontecimientos del Gran Miami y Maestra de Español en su Sección de «Cuestiones Gramaticales» del Pueblo del destierro, que tantas veces sabe poco de su lengua. Sus trabajos voluntarios suman docenas. Los honores recibidos perfilan la personalidad de la compatriota que hoy recibe el Premio «JUAN J. REMOS».

La Dra. Olimpia sufre una reciente operación de desprendimiento de retina. No puede acompañanos y ha solicitado de otra poetisa de hoy, la poetisa Sara Martínez Castro, que recoja su diploma.

DRA. MATILDE OLIVELLA DE CASTELLS

Nativa de Santiago de Cuba. Cursó sus estudios primarios en el «Sagrado Corazón de Jesús», los secundarios en el Instituto del Vedado, Habana, recibiendo el título de Dra. en Filosofía y Letras en la Universidad de La Habana. En el exilio, los estudios de Post-Graduada en «New York University», «Trenton State College», Estado de New Jersey. Fue Profesora Distinguida en «California State University», Los Angeles.

Entre sus Publicaciones, figuran: «Lengua y Lectura: un repaso y una continuación», (Colaboración con la Dra. Boring); «Manual para el Profesor de Lengua y Lectura»; «La Lengua Española: gramática y cultura»; «Mundo hispano: Lengua y Cultura».

Sus Conferencias y actividades profesionales requerirían páginas y citas profusas. Así, sus estudios sobre «La Generación del 98 y su Patriotismo»; «Colombia: su pasado histórico»; «José Martí: el hombre y su obra»; «Un enfoque ecléctico en la Enseñanza de las Lenguas»; «La Enseñanza del español a los chicanos».

La Dra. Castells es una eminente figura de la Escuela Americana.

El Diploma de la Dra. Olivella de Castells, lo recogerá la ilustre pedagoga Dra. Herminia Cantero.

DR. ROBERTO DE LA TORRE

Hijo de Camagüey. Su infancia transcurrió en Bruselas. Bachiller del Instituto de La Habana. Dr. en Medicina, Filosofía y Letras, Ciencias Sociales y Licenciado en Derecho Diplomático Universidad de la Habana. Posee Certificados de Fonética del Instituto de París y Cursos de Verano de la «Sorbona». Tomó varios Cursos sobre Literatura Francesa y Metodología de la Enseñanza de Lenguas en la Universidad de Harvard. Con larga experiencia se hace Profesor de Francés en la Universidad de la Habana, de 1928 a 1961. Residente en Estados Unidos entró como Profesor de Francés en la Universidad de North Dakota. Fundó en La Habana el «Círculo de Amigos de la Cultura Francesa» cuya labor fue orgullo de toda Cuba. Entre sus obras publicadas: «Método de Francés», 4 ediciones; «Reformas necesarias en la Enseñanza de Idiomas en Cuba»; «Los Idiomas modernos en la Universidad»; «El Francés de París» y muchas otras. Ha pronunciado Roberto de la Torre más de 80 Conferencias, Charlas y Discursos. Entre los Honores recibidos cuentan «Las Palmas Académicas», en Francia; «Caballero de la Legión de Honor»; Miembro de Honor de la «Alianza Francesa de La Haban», filial de la de París.

Ofreció Cursos de Francés en las Universidades de «Laval», Canadá y en la de «Dakota del Norte».

DR. GASTÓN FERNÁNDEZ DE CARDENAS

Nacido en Placetas, Las Villas, Cuba. Cursó la Segunda Enseñanza en el Instituto de Remedios. Los de Filosofía y Letras en la Universidad de La Habana, North Carolina y Kentucky. Ejerció la Abogacía en Cuba de 1942 a 1960— Profesor de Español en Clemson University, donde fue también Profesor Asociado. Profesor Asociado en East Tennessee State University. Director Programas de Español en Madrid, España, 1979-1981— Miembro del Comité de Curriculum del Colegio «Artes Liberales» y Chairman Departamento de Lenguas en el propio Colegio. Figuran entre sus más difundidas obras: «Temas e Imágenes en los Versos Sencillos de José Martí»; «Colección de Poemas del poeta Arturo Doreste»; «El tema de la esclavitud en los Versos Sencillos de José Martí»; «El Otoño del Patriarca»; «Manuel Gutiérrez Nájera, Escritos inéditos de sabor satírico»; «Ensayo de Diccionario en el pensamiento vivo de la Avellaneda». No podríamos hacer cita del número de sus obras, los honores que recibiera y las actividades intelectuales, académicas y docentes del ilustre premiado.

Recogió su Diploma la Dra. Ana Rosa Núñez, Miembro destacado del Organismo Técnico de «Cruzada» y alta representativa de nuestras letras, de acuerdo con disposición contenida en carta que obra en poder de «Cruzada».

ADELA JAUME

Inteligencia preclara al servicio de un Ideario de contornos humanistas. Habanera. (Realizó estudios primarios en el Colegio Teresiano). Diversificadas aptitudes la llevaron en plena adolescencia a estudios artísticos, tales como el Diseño de Interiores, Dibujo Comercial, mientras lograba el dominio del Inglés, Francés y Alemán. Alumna distinguida del Instituto Superior de Periodismo en la Universidad de La Habana, continuó esos empeños en Madrid al ser becada por el «Instituto de Cultura Hispánica» donde gana el primer Premio de Crítica por sus Artículos sobre la «Segunda Bienal Hispano-Americana de Arte». En 1938 comienza su triunfal carrera periodística en «Diario de la Marina», donde fungiera como Bibliotecaria y Jefe de Archivos, como Comentarista y difusora de la obra artística y literaria en el país. Sus Secciones «Bibliografías», «Con las Obras y los Autores», «Epistolario Crítico», «La Semana Cultural», «La Entrevista Aérea» y sus Crónicas sobre Arte y Confort en las residencias del gran Mundo, y otras, se mantuvieron hasta que se ahogó entre las metralletas comunistas el «Decano». Fueron publicados en Cuba, sus Libros: «Viajes a través de mi Lírica»; «Dádiva»; «Mi muerte para tu amor»; «Génesis». Es autora Adela Jaume de numerosos Cuentos y de otras obras poéticas como «Mínimas», «Destino de la Luz», «Milagro y los 10 Mandamientos». En Miami termina «Diccionario de los

Ismos en las Artes Plásticas». Sus Conferencias, Entrevistas y otros esfuerzos, perfilan a Adela Jaume como a una de las más atrayentes figuras de la Cultura Cubana.

DR. ROBERTO HERRERA

Bachiller en Letras del Instituto de Segunda Enseñanza de Piñar del Río donde fue declarado Alumno Eminente. Doctor en Derecho de la Universidad de La Habana, y Diploma como autor de Estudios Hispánicos en la Universidad «Menendez Pelayo», España. Certificado sobre Aptitud de Lengua y Cultura Española de la Universidad de Barcelona. Realizó Estudios de Post-Graduado en la Universidad de Guadalajara, México. Profesor Asociado, Auxiliar y Titular de Español del Departamento de Lenguas de la Universidad Central de Michigan.

Es Autor del Libro «Charlas Literarias» con prólogo de George Mansour y de escritos y notables publicaciones sobre trabajos medulares de su especialidad. Conferencista en Universidades y Colleges de Estados Unidos, España, Puerto Rico. Es Miembro distinguido de la «Asociación de Profesores de Español y Portugués»; de la «Asociación de Lenguas Modernas» y de la «Asociación de Lenguas Extranjeras», de Michigan. Miembro del «Círculo de Cultura Pan-Americana» y de la «Federación de Juristas Democráticos de América».

El Diploma del Dr. Herrera será recogido por su madre política, Sra. Rosa Marinas Vda. de López.

DR. ANDRÉS RIVERO COLLADO

Su obra intensa y extensa al servicio siempre de causas superiores, compensa fallos y errores de una generación pródiga en alucinados e insensatos. Cursa la Primera Enseñanza en el Colegio «La Salle». La Universidad de Villanueva le impone la toga de Abogado. Se habilita Periodista en el «Wester College», Delaware, y se especializa en Pedagogía en la «Furman University», Carolina del Sur y en «South Carolina State College». Profesor de Español y Director de Educación de adultos en Carolina del Sur; Editor de la Revista «Spanish Today»; Director de la firma Editorial «Cruzada Spanish Publication». Periodista en Cuba, México, República Dominicana, Colombia y Miami. Es autor Andrés Rivero de la Novela «Enterrado vivo»; del Libro de Cuentos «Rojo y Negro»; del ensayo «Cuba: su Verdad»; de «Cuentos para Entender» y de «49 Cuentos Mínimos y una triste Leyenda». Sazona Rivero con remembranzas cubanas su obra «Recuerdos». Numerosas de sus publicaciones y materiales didácticos dedicados a la Enseñanza del Español, son hoy utilizados en Centros Educativos de esta Nación. Entre diversos Premios y Menciones, recibió el Premio Nacional Literario de la Dotación Nacional, para las Artes, de Washington, D.C., Profesor del Año en el Sistema Escolar de Orangeburg, C.S., por su dedicación profesional y su lucha permanente por que se conozca la Verdad sobre Cuba.

DRA. MARÍA C. HERNÁNDEZ

Sus sonados triunfos se proyectan sobre la historia de Cuba en el destierro. Dra. en Farmacia de la Universidad de La Habana, cubrió el programa de Post-Graduada en Ciencia Médica en la Escuela de Medicina Universidad de Miami y el Foreign Pharmacist Program, en las Escuelas de Farmacia de las Universidades de la Florida y de Gainesvilla. Miembro de las más distinguidas Organizaciones Profesionales norte-americanas y cubanas. Participante como Panelista en Programas de Radio, Televisión y Prensa escrita, y en Seminarios y Conferencias, mereciendo honores incontables por parte de todos los factores de dichas actividades.— Gran Orden del Bicentenario de los Estados Unidos. Su labor excepcional vinculada a instituciones profesionales y culturales, promovió un proceso de merecidos ascensos y una espontánea y sencilla literatura. Su tarea en el «Miami Dade Community College» que culmina en una mantenida cooperación cívica y económica prestada por María Hernandez, llevó a una coordinación de labores entre el Centro Docente, los estudiantes y la Comunidad. Y, así, cuando se levanta el complejo de edificios del «Miami Dade Community College», su nombre luce como un astro sobre el friso de la bella estructura dedicada a las Bellas Artes. Ese honor raro, casi inasible en E.U.A. donde tantos merecen y tantos aspiran, ha quedado prendido como un laurel sobre la historia de Cuba. Entre múltiples profesionales, fue escogida María Hernandez, cubana integra y florecida en talentos, al bautizar el Edificio ya referido.

DRA. GLADYS B. ZALDÍVAR

Nativa del solar camagüeyano. Graduada en la Universidad «Ignacio Agramonte», Camagüey, Cuba, completando su Educación en la Universidad de Maryland, College Park, Instructora del Programa Bilingüe del «Miami Dade Community College» e Instructora del «English Center» de Miami. Instructora de Literatura Española en el «Emerson Community School» y del «Ada Merrit Com. School». Instructora, también, de Español e Inglés del «Berlitz School of Languages». Es valioso su expediente académico. Entre sus Publicaciones figuran «Homenaje a Gertrudis Gómez de Avellaneda en el Centenario de su muerte»; «Homenaje a Labrador Ruiz»; «Cinco aproximaciones a la narrativa hispanoamericana contemporánea»; «Julián del Casal, estudios críticos sobre su obra»; «Novelística Cubana de los años sesenta»; «Aporte de la mujer a las letras cubanas». Entre sus Libros en verso, son de citar: «La baranda de oro»; «Fabulación de Eneas» y «El Visitante».

El Diploma que hoy se le entrega premia su obra literaria y magisterial.

ALMA RUBÍ

Comparte con estoicismo las tristezas y las estrecheces del destierro. Periodista, Poetisa y gran patriota. Su pluma resbala sobre el Artículo y el Comentario de cada día, pensando sólo en Cuba y sirviéndola con impresionante desinterés. Sufrió los dolores de madre y cubana al incorporarse y caer herido su hijo en Girón. Recien llegada a Estados Unidos, reune a Poetas y a Escritores y trata de vincularlos camino de la Libertad, fundando la UPE, «Unión de Poetas y Escritores». Colaboradora, en Cuba, de «El Crisol», «Pueblo» y «País Gráfico». Co-Fundadora de las Revistas «Mundo Democrático», «Cuba y México» y «Horizontes de América». Es autora Alma Rubí de los libros «Cacería de Sombras»; «El Coche de los Bárbaros», «El Tomeguín Desterrado». Es coordinadora de los Programas de la Escuela Nueva de Medicina, de Juan B. Kourí, tomando parte en distintos Programas Radiales, como «Radio-Mambí», «La Voz del Aire», «Radio-Musical» y Unión Radio. Sobre la periodista distinguida y orientadora, priva su vena poética, el altivo patriotismo que vive en sus cantos, la resonancia que alcanzan sus poemas en los que vuelca su amor inextinguible por Cuba. Es Presidenta de la «Unión de Poetas y Escritores de Cuba» y Sub-Directora de la Revista Diplomática «Estampas». «Cruzada» prende en su frente un lauro de reconocimiento y fina amistad, al entregarle este Diploma.

COMANDANTE MARIO GAJATE, MERITO NAVAL

Ex-Director de la Academia Naval de Cuba. Recorrió en escala ascendente todos los grados y cargos responsables de su carrera en la Marina de Guerra. Devuelto a la vida civil, entregó todo su esfuerzo a trabajos históricos de investigación, esclarecimiento de hechos, leyendas y mitos en relación con Cuba. Se le deben sobresalientes biografías de ilustres espirituanos, entre ellos, Serafín Sánchez, Honorato del Castillo, Ramón Leocadio Bonachea y José Miguel Gómez. En el año del Centenario de Yara, publicó un libro de versos bajo el nombre de «Sancti Spiritus y sus Poetas». Al Comandante Gajate se deben memorables exposiciones de Documentos Coloniales. Su colección, «Documentos Coloniales Cubanos» abarca desde el documento firmado por el Marqués de la Torre, hasta otro firmado por Ramón Blanco.

Su viaje al Monasterio de «Santa María de la Rábida» en plan de investigación sobre asuntos colombinos, como sus labores en el Archivo de Indias, le valieron inapreciables estímulos. Son notables sus obras: «El Monasterio de la Rábida, cuna de la Hispanidad»; «El Descubrimiento de América» y «Los Descubridores, ni delincuentes ni criminales».

El 4 de enero 1977, dejó fundado el «Grupo Espirituano de Estudios Históricos». Obras inéditas de Gajate son: «Colección de Voces Antillanas aborígenes» y «Diccionario biográfico espirituano». En preparación: «Nociones de Historia de Cuba para los niños cubanos en el destierro».

DRA. EVIDIA BLANCO DE SANCHIS

Dra. en Filosofía y Letras y Bibliotecaria, títulos obtenidos en la Universidad de La Habana.— Certificado de la Universidad de Columbia, New York, en la Escuela de Ciencia Bibliotecaria— Instructora de la Escuela de Bibliotecarios de la Universidad de La Habana— Directora de la Biblioteca del «Banco de Fomento Agrícola e Industrial de Cuba». (Banfaic). *Indexer* de la Biblioteca José Martí, Capitulio Nacional. *Bibliographer,* Biblioteca Municipal de La Habana; *Cataloger,* Biblioteca de Arte de la Universidad Habana, Facultad Filosofía y Letras. Autora, entre numerosas obras, de «Manuel Pérez Beato y Blanco: su vida y su obra bibliográfica»; «Nueva Bibliografía Cubana» (1943-1972) «Los elementos novelescos de «El Hermano Asno», tesis que presentara en la Universidad de La Habana: «De nuestra Literatura», (cortas biografías cubanas); «Traducción de la Catalogación On-Line, Programa de entrenamiento para Estudiantes Venezolanos». Conferencias y publicaciones diversos en relación con su especialidad así como los honores y Premios otorgados a su fecunda labor, perfilan su calidad de consagrada en estas tareas de investigación y profesionalismo, base y raíz de la Cultura Nacional.

DRA. CONCEPCIÓN TERESA ALZOLA

Natural, de Marianao, Provincia de La Habana, Cuba— Dra. en Filosofía y Letras de la Universidad de La Habana. Profesora de Lengua y Literatura Españolas, Composición, Gramática Histórica, Literatura de los Siglos de Oro en la Escuela Profesional de Comercio de Marianao y la Universidad Central de Las Villas. En Estados Unidos ha sido Profesora en la Universidad de Maryland, y en el Western Maryland College y Gettysburg College.

Fue la Dra. Alzola, Consejera Asesora del Instituto de Etnología y Folklore de la Academia de Ciencias en Cuba.

Imposible la cita de sus publicaciones, Libros y Monografías. Así, «Desarrollo lineal de un Curso de Gramática»; «Cuentos Populares Infantiles»; «Folklore del Niño Cubano»; «Habla Popular Cubana»; «Hacia una clasificación de las Adivinanzas en lengua española»; «Las Antillas: Etnología y Folklore»; «Las famosas Leyendas de Cuba». La Dra. Alzola ha merecido Premios Periodísticos y Académicos, en Cuba y en el destierro.

PLACA AL MAESTRO LUIS CARBALLO

Se le rindió tributo al Maestro Luis Carballo, Director de Música de «Cruzada» desde 1971, mediante una Placa especial, con el cariño y la gratitud de nuestra organización.

PREMIO «JUAN J. REMOS» SECCION JUVENIL «LINO FIGUEREDO»

SARA MARTÍNEZ CASTRO

Nacida en el Oriente heroico y, en sus Centros Docentes, Primarios y Secundarios, modelada con esplendidez para una vida bella y útil. Ya en el Exilio, cursa Inglés y Secretariado en el English Center, de Miami. Fue acreditada como «Asociada en Artes» en el Dade Community College» — Obtuvo el Premio al Mérito Académico, año 79, en el «Miami Dade Community College» y el Certificado de Maestra de Español del Biscayne College.

Sara Martínez es, y no en alas de ligero elogio, una gran poetisa. Sus rimas frescas que pronto la crítica más severa acogerá orgullosa, han merecido el Premio «José María Heredia», primer lugar en el Concurso de «Asociación de Críticos y Comentaristas», enero 1980 con el Poemario «Detrás del sentimiento» y Segunda Mención de Honor del Premio «Agustín Acosta», Concurso de Poesía del «Grupo Artístico Literario Abril», (Gala) en 1980, con su Poemario «Al compás del Verso». «Cruzada Educativa», prende hoy sobre su frente una hoja de laurel.

ILUMINADA DÍAZ LESMES

Nacida en la capital de la República. Realizados sus estudios primarios y secundarios en Cuba, salió a la Libertad al cumplir quince años. En el Exilio se gradúa de Secretaria en el «Charron Williams College»; cubrió Curso de Psicología Infantil en el «Miami Senior High School»; se le acredita «Asociada en Artes» en el «Miami Dade Community College» y cursa Idiomas en la Universidad de la Florida. Finalmente, recibe Certificado de Maestra en el «Biscayne College».

Iluminada Díaz Lesmes es, también, poetisa de excepcionales condiciones, habiendo merecido el Premio «Agustín Acosta» en Concurso convocado por el «Grupo Artístico Literario» (GALA), con su Poemario «Prima en Gris».

'Paso'. — dice «Cruzada» al verso valiente de una juventud nacida en tierra esclava y forjada al calor de la Libertad y de la Dignidad Humana.

ANA MARGARITA MENÉNDEZ LA ROSA (ANA MARGO)

Nombre artístico que se ha tenido que cambiar por motivo publicitarios Actriz, bailarina y cantante, durante 15 años ha mantenido sus estudios de ballet, modern dance, jazz y tap, así como bailes españoles. También continúa sus estudios de canto y está graduada de la Universidad de Miami con un Bachelor en drama, música y baile. Su repertorio incluye como protagonista: «Paddy», «Gigi», «El Diario de Ana Frank», «Las Leandras», «Olvida los Tambores», «Nuestro Pueblo», «Sweet Charity», «Candide», «Much Ado About Nothing», y «La Fierecilla Domada». Es la protagonista en el papel de «Carmen Peña» del programa de televisión de costa a costa «Que Pasa U.S.A.» Ha hecho numerosos programas y comerciales para la televisión. Ha ganado numerosos premios por su labor artística en el campo latino como norteamericano.

Fue escogida como protagonista para el touring company del Coconut Grove Players State Theater en la obra musical «Fugue For Four Frogs» donde tenía que hablar en inglés, francés y español.

PREMIO «JUAN J. REMOS» SECCION «MAESTRO GONZALO ROIG». MUSICA, CANTO, BAILE, TEATRO, DECLAMACION.

ELIER A. SUÁREZ

Hijo de La Habana. Cursó la Segunda Enseñanza en el «Coral Gables Senior High». Bachelor en Music en la Escuela de Música Universidad de Miami— Master de Música en la «Juilliard School» de New York. Ha figurado en Orquestas tan acreditadas como la «Miami Symphonic Society»; «South Florida Youth Symphonic»; «Pittsburg Symphonic»; «Milwaukee Music Teachers Asociación»; «Carnegie Recital Hall», de New York. El número mayor de treinta de sus gloriosas intervenciones en Orquestas de la América, lo consagran gran señor del teclado. Los Recitales y Conciertos en que ha tomado parte han establecido una escala de triunfos suficientes a forjar su esclarecida personalidad artística. La Radio y la T.V. han echado al aire sus mejores demostraciones. La Patria, en suma, por reconquistar de nuevo, al pasear sus excepcionales méritos sobre todos los meridianos del mundo, se siente orgullosa de su vida y de su obra.

EDUARDO RECALT

Inició sus clases de Ballet en la Ciudad de La Habana. Designado Solista en la compañía de Ballet donde comenzara su precioso esfuerzo y luego primer Bailarín de la propia Compañía. Aprovechando una de sus amplias giras, pidió Asilo Político en 1966 en París. En Francia ejerció su profesión en las Operas de Lyon, Anger y en los Follies Bergere de París. En 1968 llega a Estados Unidos trasladándose de New York a Miami e incorporándose a la Dirección del «Ballet Concert», junto a Sonia Díaz y Martha del Pino. En este afamado conjunto, obra de exiliados cubanos, ha sido instructor y director de labores coreográficas como en «Cain y Abel»; «Tríptico con tres escenas de Romeo y Julieta»; «Amorosa Guajira»; «Opus 22»; «Yerma»; «Pas de Six, de Don Quijote».

Sus trabajos son dedicados al prestigio artístico de Cuba y a su Libertad.

SOLANGE LASARTE

Notable compositora cubana. Graduada de Profesora de Piano, Teoría, Solfeo, Historia de la Música y Estética, Apreciación y Pedagogía Musical en el «Conservatorio Municipal de La Habana» que dirigía, como a la gloriosa Banda de la Ciudad con mensaje, el universal Maestro Gonzalo Roig.

Obtuvo en la Universidad de La Habana el título de Ampliación de Estudios de la Música. Fue Maestra Especial de Música del Distrito Escolar de La Habana-Maestra Escuela Primaria No. 58 y del Centro Vocacional de Música N° 33; Profesora de Música, Cátedra K, Instituto Segunda Enseñanza de Marianao. Es autora de más de 200 melodías, entre Canciones, Boleros, Criollas, Guajiras, Danzas y Valses. Ha tomado parte en Conciertos, en Cuba y en el Exilio, rindiendo a la causa de Cuba sus mejores esfuerzos. Dio vida a Programas Radiales inolvidables, bajo el nombre de «Serenata» y «Hora Ágil». En 1964, fue la Compositora del año. Entre sus victoriosas Canciones figuran: «Eres»; «Pensaba en ti» y «Calles de mi Habana», Primer Premio en el Concurso de la «Canción Pan-Americana».

JOSÉ ANTONIO GARCÍA (CHAMACO GARCÍA)

Nativo de Santiago de las Vegas, Habana, Cuba. Alumno del Colegio de Belén. Realizó estudios de Arte Dramático con Alejandro Lugo y Jesús Alvariño y de Escena, con Roderico Neyra y distinguidos Maestros en México y Estados Unidos. Primer Cantante de la Orquesta de los Hermanos Castro en los principales Centros Nocturnos de La Habana; Tropicana, Capri, Teatro Nacional. Al abandonar Cuba en 1960, actuó como cantante y como actor en las principales capitales americanas. Contratado como Cantante exclusivo, por tres años, en el Canal 6 de T.V., México. Ha actuado en Perú, Argentina, Puerto Rico, Venezuela y E.U.A.

Ha sobresalido en interpretaciones de «El Violinista del Tejado»; «La Malquerida»; «Paddy»; «La Gentil de Ayer»; «La Casta Susana»; «Los Fantásticos»; «Triángulo»; «La Libertad prestada»; «María la O». Enviado por la Secretaría de Estado de este País, cubrió una Gira Artística por Centro y Sur América, Puerto Rico y República Dominicana.

DALIA ÍÑIGUEZ

Remos cantó «la justeza de su rumbo estético». Américo Castro afirmó que «las voces que se adormecieron resuenan nuevamente como recien-bruñidas en los varios tonos de su admirable juglería, voz de plata, de bronce, como los reflejos de su Isla». Andrés Eloy Blanco, al escucharle, repitió entusiasta: «Aquí está América tu voz; aquí está tu voz, España, tu voz ceñida por los mares, como Cuba»; Gabriela la llamó «reivindicadora del castellano». Dalia debutó en New York, en 1932. «Pro Arte Musical». la calentó en su seno. Ofreció Recitales en Lisboa, España y Palma, y vuelta a América, en Panamá, Costa Rica, Perú, Chile y Argentina. En Lima, donde ofreció 58 Recitales fue regalada por la Vda. de Santos Chocano con la medalla que el Consejo de la Ciudad otorgó al inmenso bardo, por considerar que era Dalia su mejor intérprete. En Chile publicó su Primer Libro: «Ofrenda al Hijo soñado». Visita Montevideo y en Buenos Aires actúa como Solista de una Orquesta Sinfónica. Quito le concede la «Cruz del Mérito». En Bogotá vuelve a figurar como Solista de otra Orquesta Sinfónica. En su Patria, desempeñó la Cátedra de Declamación en el Instituto de Ceiba del Agua. Bajo los auspicios del Gobierno de Cuba ofrece Recital en la Plaza de la Catedral sobre Poemas de Lópe de Vega. En «La Tropical» le aclaman 10,000 espectadores. Ofrece otro Recital memorable sobre «Un Siglo de Poesía Cubana»— Es designada en México Catedrática de Dicción del Instituto Nacional de Bellas Artes. Triunfa en el Cine y en el Teatro. El 28 de Enero de 1953, Centenario del Apóstol, es su voz la que anuncia desde la escalinata del Capitolio: «Hoy se cumplen cien años del nacimiento de José Martí». Como tributo al prócer en el año 53 ofrece 99 Recitales en la Isla, sobre vida y obra del Apóstol. Edita un 2º Libro: «Itinerario de Ausencia». Fue brillante Periodista. Se calcula en 10 millones de personas la audiencia nacional e internacional que admira y ovaciona a Dalia.

PREMIO «JUAN J. REMOS».
SECCION ARTES PLASTICAS
«MAESTRO LEOPOLDO ROMAÑACH».

JOSÉ I. BERMÚDEZ VÁZQUEZ

Escultor y Pintor de fama internacional. — La Haban apadrinó su nacimiento y asociaciones culturales y publicaciones del país estimularon su recio talento. Ganador del Primer Premio en el «Certamen Internacional de Naciones Unidas». Designado en 1953 Asistente de la «División de Artes Visuales de la Unión Pan-Americana» en Washington, y en 1958 Jefe de la División de Servicios Gráficos en la O.E.A.

Su primer viaje a Europa da lugar a triunfales Exposiciones, así como su recorrido honrando el nombre de la Patria, por toda Sur América. Instalado definitivamente en Phoenix, Arizona, en el 77 realiza una de sus más célebres esculturas: la Fuente de 20 pies de altura *Aquarius,* ubicada en la ciudad de Scotlsdale, Arizona. En el 79, termina su Mural *Galaxia*, relieve en cobre de 6 por 15 pies, para la nueva Terminal del Aeropuerto de Phoenix. Más tarde, establece un taller de Litografía Artística en Costa Rica. En el 81 comenzó a trabajar en el taller de Foto-Diseño-Gráfico en San José. Sus Premios son innúmeros, entre ellos, Primer Premio en la «First American Annual Mural Competitión», Maryland. «Cruzada» se enaltece honrando a este ilustre artista nacido en La Habana para la admiración del mundo.

SERGIO LÓPEZ MESA

«El Arte— decía Martí—, como la sal a los alimentos preserva a las Naciones». Cuba, en su inmensa desolación, vive en la historia y flota sobre los continentes, por sus Artistas. Sergio López Mesa, graduado en «San Alejandro», La Habana, y en la «Real Academia de Bellas Artes», de Roma, Profesor por Oposición de «San Alejandro», alcanzó las Licenciaturas en la «Real Academia de Medaglia», en Roma y de la «Real e insigne Academia de Disegno de San Lucas». Sus obras laureadas se cuentan por docenas; «Indio Cubano», exhibido en Roma; «Cabeza de Niño» en Chile; «José María Heredia», en Toluca; «Antonio Maceo», en Punta Brava; «Las Niñas» Fuente Parque Zoológico Habana; «Pi y Margal», Vedado; «Cristobal Colón», en piedra y «El Padre Las Casas», ambas en la Fachada Catedral Habana; «El Retablo de los Héroes», en bronce, erigida en Bayamo, tributo a Aguilera y los Héroes de 1968; «Don Luis de Las Casas», Sociedad Económica; «Monumento a Martí», bronce y mármol, Los Angeles, CA.

Participó en Exposiciones variadas en Cuba y otros Países, como Escultor y como Pintor. Obtuvo Primeros Premios con el Monumento a Miguel Figueroa y el dedicado a Carlos M. de Céspedes.

ROLANDO LÓPEZ DIRUBE

Pintor, Escultor, Grabador, Muralista. Estudiante de Arquitectura e Ingeniería en la Universidad de La Habana. Becado del Gobierno Cubano en el «Instituto Cultural Cubano-Norte-Americano», en el «Instituto de Cultura Hispánica», España; del «Instituto Internacional de Educación», New York, (Beca Cintas).

Ha ofrecido más de 25 Exposiciones Individuales. Y ha participado en Exposiciones en grupo en La Habana, Brasil, Caracas, San Juan, New York, Philadelphia, Londres, Montreal, Tokio, Alemania, Bélgica, Holanda, Madrid y Barcelona y en las Bienales de Sao Paulo, Hispano-Americana de Madrid, Colombia, Bienal de Grabado Latino-Americana y la Bienal Internacional de Arte, en Francia. Es autor López Dirube de más de 97 Murales y Esculturas Monumentales. Son de citar los tres Murales del Teatro Nacional, Habana; los 8 Murales del Palacio de los Deportes, Habana; el de la Asociación de Arquitectos, Habana; en el Hotel «Habana-Riviera»; La Arboleda, San Juan, desarrollo urbanístico con tres esculturas. Los cargos de Profesor, Artista Residente, Conferencista, y los Premios obtenidos en todas las areas artísticas del Mundo, lo consagran gran señor de la belleza, orgullo de la Patria.

López Dirube, residente en Puerto Rico, está impedido de asistir a este acto. Recogerá su diploma la distinguida compatriota Mignón Medrano, Presidente del Museo Cubano.

DRA. RITA FUNDORA DE CONCEPCIÓN

Maestra graduada en la Escuela Normal para Maestros de La Habana. Cursó sus Estudios Pedagógicos en la Universidad de La Habana y los de Dibujo y Pintura en la «Escuela de San Alejandro». Discípula particular del Maestro Valderrama. Rindió un Curso Especial de copias de las grandes obras de arte en el Museo Metropolitano de Arte de Nueva York. Ha recibido enseñanzas en distintas ramas del arte pictórico de los Profesores Cramford y Myers y de la pintora Sara Martínez Maresma. Ha participado en más de 35 Exposiciones Colectivas. Así, también, en el Primer Festival Anual de Artistas Cubanos en el «Bay Front Park» organizado por el «Club de Mujeres jóvenes de Coral Gables»; en el «Festival Anual» realizado en Villa Vizcaya, Miami, donde fue premiado su oleo «Vizcaya». Fue premiado su oleo «Prado Promenade» en el Festival de la Asociación de Mujeres Hebreas. En la Semana de la Hispanidad expuso en el «Bay Front Park Library», su oleo «Campiña Cubana». Diez y siete de sus trabajos fueron expuestos en el «Mildred Pepper Senior», de Sweet Water, y en el Estudio 45 de Coral Gables se exhibieron sus retratos, en 1980.— Su primer Exposición Personal tuvo lugar en el Lobby del Fidelity National Bank. En 1973 fue seleccionada por el «Interamerican Art Exhibit» para representar a Cuba en una Exposición de Artistas Americanos.

MIGUEL ORDOQUI

Natural de Ranchuelo, Las Villas, Cuba. Alumno de la Escuela Nacional de San Alejandro. Graduado en Artes Gráficas de Diseño Escenográfico para Cine, T.V. y Teatro. Algunos de sus trabajos, en tinta y óleo, fueron adquiridos por diplomáticos y coleccionistas en Cuba y llevados a New York, Washington y Dalas. Más de media docena de sus «Harlequines», considerados como su símbolo, forman parte del decorado del restaurant Dockies Bistro, de Londres.

Prisionero político del Castrismo su obra fue exhibida en el destierro en brillantes Exposiciones públicas y privadas. Tomó parte en Exposiciones como la del «Total Bank» patrocinada por el «Miami Women's Club», la de «Cinco Artistas Cubanos» en la Galería de Arte Interamericana y en la efectuada en Miami Beach patrocinada por la «Asociación de Mujeres Americanas de los Estados Unidos». Sus obras «Arlequín», «Payaso I» e «Imágenes», merecieron Premios y Menciones en la ACCA.

JOSÉ MANUEL ROSEÑADA

Nació en Colón, Provincia de Matanzas, en 1907. Cursó estudios primarios en la Escuela Pública de Cuba y la Segunda Enseñanza en el Colegio San José. Su primera Exposición tuvo efecto en su pueblo nativo, donde descubre su genio el Maestro de la Caricatura Conrado Masaguer. Invitado por éste a elaborar Caricaturas de grandes personajes de la vida nacional, con destino a la Revista Carteles, Roseñada se asoma a la opinión pública, ganando su primera batalla. Se traslada a La Habana estableciendo provechosos contactos con «Diario de la Marina» y con el periódico «Información» que publicaba, entonces, página humorística bajo el título de «La Voz de la Conciencia». Y, allí quedó fijo para trabajar junto al Caricaturista Hernández de Cárdenas. Colaboró Roseñada en el Semanario «El Loco», de Arroyito; La Semana de Carbó; «Acción», del A.B.C. y «El Mundo». Nace el «Bobo» de Abela, creación humorística inolvidable. Diario de la Marina solicitó su colaboración cuando Abela ingresa en la diplomacia. Y allí estuvo 30 años, hasta 1960. Su gran fundación fue el «ZIG ZAG». En enero de 1959 tiró 202,000 ejemplares. El tirano fijó una mala intención sobre ZIG ZAG, y Roseñada partió para Miami con su familia. En Miami, en 1962 reunidos Cambó, Hernández Toraño y Roseñada, lo editaron de nuevo. ZIG ZAG LIBRE se mantuvo once años como formidable ariete contra el Castro-Comunismo. Ahora, ha vuelto a la carga y ZIG ZAG constituye uno de los vehículos de más intensa lucha por la Libertad, la Justicia y los Derechos Humanos.

SILVIO FONTANILLAS

La Habana lo cuenta entre sus distinguidos hijos. La Democracia entre sus mejores voceros. Por algo, cuando el 8 de noviembre de 1960 abandonó el País, el Comunismo borró su nombre que aparecía en el Hall de la Fama del Palacio de Bellas Artes de Cuba. Actualmente, desdoblando una nueva faceta en su vida artística, dedica muchas de sus actividades a pinturas acrílicas sobre temas costumbristas cubanos. La Caricatura es la expresión más clara y certera de la opinión pública. Su veredicto político es, a veces, inapelable. La Sátira puede herir de muerte a un personaje y hasta a un régimen. El Catálogo de Caricaturas de Silvio da cuenta de una marcada penetración en el alma de su pueblo. «Gallero»; «Suavecito»; «La Guagua»; «Mosaico Cubano»; «Manguero»; «Voy a mi Gallo»; «Exilio»; «Aguacatero»; «Pirulero»; «Romance Campesino», son como estampas vivas de la Cuba alegre, «radiografías animadas de nuestros personajes», como dijera el periodista Prohías. Silvio colaboró ayer en «La Semana», «La Política Cómica», «Karikato», «Avance», «Prensa Libre», «Información», «Zig Zag» y, ahora, en diversas publicaciones del Exilio.

PREMIO «JUAN J. REMOS». SECCION DE CIENCIAS «DR. CARLOS J. FINLAY».

DR. VIRGILIO I. BEATO

En Virgilio Beato, parece flamear un pendón de Cuba Libre sobre la América. Natural de Jagüey Grande, Prov. de Matanzas, Cuba. Educación Primaria en el Colegio «La Luz», en Matanzas; la Segunda Enseñanza, en el Instituto de esa Ciudad.— Dr. en Medicina Universidad de La Habana.— Alumno Interno Hospital «Calixto García»— Instructor de Medicina Interna en la Universidad de La Habana. Profesor Asistente de Medicina Interna y Profesor Asociado de la propia materia, en la Universidad de La Habana. — Profesor Asistente de Fisiología y Medicina Interna en la Universidad de Texas, San Antonio.

Entre sus más notables publicaciones son de citar: «Historia de la Parasitología y de la Medicina Tropical, en Cuba»; «Estudio del hígado en el hipertiroidismo mediante la biopsia hepática»; «Pericarditis crónica constrictiva»; «La función cardiaca en el hombre» y una amplia relación de trabajos que no pueden traerse a este extracto. — Los Cursos de Posgraduados atendidos por el Dr. Beato cubren páginas. Y los honores rendidos a su sabiduría y competencia en América y Europa los comparte la Patria. — Es Chairman del Departamento de Medicina del American Hospital y Miembro del Staff de dicho Hospital, del Mercy Hospital, del Coral Gables Hospital, del Doctor's Hospital, South Miami y del Cedro del Líbano.

DR. RODRIGO BUSTAMANTE

Relevante figura de la Medicina Cubana. Natural de Cienfuegos, la Perla del Sur. Bachiller en Ciencias y Letras del Instituto de Segunda Enseñanza de su Ciudad natal. Dr. en Medicina de la Universidad de La Habana. Médico de los mejores hospitales de Cuba. Profesor de Cardiología, (su especialidad), en el «British Council Scholar» y en el «Heart Hospital», de Inglaterra. Diplomado en el «American College of Cardiology», en el «American College of Chest Physicians» y en el «Royal College of Physicians», Edimburgo. Médico Asociado y Jefe Sección de Cardiología del Hospital Universitario de La Habana y Profesor Universitario de la «Marquette University y de la «Miami University,» Escuela de Medicina de Miami— Jefe Sección de Cardiología del «Miami Veterans Hospital» y Jefe Sección de Cardiología «Milwaukee Hospital» Wisconsin. — Profesor de Clínica Médica de la Universidad de Miami.

Imposible recoger en esta nota biográfica los honores recibidos y la notable extensión de su saber y experiencias en Centros Docentes americanos y europeos.

DR. FRANCISCO GARCÍA BENGOCHEA

Nació en La Habana.— Bachiller en Ciencias y Letras del colegio Belén. Instructor del Departamento de Histología y Embriología de la Universidad de La Habana.— Alumno Eminente de la Universidad de La Habana-Médico Interno del Hospital «Calixto García»— Clínico del Hospital General de Boston.— Médico Residente del Centro Médico Presbiteriano de New York— Cirujano de innúmeros Centros Médicos de Estados Unidos. Miembro en activo de las Asociaciones más prestigiosas de la Unión. Honrado por Instituciones de América y del Mundo. Autor de Libros consagrados como los intitulados: «Aneurisma secular traumático de la carótida interna»; «Hernias Discales»; «Tumores Medulares»; «Estudios en el diagnóstico del aneurisma cerebral». Y así, hasta cuarenta formidables trabajos.— Colaborador de periódicos y revistas afamados de Estados Unidos y el Hemisferio. Entre los honores recibidos por este eminentísimo galeno cubano, no puede silenciarse su trabajo sobre «Carlos J. Finlay», que ganara para él y su Patria la Medalla de Oro.

Una gran figura, en suma, de la Ciencia Médica, como eminente neurólogo y Neurocirujano.

DR. ANTONIO RODRÍGUEZ DÍAZ

Otro penacho de luz en la ciencia americana. Hijo de Pinar del Río. Dr. en Medicina de la Universidad de La Habana. Director Técnico del «Hospital del Cuerpo de Policía» y del «Hospital Nacional de Cuba» que se dejó equipado y ya al servicio del pueblo antes de la llegada del Comunismo; Director Técnico del «Instituto Nacional de Cardiología y Cirugía Toráxica»;

primero en América, después del instaurado en E.U.A. En 1960 abandonó (el Dr. Rodríguez Díaz) la Patria. Los Diplomas que acreditan su sapiencia y habilidades nos enorgullecen. Miembro de Honor de la «Sociedad Cubana de Pediatría»; de la «Asociación de Cirujanos Militares» de E.U.A., con grado de Capitán; del «Colegio de Cirujanos Americanos»; de la «Asociación Médica de Puerto Rico»; de la «Asociación Mexicana de Médicos Militares»; de la «Academia Mexicana de Cirugía» y de la «Sociedad Médica del Hospital General de México». Asimismo, rinden pleitesía a su saber la «Sociedad Venezolana de Gastroenterología»; la «Sociedad Venezolana de Cirugía»; la «Asociación Nacional de Gastroenterología de Colombia»; el «Colegio Brasileño de Cirujanos»; la «Sociedad Cubana de Cancerología» y la «Cubana de Tisiología». Fue Consultante Honorario del Hospital y Clínica del Cuerpo de Policía Nacional de Cuba. Un médico eminente; un Cubano entero.

DR. CARLOS J. AGUILAR

Vió la luz primera en La Habana, Cuba. Dr. en Medicina de la Universidad de La Habana. Eficiente colaborador (en el «Hospital Infantil») del Dr. Agustin Castellanos. — Jefe de Pediatría del «Dispensario Arturo Aballí»— Miembro de la «Sociedad de Pediatría». Trabajador voluntario en el «Centro Hispano-Católico» donde atendió a cientos de niños cubanos que llegaban solos a Estados Unidos. Aprobado en los exámenes del Board, rindió labores en los Hospitales «San Francis», «Variety Children» y «Jackson Memorial», comenzando su práctica privada como pediatra. Al arribo de millares de compatriotas en mayo del 81, prestó servicios en el Dispensario gratuito del «Colegio Médico Cubano Libre». Pertenece el Dr. Aguilar a muy prestigiosas Instituciones Cubanas del destierro y fue premiado entre los médicos más distinguidos por el «Colegio Médico Cubano Libre» en 1981. Su calidad profesional y los servicios humanitarios prestados a su Pueblo, le hacen merecedo al Premio «Juan J. Remos».

DR. LEONARDO RODRÍGUEZ CASTILLO

Camagüeyano que honra sus lares y da la medida de la Escuela Democrática Nacional. Bachiller en Ciencias en el Colegio «La Progresiva», Cárdenas. Estudiante de Tercer Año de Derecho en la Universidad de La Habana cuando se desplomó la República, año en que voló al destierro, (con sus padres). Bachelor en Administración de Empresa y Maestría, especializado en Gerencia, de la «Universidad de Miami». Doctor en Administración de Empresa, de la «Florida State University», especializado en Gerencia y Contabilidad. Catedrático de la División de Contabilidad y Gerencia, en la «Universidad Internacional de la Florida». Impulsor de Programas de Entrenamiento Gerencial en sus fases de Operación de Tiendas, personal, mercadotecnia y promoción de venta. Coordinador del Seminario de Contabilidad Gerencial de la I.B.M. Director de Programas de estas ramas en las Universidades «Oriente», de Venezuela; «Sta. María», de Panamá; y «Antillas Holandesas», en Curaçao. Es autor, de notables publicaciones sobre estas materias y Traducciones Técnicas del Inglés al Español. Ha sacado a la luz algunos Libros, el último, ya en circulación bajo el nombre de «Planificación, Organización y Dirección de la pequeña Empresa». Y coronando estos esfuerzos es hoy Decano y Profesor Titular de Contabilidad y Gerencia de la Escuela de Administración de Empresa. Así honra su estripe, el nieto del Coronel Angel del Castillo, nieto, también, de Gabriel Rodríguez Valdés, de la escolta del Mayor Gral. Pedro Betancourt, y bisnieto del Mayor Gral. Angel del Castillo y Agramonte que cayera en los fosos del Fuerte Lázaro López al tratar de tomarlo, en 1869.

JOSÉ RAFAEL GOBERNA, S.J.

Su nombre nos traslada a tiempos idos que añoramos. El Padre Goberna nacido en España, en su Patria cursó la Segunda Enseñanza; los Estudios de Filosofía y Letras hasta alcanzar el Doctorado y Estudios de Teología que le hicieron Licenciado en esas materias. Cubrió el Bachillerato de Ciencias en el Instituto de La Habana y los Doctorados de Ciencias Físico-Matemáticas y Ciencias Naturales en la Universidad de La Habana. Cursó, asimismo, Estudios de Posgraduados obteniendo el Doctorado en Geofísica en la Universidad de San Luis, Missouri, y en la Universidad de Chicago, Illinois.— Fue Profesor de Matemáticas del Colegio de Belén y Director del Observatorio Meteorológico. Fundador y Presidente de la Asociación Cubana de Meteorología. En Colombia, donde reside, ha sido honrado con los cargos más responsables en su especialidad. Figuran entre sus Publicaciones notables: «La personalidad científica del Padre Viñes»; «La temporada ciclónica de 1954»; la «Invernal de 1955» y «La sequía de 1954»; «Importancia de las Investigaciones del Año Geofísico Internacional». Los trabajos científicos sobre «Sismología en Colombia» y sus Informes sobre Actividades del Instituto Geofísico de los Andes Colombianos, le han situado en Colombia en el rango que ganó su talento y experiencias.

El Padre Goberna reside en Bogotá. Recogerán su Diploma los Padres Jesuitas Rvdos. Luis Ripoll y Pedro Cartaya en representación del Rector del Colegio de Belén.

CONMEMORACION DEL «DIA DE LA CULTURA CUBANA» ENTREGA DEL PREMIO «JUAN J. REMOS» 1982. SABADO 20 DE NOVIEMBRE— SALON DE ACTOS DEL COLEGIO «LA PROGRESIVA», 2480 N.W. CALLE 7, CIUDAD DE MIAMI, FLORIDA. 3 P.M.

CRUZADA EDUCATIVA CUBANA, INC.
POR CUBA Y LA REHABILITACION
DE SU ESCUELA CRISTIANA Y DEMOCRATICA

El Presidente de "Cruzada Educativa Cubana", su Secretaria de Organización y su Primera Asesora, invitan a usted y a su estimada familia al Acto Solemne conmemorativo del "Día de la Cultura Cubana" en que se entregará a distinguidos compatriotas el Premio "JUAN J. REMOS" que tendrá efecto el sábado veinte de Noviembre próximo, a las tres p.m. en el local de "La Progresiva", 2480 N.W y siete calle, Ciudad de Miami, Florida y en el que se cumplimentará el siguiente

PROGRAMA

I - *Himnos Nacionales de Estados Unidos de América y de la República de Cuba.*

II - *Invocación a Dios por el Rev. Padre Juan Ramón O'Farrill.*

III - *Palabras iniciales del Acto: Vicente Cauce, Presidente de "Cruzada Educativa Cubana".*

IV - *Entrega de una Placa de agradecimiento y afecto al Primer Actor de la escena nacional Paul Díaz, Premio "Juan J. Remos", en sus Bodas de Oro con el teatro y el micrófono.*

V - *Selecciones de Música Cubana: Geisha Padrón, Antonio de Jesús y Carlos Manuel Santana, acompañados al piano por el Maestro Luis Carballo.*

VI - *Interpretaciones Poéticas, a) "Mi Caballero"; b) "Hijo de mi alma", del "Ismaelillo" de José Martí en su glorioso Centenario: Hada Béjar, Primera Actriz de la Radio y la Televisión Cubanas.*

VII - *Discurso Central de la tarde: Jorge Más Canosa, Presidente de la "Fundación Cubano-Americana" y propulsor de "Radio-Martí", militante, desde su adolescencia, en la Gran Causa de la Libertad de Cuba.*

VIII - *Entrega del Premio "Juan J. Remos" por los Dres. Vicente Cauce, María Gómez Carbonell y Mercedes García Tudurí y Presentaciones de los compatriotas seleccionados por los Dres. Florinda Alzaga, Ariel Remos y Eduardo Arango.*

Miami, Florida 8 de Noviembre de 1982

Vicente Cauce
Presidente

Ma. Gómez Carbonell
Secretario de Organización

Mercedes García Tudurí
Primera Asesora

Señoras y Señores:

Me ha correspondido, por decisión de la Dirigencia de «Cruzada», abrir con breves palabras la entrega del Premio que lleva el nombre de mi padre. El 25 de Noviembre de 1967, — ya estamos sobre la fecha—, se cumplirán quince años de instituido el «Día de la Cultura Cubana», al conmemorarse en acto inolvidable tributado al Maestro por la sociedad del destierro, sus Bodas de Oro con la Enseñanza. En 1971, «Cruzada» creó el Premio «Juan J. Remos», considerando «la trascendental labor realizada a través de varias décadas por el Dr. Remos en los campos de la Enseñanza y de la Cultura, resumiendo todo un extenso período en el proceso de continuada y creciente superación del Pueblo de Cuba». Hoy asistimos a la duodécima entrega de ese galardón. Y lo hacemos todos, elevando nuestros pensamientos a su memoria y procurando imitar sus virtudes cívicas.

Ese Premio, —son expresiones de la Dirigencia de «Cruzada»—, fue declarado noble estímulo a los buenos cubanos que se constituyan en custodia del Patrimonio Espiritual de Cuba, haciendo bueno el sugestivo Lema del Maestro: «A LA UNIDAD POR LA CULTURA».

Y ahora, señores, a la solemne entrega del Diploma de Honor.

(Palabras del Dr. Ariel Remos)

SECCION «JOSÉ MARTÍ»: LETRAS, EDUCACION, PERIODISMO, HISTORIA

MONSEÑOR ARCADIO MARINAS

Dignidad Eclesiástica que cubrió de honor a su Patria y a la Iglesia Católica. Habanero— Cursó sus primeros estudios en el Seminario de San Carlos y San Ambrosio. Secretario Particular de Monseñor Manuel Ruiz, Arzobispo de La Habana; Capellán del Colegio «Sagrado Corazón», de La Habana; Secretario del «Colegio Diocesano de Administración»; Censor Eclesiástico— Vice-Provisor del Tribunal Eclesiástico; Canónigo de la Catedral de La Habana; Presidente del Comité Técnico del Primer Congreso Catequístico Nacional; Representante, junto a Monseñor Manuel Arteaga, entonces Vicario General de La Habana, en el Congreso Eucarístico Nacional.

Por Monseñor Manuel Arteaga, Arzobispo, entonces, de La Habana fue designado Canciller de la Curia Eclesiástica y Profesor del Seminario de La Habana. Por Monseñor Arteaga, ya Cardenal, Vicario General de La Habana— Redactor de Cartas y Documentos en Latín enviados a la Santa Sede; Juez Delegado del proceso de Beatificación del Presbítero Saturnino Ibarguren. La Santa Sede lo designó: Dean de la Catedral de La Habana; Camarero secreto de su Santidad; Prelado Doméstico de Su Santidad; Director Nacional Asociación Pontificia «Unión Nacional del Clero» y redactor de su Boletín— Director Obra Pontificia de la Santa Infancia; Capellán de la Orden del «Santo Sepulcro». En la República que tanto honró, recibió la «Gran Orden de la Cruz Carlos Manuel de Céspedes» y la del Rey Leopoldo de Bélgica.— Cubano excelso; admirable Orador Sagrado; amigo entrañable de «Cruzada Educativa Cubana».

DR. LINCOLN RODÓN

La Escuela Pública de Cuba, fuente de sabiduría y patriotismo comenzó a moldear la vida de este bravo y limpio hijo del Oriente indómito; el «Colegio de Dolores» completó en él la sólida estructura del Ciudadano haciéndolo Bachiller en Ciencias y Letras; la Universidad de La Habana, bendita por Dios, en cuyas aulas cursó las Carreras de Derecho Civil y Filosofía y Letras, coronó su tarea Académica, tan útil a la sociedad y a la Patria en que naciera. En su formación tomó parte activa la madre ejemplar, matrona de una estirpe cubana, Maestra de hondas convicciones, prometida a la gloria del Apóstol, sobre cuya losa depositara cada día las flores que pidiera en sus versos y la bandera para la que viviera en agonía y se desplomara en Dos Ríos: Mercedes Alvarez de Rodón. De esa preciosa entraña, brotó Lincoln Rodón.

Miembro del Directorio Estudiantil del 30 y su Delegado, servicios siempre honorarios, en las Secretarías de Estado y Justicia, en el Gobierno Provisional del 10 de Septiembre de 1933. Fundador del Partido Revolucionario Cubano. Representante a la Cámara cuatro veces electo por su Provincia. Presidente de ese Cuerpo de 1948 a 1952. Delegado de Cuba ante la O.E.A., Conferencia de Cancilleres en Washington, 1950. Bajo su Presidencia aprobó la Cámara las Leyes Complementarias de la Constitución y hasta 67 leyes fundamentales por él recogidas en un Libro, con tirada de cien mil ejemplares.

No lo confundieron los Comunistas al llegar al poder y se inició para él otro destierro. Ese destierro, el último, reafirmó su patriotismo. Nada ha opuesto a su inmenso amor a Cuba, fuerza suficiente. Nada dejaría de hacer por arrancarla a la tiranía. La tribuna, el publicado, la prédica diaria, lo definen como un abanderado de la Libertad. Es Lincoln Rodón, en suma, un arquetipo de la cubanía errante y, así lo proclama «Cruzada Educativa», al entregarle este Premio con el nombre de su gran amigo, con el que integró el Grupo de los Quince y trabajó incansablemente por Cuba.

DR. JOSÉ R. ANDREU

Encrucijada, Las Villas, lo vio nacer. Cursó la Primera Enseñanza en la Escuela Pública, ampliándola en el Colegio de los Jesuitas y de los Hermanos de La Salle, ambos en Sagua la Grande. La Segunda Enseñanza en la Escuela de Don Pedro J. Sust incorporada al Instituto de Segunda Enseñanza de Santa Clara, Las Villas donde obtiene el Título de Bachiller en Ciencias y Letras, ingresando en la Universidad de La Habana en 1918, Escuela de Medicina. En esa Facultad se hace Médico en 1923. Medicina y Política son en la fecunda vida del Dr. Andreu dos cauces de bien marcados linderos. Ambas dedicaciones requieren amplio espíritu de cooperación humana. Una, preservando la salud del hombre, otra, ayudando a los grupos sociales con abnegación. Andreu fue en su Patria un servidor del pueblo. Consejero Provincial de Las Villas; Representante a la Cámara, electo en 1936 y Vice-Presidente de ese Cuerpo Legislativo; Miembro de la Asamblea Constituyente en 1940 donde presidiera la Comisión de Educación; Senador de la República de 1940 a 1952; Ministro de Salubridad y Asistencia Social y de Comercio, en todos sus cargos puso a prueba su entereza y su capacidad. Ahora, sin Patria, hace guardia junto a Cuba irredenta y a su causa entrega su palabra sobria y bella en la tribuna y su pluma cargada de privilegios en la Prensa. La «Cruzada», al entregarle hoy el Premio «Juan J. Remos», sabe que está honrando a una eminente figura de la escena democrática nacional.

DR. VICTOR VEGA CEBALLOS

Camagüey, tierra de leyenda y heroicos menesteres, fue su cuna. La República Libre, lo acreció al servicio de sus glorias, — que las tuvo y grandes—, el destierro y sus angustias, lo consagrarían eminente cubano de pluma acerada y temple de peleador. Cursó la Primera Enseñanza en el Colegio «José Martí». La Segunda, en las Academias «El Lugareño» y «Florentino» de Camagüey. Se hizo Bachiller en Ciencias y Letras en el Instituto de Segunda Enseñanza de su Provincia. La Universidad de La Habana, lo invistió Dr. en Derecho Civil en 1923. Realizó, después, Estudios de Post-Graduado en el «Seminario de Derecho Hipotecario, Registral y Formal», en la Universidad de La Habana». Cursó, asimismo, Estudios Especiales de Idiomas: Inglés, Francés e Italiano. Ha honrado Victor Vega, posiciones destacadas en los tres Poderes del Estado. Juez Municipal y Correccional de Puerto Padre y Juez de Instrucción en ese Municipio; Ministro de Justicia y de Gobernación: Representante a la Cámara por la Provincia de Camagüey de 1942 a 1950. Profesor de Gramática y Literatura Española en la Escuela Profesional de Comercio de Camagüey, 1937 a 1959. Registrador de la Propiedad por Oposición, de 1944 a 1959, en Puerto Padre, Santiago de Cuba y La Habana. Ya en el Exilio, ha sido Profesor de Español en el «Webb School», Tennessee, Estados Unidos; Profesor de Humanidades en el Colegio Regional de Arecibo. Figuran entre sus Libros: «Inútiles Consejos», «El Abolicionismo de Abraham Lincoln», «Las Mujeres en la Guerra». Recientemente escribió en serie, varios Artículos bajo el Título de «Franklyn Delano Roosevelt, un Gobernante a la medida de su tarea».

DR. JOSÉ OLIVIO JIMÉNEZ

Dr. en Filosofía y Letras de la Universidad de La Habana y de la Universidad de Madrid. Diploma de Filología Hispánica Universidad de Salamanca.

Profesor Asociado Universidad Villanueva, Habana. Profesor Asistente Merrimac College y Hunter College, Ciudad Universitaria de Nueva York. Este ilustre crítico cubano ha merecido honores especiales, entre otros, del «Instituto de Cultura Hispánica» Miembro Correspondiente de la Academia Cubana de la Lengua y de la Sociedad Hispánica de América, ha publicado 10 Libros, entre ellos: «Cinco Poetas del Tiempo»; «Estudios sobre Poesía Cubana contemporánea»; «Diez años de Poesía Española»; «El Simbolismo»; «José Martí: poesía y existencia». en preparación: «La presencia de Antonio Machado en la Poesía española de la post-guerra». Los Ensayos y valiosos Artículos producidos por José Olivio Jimenez, reunirían no menos de 500 notables trabajos sobre Cultura Hispánica. «Cruzada Educativa» experimenta la alegría de entregarle el Premio «Juan J. Remos» y el honor de reconocer su jerarquía intelectual. Imposibilitado de abandonar Nueva York por razones de trabajo y distancia, recogerá su Diploma la Dra. Silvia Barros.

DRA. ZENAIDA GUTIÉRREZ VEGA

Figura entre las más brillantes representaciones de la intelectualidad femenina cubana. Profesora Asociada de la «State Universidad de Nueva York» y Profesora Asistente de la Universidad de Missouri, San Luis. Profesora Sustituta del «Instituto de Estudios Europeos de Madrid. En Cuba, fue Profesora del Instituto del Vedado y de las Dominicas Americanas. Entre sus más notables Libros publicados, son de mencionar: «Epistolario de Alfonso Reyes-José María Chacón»; «José María Chacón Hispanista Cubano»; «Fernando Ortiz: Cartas a Chacón y Calvo»; «Estudio Bibliográfico de José María Chacón». Ensayos brillantísimos calibran su ilustre producción: «La Poesía de madurez de Luisa Pérez de Zambrana»; «Max Henriquez Ureña. Cartas de un Maestro»; «La Poesía inédita de María Luisa Milanés»; «La Poesía inédita de Enrique Loynaz del Castillo»; «Ideario de José M. Chacón y Calvo»; «La deuda con Julián del Casal»; «Menéndez Pidal en persona»; «Martí: hombre de Acción»; «El Cecilio Acosta de Martí»; «Mi visión de Martí».

En diversas revistas aparecen sus hondos estudios y entre sus más notables Conferencias y Lecturas: «La Poesía luminosa de Ana Rosa Núñez» y «Aproximaciones a la última niebla de María Luisa Bombal».

Referencias y honores dedicados a la obra de Zenaida, se escapan al espacio de esta presentación. Recoge su Diploma la Dra. Ana Rosa Núñez.

DR. LUIS GÓMEZ DOMÍNGUEZ

Figura de especial relieve en las Letras y en el campo del Derecho. Nacido en Corralillo, Las Villas, Cuba. Bachiller en Letras en el Instituo de 2ª

Enseñanza de Sagua la Grande; Dr. en Derecho Universidad de La Habana, donde cursó estudios de Ciencias Sociales y Derecho Público. Bachelor en Artes y Ciencias Políticas del Biscayne College. Ejerció como Abogado y Notario Público en Cuba. Profesor de Economía y Derecho Mercantil, por oposición, Escuela Profesional de Comercio de Sagua la Grande. Domina lenguas: Español, Inglés, Francés, Italiano, y Portugués. Su actitud digna y responsable frente al Comunismo, le valió una condena de veinte años de presidio y trabajos forzados, de los cuales cumplió 15, tiempo que dedicó a la Enseñanza de los prisioneros. Entre sus trabajos literarios son de citar: «Martí: Prohombre y Genio de América»; «Martí y la Libertad»; «Martí y la Democracia»; «José Antonio Saco»; «Enrique José Varona»; «La Crisis de la Democracia»; «Vacío de Poder»; «Pensamiento Nacional de Saco»; «Colapso de la Economía Cubana»; «El Capitalismo de la Democracia y el Ejercicio de la Abogacía»; «El Mito de la Legalidad Socialista»; «Crisis de la Ley ante el Terrorismo y la Subversión»; «10 de Octubre»; «Antonio Maceo, de Guerrero a Estadista». Muchos de esos trabajos han merecido destacados premios.

DRA. CONCHITA ESPINOSA

Uno, entre los pioneros educativos del Exilio, en Miami, es sin duda Conchita Espinosa. Tomó el camino de la Libertad en 1959. Especializada en el género artístico desde hace más de un cuarto de Siglo, reanudó sus actividades pedagógicas en Miami, 1961. Profesora de Piano, Teoría y Solfeo, a los 16 años. En 1940 funda su primer Academia en Cuba. Se perfecciona en Música bajo la tutela del Maestro Nin, y Ernesto Berumen, y una vez becada en el Conservatorio de Filadelfia recibe Enseñanzas de Jasha Fisherman que la llamó «su más brillante alumna».

Ofreció en Cuba conciertos de piano en el Lyceum y Pro-Arte Musical. En Cuba organizó la Banda Ritmico-Melódica, con 200 niños. Es autora de sketches musicales para Niños y de Canciones Cubanas y textos de técnica pianística para todos los grados. Actualmente es Directora de «Conchita Espinosa Academy», en esta Ciudad, Escuela privada y Conservatorio de Música y Danza, con matrícula de 500 alumnos la escuela y 200 el Conservatorio. Lecuona dijo de Conchita: «Nació para enseñar. Tiene el don divino de llevar al alumno al máximo, respetando su personalidad. Un Don de Dios».

JORGE MÁS CANOSA

Un símbolo de lucha en la noche cerrada de este destierro. Cuando un Pueblo pelea por la Libertad y la dignidad de sus Instituciones, la Historia empieza a salvarse. Este personaje que hoy premia «Cruzada», representa a la juventud cubana en toda su jerarquía. No sólo a la juventud académica que cuelga laureles de gloria en el árbol milenario de la Patria Siboney, sino a la juventud de pelea y logros que coloca en las manos los instrumentos heroicos. Adolescente llegó Jorge Más a este Exilio y jamás ha descansado. Ha pertenecido a los mejores grupos dispuestos al rescate de Cuba. Ha reunido a jóvenes cubanos y americanos en la defensa del suelo ultrajado. Creador, con ellos, de la «Fundación Nacional Cubano-Americana»; autor de una estrategia distinta de inteligente penetración de los poderes públicos norteamericanos; alma del proyecto RADIO-MARTÍ, que será, también, una forma de «UNIDAD POR LA CULTURA». Orador de la tarde para explicarnos planes y formas de esos esfuerzos. «Cruzada Educativa» saluda en Jorge Más Canosa a un Líder de la nueva Independencia de la Nación Cubana. La Nación que vive en nosotros, los hombres y mujeres libres.

RAFAEL LUBIÁN ARIAS

Poderosa razón cargada de hondas emociones para premiar a este distinguido compatriota: la de ser el autor del Libro «Martí en los campos de Cuba Libre», reconstrucción de la Ruta Playistas-Dos Ríos, donde interviniera poniendo a prueba ciencia y patriotismo, capacidad y amor infinito por la obra del más grande hijo de las Américas. Lubián, sirviendo la bella iniciativa del martiano Arturo R. de Carricarte y la cooperación del Ejército y la Marina Nacionales, rehizo, tramo a tramo, y a través de 23 Campamentos, el camino que recorriera el Apóstol con fortaleza de carne y espíritu que muy pocos disfrutaban. Este Libro reune las características de un Devocionario y debía acomadorse en las manos y en el alma de todos los cubanos. Las últimas epístolas de Martí fueron recogidas en sus páginas junto a impresionantes gráficas del recorrido insigne. Lubián, natural de Santa Clara, Las Villas, Bachiller en Ciencias y Letras, Agrimensor y Tasador de tierras, graduado Cadete del Morro en 1920, graduado en el Seminario Martiano de la Universidad de La Habana, Profesor de Dactiloscopía en la Escuela de Artes y Oficios y con otros títulos, fue designado por el Estado Mayor del Ejército para realizar la medición y trazado de la Ruta. Creó y organizó el Negociado de Datiloscopía en Educación. Es autor de varios libros y folletos sobre la Ciencia de la Policía Científica y sobre Historia de Cuba. Prisionero en las mazmorras castristas ha trabajado en Miami, traduciendo idiomas y cooperando en el «Grupo Cubano de Estudios Históricos».

DRA. DOLORES ROVIROSA

Matanzas meció su cuna. En el Colegio «San Vicente de Paul» cursó sus primeros estudios. Bachiller en Ciencias y Letras en el Instituto de 2ª Enseñanza de Matanzas. Profesora de Piano, Solfeo y Teoría Conservatorio Orbón. Dra. en Filosofía y Letras Universidad de La Habana. En 1956 obtuvo Título de Bibliotecario expedido por la Escuela de Bibliotecarios Universidad de La Habana. Estudios de Post-Graduados en su Facultad de Educación. En Estados Unidos, obtuvo el Máster en Educación, Universidad de Miami— En ella recibió la Mención Honorífica Epsilon Tau Lambda. Realiza Estudios de Post-Graduados Universidad de Austin, Texas, especializándose en Bibliografía Latino-Americana. Premio «Luz y Caballero» de «Cruzada Educativa Cubana». En Cuba, 1951, gana por oposición el cargo de Bibliotecaria Auxiliar Biblioteca Instituto Segunda Enseñanza Habana. Pasó después a la Biblioteca Nacional José Martí. Desempeñó Cátedra de Clasificación y Catalogación Escuela de Bibliotecarios Universidad Habana. En 1962, renunciadas todas sus altas posiciones, pasó a ser una Exiliada en E.U.A. Fue Asistente en la Universidad de Nevada e Instructora en la Universidad del «Sur de Illinois», y en el «Miami Dade Community College». Actualmente trabaja en el «Dade County, Florida». Sus Publicaciones notables son tantas que no podríamos mencionarlas. Entre ellas figuran: «La Organización en las Bibliotecas Secundarias»; «La Biblioteca Pública Ramón Guiteras»; «Las Enciclopedias como instrumentos de consulta y referencia»; «Clasificación adaptada para la historia de Cuba en uso en la Biblioteca Nacional de Cuba»; «Catalogación y clasificación simplificada para bibliotecas pequeñas»; «Siboney», Verso; «Cuba en La Avellaneda»; «El Instituto de Segunda Enseñanza de La Habana»; «Matanzas, Verso»; «El Himno del Desterrado»; «Ana Rosa Núñez, vida y obra»; «José Martí: Fuentes para su estudio»; «Los 3 Caciques», Cuentos; «Calixto García», «Antonio J. Valdés, historiador cubano», y unas cuántas docenas más, donde no olvidaremos a «Ismaelillo», pequeña bibliografía en el centenario de su publicación. Su Bibliografía, pasiva, es abundante. Sus obras en progreso: Jorge Mañach, Bibliografía; «Emeterio Santovenia»; «Bibliografía de los Carbonell, cubanos ilustres»; «Bibliografía Martiana del exilio».

DRA. OFELIA TABARES DE FERNÁNDEZ

Hija del Camagüey— Su vida y su obra son perennes tributos a la Cultura Patria. En el Instituto de Segunda Enseñanza de Piñar del Río, se hace Bachiller y Maestra en la Escuela Normal para Maestros de la ciudad natal. Graduada en la Universidad de Villanueva, La Habana—Máster en Artes, Universidad Miami. La Educación y los Estudios sobre Economía absorbieron sus más brillantes actividades. Fue Fundadora Junta Educacional Cubana. Logró una Experiencia Profesional especializada en Economía, en Instituciones de amplio prestigio local y nacional. Fue Directora en el Biscayne College del Centro para Estudios Latino-Americanos. Atendió en la Universidad de Miami de Programas sobre el Desarrollo Económico Cubano. Sus más notables Publicaciones: Co-Autora de la realizada en colaboración sobre «Desarrollo de la Economía Cubana». En Cuba escribió numerosos artículos y reportajes sobre el Desenvolvimiento de la Economía, para diferentes publicaciones. Fue en año reciente proclamada «La Mujer del Año». Es actualmente Vice-Presidente Asistente del Intercontinental Bank, de Miami. Sus actividades Cívicas constituyen buena parte de la obra de muchas Organizaciones Culturales, Educativas, civico-patrióticas y Económicas. Su valiosa colaboración a la obra admirable del «Museo Cubano», junto a su figura estelar, Mignon Medrano, ofreció inspiración a «Cruzada» para estimular las tareas múltiples a que ha dado frente Ofelia Tabares. Por esa faena se explican lo honores que le han rendido las Instituciones de mayor relieve en este País.

BLANCA ARMAS DE ARENAS (BIBÍ ARENAS)

Graduada en la Escuela Normal para Maestros de Las Villas. Alumna Eminente de ese Centro. Graduada en la Escuela Profesional de Comercio de Las Villas. Ejerció el Magisterio en Cuba, Patria amada que abandona en 1962. Presidenta de la Federación de Acción Católica en Sagua la Grande. Al llegar de Cuba se traslada a Puerto Rico, continuando estudios en la Universidad de Bayamón. Por motivos de salud se retira del Magisterio. En 1979 publica su Libro «Luces y Sombras» prologado por María Gómez Carbonell. En 1981, saca a la luz el Primer Folleto de una Colección LIteraria bajo el nombre de «MARTÍ Y LOS NIÑOS». En la Prensa de Miami y Puerto Rico ha publicado poesías, ensayos, crítica literaria, cuentos y artículos varios. Ha asistido a diversos Congresos Literarios, entre ellos el que rindió homenaje al Centenario del «Ismaelillo» de Martí. En 1983, publica: «9 Nanas: Una Historia para tu Primera Comunion».— «Colección Martí y los Niños»— Cuaderno «Martí, Niño y Maestro»— «Revista Literaria Mairena», Puerto Rico— Poema «Una Casa Nueva». «Círculo Poético, Revista de Poesías del «Círculo de Cultura Pan-Americano»— «José Martí ante la Crítica Actual», En el Centenario del Ismaelillo. Colaboradora de «Revista Ideal», «Boletín El Undoso»; Periódico «El Mundo», Pto. Rico; Semanario «La Voz Libre»; «Anuario de la Fiesta de la Virgen de la Caridad del Cobre»— Bibi Arenas voló de Puerto Rico a Miami, con su esposo, su señora madre y sus dos hijas, a recibir el Premio «Remos».

ANA G. RAGGI

Nació en la Villa de Pepe Antonio. Cursó estudios primarios en Nuestra

Señora del Sagrado Corazón. Los completó en el Instituto de Segunda Enseñanza de La Habana y en la Universidad José Martí. Fue la más efectiva Auxiliar del ilustre representativo de la Cultura Cubana, Dr. Carlos Raggi, su esposo, Director de la Revista «Círculo». Ana es Editora de «Círculo Poético», donde se seleccionan Poesías de los más brillantes bardos del país. Organizadora del Primer Encuentro de Poetas Cubanos que tuvo efecto en Nueva York, 1972. Cultivadora de la pintura y autora de Cuentos, como el intitulado «Varias Vidas». La Poesía constituye su mejor fuente de trabajos. Entre sus Libros pueden citarse: «Alba»; «Versos Libres»; «La Sombra invitada»; «Bordón y Silenciario»; «Los Autores y sus Obras», donde figuran poemas de Florit, Mercedes García Tudurí y Esténger.

LORENZO DE TORO ALDANAS

Natural de La Habana, República de Cuba— Cursó sus estudios de Primera y de Segunda Enseñanza en el Colegio de Belén, donde se graduó de Bachiller en Letras. En la Universidad de La Habana realizó sus estudios de Optometría, graduándose en 1950. Siguiendo la tradición familiar estuvo al frente de la Optica «Versalles», establecida por su padre en 1920. Fundó y dirigió, también la Optica «El Telescopio» y la de «Toro y Compañía». Rechazando el régimen comunista entronizado en Cuba marchó al Exilio en Enero de 1962, con su esposa, cuatro hijos y cuatro nietos. A través de veinte años ha continuado en el giro de Optica. Es Presidente y Propietario de la Optica «Versalles» y de la «Toro Optical».

Las Enseñanzas adquiridas a través de Cursillos de Cristiandad, en 1966, lo llevaron a comprender la importancia de los medios de comunicación y emprendió la tarea de crear una publicación de orientación Cristiana que mantuviese los valores patrióticos, culturales y cívico-sociales de nuestros antepasados. Así, en 1971, nació la Revista IDEAL, que ha llevado un Mensaje a sus compatriotas del Exilio.

Lorenzo del Toro es Vice-Presidente de la UCE, «Unión de Cubanos en el Exilio». Por algunos años ha mantenido el Espacio Radial dominical, «La voz de la UCE», por WRHC, a las 9 a.m. Es Miembro, además, del «Colegio Nacional de Periodistas de Cuba en el Exilio».

REV. PADRE FRANCISCO SANTANA

Nació en Cienfuegos, Las Villas, Cuba. Cursó la Enseñanza Primaria y Secundaria en el «Colegio Champagnat», de los Hermanos Maristas. Se graduó de Bachiller en Ciencias y Letras en 1959. Fue dirigente de la «Juventud Estudiantil Católica». En 1959 ingresó en el Seminario «El Buen Pastor», en Arroyo Arenas, Marianao, Cuba. En 1961 fue expulsado de Cuba por el régimen comunista. Ya en Miami, fue enviado a la Abadía Benedictina de Saint Meinrad, Indiana. En 1963 recibió el B.A. en Filosofía y Psicología, con calificaciones de «Magna cum laude». En 1964 regresó a Miami donde fue profesor del Instituto Latino Americano y consejero del programa de Niños Cubanos del Catholic Welfare Program. En 1968 completó estudios de Teología en la Universidad Católica de Lovaina, Bélgica. — En diciembre de 1968, fue ordenado Sacerdote en Choluteca, Honduras, hasta 1972 en que regresó a Miami donde, por unos meses fue Párroco Asistente de la Iglesia Católica de Our Lady of the Lakes, dedicando el mayor tiempo al trabajo pastoral. De regreso, en 1973, a la Universidad de Lovaina, realizó un estudio teológico-lingüístico acerca de los libros que escribió en Honduras. Su tesis sobre «Aspectos Semánticos del lenguaje de Evangelización, Salvación y Liberación» le valió los títulos de M.A. en Teología y M.A. en Lingüística, ambos «máxima cum laude». En 1975 inició estudios del Doctorado en Lingüística y Antropología. Comenzó, entonces, su Tesis Doctoral intitulada «El Hombre y sus actos verbales en la Institución Lingüística». En 1976, la Universidad Pontificia de Comillas, Madrid, publicó su estudio acerca de los «Aspectos Semánticos del Lenguaje de Evangelización». En 1976 regresó a Miami, siendo Párroco Asistente de la Iglesia Católica de San Juan el Apóstol, Hialeah. En 1977, fue Párroco Asistente de la Iglesia St. Kevin, Miami y Profesor del Biscayne College. En 1979 obtuvo el Premio de Mejor Editorialista Hispano, otorgado por «The Catholic Press Association», por los Artículos «Estampas del Exilio, que vieran la luz en «THE VOICE». En los últimos años ha publicado 10 Folletos sobre temas religiosos y humanos, distribuidos nacionalmente por «Publicaciones Claretianas de Chicago»; procurando defender la Identidad Cubana. De ahí surgieron los «Folletos «RAICES CUBANAS», serie bilingüe e ilustrada. Y, la Institución con este nombre, que ha calado muy hondo en la niñez y en la sociedad del destierro.

PADRE SERGIO CARRILLO

NACIMIENTO: 9-9-34. Habana, Cuba.
BAUTIZADO: Iglesia del Carmen — Habana, Cuba.
PRIMERA COMUNION: Escuelas Pías de la Habana, Cuba.
Confirmación: Iglesias de Ntra. Sra. de la Caridad del Cobre Habana, Cuba.
ESCUELA PRIMARIA: Escuela E.U.A. No. II6— Habana, Cuba.
ESCUELA SECUNDARIA: José Martí. Habana, Cuba.
   Salió de Cuba para ingresar en la Invasión de la Bahía de Cochinos, en 1960.
   Estuvo en los campamentos para la Invasión en Nicaragua y Guatemala. En el año de 1961, un 17 de abril, desembarcó en Cuba. Estuvo preso

políticamente, en Cuba, 2 años. Regreso a los E.U. por el cambio de Prisioneros en 1962.

Estudió: sociología en: el «Camino College» y «Compton College por 2 años. Los Angeles, California;
4 años de Filosofía en: «St. Mary Seminary» Kentucky en San Vicente de Paul Seminario, Miami, Fla.
4 años de teología en: «San Vicente de Paul»; Seminario Nacional de Cristo Sacerdote, La Ceja, Colombia, Sur América.

Ordenado Sacerdote en la arquidiócesis de Miami, Fla. El 17 de abril de 1982 en la parroquia de San Juan del apóstol en Hialeah, Fla. Asistente rector de la ermita de la caridad del cobre Miami, Fla. Capellán del hospital de Coral Gable, Miami, Fla.

Residente de la parroquia de San Hugo, Coconut Grove, Fla. Miembro de la Brigada 2506.

Sacerdote y soldado de la patria.

ROSA ARANGO

Poetisa, Periodista, gran cubana. Una mujer al servicio de las mejores causas. Sus versos fueron incluidos en la Antología «Valores de América, editada en Uruguay; Diploma y Medalla de bronce en el Concurso-Centenario de la Bandera Cubana como autora del Poema «'Oh, mi Bandera Cubana'». Premio «Víctor Muñoz» a su Poesía «Ojal del Alma», ofrenda a todas las Madres. Selección de dos de sus poesías para la Antología «Poesía joven», Madrid, 1955. Copa de Plata en el Concurso «Pluma Invisible» por su brillante artículo sobre la Niñez, en Cuba.

Libros publicados: «Espiga y Sol»: Prólogo Dr. Remos.
«Doce Poemas para tu nombre»
«La Virgen del Caribe».

Sus trabajos literarios y patrióticos aparecen en los principales Periódicos de La Habana y de Miami. Amiga fraternal del Dr. Remos, cuyas cartas conserva con especial orgullo.

En el concurso «*Poesía Joven*», ya mencionado, se presentaron 817 Poetas, quedando como finalistas 36, ganadores de Primer Premio, y entre ellos nuestra distinguida compatriota.

Entre sus últimas composiciones: «América, Cuba te llama»; «Virgen de Regla»; «Sólo tú y yo (letra y música de Rosa Arango); «Volveremos, Martí», música de Antonio Mata.

AMALIA BACARDÍ CAPE

Amante de lo bello y, siempre, al servicio de la Patria, como la larga familia que defendió la Libertad e Independencia de Cuba y ha paseado con orgullo su apellido por los mercados preferidos del mundo, vive en Madrid y declara carecer de Curriculum, sin salud para volar a nosotros, Amalia Bacardí. «Cruzada» ha decidido premiarla con el Diploma de Honor «Juan J. Remos», por su magnífica labor de hija ejemplar que ha re-editado la obra de su ilustre padre Don Emilio Bacardí Moreau, que incluye capítulos tan atrayentes como la Fundación de Santiago de Cuba.

Ahora, otro poderoso motivo mueve a «Cruzada» para rendirle honores: la admirable traducción que realizara del Francés al Español, de las Cartas y Reseñas que escribiera la Condesa de Merlín, Mercedes Santa Cruz, sobre LA HABANA de nuestros amores. El prólogo del Libro lo escribe Amalia Bacardí y constituye una deliciosa, tradicional lectura. Esa obra histórica de estreno en las Librerías, es un regalo para todo buen cubano. Amalia Bacardí hizo adecuada donación a la Universidad de Miami, a los fines de crear una Cátedra para la Enseñanza exclusiva de la Historia de Cuba. El Diploma de Amalia Bacardí lo recogerá Mercy Remos.

MIGNON PÉREZ DE MEDRANO

Cursó sus estudios en las Dominicas Americanas, donde hizo High School, Secretariado y Junior College. Trabajó desde muy jóven en la Esso Standard Oil. Fue intérprete voluntaria en el salón de Emergencias del Hospital Jackson Memorial, colaborando en tiempos muy dificiles, en el Programa de Refugiados Cubanos y el Programa de Niños Solos, abrigando en su hogar a varios niños sin familiares. Miembro Fundador del «Cuban Women's Club, del «Centro Mater» y la «Junta Educacional Patriótica Cubana». Moderadora del Programa «Cultura Cubana» de esa Junta, fue miembro fundador de la Liga contra el Cancer. Dirigió el Programa «Museo Cubano», por el Canal 23. En 1973 fundó el «Museo Cubano». De todos estos empeños a que dio frente por su Patria, el más fecundo fue el realizado junto a su esposo el Dr. Humberto Medrano, en la divulgación de maltratos a presos políticos. Ha recibido Premios y estímulos; pero el que ella espera, es CUBA LIBRE.

PREMIO JUVENIL: SECCION «LINO FIGUEREDO».

EDUARDO ANTONIO GARCÍA

El jóven cubano ganador, mediante oposiciones, del mayor número de Premios instituidos en el destierro. Primera Enseñanza y Cursos de High School, en el «Christopher Columbus High School». Enseñanza Superior: Universidad Internacional de la Florida. Ganador de la Beca de Verano. Curso de Resucitación Cardio-Vascular.— Miembro del Jurado de la Feria de Ciencia e Ingeniería del Sur de Florida; Voluntario Médico en la Feria de Salud; Voluntario en «Los Domingos del Corazón»; «Voluntario Liga contra la Leucemia»; «Voluntario en el Jackson Memorial Hospital». No podríamos mencionar, ni a la ligera, los Premios obtenidos por el notable cubano. Tres veces lo ha premiado «Cruzada Educativa», en rigurosas oposiciones. En sus trabajos ha honrado fechas históricas y la vida de «Candelaria Carbonell», Discípula de Martí. Obtuvo el Premio al «Servicio Científico de las Fuerzas Armadas Americanas» y el Gran Premio de la Feria de Ciencia e Ingeniería otorgado por el «Miami Herald». En total, Premios, Trofeos y otros galardones, y Becas, sobre 50 estímulos brillantes.— Escogido como Orador del «Jason Colloquium» Y Primer Premio en la Búsqueda de talento científico del Estado De la Florida. Un gran muchacho para una más grande tarea histórica.

RAUL A. DE LA CAMPA

La Habana lo cuenta entre sus hijos. Cursó sus estudios secundarios en el «Archbishop Curley High School y los superiores en la Universidad de Miami. Gana en buena lid Premios y Medallas en dos Cursos de Inglés y dos de Español y en Teología en el Centro secundario ya mencionado. En la Universidad de Miami gana Diploma de Ciencias Comerciales, con especialización en Contabilidad. Obtiene el «Magna Cum Laude», en mayo 1982. Permanencia en la lista del Decano de la Universidad, del 78 al 82. Asismismo, figura en el Cuadro de Honor del Presidente de la Universidad. Ganador de las Becas Nacionales para Educación— Alpha Cappa Scholarship, 1981. Premio «Asociación Interamericana de Hombres de Empresa.— Primer Premio de su Ensayo sobre José Antonio Saco, de «Cruzada Educativa Cubana»; Tercer Premio Ensayo sobre «La Libertad», del Instituto Catón-Miembro en activo Organización Nacional de Estudios Contabilidad. Participación directa Programas de Entrenamiento para lograr Liderazgo Universitario y Social. Editor Periódico Estudiantil «News Letter».

MARIO G. BERUVIDES

Nació en La Habana, Cuba— Cursó estudios de 2ª Enseñanza en Puerto Rico y República Dominicana, graduándose de Bachiller en 1977. Ingresó en ese año en la Universidad de Miami, graduándose en 1981 Ingeniero en esa rama. Asistente de Bibliotecario en la Biblioteca Universidad de Miami. Miembro Sociedad de Honor Alpha Lambda Delta y de la Sociedad Nacional de Ingenieros. Pertenece al «Círculo de Juventudes Ignacio Agramonte», Rama Juvenil de «Cruzada». En Septiembre de 1979 obtiene el Segundo Premio en el Concurso convocado por «Cruzada» sobre «José Antonio Saco». Ingeniero de la Compañía «Security Plastics» de esta ciudad y perfila una ampliación de sus estudios sobre el prócer José Antonio Saco.

JORGE LUIS VALLINA

Su cuna se meció en La Habana. Cursó la 1ª Enseñanza en el «Coral Gables Elementary». La 2ª, en Arturo Montori y en «Shenandoah Jr.» donde logra Certificado de Mérito en la Exhibición Regional de Bellas Artes del Sur de la Florida. En 1981 se gradúa en el Colegio de Belén y en sus aulas obtiene la Beca de Estudio en Washington. Participó con otro alumno en un proyecto sobre las Cortes, haciendo un Diseño sobre la Corte del futuro. Ingresa en la Universidad de Miami aspirando a obtener Bachillerato en Bellas Artes. En marzo del 82 es aceptado para la Candidatura del BFA. Ha concurrido a numerosas Exhibiciones ganado Premios en el «Festival de Arte», 1980, Universidad de Miami y «Tres días de Cultura Cubana», en la propia Universidad. En el Concurso para el mejor proyecto en relación a personaje famoso, diseñó un Bate para el Manager de Ligas Mayores. Concurre a «Festival de Arte» Univ. de Miami, obteniendo segundo lugar en Diseño Gráfico. Toma parte en la Exhibición Anual de Estudiantes Universidad Miami.

RAFAEL DEL CASTILLO

Nacido en La Habana. Descendiente de Libertadores y Próceres. Estudiante Universidad de la Florida, (Gainesville); Beca Presidencial de esa Universidad.— Premio de la Fundación Estudios Académicos de la Florida. Promedio el más alto en el examen de Aptitud Escolar, entre los alumnos de la Nación. Premios obtenidos: Primer lugar Ensayos de improviso, Washington, D.C., en Escritura Creativa, Feria Juventud Condado de Dade; Premios de Excelencia en Ciencias, Español e Inglés, Miembro de Honor de «Sociedad de Estudios Sociales»; de la «Sociedad de Honor Nacional» y de la «Quien es quien entre los estudiantes en los E.U.A.? Rafael, es una realidad confortadora.

MABEL RODRÍGUEZ

Cursó la Primera Enseñanza en el Medewlane Elementary School, Hialeah; la 2ª, en Edward Pace High School, Miami y en «Miami Dade Community College» y la Superior en la Universidad Internacional de La Florida, donde se graduará de Profesora de Educación Física especializada en la Danza. Alumna de la Academia Cubana de Ballet, (Ballet Concerto), desde los siete años— Miembro del Cuerpo de Ballet Concert, 1974.

Solista de 1979. Estudia con Ana María Baile Español, además de baile moderno y jazz. Tomó parte Gira Ballet Concert por el Sur, Florida y Ecuador y Venezuela. Estamos junto a una Reina. Proclamada en 1980 Miss North Miami; en octubre 1980, Reina de la Hispanidad, con derecho a viaje a España; en marzo 1981, Miss Broward County; en junio 1981, Premio al talento artístico; en octubre igual año: Princesa. Y en octubre 1982-83: Reina del Orange Bowl.

Un dechado de inteligencia, cultura artística, elegancia y donaire.

SECCION «GONZALO ROIG»: MUSICA, CANTO, BAILE Y TEATRO.

ANAM MUNAR

Reconocida como una de las grandes compositoras de la Música Latina. Es autora de *ciento cuarenta canciones populares*. Entre ellas, han constituido maravillosos éxitos «*Lo tuyo es Mental*» popularizada por *Celia Cruz;* «*Siento decirte*», en los programas de los *Chabales de España* y «*Las Nubes*» en la voz de *Jorge del Castillo*. Figuran en Discos sobre una docena de sus Canciones. Ha cantado *Anam*, en los más elegantes Hoteles y Clubes del mundo, como el *Waldorf Astoria de N.Y.*, el *Zebra Club* y *El Conquistador*; en *Escuelas* y *Centros Superiores de E.U.A.* El concierto por ella ofrecido en *Town Hall, en 1975*, mereció especial recepción de la Ciudad en su honor y la proclamación de su arte instituyéndose el *DIA DE ANAM MUNAR*. Finalizó su carrera en Educación y Música en el *Hunter College*, y el *Máster sobre Música Medioeval*. Ha ofrecido Conciertos en Sur y Centro América y en Europa.

Anam ha escrito además de sus 140 Canciones, 2 Fugas, 3 Preludios, 1 play y un Concerto. No podríamos dejar mencionar los nombres de su extensa producción. 'Aleluya'; «Concierto de Amor»; «De quien es la culpa»; «Aplauso».

Anam es *hija* de dos eminentes Artistas: *Alfredo Munar*, (por cada día más grande) y Ana María, (una entre las más destacadas bailarinas españolas). El fruto es dulce: *Anam Munar, nacida* en E.U.A. y *formada* en Estados Unidos, *siente* en español y *eligió* el español para *expresarse artísticamente*.

Es la brillante Compositora de la Comedia Musical «LUCY». Fue premiada por ACRIM, ARTYC y ACCA— Mejor Musical 1983. Actuó con la Sinfónica de Miami Beach, como Directora, Compositora y Cantante.

HADA BEJAR

Su carrera artística en el teatro se inicia en la niñez. Tiene por escenarios: *Cuba, Colombia, Venezuela y Puerto Rico,* con la compañía de *Ernesto Vilches.* A los *diez años* ya trasmite en *CMKW* y en *Cadena Azul de Radio, en Santiago de Cuba.* En 1950, es ya consagrada *Primera Actriz de la Radio.* Al comenzar la Televisión en Cuba, también, *Primera Actriz de la T.V.*, en los canales *4, 2 y 6. En CMQ Televisión* protagoniza dos Telenovelas: «*Una luz en el camino*» y «*Novela Gravi*». Primera Actriz de la T.V. del Norte, *Canal 6, Monterrey, México.* Como *Actriz y Asesora Cultural,* interviene en el rodaje de la Película «*El Derecho de Nacer*», de *Felix Caignie.* En Miami, a partir de *1966,* es *Escritora Programas Infantiles,* para Radio-América; *Actriz en Novelas Radiales,* locutora en Radio y T.V. Ganó el Premio de *Mejor Locutora de Radio,* 1979, de la ACCA. Figuró como Primera Actriz en «*La Dama del Alba*»; «*Fe y Simpatía*»; «*La Dama de las Camelias*» y «*Anillos para una Dama*». En 1967, obtuvo el *Premio de la WMIE, hoy WCUBA,* interpretando «*La Guantanamera*», y, también, el Premio a la mejor novelista del año, autora de «*María Soledad*», radiada por la Cadena Azul. En los últimos 15 años ha triunfado como *Escritora* en varias Revistas; Locutora y Recitadora en «Variedades» y «Conflictos Humanos».

Artista completa para honor de su Patria y orgullo del Teatro.

JESÚS GARCÍA

Dr. en Pedagogía especializado en Música. *Pianista— Concertista y acompañante, Repertorista, y todo en grande.* Maestro, *Enseñanza Primaria, Profesor de Música, Piano y Práctica Coral. Profesor de Piano y Música de Cámara; Director de Coros y Pianista Repertorista* en la «*Sociedad Pro-Arte Grateli*». Ha tomado parte en brillantes Conciertos en «*Dade County Auditorium*», «*Gusman Hall*», «*América*», «*Performing Arts*», y «*Pequeña Habana*». Ha logrado distinciones y menciones variadas de los «*Clubes KIWANIS*», «*Festival de Música en Boca de Ratón*»; *Premio Acrim, Categoría de Recital y Premio ACCA en Dirección Coral.*

Este artista integral que hay en Jesús Gracía nos llegó por *Mariel* como ejemplo de todo el cubano bueno y capaz que salió por ese puerto, cuyo nombre precisa desagraviar haciendo justicia a una buena parte del pueblo cubano.

CARLOS M. POCE

Natural de La Habana; Primera Enseñanza en el *Colegio La Salle, Miami; la Escuela Parroquial «San Peter y San Paul» y el Instituto Edison, de*

La Habana. Comenzó su vida artística cantando en la *Coral Cubana* de *Carmita Riera*. Su debut teatral fue en *1974* en *Producciones Teatrales Forum*. Al comienzo de su carrera, se dedicó al genero lírico, interpretando más de una docena de conocidas zarzuelas y operetas. Después, ha interpretado dramas y comedias. Entre esas obras: «*Los Fantásticos*»; «*El Diario de Ana Frank*»; «*Anastasia*»; «*Drácula, 1928*»; «*Quinto Cielo a la derecha*»; «*Un Triángulo más*»; «*Nuestro Pueblo*»; «*Seis en la Cocina*». Como Profesional, ha servido en importantes Departamentos de la Ciudad de Miami, como el de Mantenimento de Edificios y Vehículos del Municipio y en el Programa «Zeta» del Departamento de Recursos Humanos del propio ayuntamiento.

ANTONIO DE JESÚS

Brillantísmo *Tenor cubano* a quien «*Cruzada Educativa Cubana*», debe cooperación constante y honores a granel. Muy joven, emigró de Cuba a Estados Unidos. Gran *admirador* y *devoto* de los grandes Maestros del Canto que interpreta notablemente. Ha intervenido a partir de 1979 en la *Compañía* que tanto enaltece la vida cultural del destierro: «*Pro-Arte Grateli*». En ese escenario ha interpretado *La Viuda Alegre* y *Luisa Fernanda*. Ha contribuido, también, al mayor éxito de la *Sociedad Lírica del Gran Miami*— Participó en el *Festival Aniversario de la Revista «Ideal»*. Y abrió, este año, la temporada de Conciertos del «*Greater Miami Family Opera*». La voz y la actuación artística de *Antonio de Jesús*, llena con orgullo el ambito cubano-americano de esta ciudad.

GEISHA PADRÓN

Soprano Lírica de superior jerarquía. Primeros estudios en el *Conservatorio Guillermo Tomás*. Fue discipula de *Edelmira Zayas* y dirigida por los grandes Maestros *Arturo Bovi* y *Tina Farelli* Actuó en hermoso acto «*Tributo a los Educadores*» ofrecido por el *Ministerio de Educación, en la Cuba nuestra*. Asimismo, en un memorable *Recital* ofrecido por el *Colegio de Arquitectos*. Maneja con fácil dominio el desarrollo de Zarzuelas, como «*La del Soto del Parral*»; «*Flor de Sitio*»; «*El Cafetal*»; «*Rosa la China*»; «*Lola Cruz*»; «*Luisa Fernanda*»; *(«Los Gavilanes»)*. Al salir de Cuba para España se incorpora a la Compañía del *Profesor Damunt*. Ya en *E.U.A.*, se sitúa *en Miami*. Ha participado en Recitales en el *Teatro Comunitario* y en el *Auditorium Miami Senior High*. Ofrece 3 Conciertos operáticos, en *West Palm Beach, Boca de Ratón* y *Deerfield Beach*. Participó en la *Primera Feria del Libro Cristiano* y en otros dos organizados por el *Comité de Conciertos* «*Miami Alaba a Cristo*». Actuó en *Grateli* en *La del Soto del Parral*». En este instante pertenece al elenco de *Opera Greater Miami.*

ENRIQUE BELTRÁN

Sus inquietudes como *Productor de Teatro* comenzaron en La Habana, Cuba, donde logró producir una serie de discos de larga duración que aun permanecen en el mercado latino. En ellos cantó entre muchos líricos, *Margarita Martinez Casado.* Es en Miami donde Beltrán madura su obra. Abre su propia Sala bajo el nombre de *Cascabel,* en *Coral Gables.* Allí fueron a la escena: «*Mamma*» de Roussin; «*Mundo de Cristal*», de Williams; «*Cita con Mónica*», de Alfonso Paso; «*El Comprador de Horas*», de Deval; «*Mujer de Trapo*», de Simón y «*Las Mariposas son libres*», de Gashe.

En el Teatro «*Gusman*» llevó a escena «*La Casa de Bernarda Alba*», de *García Lorca* y celebrando el Bicentenario de E.U.A., «*Fuente Ovejuna*» de *Lope de Vega.* Un tiempo después, llevó a escena «*La Molinera de Arcos,*» *de Casona.* Imposible seguir la relación de obras montadas por Beltrán. Es de mencionar «*La Fierecilla Domada*», en Grateli. Entre las *Comedias Musicales,* estrenó exitosamente «*La Magia de la Felicidad*» con libreto de *Mario Martín* y Música de *Julio Gutiérrez.*

CARLOS MANUEL SANTANA

Natural de *La Habana, Cuba.* Alumno de la *Academia La Salle* donde cursó Primera y Segunda Enseñanza. Alumno de «*Conservatorio de Música Hubert de Blanc*», Habana, y del «*Greenwich House Music School*», de Nueva York. Sus primeras experiencias: en la *Radio y T.V. Cubanas* y en «*Pro-Arte Musical*». En el ejército de *E.U.A.* ofreció por dos años representaciones diversas y actuación especial con la Orquesta Sinfónica de Atlanta, mereciendo la distinción de ser «*Miembro de la Guardia de Honor del Tercer Ejército*», *Primer Cubano* con esa alta dignidad. Trabajó *Santana* en el Programa de Radio Newyorkino, «*Manos a través del Mar*»; en el «*Town Hall*» presentado por la «*Sociedad Cubana de Arte*» de New York; en el «*Carnegie Hall*» de la propia Ciudad. En el «*Gusman Hall*», Miami, presentó «*El Hombre Sincero*», homenaje *al Apóstol* y con la *Orquesta Sinfónica de Miami,* «*La Duquesa del Bal Tabarin*», en español. Ha actuado en las Orquestas Sinfónicas de Miami Beach y Fort Lauderdale. Fue designado Miembro Activo «*Comité de Audiencias Jóvenes*» de *N.Y.* Es miembro del «*Junior Opera Guild de Palm Beach*». Actuó con *Plácido Domingo* en *Payaso* y tomó parte en la Compañía de *Opera de Palm Beach,* protagonizando personajes inolvidables de «*La Flauta Mágica*» de *Mozart* y de «*Lucía de Lammemour*», de *Donizatti.* Ha grabado bajo la dirección de *Hernández Lizaso,* un disco de

Canciones Cubanas. Y en la Primavera del 82 presentó en Palm Beach, un Recital de Canciones Clásicas, con algunas de *Sindo Garay, Sánchez de Fuentes, Vivian Hdez. Lizaso* y *García Caturla.*

SECCION DE ARTES PLASTICAS: «LEOPOLDO ROMAÑACH».

JUAN LÓPEZ CONDE

Nacido en Pinar del Río. Graduado Profesor Dibujo y Escultura en la Escuela de San Alejandro, Habana. Ganador de la Bolsa de Viaje, como Alumno eminente de ese Centro. Profesor por oposición de la Cátedra de Modelado del natural en la Escuela de San Alejandro— Profesor de Dibujo y Escultura «*Regia Academia de Bellas Artes de Roma*». Estudios de Perfeccionamiento en Dibujo en «*Grande Chamiere y Cola Rossi*», en París. Cursó Especialización Escultura, «*Escuela de Bellas Artes San Carlos*», Universidad México.— Profesor de Escultura de 1965 a 1979 en el «*Koubek Memorial Center*». Exposiciones en *Cuba, Francia, Italia, España, E.U.A.* y *México.* Primer Premio en la *Bienal Hispano-Americana de Arte*.— Medallas de Oro, Plata y Bronce, «*Círculo de Bellas Artes*», *La Habana*, y en el *Ateneo de Matanzas*. Medalla de Bronce Universidad de Tampa.

EMMA MARQUÉS

Bachiller en Ciencias y Letras Instituto *N° 1 La Habana*. Profesora de Dibujo, Pintura y Modelado Escuela Nacional de San Alejandro. Profesora de Dibujo por 18 años Escuela Superior N° 10, «*Calixto García*», La Habana. Ha participado en *24 Exposiciones Colectivas*: Sociedad «*Lyceum*», «*Escuela de Arte Santiago de Cuba*»; «*Club Campestre*», en *Camagüey*; «*Central Bank of Miami*»; «*Deauville Hotel*»; «*Coral Gables Telephone Co.*»; «*Galería Estevez*»; «*Universidad de Miami*»; «*Merry College*»; «*Koubek Memorial Center*»; «*Instituto Bilingüe Biscayne College*»; «*Royal Trust Tower*», *Semana Hispanidad,* conjuntamente con Emma Llama. Ha merecido *Certificado de Apreciación, Ciudad Miami; Gran Orden del Bicentenario;* «*Club de Leones*», *Reconocimiento al Mérito; Certificado de Apreciación* «*Metropolitan Dade County*».

JAIME SOTERAS

Hijo de Santiago de Cuba. *Graduado Profesor Escultura en «San Alejandro». Profesor de Escultura por 23 años en la Escuela de Artes Plásticas José Joaquín Tejeda.* Sus más notables Exposiciones: *Colegio Pro-Arte de Santiago de Cuba;* «*Garden Cuban», Cuban Cultural Center, Nueva York.* 1975; «*Bronx Museum»,* 1976. «*The Metropolitan Museum»; «National Academy Galleries»;* «*Alianza de Artistas Americanos»;* «*Kromex Galleries»;* «*Rockfeller Center»,* todas en New York; «*Re-encuentro Cubano»,* Miami; «*Museo Cubano de Arte y Cultura»,* Miami.— Ganador de Medallas y Menciones, en *Cuba* y *fuera de Cuba.* Su obra más reciente: «*La Última Cena»,* en bronce, para la Catedral de Filadelfia. Sus producciones están distribuidas en colecciones privadas en Europa y América. Imposibitado para viajar desde New York a Miami, recogerá su *premió , la escultora Dra. Teresa Sagaró de Parlade.*

ANA PARDO DE ALONSO

Natural de La Habana, Cuba. *Graduada en la Escuela Nacional de San Alejandro* y en la *Escuela de Periodismo* «*Márquez Sterling». Estudios en la Escuela Normal para Maestros de La Habana».* En *1962* abandonó a la Patria; y en Estados Unidos, se graduó en *Educación y Diseño Ténico de Interiores, en el «Miami Dade Community College y en el «Biscayne College».* Es hoy *Presidenta de la «Federación de Pintores y Escultores Cubanos».* Ha participado en Exposiciones colectivas en *Cuba, Puerto Rico y Chicago.* En Miami, ha expuesto en la Asociación *Fraternal Latino-Americana», «Universidad Internacional de la Florida», «Asociación Estudiantil de la Univ. de Miami»; «Galería Tony»,* la «*Petite Galeries de Burdine's»* y otras salas. Ganó *Primer Premio* de Pintura Abstracta en «*Club de las Américas», Bicentenario de E.U.A.; Primer Premio Fidelio Ponce, 1981.*
En la «Florida International University», terminó «Art Education».

SECCION DE CIENCIAS: «DR. CARLOS J. FINLAY»

DR. RAÚL E. PINA

Nacido en La Habana. Cursó Enseñanza Primaria Colegio La Salle. Bachillerato Colegio «La Luz» e Instituto 2ª Enseñanza Habana. Doctor en Medicina Universidad de La Habana. Médico Cirujano del Parque José Martí; Residente de Cirugía y Ginecología «La Purísima Concepción» del Centro de Dependientes. Médico Cirujano del Depart. de Higiene Escolar, Ministerio Educación— Médico Cirujano, Asociado, Cátedra 9 Hospital Universitario Calixto García, Universidad La Habana— Profesor adscrito Cátedra de Clínica Quirúrgica Universidad de La Habana e instructor en la propia Cátedra.— Cirujano Jefe de la Clínica de Enfermeras Margarita Núñez— Profesor de Patología Quirúrgica de la Universidad Habana. Los Trabajos publicados por el Dr. Piña forman catálogos— Las Sociedades Médicas y las Sociedades Científicas que se han honrado trayéndolo a su seno, dan la medida del eminente Especialista y gran cubano y el record ganado en Estados Unidos completa un expediente que llena de orgullo a compatriotas y a colegas. El Hospital «Monte Sinaí», recoge su historia en el Exilio. Al presente, Especialista Obstetra y Ginecólogo, (Maternidad y Planeamiento Familiar), Departamento de Salud Pública del Dade County, Fla. El «Colegio Médico Cubano Libre» al que pertenece, lo honró el año pasado, eligiéndolo entre sus más ilustres personeros.

DR. MARTINIANO ORTA

Hijo de San José de las Lajas, Cuba. Primera Enseñanza en el Colegio «La Milagrosa»— Segunda Enseñanza y Bachiller en Ciencias y Letras, Instituto de Güines— Doctorado en Medicina Universidad Habana— Internado en el Hospital Calixto García-Práctica Privada e Instrucción Clínica: Universidad Habana— Médico de Sala y Asistencia Laboratorio Cardio-Pulmonar, Hospital de Veteranos, de New York; Internado, Residencia de Medicina Interna y Jefe de Residencia del «Jackson Hospital»— Instructor—Clínico Medicina Interna, Jackson Hospital— Profeosr Asociado de la Universidad de Miami— Premio Sodi de Electrocardiografía, Universidad Miami— Profesor de Medicina Interna de la Universidad de Guadalajara— Actualmente: Jefe Departamento de Cardiología del «American Hospital». El Dr. Orta, amigo entrañable de Tony Cuesta, ha luchado continuadamente por la Libertad de Cuba. Figuró estelarmente en «Comando's L».

DR. DAVID CASTAÑEDA

Graduado Médico en la Universidad de La Habana en 1948.— Oculista del Departamento de Oftalmología Hospital Municipal Habana. Fundador y Director Junta «Liga contra la Ceguera»— En 1961 abandona a Cuba tiranizada por el Comunismo. En el Exilio: Jefe del servicio de Oftalmología Hospital de Veteranos de Hampton, Virginia.— Jefe Departamento Oftalmología de Baypaint, Florida-Licencias en los Estados de Virginia y la Florida.— Asociado a la Academia Americana de Oftalmología— Diplomado por el América Board de Oftalmología en 1969.— Premios de la «American Medical Association» en el 72, 75 y 1979; de la «Florida American Association»— Miembro de la Sociedad Americana de Oftalmología»; de la «Asociación de Lentes de Contactos de Oftalmología»; Miembro «Instituto Barraqué», de Barcelona— Miembro Sociedad Oftalmología de Miami.— Miembro de la Junta de Directores del «Bascom Palmer Eye Institute»; Miembro del «Colegio Cubano en el Exilio»— Miembro diplomado «Asociación Médica Pan-Americana»— Miembro de la Facultad, Escuela de Medicina, Universidad de Miami— Miembro del Dade County Medical Association.—
Un eminente profesional que honra a la Patria y a la Medicina.

DOS TRIBUTOS

MENCIÓN DE HONOR A ALFREDO MUNAR

Por Cuanto: «CRUZADA EDUCATIVA CUBANA» en cumplimiento de sus Estatutos, considera su más alta tarea la exaltación de los valores esenciales de la Patria que constituyen nuestro Patrimonio Nacional.
Por Cuanto: Fue otorgado en año reciente y en el «Dia de la Cultura Cubana» el Premio «JUAN J. REMOS» al Maestro ALFREDO MUNAR en reconocimiento a sus extraordinarios méritos de Artista y a sus probadas condiciones de excelente cubano.

Por Cuanto: Por vez primera en la historia de la ORQUESTA SINFONICA DE MIAMI BEACH, (10 de Agosto de 1980), fue colocada la Batuta de Director de esa Orquesta en las manos ya consagradas del eximio compatriota.

Por Tanto: El Ejecutivo Central y el Organismo Técnico de «CRUZADA EDUCATIVA CUBANA», dedican al Maestro Alfredo Munar esta MENCION DE HONOR, en Acto público y para que se recoja en sus Archivos, en reconocimiento a sus facultades y como a hijo glorioso de Cuba, blasón de un Pueblo Libre.

Miami, Florida, Noviembre 1982.

Dra. Mª Gómez Carbonell   Dr. Vicente Cauce   Dra. Mercedes García Tuduri
Secret. Organización   Presidente   Primera Asesora

PLACA A PAUL DÍAZ

SEÑORAS Y SEÑORES:

La Presidencia de este Acto, procederá, seguidamente, a entregar a Paul Díaz una Placa conmemorativa de sus cincuenta años de fecunda tarea como Primer Actor de la Escena Nacional de Cuba y admirable locutor, el mejor intérprete de la palabra hablada en la Radio de Estados Unidos y de Cuba. Los inmensos servicios prestados por Paul Díaz a la Causa de Cuba Libre y a la Cultura de los Pueblos Democráticos, nos permiten saludarlo hoy como a Benemérito de esa Cultura y soldado de la palabra en la defensa de la Libertad.

Nació Paul Díaz en La Habana y se graduó en «Hillsborough High School, Tampa, Florida hace ya medio Siglo. Para honor nuestro viene hoy a celebrar sus Bodas de Oro, con sus amigos de «Cruzada Educativa Cubana» y en la tribuna de la que es su casa. Desde los 10 años ingresó en la Compañía Infantil de «Círculo Cubano de Tampa». A su llegada a La Habana en 1933, debutó como barítono en el Teatro Nacional. Con la gran actriz y profesora Hortensia Gelabert, protagonizó repertorio en Pro-Arte Musical, La Habana. Bajo la dirección del Maestro Lecuona tomó parte en grandes temporadas en el Principal de la Comedia. Debutó en Radio-Lavín, en 1936 y, seguidamente, en Radio Teatro Ideas Pazos y Radio-Difusión O'Shea. Veinte años cubrió los mejores programas en C.M.Q. y Cadena Azul.

Profesor de Arte Dramático del Conservatorio de Artes Asociación Cubana de Artistas, en La Habana. Ganador, como el más destacado Primer Actor de la Radio, de nueve trofeos anuales y Menciones de Cronistas Teatrales. En Miami, 1961, inicia sus luchas en «La Voz de América», en Washington, D.C.— En el «Koubek Memorial Center», donde el Decano Mr.

Allen lo designara Administrador-Ejecutivo y Profesor de Arte Dramático y Declamación, realizó una labor de altos alcances, haciendo inolvidable esa actuación.

Imposible seguirlo en su faena de consolidación patriótica y de esfuerzos ingentes a favor del arte y la Cultura Americana. Al entregarle la Placa que dice: «A Paul Diaz tributo de gratitud y cariño en sus Bodas de Oro con la Cultura y el Arte Nacional», repetimos: PAUL te admiramos y amamos como a un hermano. 'Bendito Seas'.

Placa a Paul Diaz — 20 Nov. 82

Ricardo Ferrera, Premio Juan J. Remos, Fundador y Director del Trío «Pinareño», ofrece hoy a «Cruzada Educativa Cubana», una gratísima sorpresa; Una Melodía de su inspiración para la letra del Himno de nuestra Institución. Con ella se logró una espléndida grabación. No obstante, han deseado sus intérpretes, el tenor Dr. Pedro Díaz y acompañamiento al Piano de la Sra. Estrella de Valencia de Brito, ofrecer la nueva Melodía honrando con su presencia y actuación a «Cruzada» y al autor Ricardo Ferrera.

Con todos, el Dr. Pedro Díaz y la Sra. Estrella de Valencia.

PALABRAS DE AGRADECIMIENTO DE PAUL DÍAZ AL SER HONRADO CON LA PLACA POR SUS BODAS DE ORO CON LA CULTURA NACIONAL

Señoras y Señores: Si nuestra vida artística ha sido, ya que no antorcha deslumbrante, luz de lámpara familiar, iluminando con nuestras sinceras interpretaciones algún alma, capaz de sentir y comprender toda la alegría, toda la tristeza, toda la grandeza o toda la bajeza de los personajes representados, podemos decir, humildemente, que hemos obtenido el éxito.

Hoy nos otorgan un honor inmerecido, pero con amor... Lo mejor de nuestra vida está en los corazones de aquellos que nos aman; por ello, creemos haber alcanzado la gloria—que como bien dijo el poeta—«la gloria es el amor disfrazado.»

Paúl Díaz

CONMEMORACION DIA DE LA «CULTURA CUBANA» Y ENTREGA «PREMIO REMOS 1983» AUDITORIUM «KOUBEK MEMORIAL CENTER», NOVIEMBRE 26, 1983, 2:30 P.M. MIAMI, FLORIDA.

El Presidente, la Secretaría de Organización y la Primera Asesora de

"CRUZADA EDUCATIVA CUBANA"

invitan a usted y a su estimada familia, al Acto solemne conmemorativo del Décimo Cuarto Aniversario del "Día de la Cultura Cubana", en que se rendirá tributo a la memoria del eximio Maestro y Patriota JUAN J. REMOS, haciéndose entrega a distinguidos intelectuales cubanos del Premio que lleva su nombre.

KOUBEK MEMORIAL CENTER

Escuela de Estudios Continuados de la Universidad de Miami ha incluido en su Programa "Koubek Cultural 83" tan significativo evento, que tendrá efecto en su Auditorium de 2705 S.W. Tercera Calle, Ciudad de Miami, Florida, el sábado 26 de Noviembre próximo, a las dos y media p.m., ajustado al siguiente

PROGRAMA

I Himnos Nacionales de Estados Unidos de América y la República de Cuba.

II Himno de "Cruzada Educativa Cubana", música del Maestro Ricardo Ferrera y letra de María Gómez Carbonell.

III Invocación a Dios: Rev. Padre Juan Ramón O'Farrill.

IV Palabras iniciales del Acto: Dr. Vicente Cauce, Presidente de "Cruzada Educativa Cubana".

V a) "Brotan las rosas para ti": sólo de piano: Música y ejecución Maestro Antonio Matas.
b) "Viva Miami": Música e interpretación en el Organo: Maestro Antonio Matas.
c) "Yo soy Cubana": música del Maestro Matas; letra de Delia Reyes de Díaz; interpretación María Ciérvide.

VI "Consejo al Niño Cubano": Poesía de Ernesto Montaner, en la voz de la recitadora Ileem D' Marie Sarmiento.

VII a) "Por eso te quiero", del Maestro Ernesto Lecuona.
b) "No quiero saberlo": música y letra de Emma Tabares:
c) "Mírame así": Maestro Eduardo Sánchez de Fuentes.

Interpretaciones Tenor Pedro Díaz y acompañamiento, al piano, Maestro Antonio Matas.

VIII Discurso Central del Acto: Dr. Julio Garcerán de Vall.

XI Entrega del Premio "JUAN J. REMOS" a notables cubanos en el destierro.

Miami, Florida, E.U.A. a 1o. Noviembre 1983

Ma. Gómez Carbonell	Vicente Cauce	Mercedes García Tudurí
Sec. de Organización	Presidente	Primera Asesora

Dirección y desarrollo del Programa: Profesor Paul Díaz.
Presentaciones de los Premiados: Dra. Florinda Alzaga Loret de Mola; Dr. Eduardo Arango Cortina; Dr. Ariel Remos Carballal.

SECCION «JOSÉ MARTÍ» POESIA, EDUCACION, PERIODISMO, HISTORIA

ILEANA ROS

Brotó en el destierro, tan sobrecargado de abrojos, una recia voluntad de mujer enamorada de la victoria: Ileana Ros. El Almendares arrulló su cuna y muy pequeña salió de su Patria para este País. Se graduó con honores en «Miami Dade Community College» y en la Universidad de la Florida especializada en Educación y Literatura. Preside, en defensa de las Tradiciones Cubanas, «Raíces Cubanas» y trabaja incansablemente en las más prestigiosas Instituciones Culturales, Educativas y Profesionales de Estados Unidos. Dirige el Colegio de Enseñanza Elemental «Eastern Academy». Entendió que por las vías de la política buena mejor podría ayudar la causa que ella sirve. Mereció los votos del Distrito 110 y ocupa un escaño en la Cámara de Representantes de la Florida. Allí, ha luchado a favor del Bilingüismo, el restablecimiento de la Oración en las Escuelas y por la eliminación del tráfico de Drogas. Ha creado Becas con fondos propios; organizado colectas de juguetes y ropas para Niños enfermos o abandonados; Paradas Martianas y otros eventos patrióticos y asistenciales. Ha servido con devoción a Cuba irredenta ayudando a organizaciones que persigan ese ideal. Es Ileana, en suma, una mujer preparada para la República Libre.

PABLO LE RIVERAND

Un consagrado en las letras nacionales y la Poesía Latinoamericana. Destacados críticos del Hemisferio han encomiado las obras tan fecundas como numerosas de Le Riverand. Los Poemas de Le Riverand respiran, en muchos casos, soledad, excepticismo, nostalgias infinitas. Contempla a la

Humanidad casi siempre desnuda de grandezas y saluda a la muerte «sin apremios ni rechazos». Ganó el Premio «Carabela de Plata» en el Certamen poético «Carabela 1977», Barcelona. Original su Certificado de nacimiento, dedicado a Carlos Raggi y a su esposa Ana.

> Nací viejo,
> a los 55 años,
> cuando escapé por sendas ignoradas
> para vagar descalzo
> y desafiando al sol...

En su libro «Largamente, para un inevitable olvido», selecciona sus más elevados poemas. Sus obras rimadas son innúmeras: «Jaula de Sombras»; «Q-21»; «De un doble»; «Hijo de Cuba soy, me llamo Pablo»; «Póstumo, relativamente». En publicados sueltos, bajo el nombre de «Q-21», reproduce su Poema «El Papalote», Primer Premio Carilda Labra. Sus «Penachos Vívidos», ofrenda a Martí, logra resonancias continentales.

TOMAS REGALADO, JR.

Periodista de cuerpo entero. Todo un hombre hecho Noticia estimulante de recuperación y de esperanza; pero siempre Verdad. Sus labores en la Radio comienzan en 1966. Su edad, entonces, 16 años. Su lucha por Cuba, constante y plena de inteligencia. Se inició en la WFAB, continuó en el Canal 7 de Televisión a cargo de informaciones latinas, y posteriormente en el Canal 23 de T.V. Especializado en temas relacionados con Cuba, el Caribe, Africa y Centro-América. Ha viajado sin descansos, en misiones periodísticas de largo alcance. Angola, Republica Africa del Sur, Namibia, Zayre, Marruecos, Bélgica, Gran Bretaña, Israel, Líbano, Canadá, México, Guatemala, Costa Rica, Nicaragua, Honduras, El Salvador, Belice, Panamá, Venezuela, Colombia, Ecuador, Chile, República Dominicana, Haití, Puerto Rico, Bahamas, Curazao, Tierra Santa. Primer Premio Nacional de la United Press, (Prensa Unida), por el mejor Documental de Radio sobre su visita a Guerrillas en Angola. Estas Conferencias fueron dictadas en distintas Universidades y como centro estratégico tuvieron la Universidad de GeorgeTown, en Washington. La Liberación de Grenada por E.U.A. fue cubierta por Tomás Regalado en una información, por días, que dio la medida de su genio informativo y su dinamismo periodístico. Las traducciones de los Discursos Presidenciales en vivo, merecieron, como su obra toda, el reconocimiento del Hon. Ronald Reagan.— Publica columna bi-semanal en el «Miami Herald», que reproducen «El Mundo», Caracas, el «Diario 16 de España» y «Le Cotidien», de París. En el momento trabaja Tomás Regalado por una composición extensa sobre «Un cuarto de Siglo bajo el régimen oprobioso de Castro». No podríamos olvidar, tampoco, cuánto realizó trabajando intensamente por la Libertad de Cuba en sus primeros años de desterrado.

DARÍO ESPINA PÉREZ

Nació en Limonar, Provincia de Matanzas, Enseñanza Elemental: Escuela Pública de Guamacaro, Matanzas.— Beca del Estado en Escuela Provincial de Agricultura «Alvaro Reynosos», donde obtiene Título de Maestro Agrícola. Título de Ingeniero Agrónomo y Perito Químico-Azucarero Universidad Habana.— Título Dr. en Derecho Universidad Habana. Profesor Derecho Procesal-Penal Universidad Piñar del Río. Profesor y Decano Facultad Ingenieros Agrónomos Universidad Habana. Son innúmeros los cargos técnicos y administrativos desempañados en Cuba: Funcionario del Banco Interamericano de Desarrollo, con sede en Washington.— Consultor Legislación Bancaria en Rep. Dominicana y Honduras.— Ingeniero de proyectos en Venezuela y Ecuador.— Especialista Sectorial en Costa Rica y Haití. Autor de las siguientes obras: «Diccionario de Sinónimos Hispanoamericanos»; «Diccionario Cubanismo»; «Alma de Haití»; «Guerra de la Triple Alianza»; «A sangre y Fuego», Poesía Epica; «Poemario de Historia Universal»; «Don Patricio de la América», Novela; «Editorial Hispania», asesoramiento de la Antología Poética Hispano-americana. El número de obras no cabe en esta apretada presentación de Darío Espina.

JOSÉ IGNACIO RASCO

Nació en La Habana. Graduado de Doctor en Derecho y en Filosofía y Letras, Universidad de La Habana. Graduado en la Escuela de Psicología. Profesor Universidad de Villanueva, de Historia, Sociología, Literatura Latino-Americana y Ciencia Política. Fundador en Cuba del «Movimiento Demócrata Cristiano». Profesor visitante, Facultad Latinoamericana, en Santiago, Chile. Presidente «Agrupación Católica Universitaria». Profesor «Dade County Community College» y del «Biscayne College». Director de «La Universidad del Aire». No resisten citas sus Publicaciones, entre ellas: «Apuntes en busca de la verdad sobre la Colonización Española en América» «¿Qué le falta a Cuba para ser una gran Nación?»; «Examen y Fundamentación de las ideas políticas en el proceso histórico cubano»; «La Libertad de San Agustín»; «Los grandes Creadores de la Nacionalidad»; «El Economista Arango y Parreño»; «Temática Cubana»; «Ensayo sobre la primera década del BID, Premio en Concurso Internacional»; «Sociología del Exilio»; «Los Intelectuales y la Revolución»; «Jacques Maritain y la Democracia Cristiana».

Dos docenas más de profundos trabajos que no podemos recoger.

DRA. ESTHER SÁNCHEZ-GREY DE ALBA

Cursó Segunda Enseñanza Institutó de La Habana— Dra. en Derecho y Licenciada en Derecho Diplomático y Consular, Universidad de La Habana. Tomó Cursos de Educación en «Montclair State College» y en la Escuela de Estudios Graduados, de Pedagogía, Universidad de Rutgers y realizó estudios doctorales, en ese Centro. Cultivó con preferencia y área de especialización: Teatro Español e Hispanoamericano. Por su brillante expediente académico fue admitida en «The National Foreign Language Honor Society, Phi, Sigma, Iota University Rutgers».

Libros publicados «Teatro Cubano: tres obras dramáticas de José Antonio Ramos». Editora Asociada: «José Martí ante la crítica actual» Centenario de «Ismaelillo». Editora Asociada: «Estudios Literarios sobre Hispanoamérica, Homenaje a Carlos Raggi»; Editora Asociada: «Círculo: Revista de Cultura».

Trabajadora infatigable, es autora de numerosas Ensayos recogidos en Libros y Revistas Literarias. Así, «Los siete locos»; «Celestino antes del alba»; «Teatro Uruguayo»; «El Niño y la Niebla». Notables Conferencias, como «El Teatro Poético de Luis Baralt»; «Perspectivas y Técnicas en el teatro de José A. Ramos».

JOSÉ BORRELL TUDURÍ

Rehusa todo halago, siendo, como es, una de las más destacadas figuras cubanas. En la Patria y fuera de ella, ha servido sin cansancios los ideales de la Democracia y de la Libertad. No pueden citarse sus obras porque son muchas y él no quiere decirlas. Casi hemos tenido que forzar la entrega de este Premio. Bastaría decir que animó, desde la Presidencia y cargos ejecutivos, a los Rotarios de Cuba, allá y aquí, dando su espíritu entero a esta Institución preclara de la República. Fue y sigue siendo estímulo y aliento para cuántos integran la YMCA, palenque de juventudes y antorcha de la recuperación histórica. Y algo grande, dirigió la benemérita obra de los Boy Scouts y al salir de su dirigencia dejó diez mil grandes muchachos para la Patria en esas filas. Ha ayudado a todos, para servir mejor a Cuba. Es un gran Ciudadano. Un gran peleador por ideales que resumen la vida humana.

ALICIA VARELA (TULA MARTÍ)

Una estudiosa múltiple que tocó a muy diversas puertas de la especialización: Enfermería, Obstetricia y Ginecología; Medicina humana y veterinaria; Periodismo; Filosofía, Seminario Martiano; Literatura; Navegación; Locución. Articulista en distintos diarios del Exilio: «Diario Las Américas» y Revista TODO, de México. Televisión, por 7 años, en el Programa Político-Artístico, en La Habana, Cuba. Diez obras de carácter literario: «Martina», Novela histórica sobre Revolución Comunista en Cuba; «Azul desesperado», Ensayo Político; «Paquito, un niño con ojos tristes»; «Una Golondrina sin Verano». Cincuenta temas de Filosofía imprevisible. Poesías: seis libros publicados: «Por las huellas del hermano Francisco»; «Raíz de Gólgota»; «Alfiletero»; «Canción de una luz eterna»; «Cuando los pájaros cantan en otoño»; «Relámpagos sobre el Valle»; — En preparación, «Un gato bienaventurado»; «Seis gemas de la pluma hispanoamericana»; «Tristeza 81».

DRA. NIEVES DEL ROSARIO MÁRQUEZ

Nacida en Cárdenas, Ciudad Bandera. Dra. en Pedagogía Universidad de La Habana. Maestra por oposición Distrito Habana. Profesora Ciencias Sociales Escuela Primaria Superior número 25. Habana— Profesora de la Universidad «Baylor, Waco, Texas». Premiada en dos Certámenes Internacionales de Poesía Infantil, «Segundo Congreso Internacional de Literatura Infantil y Juvenil, en español». Ganadora del Premio «Periquillo», 1979, CA; Premiada, también, en el Certamen Internacional, Literatura Infantil, en Uruguay. Lilia Ramos, destacada educadora de Costa Rica, dice de su Libro de Poesías «Raíces y Alas». «Es un libro con muchos primores que los Niños sabrán gustar. Es un libro especial que combina la belleza, el interés y la Enseñanza idónea para el niño, el joven y para padres y Maestros.

Su segundo libro de Poesías se titula «Una Isla, la más bella». En sus páginas es la Patria sublime inspiración, dolor y reto.

Nieves Rosario Márquez, se traslada a Miami desde Waco, Texas para recoger el Diploma Premio Remos, momento que será inolvidable en su vida. Un gran ejemplo a todos los indolentes.

ADALBERTO ALVARADO

En Las Villas se meció su cuna.— Especializado en Estudios Geográficos e Históricos. Cursó estudios en la Escuela de Filosofía y Letras Universidad Habana. Maestro graduado Escuela Normal para Maestros de Santa Clara.—

Bachiller en Ciencias y Letras Instituto Segunda Enseñanza de Santa Clara.— Profesor de Enseñanza Primaria y Secundaria, de 1937 a 1950.

Publicaciones: «Diccionario del Pensamiento de Martí»; «José Martí: La Fernandina y Dos Ríos»; «Martí en España».

Fue Alvarado máximo organizador del Concurso sobre «Vida y Obra de José Martí», efectuado de mayo 1976 hasta diciembre 1978.

Organizador y Presidente «Congreso Provincial de Maestros Rurales de Las Villas» y Organizador y Secretario General «Primer Congreso Nacional de Maestros Rurales».

Secretario de Administración del Gobierno Provincial de Las Villas, como Técnico de Legislación Municipal.— Gobernador Provincial— Presidente y Fundador «Federación Campesina Las Villas». Miembro Directorio Estudiantil Santa Clara: 1930-1933.

Articulista «Diario Las Américas», Revista «Ideal» y Periódicos Nueva York y Los Angeles.— Asesor «Editorial Martiana Inc.» en la confección Gran Enciclopedia Martí, en 14 tomos. Alvarado ha sido un brillante colaborador en la obra Republicana.

UVA CLAVIJO

Habanera de cepa. Lleva en la sangre mensajes de creadora belleza. Es Exiliada cubana desde 1959. Muy joven, —dice ella—, sintió el llamado de las letras y en los rotativos de La Habana vuelca su talento, florecido siempre en patriotismo. Su pluma cultiva el periodismo, la Poesía y el Cuento. Ha publicado «Eternidad», viñetas; con prólogo de Eugenio Florit; «Versos de Exilio»; «Ni Verdad ni Mentira» y otros Cuentos más y «Entresemáforos» poemas de viaje. Ha participado en actividades culturales, Cívicas y patrióticas. Se destacó en el Comité de «Derechos Humanos» y en el Comité de «Intelectuales Cubanos Disidentes». Asiste a varios Congresos Internacionales de Escritores y recientemente al Congreso Internacional de Jacques Maritain, Universidad de Princeton. Ha recibido el Premio «Alfonso Hernández Catá» que lleva el nombre del ilustre abuelo; la Beca «Cintas» y, hace pocos días, el Premio «Simón Bolivar» otorgado por la Universidad de Miami y el Consulado de Venezuela. Cursa estudios de Literatura en la Univ. de Miami donde le fue concedida la Beca Fullbright.

DRA. ROSARIO REXACH

Nacida en La Habana. Enseñanza Elemental: Escuela Pública 24. Graduada en la Escuela Normal para Maestros Habana. Dra. en Pedagogía y en Filosofía y Letras, Universidad Habana. Maestra, por Oposición en la

Habana. Profesora de la Escuela Normal Habana 1939. Profesora adscrita Universidad Habana, Cátedra de Psicología del Adolescente y Didáctica Escuela Secuendaria, junto a la Dra. Piedad Maza y de Historia de la Filosofía, junto al Dr. Mañach. Miembro Fundadora «Sociedad Cubana de Filosofía». En Estados Unidos, Profesora del «Adelphi Suffolk College». Profesora Visitante del «Hunter College» Miembro Instituto Internacional de Literatura Iberoamericana y de la «Asociación Nacional de Hispanistas».

Entre sus trabajos más brillantes: En la Revista «Cuadernos Americanos»; «Revalorando a Rousseau»; «El proceso hacia la autonomía de la Razón»; «El carácter de Martí»; «Don José Ortega Gasset Caballero de la Verdad»; En la Revista de la Universidad Habana: Publicó: «El problema de los fines y medios de la Educación»; «El Pensamiento de Félix Varela y su influencia en la conciencia cubana»— En la Revista de Avance: «España en Unamuno y Ortega»; «Las Mujeres del 68»; «La Avellaneda como escritora romántica». Es autora de la Novela «Rumbo al punto cierto».

DR. JOSÉ IGNACIO LASAGA

Cursó la Primera y la Segunda Enseñanza en el Colegio de Belén. En 1940 se graduó de Dr. en Filosofía y Letras, especialidad Filosófica. En años siguientes asistió a Cursos de Filosofía y Psicología en la Univ. de Harvard y Pennsylvania State, Estados Unidos y la Universidad Laval, Quebec, Canadá. En 1940 formó parte del Claustro de Profesores del Colegio Baldor. En 1946, comenzó a enseñar en la Universidad de Villanueva al establecerse en ese País la Escuela de Psicología, segunda en América Latina. En La Habana ejerció como Psicologo clínico. Ya en Estados Unidos fue director de Educación y Psicología del Hospital de Crownville, Maryland y actualmente trabaja, parte del tiempo, como Consultor de Psicoterapia en el Centro de Salud Mental de Miami. Por las vinculaciones de este Centro con la Univ. de Miami, posee el título de Profesor Asociado en el Depart. de Psiquiatría. En 1943 publicó en Cuba un Manuel de Introducción a la Filosofía. Ha dado clases a través de toda una vida. Es Miembro de la Educación Católica Univesitaria y Presidente de la Federación Mundial de Congregaciones Marianas. Acaba de ver la luz su Libro «VIDAS CUBANAS», de exitosa presentación y muy amplia acogida.

DRA. MARTA PÉREZ LÓPEZ

Nació en Las Villas. Se hizo Bachiller en Letras y Ciencias en el Instituto de Segunda Enseñanza de Santa Clara y Dra. en Filosofía y Letras en la Universidad de La Habana. Cursos Especializados: Inglés Intensivo para profesionales; Panorama de la Literatura española; Principales vertientes de la

Literatura Latinoamericana; Orientación Literaria; Introducción a la cultura hispánica; Seminario de Estudios Históricos.

Fue Marta Pérez López, Bibliotecaria Universidad de Las Villas; Profesora Auxiliar Cátedra Gramática y Literatura, Instituto de Segunda Enseñanza de Santa Clara; Profesora de Español Escuela Normal para Maestros de Las Villas; Profesora auxiliar Universidad de Las Villas. En Estados Unidos, en el «Russell Sage College» fue Profesora Asistente, Asociada y Emeritus.

Entre sus Publicaciones: «Fray Luis de León: su vida y su obra»; «La Décima en Cuba»; «Las fechas de las Comedias de Tirso de Molina en las obras dramáticas completas»; ¿Qué tengo yo que mi amistad procuras?— de Lope de Vega— Moderadora Simposio Centenario Gertrudis Gomez de Avellaneda.

Es variada y extensa su participación en la comunidad y en asuntos profesionales. Pertenece a distintos organizaciones culturales. Preside el «Circulo de Cultura Pan-Americano». Capítulo de Hudson Valley. Imposible seguir su producción y cooperación profesional. 'Gran Maestra'. 'Gran Cubana'.

DRA. GLORIA G. FERNÁNDEZ

Dra. en Pedagogía Universidad de La Habana. Contador Profesional Escuela Profesional de Comercio Sta. Clara. Ganadora, por oposición de la cátedra 4, Escuela Prof. Sta. Clara donde trabajó 20 años. En el 62, fue separada de su Cátedra mediante juicio por no ser adicta al régimen comunista. Gloria G. Fernández es una exquisita poetisa, cultivadora de la Poesía Mística donde obtiene merecidos lauros. Sus composiciones patrióticas resuenan muy hondo. Su Libro de Versos, bajo el título de «ATARDECER», prologado por Mª Gómez Carbonell es deleite de quienes lo manejan. La Poesía valiente, aromatizada por viejos desengaños goza del vigor de la naturaleza, que es Dios, y de la fuerza expansiva y transformadora del dolor. Los sueños como las realidades, precisan abonados y profundos. Y así son los surcos donde sembró Gloria los versos que recoge su libro «Atardecer».

DR. EVELIO PENTÓN

Natural de Sancti Spiritus— Estudios Primarios Colegio La Salle— Bachiller en Ciencias y Letras. Dr. en Pedagogía Universidad Habana.— Dr. en Filosofía y Letras, Universidad Complutense de Madrid. Ejerció la docencia Colegio Carlos de la Torre de Sancti Spiritus y Ruston, de La Habana.— Profesor Titular de la Escuela Normal para Maestros Habana, y del Centro de Estudios Instituto Prevision y Reformas Sociales.— Profesor adscrito

Facultad Educación Universidad Habana— Por oposición obtiene la Cátedra Titular Estudios Pedagógicos Escuela Normal para Maestros Pinar del Río.— En Nueva York, actúa como Profesor en Queens College, Hunter College, Columbia University y Kingsborough de la Ciudad de Nueva York.— Fue Miembro de la «Sociedad Económica de Amigos del País»; Director Enseñanza Primaria Ministerio Educación— Director General «Organización Comedores Escolares y Populares»; Superintendente General Escuelas; Sub-Secretario Técnico Minist. Educación— Obras publicadas: «Lecciones de Didáctica»; «Nuevas Lecciones de Didáctica»; «Prevención Delincuencia Juvenil»; «Misión de la Escuela en tiempos de crisis»; «Educación y Economía: El Capital Humano»— Recibió honores de Cuba y del extranjero. En 1981 se jubiló como Profesor Emeritus de la City University of New York.

G. ALBERTO YANNUZZI

Florida, Camagüey, fue cuna de este brillante periodista. Realizó estudios primarios en su ciudad natal, graduándose de Bachiller en Letras Instituto Segunda Enseñanza de Camagüey. En Estados Unidos cultiva el Periodismo y la Literatura. Sus Ensayos y Artículos periodísticos son publicados en varios periódicos y revistas editados en español. Sus Cuentos aparecen en «Círculo», Revista de Cultura Pan-americana. Entre sus publicaciones, son de citar: «Los Perros», Cuento: «La sombra que nos acecha»; Ultimo adiós a Sasha»; «La encrucijada del bilingüismo»; «El Rehabilitado», Cuento. Profesor en «New Rochelle College», en el «Mercy College» y en el «College Estatal de New Paltz», todos en Nueva York.

Yannuzzi es graduado del Mercy College, del Montclair College, donde obtuvo Máster Degreee en 1973— Ejecutivo de diversas Asociaciones Periodísticas Nacionales.

MIGUEL A. RIVAS

Distinguido periodista camagüeyano, colaborador en prestigiosos Diarios y Revistas y fervoroso defensor de los valores culturales y educativos sobre los que se levantó ante el mundo la República Democrática de Cuba. En la Parroquia Mayor de Camagüey aparece en el libro de bautizos su nombre. La obra fundamental de Rivas se titula: «Un gran Científico Camagüeyano: Carlos J. Finlay». Su estudio sobre el inmortal sabio cubano fue publicado, en parte, en la Revista Bohemia. La Habana, 1942. Rivas es Caballero de la Orden Nacional Carlos J. Finlay. Entre sus obras también merecen cita «Médicos Camagüeyanos en las luchas por la Libertad de Cuba», «Joaquín de Agüero y sus compañeros», e «Impresiones de un Lugareño». Es actualmente, Historiador de Camagüey.

El nombre de Rivas quedó estampado junto a los de Luis Felipe Le Roy, Arístides Agramonte, Portell Vilá y otros ilustres cubanos que hicieron luz sobre el glorioso descubrimiento, rescatando para nuestra Patria la obra del genio que hizo posible la vida y los trabajos en el Canal de Panamá.

DR. GABRIEL RODRÍGUEZ

Nacido en Banes, Oriente— Enseñanza Primaria: Colegio «Los Amigos», de Banes y Colegio «La Luz», Ciudad de Matanzas, dirigido por Eduardo Meireles y donde tuvo por Profesor al ilustre Joaquín Añorga.— Dr. en Derecho Universidad de La Habana.

Cultivador asiduo de la Historia y descendiente de augustos Próceres de la Independencia de Cuba, Gabriel Rodríguez, sin interrupciones ni decaimientos, ha dedicado a la proeza de la Libertad de la Patria y a sus grandes Libertadores, lo mejor de su intelecto privilegiado y lo más devoto de su voluntad. Merecen citarse estre sus trabajos: «Las Bayamesas». La Canción La Bayamesa de 1848— El Himno de Bayamo— Las Bayamesas de Sindo Garay»; «Misión histórica de una mansión principeña. Casona de los Morell, donde estuvo guardado el autógrafo que le dio a Adela Morell, Perucho Figueredo»; «Ilustre descendencia bayamesa y principeña de un alcalde santiaguero. Carlos Manuel de Céspedes y del Castillo— General Angel Castillo Agramonte— Aurelia Castillo de González— General Enrique Loynaz del Castillo»— Documentos esclarecedores de la Guerra Grande-Derrumbe de un mito»— Martínez Campos no firmó el Pacto del Zanjón— La Villa inolvidable»— «Joaquín de Agüero, primer cubano que encabezó una Revolución por la Independencia.»— Biografías de Enrique Loynaz del Castillo, General Angel del Castillo»; General Mario García Menocal; Juan Gualberto Gómez; Protesta de Baraguá; Las raíces maternas de C. Manuel; «Los Imponderables en el destino de Cuba». Y docenas de publicados de interés patriótico ilimitado.

Este cubano ilustre falleció dejando sensible vació en los campos de la cultura histórica y en los predios del patriotismo sincero. Era un cubano de estirpe.

SECCION DE ACTIVIDADES CIVICO-PATRIOTICAS: «MARTIR PEDRO LUIS BOYTEL»

DELIA REYES DE DÍAZ

Cultivadora de la belleza en todas sus formas y alcances. Ama la Poesía como a la Música y aquilata, con justeza y devociones los valores espirituales que ellas representan; reparte caridades y sirve a Dios ayudando al prójimo. Ha luchado por la Libertad de Cuba, allá, afrontando riesgos extraordinarios, aquí, en el destierro, con talento y rebeldía. La Brigada 2506 no puede ni debe olvidar su sacrificio desafiando la tiranía; su abnegación, dando la mano, de espaldas a sectarismos e intereses a todos los cubanos por igual. Preso su único hijo tras la traición de Girón, ascendía las escaleras del presidio político con alimentos y ropas para cubanos prisioneros de muy distintas procedencias partidistas. Obran en nuestro poder cartas, pedimentos y publicados de compatriotas en el destierro, pidiendo para Delia Reyes el Premio «Juan J. Remos» en su Sección de Actividades Cívico-Patrióticas y recordando agradecidos la obra por ella realizada con peligro para su Libertad y hasta para su vida. Designada Secretaria de «Madres de Invasores de Playa Girón» sufrió vejaciones del régimen oprobioso, detenciones frecuentes, humillaciones infinitas. Su denuncia constante frente a la esclavitud y la ignominia no podrían olvidarse. Ella fue el enlace entre los prisioneros y sus familiares. Fue en Colombus, Ohio, al llegar a E.U. «Delegada Patriótica del «Círculo Cubano» y dirigente de la Federación del Medio-Oeste. En Cuba fue voluntaria de Patronatos de Hogares y Niños y otras organizaciones, Cultiva la Cerámica. Hace Versos. Salvó a muchos cubanos ingresándolos en Embajadas. Ha estado, ayer y hoy, siempre al servicio de Cuba Libre y Democrática.

DR. ERNESTO FREYRE VARONA

Comparte el doloroso destierro desde 1960. Bachiller en Letras, Colegio La Salle, La Habana. Doctor en Derecho Civil Universidad de La Habana. Profesor de Leyes Laborales, Universidad de Villanueva. Secretario Confederación Empleadores Cubanos, Bancarios y de Tiendas. Secretario Asociación Empleadores Católicos de Cuba. Compilador Legislación Laboral Cubana, en 15 volúmenes. Consejero Agrupación Nacional Católica, designado por el Cardenal Arteaga. Miembro Comité Planificador Consejo Revolucionario Cubano. Revisión de una Legislación para una Cuba liberada. Organizador y Secretario Comité Familias Cubanas que negoció y obtuvo liberación Prisioneros de Girón. Miembro Ejecutivo del RECE. Asistente encargado de Relaciones Exteriores Segunda Conferencia Interamericana de la O.E.A., celebrada en Río Janeiro, 1965. Visitador Países Hemisferio recabando Libertad Patria. Iniciativa para publicar el libro «Cuba ante el Derecho Internacional», de que fuera Ponento el ilustre jurista César Salaya.

Voluntario de la UNITED WAY, da su esfuerzo a la Asistencia de miles de desgraciados. Preside Freyre el Ejecutivo de la Asoc. Nacional contra la Leucemia.

PADRE JUAN RAMÓN O'FARRILL

Estamos presentando la obra de uno de los más abnegados sacerdotes que han servido la causa de la Libertad de Cuba. Hijo del Comandante del Ejército Nacional. Nieto del Primer Alcalde de la Ciudad de La Habana, de su mismo nombre. Cursó la Primera Enseñanza en el Colegio de los Hermanos Maristas y en París. Hizo el Bachillerato con Profesores particulares. Ya en Cuba ingresó en el Seminario de San Carlos y San Ambrosio, en La Habana. Se trasladó a Cienfuegos al cuidado de Monseñor Eduardo Martínez Dalmau, autor de la memorable justiciera Pastoral. Este grande de la Iglesia nuestra, lo ordenó Sacerdote. El Cardenal Arteaga lo designa Coadyuctor del Santuario Nacional de Jesús Nazareno, en Arroyo Arenas. En 1956 fue enviado a Montreal. En Febrero de 1959 se incorporó a la gestión conspirativa de Ex-Militares y Hombres de Negocios cuya cabeza fuera el Coronel Nelson Carrasco. Acusado por el Régimen Comunista de participar en la Conspiración de los Ganaderos, al amparo de la Embajada Americana salió precipitadamente de Cuba. Fue uno de los tres Sacerdotes que llegaron primero al Exilio. Antes de salir de Cuba, escribió una Carta a «Avance», periodico habanero, denunciando la naturaleza Comunista del Régimen de Cuba. Ya en Miami se inscribió para ir a pelear por la Patria. Sorpresivamente fue trasladado a Texas. En 1960 compareció ante el Comité de Seguridad del Senado de Estados Unidos donde repitió su denuncia. Y en junio del mismo año, presentó formalmente ante la

Comisión, ya constituída, de Derechos Humanos en la O.E.A. la Denuncia en largo y documentado trabajo, jurídicamente orientado por Antonio Alonso Avila. Ha servido en diversas Parroquias. Ahora lo hace en Corpus Christi. Es hijo adoptivo de Bayamo. Y, si muere en el destierro, ha pedido se le tienda en el Munic. de Bayamo junto a las fotos de los Libertadores esclarecidos.

MERCEDES ROJAS

Hay rostros que fulguran, trazando rumbos. El dolor los ha habilitado para la tarea del perdón: los míseros, como los tránsfugas, «no saben lo que hacen». El Premio que hoy otorga «Cruzada» a Mercedes Rojas, es para todas las madres que creen en Dios y aman a la Patria. En La Habana como todos sus familiares, nació el Héroe amadísimo *Anastasio Rojas,* que al Grito de 'VIVA CRISTO REY', se deplomara el año tétrico de 1961. No penetró el plomo en su carne, porque se rompió en glorias. El tirano no puede vencer a los elegidos; los déspotas sucumben, al cabo, al empuje de la dignidad del hombre. Mercedes Rojas presidió en el destierro, por algunos años, la «Agrupación Familiar de Mártires Cubanos». Hoy espera el día del regreso, con muchos hijos del alma acompañándola hacia Cuba Libre. Invitada por el Presidente Johnson, visitó La Casa Blanca acompañada con algunos niños. Fue Voluntaria de la Cruz Roja. Posee Placas y Diplomas de todas las Organizaciones del destierro. Los Alcaldes de Miami le dedicaron el 6 de Febrero, «El Día de Mercedes Rojas». La Asociación confeccionó el Album de los Mártires Cubanos.

GENERAL ABELARDO GÓMEZ-GÓMEZ

En la avanzada decena de los ochenta sigue siendo el General Gómez-Gómez figura respetada de nuestro Ejército Nacional. «Cruzada» lo premia como Guardián de la Constitución de 1940. Quincenalmente reciben destacados compatriotas el estudio que él realiza de Artículos fundamentales de nuestra Carta. Afirma convencido que el Comunismo sectario con ropaje de socialista y millones de la Internacional, aspira a enterrar en sus fangos la Constitución que se dio libremente, soberanamente, el Pueblo de Cuba. A esos trabajos que merecen estímulo, une el General Gómez-Gómez su condición infatigable de ANTICOMUNISTA. Sus grados todos los gana, palmo a palmo, peleando contra comunistas. En Noviembre 1926, como Sargento del Ejército fue designado miembro de la Sección Anti-comunista de la Policía Nacional. En mayo 1930, siempre leal al Jefe supremo y al Poder Judicial, fue nombrado Supervisor Cárcel de Piñar del Río. En Septiembre de 1933, por orden Coronel Batista, desmanteló los soviets de obreros y campesinos Comunistas de los Ingenios Báguanos y Tacajó, rescatando al administrador Sr. Quintana y cumpliendo su misión sin bajas y desmintiendo a Summer Welles que acusaba a los Sargentos de Comunistas. Su comportamiento lo hizo Primer Teniente. El 8 de Noviembre de 1933 salió con un Escuadrón del Tercio Táctico para enfrentar a los sublevados— El 14 de Nov. 1933, fue ascendido a Capitán. En 1934, Ascendido a Comandante y en 1935, a Ten. Coronel Regimiento Leoncio Vidal de Santa Clara. En 1939, a Coronel. El Presidente Laredo le concede la Orden del Mérito Militar. El Presidente Grau le designa Jefe Militar de Columbia.

DR. ROBERTO RODRÍGUEZ ARAGÓN

Doctor en Derecho Civil y Derecho Diplomático en la Universidad de La Habana. Dibujante Arquitectónico Universidad Miami— Electo Representante a la Cámara en Cuba Democrática en dos elecciones, por la Provincia de Matanzas. Secretario de Actas Comité Parlamentario de la Mayoría.— Miembro Ejecutivo Asociación de Hacendados de Cuba. Presidente-Fundador Asociación Vendedores de la Florida. Representante de Ventas de varias Corporaciones y Empresas. Profesor de Mercadeo en el «Koubek Memorial Center». Presidente Asociación de Ex-Alumnos Colegio «La Progresiva». Nuestro Premiado ha servido la Causa de Cuba con intachable patriotismo. Delegado en Florida del Directorio Anti-Comunista «Los Pinos Nuevos», fue la mano derecha del patriota Zacarías Acosta. Secretario de Correspondencia de «La Alianza para la Libertad de Cuba», el Gral. Campos Marquetti tuvo en él un incansable colaborador. Para Cuba en la acción y en la tribuna realizó incontables esfuerzos. Ha sido un magnífico luchador por la nueva Independencia. Sus panegíricos de Próceres y patriotas han estimulado a los cubanos. Sirvió la causa de los Congresistas de Cuba en el Exilio, como Secret. de Correspondencia. Ha presidido los «Municipios de Matanzas» de los que fue fundador y activista connotado.

LOURDES PALACIO DE ÁGUILA

Diploma de Filosofía y Sicología Universidad Habana. Cursó Francés, Piano y Dietética en el Lyceum, La Habana. Terminó su Bachillerato en Ciencias y Letras en el Colegio «El Apostolado». Ha sido la gran Coordinadora del Telemaratón Anual, en el Canal 23—, a beneficio de la Liga contra el Cáncer con Teleaudiencia de 60 millones en 146 Ciudades de Estados Unidos y Países Hispanoamericanos, logrando una recaudación de un millón de dólares. Coordinadora de otros actos sociales de importancia. Ha recibido nombramientos y honores de casi todas las organizaciones asistenciales de E.U.— Es Traductoria voluntaria del Jackson Memorial Hospital.— Miembro Fundador del Centro-Mater. Voluntaria a beneficio pacientes impedidos Grupo Juvenil Hospital Merecedes, Cruz Roja Cubana y Liga contra el Cáncer, en Cuba.— Sus Diplomas de Reconocimiento son innúmeros.

RAÚL G. MENOCAL

Un Caballero de la Política. Hijo de un cubano conductor de masas de memorable ejecutoria que supo al regresar de la manigua hermanar la autoridad y la amistad que reclamaba una República para todos. Un gran día el Municipio de La Habana en Exilio, ridió homenaje clamoroso a Raúl Menocal prendiendo en su pecho la Medalla de La Habana. Aquel espectáculo reunió en el recuerdo el Gran Padre, Héroe y Ciudadano y al hijo robado por el mar en hora única de cobardía y traición. Raúl Menocal desvaneció la política pequeña, —allá en Cuba y aquí en el destierro,— como ha decolorado la secta divisionista que nos cierra el paso. En él, la decencia y el respeto público han triunfado siempre sobre los intereses. Jamás olvidó Raúl Congresista, ni Raúl Alcalde, el vibrar de un Apellido que resumía medio siglo de dignidad. Su labor hospitalaria, sus Hogares Infantiles, su Balneario Musical, fueron un constante tributo a su pueblo. «Cruzada», hoy lo saluda y premia con orgullo.

ROSA BLANCA M. DE PERERA

Medio Siglo de trabajos ofrendado a José Martí. Inicia su obra en 1933 y en el destierro continúa, muy anciana, con la antorcha encendida y la bandera en alto. Colón, en la bella Matanzas, la vió nacer. Maestra de la Escuela Superior, forjó discípulos en la devoción de la Patria y el culto a sus Fundadores. Organizó en ese año de grandes transformaciones para Cuba, el primero de sus Clubes Infantiles y en el 34, en terrenos cedidos por la administración de un Central Azucarero, el Club Infantil José Martí. Con la ayuda de padres, vecinos y ciudadanos escogidos, se levantaron en esas tierras, salón de actos, aulas, una biblioteca, campos de deporte y un jardín panamericano. El Ministerio de Educación a través de sus rectores prometieron, en una visita, extender esos nobles esfuerzos. Trasladada la Sra. Perera a Las Villas, allí, prosiguió su obra. Obra de paz y fraternidad que después resumió en la llamada «Familia Amor». Organizó, también, el Primer Seminario Martiano, tribuna abierta a los intelectuales y patriotas, y el Jardín Martiano, ya en E.U., en los terrenos del Ada Merritt. A los 81 años, Rosa Blanca es ejemplo de lealtad a Cuba.

PREMIO JUVENIL «LINO FIGUEREDO»

ILEEM SARMIENTO

Ha adoptado artísticamente, el nombre de Ileem de Marie Sarmiento. Hemos seguido, paso a paso, el camino de sus triunfos. La niña primorosa que nos extasiaba con su asombrosa precocidad, es hoy una adolescente cuajada en victorias: profundo talento, expresión maravillosa, gracia plena. Cultiva Ileem en esta hora de su consagración, variadas disciplinas que ya proclaman a una artista completa. En actividades relacionadas con la Escuela, fue premiada en la Feria de Ciencia por su trabajo «Maltrato de Niños»; formó parte en el Programa del Gobernador de la Florida, área del Periodista, ganando la Beca en el «Miami Dade Community College»; Obtuvo Premio de la «Legión Americana» por su trabajo sobre «Las Drogas y el futuro de la Juventud»; fue seleccionada entre los cinco mejores Reporteros del periódico Miamagio: examinó 6º año de piano con notas que marcaron records; fue Modelo más Clásica y Modelo más dramática en la Academia modelaje Barbizón y obtuvo Beca en PAVAC concursando en canto, baile, piano y drama. Ganó competencia inter-escolar con el trabajo «La Voz de la Democracia»; concurrió al Seminario de Estudios de la Universidad de Miami en representación de su Escuela; visitó dos cárceles de mujeres en relación a drogas. Su trabajo «La Juventud de América» mereció en la sede de los Veteranos, primer Premio. Por su trabajo «Americanismo» obtuvo Placa de Reconocimiento Ciudad West Miami. Es voluntaria «Miami Childrens Hospital»— Es gran Recitadora; Actriz-Pianista. No es una promesa, sino estimulante realidad para gloria de Cuba Libre.

JORGE KHULY

Estudiante Grado 12 del Colegio de Belén, acaba de obtener la honrosa distinción que supone la «National Merit Semifinalist» que se otorga a estudiantes de High School en Estados Unidos. En el último verano Jorge ganó una Beca en la Universidad Internacional de la Florida. Una de las clases era de Escritura y realizó interesante trabajo sobre los intelectuales cubanos que conviven en Miami. El joven que hoy premiamos declaró que obtuvo maravillosos resultados en el campo de la historia, la cultura y sobre Cuba en general, logrando una identificación con buena parte de su procedencia nacional. En la Feria de Español del Colegio de Belén, obtuvo Primer Premio en Poesía. Gusta, además, de la buena música, estudiando el décimo año de Piano. Jorge es ya un orgullo para la Patria ausente.

SECCION «GONZALO ROIG» MUSICA, CANTO, BAILE, TEATRO Y DECLAMACION.

ROSALINA SACKSTEIN

Grandiosa artista del teclado. La Sociedad de «Miami Civic Music Association» que en breve conmemorará sus Bodas de Oro, no había incorporado a una mujer a su Presidencia. Cuando lo hizo, cubrió la rectoría de esa prestigiosa organización con una eximia ejecutante, con una maestra dedicada por entero a la Enseñanza musical, con una ilustre pianista cuya historia es blasón del arte americano. Hija de Camagüey, criada y forjada en un hogar que amaba el Arte y lo practicaba, es Rosalina una perfecta pedagoga de la Música. Concertista de singular talento, ha creado un discipulado de cualidades notables, como Marta Marchena, Leila Torre, Carlos Mier, becado por una Escuela de Viena. Actualmente, Rosalina Sackstein, es Catedrática Titular de Música de la Universidad de Miami. Un orgullo de la Patria, sembrada por Dios en patio camagüeyano.

CARIDAD SUÁREZ

Líder indiscutible del Teatro Lírico Cubano. Voces como la de Caridad Suárez resuenan todavía como expresión de grandeza en el alma de Cuba. Sánchez Arcilla publicó en aquellos días triunfales: «Caridad Suárez no tiene rival en el Teatro Cubano. Es la tiple absoluta, la inmensa, la única. Caridad es y será la augusta Emperatriz del Arte Lírico Cubano». Suárez Solís, agrega: «Más que una mujer que canta, Caridad es el Canto hecho mujer»— Y el Maestro Lecuona agrega: «En Caridad Suárez tenemos, sin dudas, a una de las más geniales interpretes del Teatro Lírico Nacional».

Los estrenos más exitosos y memorables de la época, los cubrió Caridad:

«María lo O»; «Rosa la China»; «Cecilia Valdés». En la obra «Niña Rita», compartió la escena con Rita Montaner. «Noche Azul», de Roig, libro de Agustín Rodríguez y Sánchez Arcilla, fue el estreno de su beneficio. Los Cronistas y Críticos destacados de la época, en la tercera Década Republicana cantan himno de admiración devota a la genial artista cubana, con la que compartió Miguel de Grandy y, también, nuestro Paul Díaz.

MIGUEL DE GRANDY

Su nombre esté escrito con letras de oro en los anales del Teatro Lírico Cubano que echó sus trompetas al viento en la tercera década de la República de Cuba, Estrenó, y lo declara ufano, las obras prodigiosas de los eminentes cultores de nuestra Música, Maestros Gonzalo Roig, Ernesto Lecuona, Rodrigo Pratts, Eliseo Grenet y Armando Valdespí, todas por Miguel de Grandy interpretadas por primera vez en Cuba, y algunas en Buenos Aires, Lima y Madrid. Cuba fue la única Nación de América Latina donde se amó y cultivó el género teatral de la Zarzuela. De Lecuona estrenó Grandy, María la O; Rosa la China; La de Jesús María, El Maizal, El Torrente; Lola Cruz, El Batey, La alegría del Sitio, Rosalina, La Plaza de la Catedral, Mujeres y Julián del Gallo. De Roig, Cecilia Valdés, La Hija del Sol, Cimarrón; de Pratts: La Habana que vuelve, Guama, Leonela.

Si, como el más alto homenaje a nuestros músicos inmortales, pudiera pensarse en un acto que hiciera de Cuba pendón y luminaria, un nombre como instrumento de gloria lo resumiría todo, signo de una época grande y feliz que Paul Díaz, actor también de esa época, rememora emocionado: el nombre de Miguel de Grandy, cantante, actor y director de empresas, gran señor de la escena, «símbolo andante del período de oro del canto clásico y semi-clásico de la Cuba de ayer».

ANTONIO MATAS

Gran Pianista, Organista, Director de muy variadas orquestas, inspiradísimo compositor. A los 7 años se le calificaba en música niño prodigioso. Su vida y su obra no han desmentido esa lejana, pero justa apreciación. Con Antonio Sala eminente violoncelista recorrió todas las regiones de España. Amante de la música popular, se incorporó a Lucio Demare, del «Trío Irusta, Fugazot y Demare», tan grato en el recuerdo de los cubanos. Fundó en Europa las Orquestas «Alma Criolla», «Los gatos Felix» y «Matas Band». Musicalizó la Película «Viva la Vida». Fue especial amigo de Agustín Lara a quien montó «Noche de Ronda» y «Amor de mis Amores». Es autor de cientos de Canciones. Entre ellas alcanzaron enorme popularidad:

«Reflexión»; «Mis mejores pensamientos»; «Parece que va a llover»; que montaron los directores del «Trío Los Panchos»; «Se abren las rosas para tí», incluida en nuestro Programa. La Canción «Inesperadamente» lo relacionó con una excelente cubana con la que contrajo matrimonio y es hoy su esposa. Fundó en La Habana «El International Club». Calcula haber escrito más de 500 composiciones, muchas ofrecidas a Cuba. Fue entrañable amigo de Lecuona, siendo el grabador del «Album de Oro de Lecuona». Hoy, al recibir el Premio Remos, ha lucido ante todos su magnífico arte.

DR. PEDRO DÍAZ

Nació en Zaza del Medio, Municipio de Sancti Spiritus. Las Villas. Bachiller en Ciencias y Letras Instituto 2ª Enseñanza de Sancti Spiritus. Dr. en Derecho Universidad Habana. Maestro de Lenguas Extranjeras Universidad de Kansas. En 1960 llegó a Estados Unidos y pasó, en la primera vez, el examen nacional de Maestros-Trabajador Social en el Refugio.— Cultiva el Canto y ha ofrecido su voz de Tenor a cientos de Organizaciones patrióticas, Sociales y Homenajes a ilustres cubanos. Esta noche nos regalará su arte, interpretando Canciones Cubanas y, también, el Himno de «Cruzada Educativa», Música de Ricardo Ferrera, Director del «Trío Pinareño».

CELIA CRUZ

Celia es conocida en todos los lugares donde brille su arte como la guarachera del mundo. Se considera la más famosa cantante en el mundo de la salsa. Lleva cantando unos 38 años. Declara que nació en octubre 21, pero no dice el año. No hay distinción de generaciones con Celia. Sus conciertos en Madison Square Garden, Nueva York, se venden por completo a jóvenes y mayores que se unen en un solo motivo: aplaudir y celebrar a Celia.

Nació en la Guarachera en el barrio de Santos Suárez, Habana, y recibió una educación de escuela pública. Nació para el triunfo cantando con la Sonora Matancera. El Alcalde de Nueva York, Edward I. Koch, le rindió tributo en plaza pública premiándola generosamente.

SECCION DE ARTES PLASTICAS «LEOPOLDO ROMAÑACH»

ILEANA FERRER GOVANTES

Graduada en la Escuela de «San Alejandro», La Habana. Graduada en la Facultad de Educación Universidad de La Habana. Estudiante y colaboracionista Muralismo Mexicano. Cursos especiales de Arte y Decoración. participante en Exposiciones, en el Ministerio de Educación, Departamento de Cultura; Museo Nacional; Sociedad «Lyceum»; Ayuntamiento de La Habana; Círculo de Bellas Artes; Asociación de Arquitectos; Galería de Artes; Permanente Colección Folklórica en el Museo Nacional. En Exposiciones Extranjeras, tomó parte en: México, Puerto Rico, Venezuela, Washington Area Metropolitana; Unión Pan-Americana; Asociación de Cultura Artística, de Washington; Galerías de Arte de Nueva York, Virginia, California, Maryland. En la Ciudad de Miami: Hotel Omni, Internacional Bank, Big Five Club, en Bibliotecas y en Colegios. Fue Directora Departamento de Bellas Artes Ayuntamiento Habana. Trabajó Depart. de Arquitectura y Trabajos Públicos y ejecutó, con variadas técnicas, numerosos Murales en negocios, residencias, muros de escuelas, restaurantes y estadiums. —Fue Profesora de Arte, Diseño y Educación Universidad Habana.— Su Mural «Divina Creación», en Virginia, da la medida de su inspiración.— Ahora, prepara una Exposición sobre Poemas del Apóstol, cuya colección está al completarse.

LOURDES GÓMEZ FRANCA

Nacida en La Habana.— En plena infancia comenzó a pintar. Cursó sus primeros estudios en los Colegios Saint George y Mérice. En este último se graduó de Bachiller en 1950. Comenzó sus estudios en San Alejandro en 1953. Completó éstos en París. Su primera Exposición en Cuba toma por sede la Sociedad «Lyceum». En 1958 comienza a pintar bajo la influencia de la

Escuela de París, y la Escuela Expresionista alemana. Viene al exilio en 1960. Expone sus obras en Bacardí; Galería Interamericana Barry— Obtiene Segundo Premio en Exposición patrocinada por «Cintas Foundation». Logra Primer Premio del American Cancer Society y Primer Premio en la Feria de Arcadia.— Recibe placas y Diplomas en el Club de Leones, Canal 23, Centro Mater y el «Cuban Woman's». Tiene publicados dos Libros: «Poemas Intimos» y «Era una lágrima que amaba en silencio». Este libro se lo envió a Su Santidad.

LUIS LAVALLE

En la Escuela San Alejandro, obtuvo Primeros Premios en Perspectiva y en Pintura Decorativa. Ganador de Primeros Premios en Acuarelas, uno en Madrid, 1934-36; otro Primer Premio en Acuarelas, Madrid 1941-42. En Estados Unidos: Segundo Premio sobre el Bicentenario, Casa de las Américas; Mención de Honor Oleo de San José del Lago; Premio Romañach, Universidad de Miami-Coral Gables— Exposiciones «Royal Trust Tower» y «Biscayne College» donde fueron premiados sus cuadros: «Río Miami», «Puesta de Sol», y «Desde el Puente».

SECCION DE CIENCIAS: «DR. CARLOS J. FINLAY»

INGENIERO AMADEO LÓPEZ CASTRO

Larga tarea profesoral y fecunda labor técnico-experimental al servicio de la República culta y progresista, consagran en Amadeo López Castro a un cubano de esclarecido talento y a un científico de notables aptitudes. Es, —todo en grande— Ingeniero Civil, Doctor en Ciencias y Arquitecto. En febrero de 1924 era ya Profesor de Matemáticas y Economía en la Granja Agrícola «Alvaro Reynoso», en el Municipio de Colón. Designado en 1927 Profesor de Agrimensura y Dibujo Aplicado en el Instituto Provincial de Matanzas. Profesor Titular, por oposición, en la propia Cátedra, en 1928. Profesor Instituto Segunda Enseñanza del Vedado. Amadeo López Castro es en el ejercicio de relevantes funciones un ilustre Repúblico. Sintieron el influjo de sus brillantes experiencias, muchas entre las más notables legislaciones del país. Y, para sólo mencionar una de las que más honran y enaltecen la fecunda labor de la República en sólo 57 años de Independencia, la LEY DE COORDINACIÓN AZUCARERA a la que dio Amadeo López Castro con el brillo de su inteligencia, el tesón de un consagrado hombre en ciencias sociales y políticas.

DR. JUAN MOYA FLAMAND

Hijo de Santiago de Cuba— Dr. en Medicina Universidad Habana. Premio Extraordinario «Leonel Plasencia». Medalla de Oro del Caribe, como atleta universitario.— Profesor Ciencias Naturales y Educación Física Instituto 2ª Enseñanza de Santiago de Cuba.— Miembro Fundador Universidad de Oriente donde creó Departamento de Técnicas Audio Visuales. En 1953 fue el único extrajero invitado al Primer Congreso Internacional celebrado en Mass. Su trabajo se tituló: «Aspectos esenciales en el desarrollo y crecimiento del Adolsecente cubano». Fue Secretario de Sanidad y Beneficencia en el Gabinete del Presidente Laredo. Obtuvo la medalla Joaquín Albarrán— Fue Miembro Emeritus Colegio Nacional Patología de Estados Unidos.

DR. OCTAVIO B. CARREÑO

Hijo de la Villa de Pepe Antonio. Bachiller en Ciencias y Letras Instituto Segunda Enseñaza de La Habana. Dr. en Medicina Universidad de Madrid- España. Internado Hospital Monte Sinaí— Residencia de Oftalmología: Escuela Medicina Universidad Texas. Cursos de Post-Graduados: Ciencias Básicas de Oftalmología: Universidad de Nueva York;— Promoción, al año de servicio, a Jefe de Cirugía Servicio Militar— Certificado de Apreciación de la tribu India Navaja por los servicios prestados a dicha tribu.— Premio de Reconocimiento Médico de la Asociación Americana de Medicina— Jefe Departamento Oftalmología «Mercy Hospital»— Presidente Cuerpo Médico «Bascom Palmer, Instituto de Ojos— Investigador Clínico para Lentes Intraoculares— Publicaciones: «Ulcera de Mooren y Keratolomia Delimitada»; «Tracoma entre los Indios Navajos»; «Conjuntivitis de inclusión entre los indios americanos del Suroeste». Para los Cubanos, es la mano del Dr. Carreño garantía de triunfo en las intervenciones de ojos.

DR. MODESTO MORA

Nacido en Cuba. Ciudadano de E.U.A.— Bachiller en Ciencias y Letras Instituto de Piñar del Río.— Médico Interno Hospital La Crose, Wisconcin.— Dr. en Medicina Universidad Habana. Cirujano Residente Hospitales New York y «Monte Sinaí», Miami Beach y Jackson Memorial Hospital, Miami— Fundador del «Pan-American Hospital», del «American Hospital» y del «Cloverleaf» Hospital. Reconocimientos Internacionales— Celebrando aniversario del «American Hospital» en el día de hoy, Vicente Rodríguez recogerá su Diploma de Honor «JUAN J. REMOS».

PLACA A LA DRA. MARÍA GÓMEZ CARBONELL, FUNDADORA DE «CRUZADA EDUCATIVA CUBANA» HACE 20 AÑOS

Finalizando el Acto de Entrega de Premios, el Dr. Vicente Cauce, en conmovido discurso que probaba como la Dra. Gómez Carbonell rechazaba todo homenaje en el destierro, habló de la fundación por ella, en 1962, de «Cruzada Educativa Cubana», y cuanto había hecho por su grandeza y prestigios. El Dr.

Félix Cruz-Álvarez hizo referencia a los trabajos de la Dra. Gómez Carbonell a favor de los derechos civiles y políticos de la mujer cubana y a sus grandes logros en la vida pública de su patria. Entre aplausos, la Dra. Gómez Carbonell recibió de manos de los Dres. Cauce y García Tudurí una hermosa placa con la bandera que decía:

«Cruzada Educativa Cubana» en su vigésimo aniversario.
A la Dra. María Gómez Carbonell
SU FUNDADORA, en agosto 2 de 1962

La Dra. Gómez Carbonell no había aceptado hasta 1983 ese sentido homenaje de compañeros y amigos.

IN MEMORIAN

Porque «la muerte es vía, no término», volveremos a encontrarnos.

Agustín Acosta.
Arturo Alfonso Roselló.
José Alvarez Díaz.
Leticia de Arriba de Amblada.
Aurelio Baldor.
José María Bens.
José Angel Buesa.
Alberto Blanco.
Orlando Castañeda.
Marta de Castro.
Gilberto Cepero.
Ramón Corona.
Eduardo Cutié.
Arístides Dacosta.
Salvador Díaz Versón.
Delia Díaz de Villar.
Ricardo Eguilio.
Ricardo Eguilior
Rafael Esténger.
Emilio Estévez.
Modesto Galofré.
Jorge García Montes.

Antonio Gattorno.
Gustavo Godoy.
María Govín Gómez.
Gabriel Gravier.
Rafael Guas Inclán.
José Manuel Gutiérrez.
José S. Lastra.
Juan Francisco López.
Sara Martínez Maresma.
Antonio Mata.
Violeta Montori de Gutiérrez.
Emma Otero.
Eudocio Ravines.
María Luisa Ríos.
Gabriel Rodríguez.
Lourdes Salvador.
Juan José Sicre.
Emma Tabares de Guitart.
Esteban Valdés Castillo.
Manuel Viamonte, Sr.
Enrique Luis Varela.

ORGANIZACIONES DEL EXILIO QUE MERECIERON EL DIPLOMA DE HONOR «JUAN J. REMOS» Y NOMBRES DE SUS REPRESENTATIVOS QUE ACUDIERON A RECIBIRLO.

«DIVISIÓN DE EDUCACIÓN CONTINUADA DE LA UNIVERSIDAD DE MIAMI, RADICADA EN EL «KOUBEK MEMORIAL CENTER»: DR. ROBERT ALLEN, SU DECANO.
«COMPAÑÍA TEATRAL «PRO ARTE GRATELI»: SRAS. MARTA PÉREZ Y PILI DE LA ROSA DE MENÉNDEZ Y SR. DEMETRIO MENÉNDEZ.
«CORAL CUBANA»: SRA. CARMEN RIERA.
«BALLET-CONCERTO»: SRAS. SONIA DÍAZ Y MARTA DEL PINO.
«MUNICIPIOS DE CUBA EN EL EXILIO»: DR. RODOLFO MORENO.
«ESCUELA PATRIÓTICA-RELIGIOSA SAN JUAN BOSCO»: PADRE EMILIO VALLINA.
«WOMEN CLUB»: DRA. ELVIRA DOPICO.
«JUNTA EDUCACIONAL PATRIÓTICA CUBANA»: DRA. OFELIA TABARES DE FERNÁNDEZ.
«CLUB DE LEONES CUBANOS EN EL EXILIO»: SR. RIGOBERTO FERNÁNDEZ.
«ROTARIOS CUBANOS EN EL EXILIO»: SR. LUIS CASERO.
«ARCHIDIÓCESIS DE MIAMI»: EN REPRESENTACIÓN DEL SR. ARZOBISPO MONSEÑOR COLEMAN CARROLL, MONS. B. WALSH.
«COLEGIO MÉDICO CUBANO LIBRE»: DR. ENRIQUE HUERTAS.
«COLEGIO DE ARQUITECTOS DE CUBA EN EL EXILIO»: ARQ. VENTURA JORGE.
«COLEGIO DE INGENIEROS CIVILES EN EL EXILIO»: ING. ANTONIO TELLA.
«CENTRO MATER»: MADRE MARGARITA MIRANDA.
«GALERÍA 4»: SRES. EDDY Y CARLOS CORTADA.
«TRIO PINAREÑO»: SU FUNDADOR Y DIRECTOR SR. RICARDO FERRERA.
«MINI-GALLERY»: DR. MANUEL PLANAS.
«COMPAÑÍA TEATRAL LAS MÁSCARAS»: SALVADOR UGARTE Y ALFONSO CREMATA.
SOCIEDAD CUBANA DE FILOSOFÍA»: DRA. MERCEDES GARCÍA TUDURÍ Y DR. HUMBERTO PIÑERA.
«SOCIEDAD ARTÍSTICO-CULTURAL DE LAS AMÉRICAS»: MAESTRO MANUEL OCHOA Y SU PRESIDENTE DRA. ANA ROSA NÚÑEZ.

«PRODUCCIONES FORUM»: SR. RENÉ ALEJANDRE.
«CENTRO HISPANO CATÓLICO»: HERMANA VIOLETA SOLER.
«ORFEÓN CUBANO»: SRA. DINORAH GARRIDO.

LA «ERMITA DE LA CARIDAD DEL COBRE», MERECIÓ HOMENAJE ESPECIAL EN 1981, LUEGO DE UNA ACABADA DESCRIPCIÓN DE SU SALA INTERIOR Y, EN ELLA, DEL MURAL-HISTORICO REALIZADO POR EL GRAN PINTOR MURALISTA SR. TEOK CARRASCO, PREMIO «JUAN J. REMOS», Y CUMPLIDA REFERENCIA AL BUSTO QUE APARECE EN EL EXTERIOR DEL EDIFICIO DEL PADRE FÉLIX VARELA, OBRA DE LA DRA. ROSAURA GARCÍA TUDURÍ, PREMIO «JUAN J. REMOS», COMO TAMBIÉN A UNA CABEZA DE MARTÍ, OBRA DE LOS NIÑOS DE LA CASA DE BENEFICENCIA Y MATERNIDAD DE LA HABANA. SE HIZO ENTREGA, TAMBIÉN, AL PADRE SERGIO CARRILLO, EN AUSENCIA DE MONSEÑOR ROMÁN CON DESTINO A LA «ERMITA», DE UNA PLACA, BELLA Y EMOTIVA, TRIBUTO ESPIRITUAL A ESE RINCÓN DE CUBA QUE MIRA AL MAR, POR EL QUE DESFILAN TODOS LOS PEREGRINOS QUE LLEGAN A LA FLORIDA Y TODOS SUS VISITANTES.

Discurso pronunciado por el Dr. Juan J. Remos, el 25 de Noviembre de 1967, en el Salón de Actos del Hotel Everglades, Miami, Estados Unidos de América, noche del Homenaje que se le rindiera al cumplir sus Bodas de Oro con la Enseñanza, y en que se instituyera el «DÍA DE LA CULTURA CUBANA».

Artículos seleccionados, publicados por el Maestro, en la prensa norteamericana y en Venezuela.

22 de febrero de 1969. Dr. Vicente Cauce, Dr. Juan J. Remos y Dr. Gustavo Cuervo Rubio. Último discurso pronunciado por el Dr. Juan J. Remos clausurando el ciclo de «Descomunización y Cubanización de la Escuela Cubana» desarrollado por «Cruzada».

EMPEÑOS POR LA LIBERACIÓN DE CUBA

(Discurso pronunciado por el Doctor Juan J. Remos, cuando se le rindió Homenaje a la Cultura Cubana en su Persona.)

Salvando, desde luego, las distancias, y aprovechando la referencia únicamente, en lo que tiene de lección aplicable a este caso, permitidme recordar un juicio del ensayista y pensador norteamericano, Ralph Waldo Emerson, quien llamó a José María Heredia «hombre representativo de la suerte común de sus colegas, los intelectuales cubanos que sufrieron las persecuciones del despotismo español». Los azares del destino han querido que al rendírsele un homenaje a la cultura cubana, que es esencia de nuestro pueblo, y al rendírselo en el destierro, se haya escogido mi modesta persona como representativa de aquélla, porque en mí se aúna, al culto a los valores del espíritu de mi patria (puesto de relieve a través de una larga vida de consagración a ello) la condición de proscripto que renunció a cuanto materialmente lo vinculaba a la tierra en que naciera, no sólo por su condenación al régimen de terror que impera en Cuba, sino para brindar en el Exilio, en la medida de sus posibilidades, sus mayores esfuerzos en pro de la causa de la independencia de aquellos lares que nacieron al concierto de los pueblos libres, tras una tradición democrática que parte del primer proyecto de Constitución, en 1812, y que fue respetada y proclamada en todas las Cartas Fundamentales redactadas en la lucha y en la paz, y que tiene sus más altos y significativos jalones, en los textos de Guáimaro, Jimaguayú, La Yaya, 1901 y 1940.

Muy lejos de mi ánimo de equipararme al inmenso y glorioso «cantor del Niágara», ni en la trascendencia de su obra, como maestro de la cultura cubana, ni en la proyección de su itinerario patriótico, que lo erigió en paradigma de las voluntades rebeldes y puras de la patria; pero sí inclinado a aceptar la responsabilidad y alcance que este acto entraña, como eco de todos aquellos que viven convencidos de que es la cultura el hálito vital de nuestra razón de ser como nación, y que es, defendiendo su inmanencia bien definida en lo histórico, en lo idiomático, en lo social, en lo político, en lo religioso, en lo artístico, como podemos sentirnos todos apretados en un mismo haz, luchando por ver cuajar en realidad la redención cubana, no importando las discrepancias de orden secundario e inferior que nos separen, porque el deber para con la patria está por encima de todas esas pequeñas distancias, y en esa cima nos reconocemos y nos asociamos todos, inspirados precisamente en las virtudes culturales que han amasado nuestra personalidad nacional, con levadura de amor, de trabajo, de dignidad humana y de saber, dispuestos a reconquistarlas, para su pleno goce, en el disfrute de una soberanía incondicional, y convencidos, en primer término, de que a la patria se le sirve, muriendo por ella, no viviendo de ella.

Hay en todo esto un básico valor espiritual, que es el que justifica ideales y sacrificios, ya que, al cabo, como afirmara Rabindranath Tagore (que fue esforzado gladiador del pueblo hindú) «la patria es la tierra; los hombres que la tierra nutre son la patria». Los verdaderos servidores de ésta son los que se sacrifican por ella, como se sacrificaron en el pasado siglo y se han sacrificado en el actual, cubanos de ejecutoria ejemplar, desde los pensadores, maestros, escritores y héroes de la Manigua redentora de ayer, hasta los que, en nuestros días, han muerto en el estigmativo paredón de fusilamiento o tragados por el mar en su fuga frustrada; los que escribieron una página sublime, en la acción heróica de Bahía de Cochinos (que inmortaliza a la juventud cubana, tanto a la que cayó en el campo de batalla como a la que peleó, hasta caer en manos del enemigo, y que deshonra a quienes quebrantaron su sagrado compromiso y las abandonaron en pleno peligro); y los que han sufrido y sufren en las prisiones comunistas de Cuba, los que exponen diariamente su vida en la Clandestinidad y los que se mantienen en pie de combate en el Exilio, cualquiera que sea su trinchera, y por medio de las acciones «comando», proclaman ante el mundo, nuestra protesta y nuestra coraje. No son patriotas, los que inducen a otros a sacrificarse en su nombre, esos constituyen en el fondo una clase egoísta de velados enemigos de la patria, de cuyas bienandanzas piensan gozar cuando otros la hayan rescatado, y que pertenecen a la categoría de los que alineaba el filósofo, entre los que «explotan la libertad en su base, para disfrutarla en la cumbre».

En nuestros empeños por la liberación de Cuba, debemos responder a un sentimiento elevado, que anime un ideario constructivo, el cual acusa una postura de supremas aspiraciones, de evidentes renunciamientos, de firme fe en las energías superiores de un poder creador que contempla más bien las gestas originarias y cimentadoras de la idea y los latidos inefables del alma, que los encarecimientos prácticos del utilitarismo. Para vencer en nuestra cruzada libertadora tenemos que ascender a un misticismo patriótico, y tener muy presente la clara visión de Renán, cuyo pensamiento tanto influyó en José Enrique Rodó, el epónimo maestro de las juventudes de América, desde el minarete de la doctrina espiritualista de su arielismo: para el insigne escritor francés «quien no es patriota más que por razón, es muy poco patriota». Porque nuestros héroes mambises (los Céspedes, Aguilera, Agramonte, Mármol, Máximo Gómez, Los Maceo, Calixto García, Crombet, Emilio Núñez, etc.), pusieron corazón, para conquistar la soberanía, a la cual habría de llegarse, plasmando el ideario de los maestros de la cultura, desde Varela y Heredia, hasta José Martí; y así, la historia americana pudo registrar en sus fastos, las más impresionantes hazañas y los más cruentos sacrificios, que desembocaron en la separación de la Metrópoli y en la instauración de la República, el 20 de mayo de 1902.

No es posible vivir en el Exilio, sin pensar en la libertad de Cuba y sin contribuir al ingente propósito de arrebatársela de sus espurios brazos, a los invasores rusos y a los malos cubanos que la han traicionado. Para eso hay que organizar la guerra, sin la cual no seremos nunca libres, como no lo hubiéramos sido de España; y ningún cubano digno puede dar la espalda al deber de participar en ella, desde cualquier ángulo que sus facultades y sus recursos se lo permitan. No pueden esquivar este deber, ni los que ganan el sustento en la factoría, ni los que lo logran en otros planos, ni los que tienen fortuna. Las clases culturales deben figurar en primera línea, y no cometer el error que cometieron en la Cuba que nos arrebataron, de sustraerse de las exigencias de la vida pública, para dejar los destinos de la patria en manos de los oportunistas, y luego quejarse de lo que no trataron de impedir con su intervención en los afanes cívicos. Por eso tengo mis mayores respetos, para los políticos cubanos, que prestaron a la patria sus servicios y los prestaron con decoro y dignidad. Ahora bien, no podemos dar de lado, so pena de pecar de insensatos, a aquellas ponderadas palabras de José Martí, en la antesala de la gran empresa: «Un pueblo, antes de ser llamado a la guerra, tiene que saber tras de qué va y adónde va, y qué ha de venir después».

Al organizar la guerra, armonizando voluntades de la Clandestinidad y del Exilio, los que tengan la responsabilidad de dirigir tan extraordinaria, ingente y patriótica gestión, tienen que fijar esas metas. No es mi propósito, ni es oportuno el momento para ello, ni siquiera esbozar los lineamientos de un plan; pero sí considero que, en su oportunidad, se le diga a nuestro pueblo lo que son razones imprescindibles que justifican nuestro denuedo y el por qué de la guerra. Decirle que va a reconquistarse la soberanía de Cuba, para que ésta vuelva por los fueros de su cultura legítima, la que alentaron los medulares estadistas del Reformismo, del Separatismo y del Autonomismo; tres grandes caminos que señalaban el esfuerzo hacia una misma finalidad, que era la de la libertad y el progreso del pueblo cubano; caminos donde se marca muy honda la huella de la democracia, que es, a mi juicio, la doctrina política, social y económica en que más se aprecian y valoran las virtudes de la dignidad humana; que se la diga que se va a rehacer la Cuba avanzada, con todas las bondades que tenía y con la rectificación de los errores que se cometieron; que se va a una Cuba sin corrupción y sin venalidades administrativas, y, por el contrario, fiel a la buena lección que nos legaron sus hombres probos, que los tuvo en mayoría, a pesar de las aviesas campañas en contra; a una Cuba trabajadora como siempre, como lo está demostrando, con una conducta ejemplar, en el Exilio, en que la mujer y el hombre han dado la nota más alta de su capacidad y de su honestidad; y donde la educación, la agricultura, la industria y el comercio, sean las vías seguras hacia la superación y la prosperidad.

Pero también hay que decirle a ese pueblo que lo que viene después del derrocamiento de la tiranía actual, no puede ser una coexistencia, ni tampoco el sometimiento a un poder extranjero, cualquier que éste sea. Los cubanos de vergüenza no podremos coexistir jamás con quienes han humillado, vejado y escarnecido el decoro del hombre y han hecho del crimen y del robo un sistema; ni podemos admitir otros status que el de nuestra soberanía absoluta; ni siquiera una mediatización análoga a la Enmienda Platt. A la libertad tenemos que llegar con una senda despejada y limpia; tenemos que llegar por nuestro intento, nuestro celo y nuestro ardor; y dentro de ello, yo no excluyo la ayuda que pueden y deben prestarnos los países del Continente, especialmente Estados Unidos de América, que en 1898 y en 1962 ha proclamado su reconocimiento de nuestro derecho a la libertad, y su obligación de cooperar a que dicho derecho no sea conculcado. Nunca deben esperar compensaciones las naciones que nos presten ayuda; faltaría el sistema interamericano a las razones a que se debe, si tal cosa ocurriera. Es precisamente el respeto a cierta invulnerabilidad de ciertos principios de moral internacional y bellacas argucias de pillaje, lo que ha hecho que la América toda se constituya en una gran familia, para garantizarse mutuamente sus justas conquistas espirituales y materiales. Los pueblos que se aprovechen de la desgracia de los otros, ni son hermanos, ni deben figurar en la Asamblea de Naciones Americanas. Ni se puede proclamar un americanismo, a base del despojo de uno de los integrantes del Hemisferio, ni puede pretenderse vivir al socaire de normas aviesamente interpretadas y tratando de explotar a la más rica y poderosa de nuestras Repúblicas; y claro que estoy refiriéndome a los Estados Unidos. Ambas posturas son condenables. Por eso, en lo que vendrá después, hay que decirle a nuestro pueblo, que Cuba volverá al seno de la Organización de los Estados Americanos para desempeñar el papel airoso que desempeñó antes, cuando era libre; y a luchar porque este organismo —del que tanto esperó la buena fe de América— no vuelva a seguir, con otros países del Continente, la desafortunada y censurable conducta que hoy sigue con la tragedia cubana.

Los organizadores de esta reunión han tenido la feliz iniciativa de rendirle homenaje a la cultura cubana. Ya era hora de que la conciencia de los cubanos se produjera en este sentido. Hemos sido pródigos en homenajes en la Cuba que hoy añoramos, y en la del destierro; pero sí tenemos que convenir en que, por primera vez, se cumple esta noche una deuda nacional, porque sin los valores culturales que le dieron fisonomía propia a nuestra patria, ni hubiera habido mambises, ni hoy sería anticomunista el pueblo cubano, el legítimo pueblo cubano, que se divide única y exclusivamente, en dos vertientes: la que se proyecta en la Isla y la que actúa en el Exilio. Gracias a ese caudal que inspiró las páginas corroboradoras de *Cuba y sus Jueces*, debido a la pluma analítica del insigne Raimundo Cabrera, nuestra patria se separó de España y nuestra patria se liberará de Rusia.

La cultura es una facultad inherente al hombre, es lo que, en el concepto filosófico de Max Scheller, es el perfeccionamiento de los individuos, merced a la provisión de espiritualidad objetivada por la especie humana y lo que de un modo preciso y admirable ha definido Eugenio D'Ors como «el estado de un grupo humano doblemente provisto de la conciencia de una solidaridad en el tiempo y de una superior solidaridad en el espacio». Y esta afirmación del eminente ensayista español, en su originalísima y sugestiva *La Ciencia de la Cultura*, es lo que justifica la costumbre de nuestros padres y abuelos, que nos dieron patria, y la nuestra actual, que tenemos que recuperarla. Esa totalidad de significados, valores y normas que poseen los individuos y grupos interactuantes, formada por la cultura ideológica, según el certero enfoque del calificado profesor de Harvard, Pitirim Sorokin, es lo que nos une precisamente y nos conduce a una misma finalidad, que no es otra que destruir la suplantación que se ha hecho en Cuba, de una cultura extranjera, para reivindicar la nuestra y hacerla gravitar de nuevo en aquella tierra que glorificaron nuestros próceres, y que han sumido en la miseria y en el tormento los representantes de una cultura foránea, a la que nada nos une, ni histórica, ni social, ni política, ni geográfica, ni económicamente. Mucho deben cuidarse por ello, algunos elementos que se precian de intelectuales, en el Exilio, y que, olvidándose de que estamos en guerra con los comunistas, quieren darle beligerancia a sus poetas, novelistas, etc., fundándose en el falso concepto de que lo hacen en nombre de la cultura, porque los que tal hacen, no sólo están mintiendo, desde el punto de vista cultural mismo, sino que están a punto de ser incluidos en la categoría de traidores a la patria. En todos los aspectos, no existe más que una línea bien definida: o con el comunismo o contra el comunismo.

Somos descendientes directos de la cultura hispánica, rama brillante y fecunda de la cultura occidental. Es nuestro orgullo. Somos fieles a nuestra tradición y nos asimos a ella, porque en sus esencias está, como ha teorizado magistralmente Arnold Hauser, en uno de los libros que más ha conmovido recientemente el pensamiento europeo, «la defensa contra la novedad demasiado impetuosa, sentida como un principio de vida, pero a la vez de destrucción». Y esto fue lo que sucedió en Cuba con los ingenuos que creyeron en ese principio de vida, que engañosamente brindaban los comunistas disfrazados de demócratas y hasta de católicos, y que desgraciadamente no se daban cuenta del germen destructor que entrañaba. Porque la tradición—y de nuevo hemos de evocar el pensamiento de D'Ors—«es una continuidad en el tiempo y una solidaridad, a despecho del tiempo, constituyendo los canales por los cuales pasan perpetuamente, los inexhaustos manantiales de la historia».

La cultura se nutre de la tradición, y al ser leales a ésta, estamos salvaguardando los niveles de nuestra cultura. Cuando no queremos someternos a la ideología comunista, estamos oponiendo un escudo a principios y sistemas que van contra nuestra tradición, que es como decir contra nuestra cultura; estamos impidiendo que se barran nuestras costumbres, nuestras creencias, la pureza de nuestra lengua, nuestra idiosincrasia; estamos repudiando la tradición de ocio, maldad, crímenes y estancamiento que suponen Lenin y el Kremlin, y estamos ratificando nuestra identificación con Dios y con José Martí. Y como no hay nada que acerque a los hombres como la cultura, según hizo notar en un momento histórico muy particular, el equilibrado repúblico Pi y Margall, es la cultura lo que nos une a los cubanos todos, y es ella la que nos agrupa en el vasto solar de América. Una vez, desde la tribuna de la Comisión Nacional de la UNESCO, lancé como lema continental: «La Unidad de América por la Cultura». Esta noche la adapto a nuestro caso, a nuestra tragedia y a nuestras luchas actuales, y hago un llamado a nuestros compatriotas, para que sea nuestro lema: LA UNIDAD CUBANA POR LA CULTURA.

No importa que en nuestro dolor de desterrados, contemplemos el triste espectáculo de las pugnas y los resentimientos, de las ambiciones mezquinas y las ruindades y «vivezas» de los trepadores de oficio: por encima de todo ese tren de inutilidad patriótica está el aliento sustancial de nuestra cultura, que no admite divisionismos, ni posturas claudicantes, y que, bajo el manto de su grandeza, nos une a todos, aun a aquéllos que, olvidándose que Cuba es primero, se empeñan en llevar adelante sus argucias y trapicheos. La unidad entre nostoros quiere decir identificación en el propósito de asociar y hacer coincidir nuestros esfuerzos, para organizar la guerra que nos permita expulsar de nuestra tierra a los depredadores, y entronizar de nuevo en ella, nuestra tradición cultural. El cubano tiene que olvidarse de volver los ojos atrás,—a no ser para enaltecer las glorias del pasado—, y de, acumulando acíbar, perder su tiempo en inculpaciones estériles, ya que con eso no hace más que debilitar el vigor de la acción colectiva en pro de lo que todos por igual anhelamos; volver a Cuba; pero a una Cuba sin amo, donde, si queremos, ventilemos nuestras antiguas querellas, siempre que esto lo hagamos entre cubanos y bajo las garantías constitucionales.

Las leyes de la historia no fallan, y aunque vivimos en una época de trastrueques, yo tengo fe en ellas, y sé que regresaremos, y confío en que lo haremos con dignidad. Los que servimos a nuestra patria, cuando ésta lo requirió, y ya hemos recorrido bastante camino en la vida, debemos volver con toda nuestra mayor buena fe, a coadyuvar con nuestro consejo, con nuestro aliento, a la reconstrucción, y ayudar, si se nos pide, a las nuevas hornadas, a las juventudes, que son las que han de ocupar el poder. Si no fuera así, si éstas no lo ocuparan, mancharían esas leyes de la historia; y en esto, como en lo otro —es decir, en el retorno— no creo que quiebren. Los que habiendo gobernado en Cuba aspiren a volver a gobernar, son unos ilusos. El porvenir es de los que surgen ahora y de los valores inéditos de ayer, que aún quedan. Jamás he ambicionado posiciones públicas, y si las tuve altas, no han muerto aún los que bien saben que no las solicité: la distinción que se mi hizo, la agradeceré siempre. Hoy, como entonces, no aspiro ni aspiraré a nada, porque Cuba necesita savia nueva, en esos trajines de la gobernación; pero con todas mis fuerzas prestaré mi concurso desinteresado, hoy, a los que con patriotismo, desprendimiento y comprensión del mantenimiento de esos ideales de cultura, asuman la alta dirección del Exilio, en inteligencia, desde luego, con la Clandestinidad, para hacer posible la guerra emancipadora y luego, en la patria reconquistada y libre, con mi trabajo de siempre, con el que me dio crédito para que en un momento dado se pensara que podía ser útil a la República; con mi pluma, en el periódico y en el libro, y con mi palabra en el aula, que siempre he amado, y desde la que, en la nación libre y en el destierro, he creído servir a Cuba, porque desde ella difundí, antes como ahora, su tradición y, por tanto, su cultura.

Tengo el orgullo de ser cubano, porque nuestra tradición cultural nos destaca como uno de los países de mejor calidad, en el Continente. Si es atinado el criterio senequista de que nadie ama a su patria por ser grande, sino por ser suya, yo la amo, sí, porque es la mía, pero además, porque es grande. Tierra, en cuyo complejo cultural formado en el siglo XIX, late el quid que se desprende del pensamiento filosófico y educativo que personalizan Varela, Luz y Caballero, Mendive y Enrique José Varona; de los movimientos que promueven Domingo del Monte, Nicolás Azcárate, José María Céspedes y José Antonio Cortina; de la sensibilidad poética que va de José María Heredia a Julián del Casal; de las orientaciones políticas y sociales que alientan Saco, Céspedes, Montoro, Sanguily y Gonzalo de Quesada; de los rumbos económicos que señalan Arango y Parreño, Pozos Dulces, el Lugareño; del sentido jurídico que imprimen Escovedo y José Calixto Bernal; del encauzamiento de opinión pública que emana de los adoctrinamientos de Ricardo del Monte, Adolfo Márquez Sterling, Juan Gualberto Gómez, Raimundo Cabrera, Justo de Lara; de los vuelos científicos que se registran de Felipe Poey a Carlos J. Finlay; del alma vernácula que anima el relato de la *Cecilia Valdés,* de Cirilo Villaverde y de la *Leonela,* de Nicolás Heredia; de los hurgadores en las peculiaridades del idioma, en las cumbres de Dihigo y Rodríguez García; de las indagaciones eruditas y críticas de Antonio Bachiller y Morales, Enrique Piñeyro, Vidal Morales, Figarola Caneda, Rodríguez Lendián y Aurelio Mitjans; del espíritu artístico en las creaciones musicales de Espadero, Saumell, Ignacio Cervantes, White, Lico Jiménez, y en los lienzos de Escalera, Escobar, Landaluce, Arburu y José Joaquín Tejada. Al pie de esas montañas, infinidad de valores y como suprema expresión del genio de nuestra cultura, José Martí.

Esa patria que ha sido pródiga en figuras cimeras, que han nutrido la inteligencia y el corazón de las generaciones cubanas, debe ser conocida bien a fondo por las actuales juventudes cubanas, que son las que han de asumir mañana, la responsabilidad de gobernar a Cuba. Y esto, lo confieso, es mi gran preocupación de hoy: la necesidad de que esa juventud se empape bien de nuestro pasado, no sólo para que sepa a cabalidad cuánto de grandeza abriga su cultura, sino para que calibre en su peso neto, lo titánico del sacrifico de nuestro pueblo, durante casi un siglo, para arribar a su soberanía. Además, soy un convencido de que ha de existir un vínculo que una el presente con el pasado, porque sin ello, la verdadera conciencia de patria, no existe.

Llevamos a Cuba a una meta de progreso que difícilmente superaba otra nación en el Continente. Por regresar a nuestros lares estamos luchando y lucharemos. Sé que solos no podemos hacerlo, como no lo ha hecho ningún otro pueblo de la historia, incluyendo Estados Unidos. Todos necesitamos la cooperación de países afines. Yo tengo fe en que la conseguiremos, y que la más eficaz será, a pesar de los desconcertantes síntomas actuales, la del más obligado con nosotros: Estados Unidos, que con todos esos lunares, que soy el primero en reconocer, es hoy el país más positivamente amigo que tenemos. Vivimos en un instante de eclipse, pero de eclipse simplemente parcial; y los eclipses pasan y los astros brillan nuevamente a plenitud. La patria de Washington y Lincoln reverdecerá su gesta de 1898. La miopía actual será superada, porque la razón que nos asiste es tanta y la amenaza que se cierne sobre este país tal, por la persistencia del foco comunista de Rusia en Cuba, que la evidencia hará cabalgar sobre las narices de su responsabilidad, a los dirigentes de este país, unos espejuelos tan bien graduados que la imagen real que le ofrecerá a su vista será de tal naturaleza, que solamente los traidores serían capaces de no rectificar y de no poner al alcance de los cubanos que queremos pelear por la liberación de Cuba —viejos y jóvenes, mujeres y hombres— los elementos idóneos para la guerra, que es lo único que necesitamos, porque lo demás nos sobra.

Regresaremos a nuestra patria, amigos míos, y acaso más temprano de lo que en este momento podríamos suponer. Ese anhelo que calorizamos nosotros, y con nosotros los propios extranjeros que vivieron en Cuba y a ella quieren retornar, porque les era más grata su vida allí que en su tierra de origen, será una realidad que sorprenderá a los pesimistas de oficio, y satisfará a todos. El polifacético estadista, hombre de ciencia y diplomático norteamericano, Benjamín Franklin, discurría que «es tan natural al hombre el unirse a su patria y aficionarse al lugar de su nacimiento, al aire mismo de su país, a sus alimentos, a las costumbres y usos de los que le rodean, que no puede desprenderse de tales cosas, sino a fuerza de duros tratos, de injusticias y de indignidades». Han sido éstas las causas que nos alejaron de la Isla, que nos trajeron al destierro; y esa afición a nuestra tierra se ha mantenido, no solamente por lo que señala Franklin en sus afirmaciones, sino porque nada hemos encontrado, ni aun en esta poderosa nación, que supere a aquel no sé qué de nuestra Isla, donde trabajábamos para vivir, pero donde no vivíamos simplemente para trabajar, porque hemos sido fieles exponentes del viejo y certero apotegma de que no sólo de pan vive el hombre.

Cuba nos espera con la sonrisa verde de sus palmas erguidas. De nuevo sentiremos las caricias de sus alisios y dormitaremos la siesta tradicional, en el ambiente tibio de sus mediodías. Ahora bien, cuantos volvamos tenemos que hacerlo con la frente bien alta, con el alborozo de haber hecho cuanto hayamos podido por su reconquista, sin dejar en el destierro una estela de descrédito, sino de dignidad y respeto. Sólo así podremos merecer el honor de formar en la fila de los reconstructores de la patria maltrecha moral y materialmente, y podremos, con decoro y satisfacción, rememorar, al contemplar flameando en lo alto de los mástiles, el gonfalón de la estrella solitaria, los exultantes versos de Bonifacio Byrne:

«Con la fe de las almas austeras,
hoy sostengo, con honda energía,
que no deben flotar dos banderas,
donde basta con una: ¡la mía!»

*Hotel Everglades, Miami, Florida, U.S.A.,
25 de noviembre de 1967.*

HACIA UNA CUBA CUBANA

Los cubanos no pueden tener otra meta que la guerra, para liberar a su patria. Esta es una premisa fundamental, de la que han de partir todas las conclusiones. Ha de ser una guerra que cuente, al cabo, con la cooperación de los Estados Unidos; lo demás es absurdo, porque el régimen que hoy domina en Cuba, cuenta con una capacidad bélica que sólo puede ser enfrentada con los elementos de que es capaz de disponer exclusivamente, esta gran nación, unida a la nuestra por lazos geográficos e históricos, de los que no es posible prescindir. Que haya una cooperación no quiere decir que haya un sometimiento; pero sí un entendimiento (el que hubo siempre) que beneficia en definitiva a los dos países. Cuando en la Guerra del 95 los cubanos habían avanzado considerablemente en la lucha, y la participación norteamericana lo que hizo principalmente fue precipitar el fin de la dominación española, adelantando la fecha de la liberación de Cuba, fue aquello posible, porque los mambises, mal que bien, disponian de las mismas armas que los españoles; pero hoy es bien sabido que para derrocar a los asesinos y ladrones que imperan en la otrora «Perla de las Antillas», no se cuenta con lo que ellos cuentan, y por tanto no es posible establecer el paralelo. A lo único que podemos aspirar solos, es a aportar nuestro coraje, nuestra voluntad de ser libres, como lo hicieron los libertadores que unificó Martí, a desterrar toda sombra de haronía, capaz de anular el impulso emancipador; pero creer que sin la ayuda norteamericana podemos lograr nuestro gran deseo, no pasa de una hermosa entelequia, que no conviene alentar demasiado, so pena de morir de desengaño.

Sentada la premisa que encarecemos como fundamental, hay algo que no debemos perder de vista, y que no advertimos que haya preocupado mucho a quienes durante años se han abrogado la misión de dirigir el Exilio; y es la necesidad imprescindible de estudiar y preparar la legislación que es imprescindible poner en vigor, tan pronto se conquiste la libertad y tengamos gobierno propio. No podemos caer en el error que caímos los que luchamos contra del Presidente Machado, que fue no preocuparnos más que por la caída de su régimen, pues no había un programa debido y articulado, cuando nos soprendió su cese. Es verdad que en los sucesivos gobiernos revolucionarios se hizo mucho por el avance social, económico y cultural de la nación; pero no es aconsejable construir sobre la marcha, sino de acuerdo con un plan previamente rumiado, discutido, y hasta dilucidado cómo y en qué grado habrá de llevarse a cabo.

Nuestra Cuba nueva (la de antes no volverá) debe aspirar a ser el producto de la aspiración netamente cubana, sin influencias foráneas de ninguna especie; ni de Washington, ni de Moscú, ni del Vaticano; una Cuba que responda a las tradiciones enraizadas en los principios y afanes de los pensadores, poetas y hombres de acción del siglo XIX, e incorporando a esas tradiciones, cuanto se ha avanzado en el mundo, en los últimos tiempos, porque tan negativas como los esnobismos son los misoneísmos. Debemos procurar ir a una Cuba que vuelva a lucir los grandes avances que había logrado antes de la invasión de los bárbaros barbudos; pero mejorada en la intención de sus administradores, por la triste y dolorosa experiencia que hemos vivido de 1958 a acá. Para ello, debemos contar en gran parte con las magníficas leyes sociales de que disponíamos, y que no pueden ser más avanzadas (no las mejoran ni las de este país), y teniendo, claro está, como base, la Constitución de 1940. Poniendo en vigor las leyes que regían al caer el Presidente Batista, y designando hombres capaces de aplicarlas y hacerlas respetar, ya habríamos ganado mucho. A ello, súmase lo que en estos años de martirologio hemos aprendido, y es bastante. Lo que no podemos admitir es que nos impongan ideologías y hombres; en eso sí tenemos que ser intransigentes, o de nuevo perdemos la pista de nuestra recuperación.

Mucho se habla de que nos quieren imponer un régimen bastante rojizo, con una sola diferencia: que en vez de estar en contacto con Rusia, lo esté con Estados Unidos; es decir, la malhadada teoría del siniestro «Fidelismo sin Fidel», que es como decir: Infierno sin Satán; como si éste no se multiplicara en los mil y un diablos que pueblan los predios en que arden sus fatídicas calderas. Por eso insistimos siempre en que es una necesidad que se unan todos los cubanos de ideología no comunista ni filo comunista (que es lo mismo, o peor), porque la unión con éstos será siempre perjudicial a los intereses de Cuba. Además, sólo quienes viven fuera de la realidad pueden pensar que el pueblo cubano admita en su nueva etapa, a individuos que pueden reeditar los métodos de despojo, horror e ignominia que han sembrado la miseria y el dolor en nuestra tierra.

Los que, al fin, tengan el honor de aceptar la misión de preparar la guerra y la paz en la Cuba que hoy sufre, debieran someterse a una dicotomía, que dividera el trabajo en dos vertientes: la que conduce a la acción y la que conduce a la armazón legislativa, sin la cual todo intento de recuperación cubana, es inútil. Y no olvidar unos y otros, que hay que ir a una Cuba cubana, a una Cuba que admita las nobles aspiraciones del progreso, pero que no se avenga a imposiciones de quienes sólo procuran disfrutar del saldo de nuestra tragedia.

ULTIMA HORA, Miami, Fla.
31 de mayo de 1963.

LA PAZ ¿A QUÉ PRECIO?

La paz ha sido un término que han utilizado los comunistas, como uno de los más efectivos señuelos, para sus martingalas y propagandas; y los demócratas, ingenuamente (vamos a pensar lo mejor) se las han pirrado por hacerles el juego. Durante muchos lustros hemos contemplado el mundo en un constante jaleo, agitado por congresos de juventudes, de mujeres, etc., y todos con una finalidad: «proclamar la necesidad de la paz». De lo que no han parecido darse cuenta las democracias es de que esa paz ha sido enderezada siempre a conseguir plena luz verde para que los comunistas hagan cuanto les venga la gana, y a que sus contrarios se mantengan maniatados. Claro que con ese sistema no hay manera de turbar la paz, ya que todas las medidas son pocas, para tratar de molificar la furia moscovita, la cual no halla diques, mientras no se le enfrenta quien alce más la voz; entonces, se vuelven mansitos y hablan en todo quedito, y hasta adoptan postura de infelicidad, que pronto logran buen éxito en las filas de los anticomunistas, y hasta producen actitudes airadas, entre quienes, «tontos útiles» o mancos del cerebro, como suele decirse, se afanan en iniciar posturas que no contraríen, a quienes, con tanta maestría, saben cantar con inflexiones melifluas, y también atacar el do de pecho, según las circunstancias y el candor de sus contrincantes, lo aconsejan.

Una teoría muy larga de ensayos pacifistas ha llenado un cuarto de siglo, y en ello han entrado en plena compentencia, quienes menos debieron cooperar a ello, incluso el Vaticano: el cual es lógico que abogue por la paz, porque es esa, misión fundamental del catolicismo: pero no lo es que se identifique con las aspiraciones aparentes de quienes, por su constitución esencial, son incapaces de propender a un entendimiento pacífico y sincero, entre los hombres, sino que, por el contrario, son los que tienen en jaque a la humanidad, principalmente, desde que se terminó la Segunda Guerra Mundial.

Al contemplar la inclinación favorable de las potencias occidentales, a la fórmula de Rusia, para «garantizar» una paz en el mundo, y analizar a base de que se propende conquistar, lo que, por esos caminos propuestos, es inconquistable, se produce en nuestro espíritu un profundo pesar y la mente cae en absorción extraordinaria, pues hay determinaciones que sólo una entrega absurda a la ideología contraria, o a una torpeza infinita en los procedimientos, sería capaz de aconsejar. Así reaccionamos, cuando oímos proclamar las posibilidades de la famosa «coexistencia», de cepa moscovita, cuyo fin no es otro que anular en Occidente todo impulso de repulsa, a las maniobras comunistas. Ciertamente, no comprendemos cómo es posible que pueda transigirse en mantener un trato cordial con quienes encarnan todo aquello que es contrario a nuestros principios más elementales y sustanciales. En la vida de sociedad, solemos hurtar nuestra amistad a los tarados por asesinato, por robo, por espíritu pendenciero, etc., y nos guardamos muy bien de exhibirnos con aquellos que se han ganado buena fama de depredadores, de homicidas, de salteadores de camino, etc. Sin embargo, esta conducta que observamos en la sociedad en que nos desenvolvemos, parece que no cuenta en la sociedad internacional, donde, por lo visto, no es un desdoro que un país que se proclama campeón o por lo menos adicto al respeto a la vida humana, a la libertad individual, a los derechos que exige la dignidad del hombre, etc., mantenga las mejores relaciones con otro que representa la negación de todo ello. Eso es precisamente lo que nos asombra ante la actitud del vaticano, manteniendo relaciones con Cuba roja, y resaltamos en primer término la de ese Estado, dejando para un segunda plano a otros países, como Brasil, México, Chile, etc., porque dado lo que significa la Iglesia, nos parece más monstruosa la persistencia de las relaciones amistosas, en una entidad internacional de las excepcionales calidades que distinguen la personalidad del Papado.

Prentender mantener la paz mundial, a base de contemporizar con los mayores asesinos y ladrones del mundo, con los negadores de Dios y los que han estrangulado todas las libertades, nos parece sencillamente incalificable, y no hay sofisma, por hábil que sea, que pueda justificar tamaña enormidad, tamaño delito de lesa sensatez. Si para mantener la paz del mundo, el precio que hay que pagar es la vida cordial con los delincuentes, creemos francamente que el que se exige es demasiado subido: la dignidad lo rechaza, y cuando no podemos mantener el diálogo con nosotros mismos, más vale sucumbir definitivamente, y preferimos no existir a coexistir con bochorno y baldón.

AHORA, New York, New York.
3 de octubre de 1963.

CENTENARIO DE UNAS TERTULIAS CUBANAS

Las tertulias literarias fueron, en el pasado siglo, centros de propulsión cultural, en los países colonizados por España. Acaso los ecos de los famosos salones literarios franceses del siglo XVIII, que también habían tenido su resonancia en la propia metrópoli desde que en ésta gobernó un príncipe de la casa de Borbón, Felipe V, y que trasplantó a la península hispana, el gusto que irradiaba, a todas las actividades del espíritu, desde las cumbres de Versalles. La ausencia de las academias oficiales y de instituciones representativas, alentadas por el Gobierno, era salvada por la organización de las tertulias, que se celebraban en las residencias de hombres ilustres, o en las redacciones de publicaciones señeras. La historia de Hispanoamérica está cuajada de ellas. Cuba cuenta en sus fastos, varias que le hacen honor y que desempeñaron un papel importantísimo, no sólo apreciadas en su función cultural, sino desde el ángulo patriótico. Con las que tuvieron por sede la casa de Domingo del Monte, se inició una serie brillantísima, que se mantuvo durante todo el siglo XIX. Las de Don Felipe Poey, el sabio naturalista; las de Rafael María de Mendive, el maestro de Martí; las de José María de Céspedes, las de la Revista de Cuba, del gran tribuno, José Antonio Cortina; y tantas, llevan unido a su recuerdo, el recuento de notables proyecciones de interés colectivo.

Después de las celebérrimas de del Monte (iniciadas en Matanzas y continuadas en La Habana, en el lapso de 1834 y 1843, en que se expatrió el insigne humanista y generoso mecenas), ningunas fueron tan significativas, ni lograron tanta eficiencia, como las que se originaron en la morada de aquel integérrimo patricio que fue don Nicolás Azcárate, cuya preocupación por la causa de la libertad de Cuba y cuyas gestiones en este sentido, le reservan un puesto cimero, entre los hombres de pensamiento que mucho pesaron en las décadas orientadoras de la conciencia nacional de nuestra patria.

En su casa de la villa de Guanabacoa, donde él había dado peculiar e intenso impulso al Liceo (cuya tribuna ocuparon los cubanos más calificados del momento, incluso el Apóstol, para hacer el panegírico del poeta Torroella, en oración memorable) se reunía cada jueves del año 1865, lo más valioso de la literatura, de la ciencia y del arte, de la Cuba de entonces; y decir de estas palpitaciones del pensamiento, es decir de la política, porque en aquellos años, los cubanos que se distinguían por sus empeños culturales, hermanaban siempre estos afanes a los reclamos de una nación que anhelaba su soberanía y que luchaba incesantemetne por ella.

Cúmplese en el presente año, pues, el Centenario del inicio de aquellas reuniones, en que, semanalmente, en la acogedora casona solariega de don Nicolás Azcárate, con sus característicos mediopuntos, sus amplios corredores, sus salas inmensas y sus patios amenos, acudían, para disertar y discutir, sobre temas del momento y también del pasado (siempre que éstos entrañaran una lección digna de ser comentada y aplicada a la latente actualidad), para dar a conocer creaciones artísticas, puntos de vista, planes beneficiosos para el progreso del ideal que a todos vinculaba. Allí, la exquisita consorte de Azcárate (de la linajuda familia de los Fesser), brindaba el encanto de su belleza, de su gentileza, de su amplia cultura, como décadas antes lo hiciera la inolvidable doña Rosa Aldama, la esposa de Domingo del Monte. En las tertulias de Azcárate, las mujeres desempeñaban papel de tanta aptitud como el de los hombres. En los salones, decorados con el más depurado gusto colonial, se congregaban los consagrados y los epígonos: tres generaciones allí latían: la anterior, la vigente y la que se formaba. Para concurrir, sólo había que poseer dos cualidades indispensables, que constituían el gálibo identificador: talento y patriotismo. La fortuna no contaba; y junto a los adinerados, como los mismos anfitriones, se sentaban y decían su mensaje, los más humildes criollos.

En los jueves históricos de Azcárate, se escuchaba la palabra enjundiosa de los del ayer de entonces, como don Felipe Poey, que a veces discurría sobre alguna especie ictiológica, o en ocasiones recitaba algún poema en silva, de su cosecha; como José Silverio Jorrín, que expuso con su fluidez singular su magistral estudio sobre la *Utilidad e importancia de la Literatura*; como el costumbrista, Anseimo Suárez y Romero, el feliz autor de *Francisco*; los del presente, como el maestro de la crítica y de la historiografía, Enrique Piñeyro; los poetas Joaquín Lorenzo Luaces, Rafael María de Mendive, José Fornaris, Juan Clemente Zenea, los hermanos Francisco y Antonio Sellén. Luisa Pérez de Zambrana, Julia Pérez y Montes de Oca, Isaac Carrillo; dos grandes compositores e intérpretes pianísticos: Ignacio Cervantes, cuyas danzas de concierto mantienen su frescura eterna, y Nicolás Ruiz Espadero, cuyo Canto del Esclavo hizo época; y con ellos, ha virtuosa del teclado, Cecilia Arizti y el violinista Vanderguth; y la juventud pletórica de promesas, que las crónicas posteriores registraron plenas de realidad pujante: el glorioso Ygnacio Agramonte, jurista, paradigma de la austeridad, y Manuel Sanguily, el orador de raza y crítico enterado; ambos discípulos de Luz y Caballero; el desdichado poeta, Alfredo Torroella, de quien dijera Martí que «parecía fuerte águila que llevaba en el seno una paloma», y que ha sido de los pocos que dejaron una obra teatral digna de consideración, en la bibliografía cubana.

Azcárate dio a sus tertulias el título de Noches Literarias, y con este título publicó dos volúmenes en 1866, en los que recogió cuanto fue leído en ellas. Esta compilación refleja el momento histórico en que disertaciones, artículos, poemas, etc., fueron concebidos. Se estaba en las vísperas del 68, y por las tertulias desfilaron reformistas y separatistas, y unos y otros, abolicionistas; es decir, contrarios a la esclavitud. Los reformistas, como más tarde los autonomistas, fueron cubanos excelentes, amantes de la libertad de su patria; y sólo los distanciaba de los separatistas, el método es más, la mayoría fue reformista o autonomista (según la hora), mientras no se inició la guerra por la emancipación, pues inmediatamente se sumaron a la causa separatista. Sin embargo, esto en nada achata la integridad cubanísima de quienes, como José Antonio Saco, en el Reformismo y Rafael Montoro, en el Autonomismo, se mantuvieron fieles a su credo, convencidos de que la evolución era el camino y no la revolución.

A cien años de distancia, con la enorme perspectiva que arroja un proceso dramático en el que polarizan las inquietudes de la conciencia cubana, contemplamos con admiración y nostalgia, el quehacer patriotico consciente y elevado de los cubanos de aquella hornada; y envueltos en el ritmo doloroso que vivimos, en esta nueva etapa en que Cuba se debate una vez más por ganar su libertad, saludamos respetuosos el recuerdo de quienes tanto han representado en la historia de la idea y de la acción cubanas, y que en los lares de Pepe Antonio se reunían, al conjuro de don Nicolás Azcárate, colaborador de la *Revista del Pueblo*, de Piñeyro; amigo de Martí, de Juan Gualberto Gómez, de Torroella y del «rey de las octavas», Claudio Brindis de Salas en los días de su exilio, en México; Comisionado de la resonante Junta de Información, de 1866; abogado de extraordinario prestigio; fundador de diversas publicaciones que han dejado estela, como la *Revista de Jurisprudencia*, editada en la Habana, en unión de José Manuel Mestre y Francisco Fesser; *La Voz del Siglo* y *La Constitución*, ambas en Madrid; *El Eco de Ambos Mundos*, en México.

Al evocar, con motivo de su Centenario, las Noches Literarias, rendimos pleitesía a la memoria de quien fue infatigable en los propósitos de librar a Cuba de la esclavitud, y que, entre sus proyectos, alentó el del Ministro Moret, que en instantes de incertidumbre para las armas cubanas, podría contemplarse como un respiro, para esfuerzos futuros más afortunados.

BOHEMIA, Caracas, Venezuela
7 de noviembre de 1965.

CON SABOR DE MARTÍ

Los iniciadores del culto a José Martí fueron los hermanos Carbonell. Esto lo reconoció en dedicatoria ejemplar, el maestro del cuento y la novela. Alfonso Hernández Catá, en su originalismo y primoroso libro, «Mitología de Martí». José Manuel y Néstor Carbonell y Rivero aprendieron, junto a la tribuna de la Emigración, en estas tierras de Norteamérica, a admirar, y más aún, a venerar al Apóstol, de cuya palabra sin par recibieron directamente, la esencia de la doctrina en que él soñó que habría de fundarse la república cordial, «con todos y para todos». La fe patriótica, alentada diariamente por las evocaciones luminosas de Néstor Leonelo Carbonell —el amigo dilecto de Martí,— se nutría de orientaciones definidoras, escuchando los discursos memorables que, en la propaganda para la guerra, levantaron la emoción del Exilio y lograron la unión de los cubanos. Néstor Leonelo en el hogar y Martí en el mitin, modelaron la conciencia cubanísima de José Manuel y Néstor; y en la República libre hicieron honor a esas enseñanzas, en una vida que ha sido espejo de rectitud de principios y de honestidad ciudadana.

El más joven de estos dos hermanos, Néstor, acaba de morir. Fueron ochenta y dos años de existencia consagrados desde la juventud, a una fecundísima labor de sano y constructivo patriotismo, de brillante ejecutoria literaria, de provechosa gestión investigadora, en el campo de la historia, y de dignos y eficaces resultados en sus funciones diplomáticas.

Néstor Carbonell y Rivero llegó a manejar la prosa que más se ha acercado a la del Maestro. Aquella fluidez fulgurante, matizada a ratos por metáforas encendidas: pero todo ello en un estilo sui generis, sin precedente en la historia del decir castellano —no obstante sus raíces clásicas— y que tanto distinguieron el verbo de Martí, halló una réplica feliz en la pluma de Néstor. Aquel adjetivar preciso y novedoso, aquel giro atrevido y sugestivo, con cierto dejo conceptista, aquella frescura de idea en remozadas formas expresivas del viejo romance, que han caracterizado la literatura martiana, perduraron en el discípulo que supo absorber del mentor excepcional, la sustancia de su pensamiento y el arte de su genial manejo del idioma. La biografía «Carne y Espíritu» —que tuve el honor de prologar— entraña la virtud de contar el itinerario del Apóstol, no sólo con las palabras de éste, sino construyendo con sintaxis y voces, los puentes que unen los propios textos martinos, como si hubiera sido el propio Martí quien los hubiera escrito. Hizo, por así decirlo, lo que pudiéramos llamar una biografía viva. Su hermano José Manuel, el gran orador y poeta, patriota y diplomático, que se halla sufriendo con nosotros los embates del exilio que deprime de angustia, me informaba días atrás, que Néstor había compuesto, en estos últimos años, «versos sencillos» que por su forma y su fondo, rememoraban el marchamo creador del Apóstol.

Néstor Carbonell Rivero, nacido en Güira de Melena, al regresar de la Emigración, cursó la carrera de Derecho, en la Universidad de la Habana; y aunque abrió su bufete, en unión de su hermano José Manuel, más que los pleitos le atraían los quehaceres literarios, en los que el culto a los próceres —y en primer término, lógicamente Martí— y los intereses de la patria, eran temas preferidos. Fundó con José Manuel, la revista «Letras», sin cuya consulta no puede ser escrita la historia de la literatura cubana del primer cuarto del siglo actual; y redactó la revista «Don Pepe» —nombre que evoca a Luz y Caballero— y que, después de «La Edad de Oro», de Martí, ha sido, en nuestra patria, la publicación más acertada para formación de la niñez cubana. Acometió los empeños de la Editorial Cuba, y en ella publicó diversas obras de señeros autores cubanos. No fue ajeno al periodismo, como su hermano, Miguel Angel —notable ensayista y verdadero orador de raza—, y dirigió el importante diario «La Prensa», de La Habana. Para las escuelas publicó el haz de biografías «Próceres», con magistrales ilustraciones del eminente retratista Esteban Valderrama.

Con su libro «Martí: su vida y su obra» —1933—, inicia su magnífica labor de divulgación de la significación y los valores del Apóstol. La historia le debe contribuciones importantísimas, como son, entre otras, los valiosos papeles aportados por él y pertenecientes a insignes personeros de las luchas por la libertad de Cuba, durante el siglo pasado; su enjundioso, documentado y esclarecedor trabajo sobre «Los Protomártires de la Indepencia de Cuba», fue su discurso de ingreso en la Academia de la Histora, en 1926; y su imprescindible libro «Las Conferencias Internacionales Americanas», y que vio la luz en 1928, y que ordenó cuando fue Secretario General de la VI Conferencia, que tuvo por sede La Habana; libro que contiene la historia de los eventos celebrados hasta entonces, así como su origen y desarrollo respaldado todo con excelente documentación. También la Academia Nacional de Artes y Letras le contó en su seno.

En la diplomcia, no sólo desde la Dirección de la Oficina Panamericana, de la Secretaria de Estado, de Cuba, sino en sus funciones de Embajador en Argentina, Colombia y Perú, realizó una doble gestión positiva: la inherente a las funciones propias del cargo, y en las que se anotó palpables éxitos, contando siempre con el respeto y la estimación de los gobiernos ante los cuales representó a Cuba; y la de su actuación como conferenciante y escritor, en la que sin duda —y a pesar de esos buenos éxitos aludidos— rindió en favor de la divulgación de la cultura cubana, una embajada superior, difícilmente igualada. En el Ministerio de Estado coronó su carrera diplomática, como

Subsecretario Técnico, realizando útiles revisiones y aconsejando plausibles pautas.

Néstor Carbonell y Rivero significa, en la historia literaria cubana, la extensión del espíritu martiano, a lo largo de los años republicanos, hasta caer la patria en las garras del monstruo comunista. Su memoria será enaltecida por quienes, en el mañana, traten de cumplir a cabalidad, el empeño de reconstruir la Cuba que hoy gime bajo el yugo extranjero y la traición de sus perversos hijos. Las obras de Martí serán los textos, para dar contenido y efectividad a un renacimiento fecundo y acertado; y «Carne y Espíritu», de Néstor Carbonell y Rivero, será la más pura hermenéutica de aquéllos.

DIARIO LAS AMERICAS, Miami, Fla.
12 de julio de 1966.

LA AMÉRICA OFICIAL OLVIDA A CUBA CRUCIFICADA

Con dolor lo consignamos, aunque no con sorpresa. Lo esperábamos. Los que nos dispensan la merced de leernos saben que, en uno de nuestros artículos insertados en DIARIO LAS AMERICAS, expresábamos que no compartíamos la euforia que embargaba al Exilio, con vistas a la anunciada y proyectatada reunión de Presidentes del Hemisferio; que nos parecía justo demostrar nuestra gratitud, al Embajador Ritter, por sus manifestaciones en favor de nuestra causa; pero que esto constituye una actitud aislada, personalísima, sin implicaciones positivas. Cuantos están familizarizados con la marcha de estos organismos internacionales saben que el Presidente de la OEA nada pesa como persona. Las decisiones de esta Asamblea dependen del criterio de los gobiernos en ella representados; y todos éstos penden de un hilo que se mueve, según la voluntad y la intención de la mano que lo sostiene.

La reunión de Cancilleres, que acaba de llevarse a cabo en Buenos Aires, ha confirmado desdichadamente esta verdad. Con el voto de los propios, países representados y que han expresado aisladamente su simpatia por la causa que defendemos los que no aceptamos el predominio comunista en Cuba, se ha acordado una agenda, para la cita en la cumbre, que habrá de celebrarse en el próximo mes de agosto, en la que no figura el caso de nuestra patria crucificada, por la traición de nativos perversos, la intromisión moscovita en América y la indiferencia de quienes están obligados, por tratados bien conocidos, a erradicar ese mal de nuestras latitudes.

Es sencillamente bochornoso que todo un continente dé la espalda a un problema que tan directa y peligrosamente le concierne; y nada airoso habrá de resultar que se reunan los Jefes de Estado de América, dándole de lado a la única cuestión, a la que afecta a la estabilidad, al progreso y a la dignidad de las naciones americanas. Se anuncia inclusive, que habrá Presidentes que no concurran; pero no será por no tratarse el punto básico, que es el de Cuba, sino por cuestiones que atañen única y exclusivamente, a sus países. No ha habido una sola voz oficial que se haya levantado con toda la fuerza que tan noble causa entraña, a recordar que es deber de quienes tienen la responsabilidad de América, enfrentarse con algo más que la amenaza comunista; con la efectividad de una subversión que hace inoperante la propia Alianza para el Progreso, que parece ser el denomindar común que a todos liga, en esta operación algebraica de la política internacional, en que no puede hablarse de incógnita, porque la «x» es un valor suficientemente despejado, para que sea necesario que los matemáticos del actual destino de América, se empeñen en efectuar proceso indagatorio que ponga en claro factor alguno, ya que todos los valores negativos y positivos que juegan en el presente americano, son de sobra sabidos. Dos cubanos distinguidos, el Dr. Emilio Núñez Postuondo y el Dr. Enrique Huertas, hicieron entrega de un documento esclarecedor al Canciller de Argentina, para que llegara a manos de los señores cancilleres convocados en Buenos Aires. No era necesario, desde luego, porque todos ellos están perfectamente enterados, pero hicieron bien nuestros compatriotas, para que no se alegara la ausencia de un instrumento formal, por muy informal que sea paradójicamente la situación jurídica de la Cuba verdadera, no de la rusa, que no debía contar. Sin embargo, esto, como ya lo suponíamos, no pasó de una cortesía de recepción.

La dura realidad es que la América oficial ignora la Cuba que expira en la cruz, y que sólo le preocupa de ésta, lo que de sus pasadas bienandanzas puede ser materialmente beneficioso, para quienes acaso en un mañana no muy lejano, se vean también clavados y escarnecidos en el madero que por azares de la suerte y por ceguera y sordera de quienes más comprometidos estaban a evitarlo, le ha tocado ser crucificado al pueblo cuyos índices heroicos señalaron en dos momentos trascendentales de su historia, Céspedes y Martí.

Ya sabemos de sobra que la independencia de Cuba ha de ser obra de los cubanos. Así fue, cuando se separó de España; así ha de ser ahora; pero ahora, como entonces, gestionamos la ayuda de quienes hemos creído afines e ideológicamente aliados; como ha sucedido con muchos otros pueblos en el decursar de la historia, comenzando por los Estados Unidos, al que asistieron muy eficazmente, Francia y la propia España, cuando lucharon por independizarse de Inglaterra.

Los que repiten ese estribillo, están ofendiéndonos, y se olvidan inclusive de su propia historia. Tal sucede con el actual Canciller de Chile, que para justificar la posición de su gobierno, ante el caso cubano, repite lo que parece que va convirtiéndose en una consigna malévola; olvidándose, sin duda, de que su pueblo conquistó la libertad, no obstante la grandeza de O'Higgens y de muchos otros compatriotas suyos, gracias a la ayuda de Argentina y al genio guerrero de San Martín. ¿ Qué hubiera sido de la propia Rusia, en la Segunda Guerra Mundial, si no es por la generosísima ayuda norteamericana?

No, no confundamos los conceptos ni las aspiraciones. Actualmente existe un status internacional, que obliga a las naciones de América, sin excepción. Cuba está armada por Rusia con elementos poderosísimos, que sólo puede contrarrestar la presencia de otro equipo facilitado por quienes únicamente pueden competir en eficiencia, y hasta superarlo, con el dado por la tiranía del Kremlin, a Castro. Los países de América tienen el deber por diversos convenios multilaterales, de poner en acción hombres y armas, para liberar al Continente de la intromisión extracontinental; que es como decir, a expulsar a los rusos de Cuba; sin embargo, los cubanos no pedimos que envíen hombres;

los muertos, como se dice, estamos dispuestos a ponerlos nosotros; sólo reclamamos que nos den los medios necesarios para ello. Sin embargo, por una de esos misterios que se hace difícil penetrar el dominio ruso en Cuba se ha convertido en tabú, y los *hermanos* de América contemplan, contraviniendo inclusive los más elementales principios cristianos, como se desangra un pueblo, como se destruye la dignidad humana en el mismo, como se le sume en la miseria, como gimen sus hijos en las prisiones más contrarias a la civilización y como se violan las conquistas todas del derecho contemporáneo. Los cubanos, no obstante, seguiremos persistiendo en nuestros empeños de liberación, porque, como ya dije en cierta ocasión, respondiendo a insinuación públicamente hecha, ni los cubanos nos agrupamos, respondiendo a los imperativos de un ghetto, ni nos adaptamos, renunciando a lo que constituye nuestra fisonomía propia, aunque nos incorporemos, como siempre lo hemos demostrado, a los avances del mundo que progresa.

Estamos hace rato en una encrucijada. El momento no es para dejarse sorprender por vanas promesas, ni mucho menos para desfallecer. Es todo tan monstruoso, las consecuencias que se avecinan son de tal envergadura, para los mismos que pretenden dejarnos abandonados, que nuestra verdad se abrirá paso, contra viento y marea. Cuando hemos oído decir a un Canciller de América, que el momento no es propicio para tratar en la reunión de Presidentes el caso de Cuba, no podemos por menos que sonreír ante tamaña cobardía, porque, ¿a qué momento será calificado de propicio?; ¿cuándo los comunistas estén siguiendo en México, Chile, Uruguay, etc., las órdenes de Rusia? Entonces será demasiado tarde.

Aunque lo ilógico parece predominar, confiamos en que la lógica se impondrá al cabo. Si nosotros nos mantenemos firmes en nuestros propósitos, si seguimos dispuestos a luchar por la guerra, a recabar el apoyo de los que nos sacan el cuerpo, a pesar de su obligación; si no bajamos la guardia, sino, por el contrario, agredimos, lograremos llegar a la meta. Nada de pesimismo, ante el sanchopancismo imperante; al contrario: hoy más quijotes que antes, porque desde la altura de nuestro Ideal, vemos con lástima a los que en el llano se arrastran como los caracoles de la célebre fábula clásica.

DIARIO LAS AMERICAS, Miami, Fla.
4 de marzo de 1967

LA VIRTUD DE LA AMISTAD

Días pasados, en uno de sus enjundiosos editoriales orientadores exaltó DIARIO LAS AMERICAS el sentimiento nobilísimo de la amistad y enalteció sus valores tradicionales. Es tema que merece insistir en él, por lo que la amistad significa en la coexistencia de los hombres, y porque ha sido precisamente uno de los motivos de ataque más insistente del comunismo internacional (en su afán de destruir todos los elementos espirituales constructivos de la humanidad), reputándolo peyorativamente, como un sentimiento burgués que debe desaparecer (como el amor, el honor, etc.). Los que hemos sufrido la tragedia cubana sabemos cómo los comunistas y los que les hacían el juego, se desbordaron, desde el inicio de la dinastía castrista, contra lo que ellos llamaban, pretendiendo ridiculizarlo, el «amiguismo»; del que, por cierto, y por esas grandes ironías del destino, tanto se valieron, cuando aún existían en Cuba hombres con poder que amaban y practicaban esa tradición, que tantas lecciones de hidalguía y grandeza moral han dado en la historia, a través de los siglos, y a la que el cubano solió ser fiel, hasta que envenenaron sus costumbres los guías moscovitas y los no pocos idiotas que confundidos o de mala fe (inspirados por impulsos, a veces inconfesables) enrarecieron el ambiente de la sociedad cubana.

La importancia y trascendencia de la amistad es un producto de la elaboración humana (como tantos otros aspectos de la conducta del hombre) que debemos mantener en toda su intensidad, y luchar porque subsista y se salve de este naufragio en que la maldad devastadora del comunismo ha querido sumir todas las fuerzas morales que enraizan en nuestros ancestros. Un insigne pensador norteamericano, el ensayista Ralph W. Emerson (tan influyente en el pensamiento de José Martí) hizo notar que la amistad, como la inmortalidad del alma, es buena para creer en ella; que el alma se rodea de amigos, para poder entrar en trato más íntimo consigo misma, y en mayor soledad; y marchar sola durante algún tiempo, para poder gozar mejor de la conservación y compañía de aquéllos; que las leyes de la amistad son austeras y eternas, y se confunden con la naturaleza y la moral; y para encarecer lo que representa la persona en quien depositamos los adarmes de la amistad, afirmó: «El amigo es una persona con quien puedo ser sincero. Ante él puedo hablar en alta voz. Heme al fin en presencia de un hombre tan real e igual, que puedo soltar hasta aquellos disfraces más recónditos del disimulo, la cortesía y las reservas mentales, de que los hombres nunca se despojan, y puedo tratar con él, con la sencillez y la integridad con que un átomo se une a otro». Difícilmente puede haberse hecho una apología tan acertada, que tan fielmente revele la significación de un amigo, en la vida de otro ser humano, como esta admirable definición del gran prosista, cuyos ensayos aún tienen vigencia en muchos de sus aspectos.

Pretender que la amistad desaparezca es tan grave y negativo para nuestra moral, como pretender que corran la misma suerte otros sentimientos, a que antes hubimos de referirnos. Y es natural que así sea en la conspiración comunista, porque el comunismo tiende a mecanizar al hombre, a convertirlo en muñeco o títere del Estado, sin dinamo creador, sin libertad de pensar y de sentir, con una conducta dirigida, como todo. Por eso los que ingenua o perversamente, hablan de cultura comunista y siguen tonta o aviesamente dándole beligerancia y hasta haciéndole la propaganda a los escritores y representativos de la cultura comunista, están traicionando nuestra cultura, no sólo la cultura cubana, sino, en todos sus aspectos, la cultura occidental. Ensalzar a los «intelectuales» comunistas es proyectarse contra la cultura a la cual nos debemos y por la que precisamente estamos luchando los que somos víctimas de la barbarie moscovita. Y sin remilgos de ningún género tenemos que proclamar que la marcada tendencia de los jerarcas del otrora respetable Premio Nobel, a favorecer a los «intelecutales» comunistas, es una de las múltiples maniobras triunfadoras del comunismo internacional que ha ido infiltrándose en todas partes y apoderándose de eficaces armas, como lo ha hecho en organismos gubernamentales y legislativos de todo el mundo, y hasta en el seno de la propia Iglesia, de cuyos «avanzados» pasos no se asustan o los fanáticos incapaces para el razonamiento, o los que canallesca e hipócritamente afirman que abogan por una renovación que bien saben que, si desde ciertos puntos de vista, pudiera ser beneficiosa, desde otros está siendo harto nociva. Los buenos, los verdaderos católicos, los que aman y respetan la Iglesia como merece, debieran leer y meditar uno de los libros más valientes y sugerentes de nuestros días: *Los nuevos curas*, de Michel de Saint Pierre.

En estos tiempos de bancarrota espiritual impuesta por el comunismo, en que uno de los valores en liquidación es el de la amistad, hay que hacer un esfuerzo por reaccionar en favor de su renacer pleno. Pertenece a esos valores cordiales en que está toda la fuerza creadora del afán constructivo, en las colectividades. Homero consagró su magnitud, en la actitud de Aquiles, en las páginas inmortales de *La Ilíada*; centurias después, Schiller, el grandioso poeta alemán que compartió con Goethe el más hermoso ejemplo histórico de la amistad fecunda, glorificó este sentimiento, en las escenas de su admirable drama *Don Carlos*, que el genial Verdi hizo fuente de inspiración de una de sus más famosas óperas, y que en ella ensayó, en bellísimos compases melódicos, el «leitmotiv» de la amistad; y Jovellanos, el estadista que conjugó en la poesía y en el teatro, el humanismo y la moral sabiamente mezclados, hizo un paradigma del amigo, en las escenas de *El Delincuenta Honrado*, cuyo protagonista, Justo de Lara, inspiró el seudónimo de uno de los más eminentes periodistas cubanos, José de Armas.

A través de nuestros costumbristas, de nuestro poetas y de los epistolarios de nuestros grandes hombres, advertimos cómo en Cuba ejercieron, por así decirlo, nuestros compatriotas, la amistad; como hicieron de ella una de sus preferencias en el cultivo espiritual, proclamando así una de las herencias más preciadas del legado espiritual de nuestros colonizadores, en cuyo debe hay que anotar insalvables errores y grandes condenaciones; pero en cuyo haber no pueden dejar de registrarse tan excelentes derivaciones como ésta, desprendidas de aquel tronco ancestral de la rica hombría española.

Volvamos por nuestros fueros; rechacemos la agresión extinguidora del comunismo, y afinquemos en nuestras tradicionales virtudes de las que se derivaron aquella cubanía que hoy añoramos y aquella cordiialidad que tanto nos distinguió y dignificó. Hoy más que nunca, en los dolores del exilio, debemos ser fiel al sentimiento de la amistad, porque bien reza, desde la filosofía griega, que un amigo verdadero es otro yo.

DIARIO LAS AMERICAS, Miami, Fla.
23 de febrero de 1968

LA CANCIÓN DEL 68

Todas las revoluciones han tenido su canción, desde La Carmagnola de la Revolución francesa. El trascendental movimiento europeo influyó en América, no sólo en sus fines, sino en su estilo. En Cuba, los dos máximos períodos revolucionarios que desembocaron en las guerras independentistas, el de 1868 y el de 1895, el pueblo expresó, en el ritmo de significativas melodías, sus sentimientos patrios. En el 68 fue La Bayamesa, de Céspedes y Fornaris; en el 95 fue la habanera Tú, de Eduardo Sánchez de Fuentes. En este Centenario de la Guerra de Yara, justo es que evoquemos cómo nació su canción y cómo se difundió.

Corría el año 1858. En la ciudad de Bayamo, no eran pocos los cubanos distinguidos que se preocupaban por los destinos de Cuba. Sobresalía entre ellos, Carlos Manuel de Céspedes, abogado graduado en Madrid, poeta, músico, animador de cultura, que había hecho de la Sociedad Filarmónica, centro de actividades artísticas y literarias; traductor de La Eneida, de Virgilio, de La Destrucción de Sennaquerib, de Byron, y de los dramas El Cervero Rey, de D'Allincourt y de Las dos Dianas, de Alejandro Dumás (padre); autor de El Conde de Montgomery, que escribió para el teatro; y cuyo soneto Al Cauto y su canto Al Turquino habían logrado popularidad. Más tarde compondría las estrofas del Himno Republicano, en décimas. En los salones de la mencionada Sociedad Filarmónica, se escuchó su palabra de ameno disertante, y participó en más de una representación escénica. Los diarios, tanto de la localidad como de la capital de la Isla, publicaban sus artículos de índole crítica.

Entre sus íntimos amigos, hallábase el poeta de frondosidad tropical, José Fornaris, apasionado «cantor de les ciboneyes»; y con éste compartían las expansiones juveniles, dos compatriotas fervientes: Francisco Castillo Moreno, amante y cultivador también de la música, y Lucas del Castillo, poeta y poseedor de timbrada voz de tenor. Era la época en que se habían entronizado las serenatas; costumbre típica que mucho hablaba de la espiritualidad de entonces. El romanticismo dominaba en la literatura y en el arte, y como el alcance de la escuela se proyectaba en la propia vida, en ésta repercutían las características de aquélla, junto a la ventana de las casas de la amada, los enamorados entonaban canciones alusivas a su amor. La guitarra era el instrumento elegido, para acompañar las expresiones del ardiente cantor. Lucas del Castillo iba a ser, en este caso, el protagonista, pues estaba prendado de una bella bayamesa, a la que quería decir, en lenguaje melódico, el ardor de su pasión.

Los cuatro amigos se pusieron de acuerdo, para componer una canción expresa, y llevar a cabo la serenata. Fornaris escribió unos decasílabos tiernos y nostálgicos. Carlos Manuel de Céspedes los musicalizó, y acaso Castillo Moreno ajustó algunos compases. Este y Lucas del Castillo tocaban la guitarra; el primero sería el que haría escuchar la voz intérprete, que sería, a la vez, la del galán rendido. Juntos marcharon, ya en los umbrales de la madrugada, hacia la casa de la joven amada, que dormía confiada, tal vez soñando con las rondas de su trovador, pero sin haber previsto que fuera despertada por su voz, rompiendo el silencio de la tranquila noche bayamesa.

Preludió la guitarra los compases iniciales, el cálido acento de la letra y el embrujo de las dulces melodías, resonaron en las inflexiones vocales de Lucas del Castillo. La guitarra exahalaba arpegios seductores y el matiz tenoril del feliz doncel acariciaba la oscuridad y la inundaba de luz espiritual. La doncella se revolvió en el lecho, se desperezó, echó a un lado la manta que la cubría, y presumiendo seguramente de quién provenía aquella voz, que en más de una ocasión le había hecho escuchar su mensaje de amor, se acercó a la ventana, que daba a la calle, y corriendo la cortina, contempló al grupo de amigos, y sonriente, plena de satisfacción, tomó de un búcaro que reposaba sobre la mesa central de su habitación, una flor, y entreabriendo la ventana, la arrojó cayendo a los pies del cantante.

Los vecinos no dejaron de escuchar la serenata. Las notas cadenciosas de la canción de Céspedes fueron repetidas, al siguiente día, por más de una persona, entre las que no faltó, desde luego, la propia inspiradora. De melodía suave, de dulcísimo ritmo, fácilmente pegable al oído, muy influida por la Norma, de Bellini (ópera por entonces muy escuchada), se difundió pronto por todo Bayamo. Alguien la bautizó, basándose en su origen, con el nombre de La Bayamesa, y con ese nombre salvó los límites de la ciudad oriental, y por toda la Isla se la entonaba y los cubanos se embelesaban, cantando sus estrofas. Había en éstas algo más que el homenaje a una mujer amada; en sus palabras había querido ver el pueblo, la personificación de la propia Cuba y el propio anhelo de los cubanos; y la canción se convirtió en un símbolo. Cuando se quería manifestar al ansia patria, esquivándose palabras delatoras del sentimiento, se recurría a aquel manojo de melodías debidas a la inspiración del prócer, que evocaba en ellas su «sol refulgente». La Bayamesa fue, desde entonces, el himno de los patriotas, hasta que, realizada la toma de Bayamo, días después del Grito de La Demajagua, resonaron por vez primera, las valientes notas de la composición de Perucho Figueredo, convertida, desde entonces, en nuestro himno nacional, consagrado, al cabo, por la Constitución republicana.

La Bayamesa no circunscribió a Cuba su radio de encantamiento: a través de las naves, los viajeros de la Isla la llevaron a Europa, y su mensaje, convertido en mensaje patriótico, halló eco en todas partes del mundo.

LA CRONICA, Sección Nuestro Pasado, Miami, Fla. 7 de marzo de 1968, año 1, no. 26

PEDAGOGO: Organo del Colegio de Pedagogos en el Exilio, Miami, Fla. Octubre de 1969. año 2, no. 18

ROBLES Y PINOS

El genio de José Martí concibió la independencia de Cuba, como la armonización del esfuerzo, las nobles ilusiones, la acometividad y la limpieza de conducta de los «pinos nuevos», con el prestigio, el coraje, la experiencia y la ejecutoria ejemplar de los «robles viejos». Por eso anheló y contó para su empeño, con los gloriosos mambises del 68, cuya presencia, incorporándose a la cruzada que organizaba el Apóstol, constituía una garantía. Para Martí (y en ello hay que reconocer uno de sus más grandes acierios) la nueva lucha era una continuación de la iniciada por Céspedes, el 10 de Octubre de 1868, cuyos fines y grandezas proclamó siempre. De ahí que afirmara en artículo de «Patria» (23 de Abril de 1892) que el Partido Revolucionario Cubano se había fundado, «para continuar la revolución democrática con el espíritu de los constituyentes de Guáimaro»; y que en el Manifiesto, publicado en dicho periódico, el 27 de Mayo de 1893, dijera: «Con la reverencia de la primera república en el alma, y su espíritu mismo de sacrificio y abnegación, trabajan sin reposo cubanos expatriados...» Y el 22 de Abril del propio 1893, exclamaba: «Hermoso es, de pie en la tumba de los padres caídos, ver a los hijos seguir, con la verdad de sus cenizas, por el camino por donde llegarán más pronto al triunfo, los que, por el sacrificio de los padres, lo conocen mejor»; agregando que, de ese modo, «dan a la revolución naciente, el fuego angélico e ímpetu incontrastable de 1868».

Devoción y culto incesantes demostró Martí, por la inspiración y la obra de los hombres de Yara, cuyas excelsitudes enmarcó reiteradamente, en su prosa única. En el discurso que pronunció en el «Hardman Hall», de New York, el 10 de Octubre de 1891, evocó a Céspedes, Aguilera, Agramonte, Figueredo, Mármol, etc., con palabras justas y bellas que resumen su juicio sobre lo que significaron aquellos varones epónimos: «Aquellos padres de casa, servidos desde la cuna por esclavos, que decidieron servir a los esclavos con su sangre, y se trocaron en padres de nuestro pueblo; aquellos propietarios regalones que en la casa tenían su recién nacido y su mujer, y en una hora de transfiguración sublime, se entraron selva adentro, con la estrella en la frente; aquellos letrados entumidos que, al resplandor del primer rayo, saltaron de la toga tentadora al caballo de pelear, aquellos jóvenes angélicos que, del altar de sus bodas o del festín de la fortuna, salieron arrebatados de júbilo celeste, a sangrar y morir, sin agua y sin almohada, por nuestro decoro de hombres, aquellos son carne nuestra y entraña y orgullo nuestros, y raíces de nuestra libertad y padres de nuestro corazón, y soles de nuestro cielo y del cielo de la justicia, y sombras que nadie ha de tocar sino con reverencia y ternura».

Los que habrían de ser considerados después como los mambises del 95, eran, para Martí, los llamados a cumplir la misión patriótica de libertad y democracia, que quedó trunca en 1878, y que no pudieron hacer cuajar, ni la «Protesta de Baraguá», de Antonio Maceo, ni la Guerra Chiquita de Calixto García y Emilio Núñez Rodríguez. Había que volver los ojos a entonces, porque «la visión del padre glorioso hace jinete al hijo».

Admirable lección entraña la postura de José Martí, ante lo que significó el 68 y lo que para los nuevos afanes habrían de representar sus héroes supervivientes: Máximo Gómez, Antonio y José Maceo, Calixto García, Flor Crombet, Emilio Núñez, Serafín Sánchez, etc. Y en esta hora de brega por la nueva independencia, no se olvide que junto a los «pinos nuevos» hacen falta los «robles viejos», para arribar con firmeza y luz a la reconquista de la soberanía. Como en la gran revolución estética de Darío, viértase el vino generoso y fresco en los recios y limpios recipientes de los odres viejos.

DIARIO LAS AMERICAS, Miami, Fla.
10 de octubre de 1968
(Aparece en página ilustrada bajo el título de «Los robles viejos y los pinos nuevos»)

ÍNDICE ONOMÁSTICO*

Este índice comprende, por órden alfabético de apellidos, todos los que han recibido el Premio J.J. Remos (1971-1983). Junto a cada nombre aparece el año en que le fue otorgado el Premio, seguido del número de la página donde aparece la biografía de los mismos.

A

—Abella, Rosa (1971) 30
—Acosta, Agustín (1973) 75
—Agramonte, Roberto (1979) 233
—Aguilar, Carlos J. (1980-81) 286
—Aguirre, Horacio (1971) 24
—Aguirre, Osvaldo (1972) 52
—Alba Buffill, Elio (1977) 182
—Alcover, Wilfredo (1975) 138
—Alfonso Roselló, Arturo (1971) 27
—Alonso, Virginia (1975) 134
—Alvarado, Adalberto (1983) 326
—Álvarez, Lucía (1977) 197
—Álvarez de Villa, Rolando (1975). Villa, Alvaro de , Pseud. 130
—Álvarez Díaz, José (1976) 170
—Álvarez Fuentes, Germán (1977) 186
—Álvarez Torres, Alfredo (1976) 151
—Álzaga, Florinda (1971) 28
—Alzola, Concepción Teresa (1980-81) 273
—Amblada, Leticia de A. de (1976) 156
—Anaya, Dulce (1975) 133
—Ana Margo véase Menéndez La Rosa, Ana Margarita (1980-81) 276
—Andreu, José R. (1982) 294
—Angueira, José M. (1972) 50
—Añorga, Martín, *Rev.* (1975) 126
—Aparicio Laurencio, Ángel (1976) 149
—Arango, Rosa (1982) 303
—Arazoza, Rafael de (1972) 58
—Arenas, Reinaldo (1980-81) 267
—Arenas, Bibí (1982) 300

—Arenas de Armas, Blanca véase Arenas, Bibí (1982) 300
—Artalejo, Arturo (1979) 240
—Arriba de Amblada, Leticia de véase Amblada, Leticia de A. de (1976) 156
—Arrondo, Ondina J. (1977) 190
—Azqueta, Juan J. (1972) 47

B

—Bacardí, Amalia véase Bacardí Cape, Amalia (1982) 304
—Bacardí Cape, Amalia (1982) 304
—Bacardí de Argamasilla, Zenaida (1977) 183
—Baldor, Aurelio (1976) 150
—Baquero, Gastón (1971) 29
—Barrionuevo, Alicia (1978) 210
—Beato, Jorge (1974) 115
—Beato, Virgilio I. (1980-81) 284
—Béjar, Hada (1982) 309
—Beltrán, Enrique (1982) 311
—Benach, Bienvenido (1974) 115
—Benedí, Claudio (1979) 236
—Bens, José María (1971) 36
—Bermúdez Vázquez, José I. (1980-81) 280
—Beruvides, Mario G. (1982) 306
—Bethel, Paul (1972) 46
—Biada, Rosaura (1979) 244
—Blanco, Alberto (1977) 183
—Blanco de Sanchís, Evidia (1980-81) 273
—Blanco Millán, Evidia véase Blanco de Sanchís, Evidia (1980-81) 273
—Bock, Francisco Adolfo (1977) 187
—Bolet, Alberto (1977) 194
—Bolet, Jorge (1973) 80
—Borrell Navarro, Eduardo (1980-81) 266
—Borrell Tudurí, José (1983) 325
—Boza Masvidal, Eduardo, *Mons.* (1976) 147
—Bryon, Enrique (1977) 192
—Buesa, José Ángel (1974) 101
—Bustamante, Rodrigo (1980-81) 284
—Buttari, Edgardo (1973) 76

C

—Cabrera, Lydia (1973) 79
—Cabrera, Rosa M. (1978) 213
—Calzada, Humberto (1979) 252
—Campa, Raúl A. de la (1982) 305
—Cantelli, Adelfa (1976) 165
—Cantero, Herminia (1973) 77
—Capdevila, María (1972) 51

—Capote, Manuel, Jr. (1977) 193
—Carballal de Remos, Mercedes (1973) 85
—Carballo, Luis (1973) 81, 274
—Carbonell, Manuel (1979) 253
—Carbonell Cortina, Néstor (1972) 49
—Carrasco, Teok (1971) 36
—Carreño, Octavio B. (1983) 345
—Carrillo, Sergio, *Padre* (1982) 302
—Carroll, Coleman F., *Mons.* (1972) 45
—Casas, Francisco (1976) 164
—Castañeda, David (1982) 316
—Castañeda, Orlando (1973) 101
—Castellanos, Agustín, Jr. (1978) 227
—Castellanos, Agustín W. (1971) 37
—Castellanos, Marta (1973) 80
—Castillo, Amelia del véase Castillo de Martín, Amelia del (1978) 237
—Castillo de Martín, Amelia del (1978) 237
—Castillo, Pedro (1979) 255
—Castillo, Rafael del (1982) 307
—Castro, Andy (1977) 199
—Castro, Marta de (1972) 59
—Castro de Morales, Lilia (1977) 185
—Centeno, Manuel (1976) 157
—Cepero, Gilberto (1976) 168
—Cervera, Sergio (1975) 140
—Cid Perez, José (1980-81) 265
—Ciérvide, María (1973) 82
—Clavijo, Uva (1983) 327
—Coalla, Hortensia (1976) 160
—Corona, Ramón (1971) 34
—Cossío, Félix de (1975) 136
—Costa, Octavio R. (1978) 209
—Coya, Elvira (1977) 197
—Crespí, Juan Antonio (1979) 243
—Crespí, María A. (1974) 107
—Cruz, Celia (1983) 341
—Cruz, Yolanda (1979) 257
—Cruz-Álvarez, Félix (1976) 155
—Cruz de la Torre, Carmen Elena (1977) 193
—Cruz Ramírez, Luis (1975) 129
—Cuesta, Tony (1979) 245
—Cutié, Eduardo (1973) 88

CH

—Chediak, Moisés (1978) 223
—Chaumont, Miguel A. (1976) 166

D

—Dacal, Rosendo (1977) 192
—Dacosta, Arístides (1972) 48
—D'Aquino, Hernando, pseud. de Manuel H. Hernández (1976) 150
—Díaz, Nils (1979) 256
—Díaz, María Teresa (1977) 192
—Díaz, Paul (1973) 81, 317, 318
—Díaz, Pedro (1983) 341
—Díaz, Sonia (1978) 218
—Díaz Cruz, Lydia (1971) 35
—Díaz de Villar, Delia (1976) 153
—Díaz Lesmes, Iluminada (1980-81) 275
—Díaz Versón, Salvador (1971) 34
—Dopico, Elvira (1973) 78

E

—Echezarreta de Fernández, Odilia (1978) 220
—Eguilior, Ricardo (1972) 48
—Escobedo, Armando J. (1978) 212
—Espina Pérez, Darío (1983) 324
—Espinosa, Conchita (1982) 297
—Estévez, Emilio (1972) 58
—Estévez, Felipe, *Padre* (1980-81) 265
—Esténger, Rafael (1971) 28
—Estivil, Osvaldo (1976) 163

F

—Fajardo, Alberto (1972) 56
—Farrés, Osvaldo (1973) 110
—Felipe, Rosa (1975) 134
—Febles Montes, Manuel (1977) 186
—Fernández, Gloria G. (1983) 329
—Fernández, José E. (1974) 105
—Fernández Caubí, Luis (1972) 52
—Fernández de Cárdenas, Gastón (1980-81) 269
—Fernández de la Vega, Oscar (1976) 148
—Fernández Marcané, Leonardo (1975) 125
—Fernández Porta, Mario (1973) 82
—Ferrer, Mercy (1976) 160
—Ferrer, Olga (1978) 227
—Ferrer, Virgilio (1972) 48
—Ferrer Govantes, Ileana (1983) 342
—Florit, Eugenio (1976) 147
—Fontanillas, Silvio (1980-81) 283
—Freyre Varona, Ernesto (1983) 333

—Fundora, Raquel véase Fundora de Rodríguez Aragón, Raquel (1975) 125
—Fundora de Concepción, Rita (1980-81) 282
—Fundora de Rodríguez Aragón, Raquel (1975) 125

G

—Gajate, Mario (1980) 272
—Galofré, Modesto, *Padre* (1975) 128
—Gal-lo, Enzo (1979) 251
—Garcerán de Vall, Julio (1979) 234
—Garcés, Pelayo G. (1977) 189
—García, Chamaco véase García, José Antonio (1980-81) 278
—García, Eduardo Antonio (1982) 305
—García, Jesús (1982) 309
—García, José Antonio (1980-81) 278
—García Bengochea, Francisco (1980-81) 285
—García Montes, Jorge (1979) 235
—García Terminel, David (1978) 221
—García Tudurí, Estrella (1973) 85
—García Tudurí, Mercedes (1971) 26
—García Tudurí, Rosaura (1971) 31
—García Vélez, Mirta (1975) 128
—Gasset, Antonio R. (1972) 60
—Gattorno, Antonio (1974) 113
—Geada, Rita (1978) 239
—Goberna, José Rafael, *Padre* (1980-81) 287
—Godoy, Alicia (1977) 189
—Godoy, Gustavo (1977) 184
—Gómez Carbonell, María (1983) 345
—Gómez Domínguez, Luis (1982) 296
—Gómez Franca, Lourdes (1983) 342
—Gómez Gómez, Abelardo (1983) 334
—González, Luis Mario (1974) 104
—González, Mara (1976) 162
—González, Mario (1974) 114
—González Esteva, Orlando (1976) 154
—Gort, Ketty (1978) 221
—Gort, Wifredo (1979) 253
—Govin Gómez, María (1977) 199
—Granda, Ana T. (1976) 159
—Grandy, Miguel de (1983) 340
—Gravier, Gabriel (1973) 76
—Gross, José G. (1978) 225
—Guas Inclán, Rafael (1971) 24
—Guas Inclán, Rosa (1974) 105
—Güel, Gonzalo (1977) 185
—Guerra de Marrero, Concepción (1979) 244
—Guerrero de Sackstein, Rosalina véase Sackstein, Rosalina (1983) 339

—Gutiérrez, Enrique H. (1972) 60
—Gutiérrez, José Manuel (1977) 186
—Gutiérrez de la Solana, Alberto (1977) 182
—Gutiérrez Kann, Asela (1978) 238
—Gutiérrez Vega, Zenaida (1982) 296

H

—Hernández, Manuel véase D'Aquino, Hernando, pseud. (1976) 150
—Hernández, María C. (1980-81) 271
—Hernández Blanco, Nicomedes (1977) 188
—Hernández Lizaso, Antonino (1976) 161
—Hernández Miyares, Julio (1972) 49
—Herrera, Roberto (1980-81) 270
—Huertas, Enrique (1976) 168

I

—Inclán, Josefina (1971) 32
—Íñiguez, Dalia (1980-81) 279

J

—Jaume, Adela (1980-81) 269
—Jesús, Antonio de (1982) 310
—Jiménez, José Olivio (1982) 295
—Jorge, Antonio (1979) 255

K

—Kelly, John, *Padre* (1973) 74
—Khuly, Jorge (1983) 338

L

—Labrador Ruiz, Enrique (1980-81) 264
—Lafuente, Virginia (1978) 212
—Lamadrid, Lucas (1978) 211
—Lancís, Antonio (1979) 233
—Lasaga, José Ignacio (1983) 328
—Lazaro, Raquel (1978) 221
—Lasarte, Solange (1980-81) 278
—Lastra, José S. (1975) 139
—Lavalle, Luis (1983) 343
—Lavín, Pablo (1975) 127
—Le Riverand, Pablo (1983) 322
—López, Juan Francisco (1973) 79
—López, Tonny (1977) 195

—López Castro, Amadeo (1983) 344
—López Conde, Juan (1982) 313
—López Dirube, Rolando (1980-81) 281
—López Isa, José (1979) 238
—López Mesa, Sergio (1980-81) 280
—Lorenzo Boytel, María Luisa (1979) 244
—Lubián Arias, Rafael (1982) 298
—Luis Mario véase Gónzalez, Luis Mario (1974) 104

LL

—Llama, Emma (1976) 166
—Llanio del Castillo, José (1978) 224

M

—Machado, Margarita (1972) 53
—Maidique, Modesto Alex (1973) 89
—Manrara, Luis V. (1975) 127
—Marinas, Arcadio, *Mons.* (1982) 293
—Marqués, Emma (1982) 313
—Márquez Sterling, Carlos (1977) 25
—Márquez, Enrique (1976) 155
—Márquez, Nieves del Rosario (1983) 326
—Martell, Alberto (1978) 213
—Martí, Tula (1983) 326
—Martí de Cid, Dolores (1974) 102
—Martín, Mario (1975) 133
—Martín, Yolanda (1978) 239
—Martínez, Luis (1974) 103
—Martínez Casado, Ana Margarita (1978) 217
—Martínez Castro, Sara (1980-81) 275
—Martínez Dalmau, Eduardo, *Mons.* (1973) 74
—Martínez Maresma, Sara (1973) 84
—Martínez Márquez, Guillermo (1975) 124
—Marrero, Zoraida (1975) 132
—Marrero, Leví (1978) 208
—Más Canosa, Jorge (1982) 297
—Matamoros, Lolita (1974) 108
—Matas, Antonio (1983) 340
—Medrano, Humberto (1971) 33
—Medrano, Mignon véase Pérez de Medrano, Mignon (1982) 304
—Mena, Rafael (1975) 126
—Menach, Bienvenido (1974) 115
—Menéndez, Demetrio (1976) 158
—Menéndez La Rosa, Ana Margarita (1980-81) 276
—Menocal, Raúl G. (1983) 336
—Miguel Rivero, Raúl de (1974) 117
—Milián. Emilio (1976) 151

—Millás, Rolando (1976) 170
—Molina, Antonio (1978) 214
—Montaner, Ernesto (1971) 35
—Monteagudo, Orlando (1979) 251
—Montori de Gutiérrez, Violeta (1980-81) 264
—Mora, Flora (1974) 106
—Mora, Modesto (1983) 345
—Morales, Alfredo, *Hno.* (1979) 250
—Moya Flamand, Juan (1983) 344
—Mulens, Fernando (1978) 216
—Munar, Alfredo (1979 y 1982) 247, 316
—Munar, Ana María **véase** Munar, Anam (1982) 308
—Munar, Anam (1982) 308
—Munné, Mary (1977) 191

N

—Navarro, Mercedes G. (1977) 196
—Naya, Fabiola C. (1976) 165
—Núñez, Ana Rosa (1971) 27

O

—O'Bourke de Cossío, Terina (1976) 164
—Obrador de Hernández, Georgina (1978) 209
—Obrador, Gina **véase** Obrador de Hernández, Georgina (1978) 209
—Ochoa, Manuel (1972) 55
—O'Farrill, Juan Ramón, *Padre* (1983) 333
—Olivella de Castells, Matilde (1980-81) 268
—Olivera, Daisy (1978) 218
—Ordoqui, Miguel (1980-81) 282
—Orta, Martiniano (1982) 315
—Otero, Emma (1974) 110

P

—Padilla, Marta (1972) 51
—Padrón, Geisha (1982) 310
—Palacio de Aguila, Lourdes (1983) 335
—Palmatier, Howard H. (1974) 99
—Pardiñas, Hilda (1977) 195
—Pardo, Juan Francisco (1977) 197
—Pardo de Alonso, Ana (1982) 314
—Penichet, Orlando (1973) 85
—Pentón, Evelio (1983) 329
—Peñalver, Rafael (1973) 89
—Peñalver, Rafael, Jr. (1977) 190
—Perdigó, Mario (1978) 220

—Perera, Hilda (1975) 128
—Perera, Rosa Blanca M. de (1983) 336
—Pérez de Medrano, Mignon (1982) 304
—Pérez, Marta (1976) 159
—Pérez López, Marta (1983) 328
—Piedra, Victor M. (1978) 222
—Pina, Raúl E. (1982) 315
—Piñera, Humberto (1977) 181
—Pino, Marta del (1978) 219
—Poce, Carlos (1982) 309
—Ponce, Matilde (1975) 140
—Pons, Teresa (1974) 111
—Portela, Julio C. (1976) 169
—Portell Vilá, Herminio (1971) 32
—Portocarrero, Jesús (1971) 32
—Prado, Pura del (1972) 50
—Prío Tarrero, María Antonieta (1977) 200
—Puig, Raquel (1979) 241
—Pujals, Vicente (1972) 51

Q

—Quintero, Alfredo (1979) 249
—Quirós, Lesver de (1973) 86

R

—Rabí de Mulens, María de los Ángeles (1978) 216
—Radillo, Guarino (1978) 225
—Raggi, Ana G. (1982) 300
—Ramos, Félix (1972) 57
—Ramos, Marco Antonio, Rev. (1979) 237
—Randín, Berta (1974) 112
—Rasco, José I. (1983) 324
—Ravines, Eudocio (1974) 98
—Recalt, Eduardo (1980-81) 277
—Recio, Agustín (1974) 117
—Regalado, Tomás, Jr. (1983) 323
—Regato, Juan Ángel del (1974) 116
—Remos, Ariel (1979) 235
—Rexach, Rosario (1983) 327
—Reyes, Ángel (1975) 132
—Reyes, Manuel (1973) 78
—Reyes de Díaz, Delia (1983) 332
—Riaño Jauma, Ricardo (1977) 188
—Riera, Eurípides (1976) 154
—Río, Pastor del (1971) 25
—Ríos, María Luisa (1973) 86

—Ripoll, Carlos (1971) 30
—Riva, Gaby de la (1975) 137
—Rivas, Miguel A. (1983) 330
—Rivera, Lira (1979) 252
—Rivero Hernández, José Ignacio (1977) 183
—Rivero Collado, Andrés (1980-81) 270
—Riverón, Enrique (1974) 112
—Rocha, Erundina (1979) 248
—Rodón, Lincoln (1982) 294
—Rodríguez, Armando (1979) 249
—Rodríguez, Gabriel (1983) 331
—Rodríguez, José (1977) 199
—Rodríguez, Mabel (1982) 307
—Rodríguez, Raquel A. **véase** Rodríguez-Aragón y Fundora, Raquel Aurora (1979) 241
—Rodríguez Aragón y Fundora, Raquel Aurora (1979) 241
—Rodríguez Aragón, Roberto (1983) 335
—Rodríguez Castillo, Leonardo (1980-81) 286
—Rodríguez Díaz, Antonio (1980-81) 285
—Rodríguez Fleitas, Manuel (1977) 185
—Rodríguez Molina, Luis R. (1979) 240
—Roig, Gustavo (1978) 217
—Rojas, Mercedes (1983) 334
—Rojas, Teresa María (1974) 111
—Romaguera, Oscar H. (1975) 130
—Roman, Agustín, *Mons.* (1974) 100
—Romeu, Armando (1974) 109
—Rosa, Pili de la (1976) 158
—Rosado, Olimpia (1980-81) 267
—Roseñada, José Manuel (1980-81) 282
—Ross, Boabdil R. (1975) 138
—Ros, Ileana (1983) 322
—Rovirosa y González-Quevedo, Dolores Fermina **véase** Rovirosa, Dolores (1982) 298
—Rozas, Fe de **véase** Rozas de García, Fe de (1975) 136
—Rozas de García, Fe de (1975) 136
—Rubí, Alma (1980-81) 272
—Rubido, Esperanza (1978) 211
—Ruíz Castañeda, Hilda (1976) 159
—Ruíz del Vizo, Hortensia (1976) 152
—Ruíz Orozco, Pablo (1976) 149

S

—Saavedra, María Elena (1971) 33
—Sackstein, Rosalina (1983) 339
—Sackstein, Rosalina **véase** Guerrero de Sackstein, Rosalina (1983) 339
—Sales, Miguel (1976) 156

—Salvador, Lourdes (1973) 82
—Salvador, Max, *Rev.* (1972) 53
—Sánchez Boudy, José (1973) 77
—Sánchez Grey de Alba, Esther (1983) 325
—Sánchez Ocejo, María Elena (1977) 194
—Sánchez Toledo, Pedro (1978) 224
—Santana, Carlos Manuel (1982) 311
—Santana, Francisco, *Padre* (1982) 301
—Santí, Mario (1971) 35
—Sarmiento, Yleem de Marie **véase** Sarmiento, Yleem (1983) 337
—Segura Bustamante, Inés (1978) 213
—Serrú Hidalgo, Arnold (1976) 166
—Sicre, Juan José (1972) 57
—Smith, Earl E.T. (1975) 122
—Soriano, Rafael (1973) 84
—Sosa de Quesada, Arístides (1977) 184
—Soteras, Jaime (1982) 314
—Stone, Richard (1975) 122
—Suárez, Caridad (1983) 339
—Suárez, Elier A. (1980-81) 277

T

—Tabares de Fernández, Ofelia (1982) 299
—Tabares de Guitart, Emma (1979) 247
—Tardo, Manuel Rodulfo (1977) 196
—Tella, Antonio (1978) 226
—Toro, Lorenzo de **véase** Toro Aldanas, Lorenzo de (1982) 301
—Toro Aldanas, Lorenzo de (1982) 301
—Torre, Roberto de la (1980-81) 268
—Touzet, René (1976) 162

V

—Valdespino, Luis (1974) 102
—Valdés Castillo, Esteban (1973) 88
—Valdés Castillo, Esteban Jr. (1978) 226
—Valladares, Armando (1977) 187
—Vallina, Emilio, *Padre* (1979) 236
—Vallina, Jorge Luis (1982) 306
—Varela, Alicia **véase** Martí, Tula (1983) 326
—Varela, Blanca (1972) 56
—Varela, Enrique Luis (1974) 116
—Vargas Gómez, Andrés (1978) 228
—Varona, Francisco José de (1979) 243
—Varona, Luis (1974) 107
—Varona Valdés, Alberto J. (1978) 210
—Vázquez, Razziel, *Rev.* (1976) 153

—Vega, Aurelio de la (1978) 215
—Vega Ceballos, Víctor (1982) 295
—Vérez de Peraza, Elena (1975) 131
—Viamonte, Manuel, Sr. (1978) 224
—Viamonte, Manuel, Jr. (1975) 139
—Vidal Benítez, Oscar (1975) 129
—Villa, Alvaro de, pseud. **véase** Álvarez de Villa, Rolando (1975)
—Villaronga, Ángel, *Padre* (1973) 75
—Villalobos, José A., Jr. (1977) 189

W

—Walsh, Bryano, *Mons* (1972) 45

X

—Xiques, Angélica (1977) 191

Y

—Yannuzzi, Alberto G. (1983) 330

Z

—Zalamea, Guillermo (1974) 99
—Zaldívar, Eugenio (1979) 245
—Zaldívar, Gladys B. (1980-81) 271
—Zimmerman, Berta (1976) 161

*Índice organizado por las Dras. Dolores Rovirosa y Ana Rosa Núñez, ambas Premio J.J. Remos.

ÍNDICE ALFABÉTICO DE ORGANIZACIONES

Archidiócesis de Miami: Mons. B. Walsh.
Ballet-Concerto: Sonia Díaz, Marta del Pino y Eduardo Recalt.
Centro Hispano-Católico: Hermana Violeta Soler.
Centro Mater: Madre Margarita Miranda.
Club de Leones en el Exilio: Rigoberto Fernández.
Colegio de Arquitectos de Cuba en el Exilio: Arq. Jorge Ventura.
Colegio de Ingenieros Civiles Cubanos en el Exilio: Ing. Antonio Tella.
Colegio Médico Cubano Libre: Dr. Enrique Huertas.
Compañía Teatral Las Máscaras: Salvador Ugarte y Alfonso Cremata.
Compañía Teatral Pro Arte Grateli: Marta Pérez, Pili de la Rosa de Menández y Demetrio Menéndez.
Coral Cubana: Carman Riera.
Cuban Women's Club, Inc.: Dra. Elvira Dopico.
División de Educación Continuada de la Universidad de Miami, radicada en el Koubek Memorial Center: Dr. Robert Allen
Ermita de la Caridad del Cobre: Padre Sergio Carrillo en ausencia de Mons. Agustín A. Román.
Escuela Patriótico-Religiosa San Juan Bosco: Padre Emilio Vallina.
Galería 4: Eddy y Carlos Cortada.
Junta Educacional Patriótica-Cubana: Dra. Ofelia Tabares.
Mini-Gallery: Dr. Manuel Planas.
Municipios de Cuba en el Exilio: Dr. Rodolfo Moreno.
Orfeón Cubano: Dinorah Garrido.
Producciones Forum: René Alejandre.
Rotarios Cubanos en el Exilio: Luis Casero.
Sociedad Artístico-Cultural de las Américas: Manuel Ochoa y Dra. Ana Rosa Núñez.
Sociedad Cubana de Filosofía: Dra. Mercedes García Tudurí y Dr. Humberto Piñera.
Trio Pinareño: Ricardo Ferrera.

INDICE GENERAL

Biografía Dr. Vicente Cauce 9

Biografía Dr. María Gómez Carbonell 10

Premios año 1971 17

Premios año 1972 39

Premios año 1973 69

Premios año 1974 91

Premios año 1975 119

Premios año 1976 143

Premios año 1977 173

Premios año 1978 201

Premios año 1979 229

Premios años 1980 y 1981 259

Premios año 1982 289

Premios año 1983 319

Organizaciones premiadas 349

Discurso Dr. Juan J. Remos 351

Artículos Dr. Juan J. Remos 352

Índice onomástico de personas premiadas 383

Índice alfabético de organizaciones 395

Índice general 397

OBRAS PUBLICADAS POR SENDA NUEVA DE EDICIONES

I. SENDA BIBLIOGRAFICA
Elio Alba-Buffill y Francisco E. Feito. *Indice de* El Pensamiento *[Cuba, 1879-1880]*.
Alberto Gutiérrez de la Solana. *Investigación y crítica literaria y lingüística cubana.*

II. SENDA NARRATIVA
Oscar Gómez Vidal. *¿Sabes la noticia...? ¡Dios llega mañana!* (cuentos)
Ignacio R. M. Galbis. *Trece relatos sombríos.* (cuentos)
Alberto Guigou. *Días ácratas. Sin ley ni Dios.* (novela)
Charles Pilditch. *The Look (La mirada,* novela de René Marqués).
Elena Suárez. *desde las sombras.* (cuentos)
Enrique Labrador Ruiz. *El laberinto de sí mismo.*

III. SENDA DE ESTUDIOS Y ENSAYOS
Octavio de la Suarée, Jr. *La obra literaria de Regino E. Boti.*
Rose S. Minc. *Lo fantástico y lo real en la narrativa de Juan Rulfo y Guadalupe Dueñas.*
Elio Alba-Buffill. *Los estudios cervantinos de Enrique José Varona.*
Rose S. Minc., Editor. *The Contemporary Latin American Short Story [Symposium].* Montclair State College.
Rosa Valdés-Cruz. *De las jarchas a la poesía negra.*
Ada Ortuzar-Young. *Tres representaciones literarias en la vida política cubana.*
Suzanne Valle-Killeen. *The Satiric Perspective: A Structural Analysis of Late Medieval, Early Renaissance Satiric Treatises.*
Festschrift José Cid-Pérez. Editores: Alberto Gutiérrez de la Solana y Elio Alba-Buffill.
Ignacio R. M. Galbis. *De Mio Cid a Alfonso Reyes. Perspectivas críticas.*
Angela M. Aguirre. *Vida y crítica literaria de Enrique Piñeyro.*
Arthur Natella, Jr. *The New Theatre of Peru.*
Marjorie Agosin. *Las desterradas del paraíso, protagonistas en la narrativa de María Luisa Bombal.*
Michele S. Davis. *A Dramatist and his Characters: José Cid Pérez.*
Mercedes García-Tudurí y Rosaura García-Tudurí. *Ensayos filosóficos.*
Homenaje a Eduardo Le Riverend Brusone. Editor: Pablo Le Riverend.
Rafael Falcón. *La emigración puertorriqueña a Nueva York en los cuentos de José Luis González, Pedro Juan Soto y José Luis Vivas Maldonado.*
Marie A. Wellington. Marianela: *Esencia y espejo.*

IV. SENDA POETICA
Lourdes Gil. *Neumas.*
Gustavo Cardelle. *Reflejos sobre la nieve.*
Xavier Urpí. *Instantes violados.*
Esther Utrera. *Mensaje en luces.*
Eugenio Florit. *Versos pequeños* (1938-1975).
Frank Rivera. *Construcciones.*
Marjorie Agosin. *Conchalí.*
Raquel Fundora de Rodríguez Aragón. *El canto del viento.*
Mercedes García-Tudurí. *Andariega de Dios: Tiempo de exilio.*
Ignacio R. M. Galbis. *Como el eco de un silencio.*

V. SENDA ANTOLOGICA
Alberto Gutiérrez de la Solana. *Rubén Darío: Prosa y Poesía.*
Roberto Gutiérrez Laboy. *Puerto Rico: Tema y motivo en la poesía hispánica.*
Jorge Febles. *Cuentos olvidados de Alfonso Hernández Catá.*
Esther Sánchez-Grey Alba. *Teatro cubano. Tres obras dramáticas de José A. Ramos.*

VI. SENDA LEXICOGRAFICA
Adela Alcantud. *Diccionario bilingüe de psicología.*

VII. SENDA DIDACTICA
Alicia E. Portuondo y Greta L. Singer. *Spanish for Social Workers.*